William Overholt studierte Wirtschaftswissenschaften in Harvard und promovierte 1992 in Yale. 1971–1979 arbeitete er am Hudson Institute für verschiedene amerikanische Regierungsstellen und die NASA. Seit 1991 gehört er als Direktor der Bankers Trust Company in Hongkong an und ist Berater für Regierungen und Firmen, hauptsächlich im asiatischen Raum. Autor zahlreicher Bücher.

Dieses Buch wurde auf chlor- und säurefreiem Papier gedruckt.

Vollständige Taschenbuchausgabe Juli 1996
Droemersche Verlagsanstalt Th. Knaur Nachf., München

Originalverlag W.W. Norton & Company, New York
Umschlaggestaltung Agentur ZERO, München
Umschlagabbildung Stern/Ullal, Hamburg
Druck und Bindung Elsnerdruck, Berlin
Printed in Germany
ISBN 3-426-77231-0

5 4 3 2 1

William Overholt

Gigant der Zukunft

Chinas Wirtschaft vor dem großen Sprung

Aus dem Amerikanischen
von Julia Beise, Thomas Pfeiffer
und Ursel Schäfer

Knaur

Für William Ascher

Inhaltsverzeichnis

Vorwort 7

1 Der Aufstieg der chinesischen Ökonomie 11

2 Die Politik des Wirtschaftswunders 62

3 Die Entstehung des chinesischen Kapitalmarktes 116

4 Das Goldene Zeitalter von Hongkong und Guangdong 145

5 Die Rückgabe von Hongkong 200

6 Der Wandel in den internationalen Beziehungen 256

7 China und die USA 298

Nachwort 341

Anmerkungen 347

Verzeichnis der Abbildungen 370

Danksagung 372

Register 377

China

Heilongjiang
Jilin
Liaoning
Xinjiang
Innere Mongolei
Hebei
Shanxi
Shandong
Ningxia
Qinghai
Gansu
Henan
Jiangsu
Shaanxi
Shanghai
Tibet
Anhui
Hubei
Sichuan
Zhejiang
Jiangxi
Hunan
Fujian
Guizhou
Taiwan
Yunnan
Guangxi
Guangdong
Hainan

Vorwort

In der Sowjetunion und in Osteuropa verabschiedete sich der Kommunismus beinahe über Nacht, und die Volkswirtschaften dieser Länder öffneten sich schlagartig zum Westen. Dennoch stagniert die Wirtschaft, und der Wiedereintritt in die Weltwirtschaft vollzieht sich im Schneckentempo. In China hingegen, wo die Kommunistische Partei noch immer an der Macht ist, wurde die Wirtschaft nicht schockartig reformiert, sondern Schritt für Schritt. Und doch wuchs sie schwindelerregend schnell und fand mit einem Schlag Anschluß an die Weltwirtschaft. Für dieses scheinbare Paradox bietet uns Overholt eine Erklärung an.

Chinas Erfolg ist atemberaubend. Die größte unterentwickelte Wirtschaft, die bisher über mehrere Jahre hinweg eine fast zweistellige Wachstumsrate erzielen konnte, ist die Südkoreas mit einer Bevölkerung von gerade 40 Millionen. Overholt umreißt die möglichen Konsequenzen eines vergleichbar schnellen Wachstums in einem Land, das ungefähr dreißigmal mehr Einwohner hat.

Er zeigt, daß Chinas Erfolg vor allem vor dem Hintergrund des wirtschaftlichen Niedergangs der ehemaligen kommunistischen Länder Europas Bedeutung gewinnt. Viele westliche Beobachter, und darunter vielleicht besonders die Amerikaner, jubelten, als die kommunistischen Regime in Osteuropa und der Sowjetunion wie Kartenhäuser in sich zusammenstürzten. Zugleich bedauerten sie nach den Ereignissen auf dem Platz des Himmlischen Friedens, daß das kommunistische Regime in China überlebt hat. Dabei sind viele gebildete Chinesen, die mit den jüngsten Entwicklungen in Osteuropa vertraut sind, durchaus froh, in China zu leben. Das soll nicht heißen, daß sie die Kommunistische Partei lieben. Aber eingedenk des Leids, das die wiederholten Perioden des Chaos und Umbruchs in den letzten zweihundert Jahren über ihr Land gebracht haben, finden sie sich bereit, ein Regime zu akzeptieren, das für stabile Rahmenbedingungen sorgt, es ihnen ermöglicht, aus ihrer Armut zu entkommen, und ihnen die

Vorzüge einer modernen Industriegesellschaft verheißt. Sie haben die rasante Entwicklung in Südkorea mit Interesse zur Kenntnis genommen, am meisten beeinflußt aber hat sie wohl der Fortschritt ihrer Brüder in Taiwan.

In Osteuropa haben die Völker die kommunistischen Parteien verjagt, die es versäumt hatten, den Übergang zu vollziehen und ihnen einen höheren Lebensstandard zu ermöglichen. In China und Vietnam unternahmen die kommunistischen Parteien raschere und entschlossenere Schritte hin zu wirtschaftlichen Reformen – Reformen, die auf Dauer dem Volk zugute kamen. Indem die kommunistischen Parteien in diesen Ländern ein ostasiatisches Entwicklungsmodell einführten, wie Overholt in diesem Buch eindrucksvoll nachzeichnet, sicherten sie zugleich ihre Machtbasis.

Hongkong kommt ein nicht zu unterschätzender Anteil an Chinas Erfolg zu, vor allem was die Entwicklung neuer Märkte für Kapital, für landwirtschaftliche Erzeugnisse und für Industrieprodukte angeht. Overholt spricht diese Entwicklungen mit einer kraftvollen und unverbrauchten Stimme an. Chinas Erfolg stellt die Welt vor neue Probleme. Da der Großteil des Bruttosozialprodukts im Land selbst verbraucht wird, entspricht Chinas Position in der Weltwirtschaft heute noch nicht seiner wirtschaftlichen Leistungskraft. Aber inzwischen beginnt man sich in der Volksrepublik Gedanken über die politischen Konsequenzen des wirtschaftlichen Wachstums zu machen – und darüber, wie das Land mit billigen Waffenkäufen aus der ehemaligen Sowjetunion seine Streitkräfte modernisieren kann.

Chinas Technologie ist noch weit vom Weltstandard entfernt, die Infrastruktur des Riesenreichs ist nicht vergleichbar mit der in entwickelten Ländern, und die chinesische Bürokratie ist aufgebläht, ineffizient, korrupt. Doch das heißt nicht, daß man Chinas Machtaufstieg unterschätzen darf. Die Welt muß sich Gedanken machen über die Bedeutung eines neuen, starken China. Ostasien bleibt auf absehbare Zeit die Region mit dem schnellsten Wirtschaftswachstum weltweit, allein schon deshalb wird sein Gewicht in der Weltpolitik zunehmen. Und innerhalb dieser Region gewinnt Großchina (die Volksrepublik unter Einschluß von Hongkong und Taiwan) immer mehr an Einfluß. Die Konsequenzen dieser Entwicklung zu überdenken, dabei hilft uns Overholt.

Overholt ist prädestiniert, uns Chinas Entwicklung vor Augen zu führen. Er studierte Sozial- und Wirtschaftswissenschaften und promovierte an der Yale University in Politologie.
In den siebziger Jahren hat er mit Herman Kahn am Hudson Institute gearbeitet. Kahn, Gründer einiger der hervorragendsten Denkfabriken in den USA, hat ökonomische, technologische und kulturelle Zusammenhänge untersucht und sich den Konsequenzen gestellt, wie sehr sie auch herkömmliches Denken in Frage stellten. Unter Kahn erwarb sich Overholt einen Ruf als Fachmann für Länderrisikoanalyse, und mit ihm verbesserte er die Methoden dieser Disziplin. Dabei wagten sich beide auch an jene umfassenden politischen und psychologischen Fragestellungen heran, die sich einer Quantifizierung widersetzten. Zugleich arbeitete Overholt auch an der Columbia University mit Zbigniew Brzezinski, dem späteren Sicherheitsberater Jimmy Carters. Zusammen gründeten sie die Zeitschrift *Global Political Assessment.*
Im Jahr 1980 stieß er als Leiter der Abteilung für globale politische Risikoabschätzung zum Bankers Trust. 1985 wurde er nach Hongkong versetzt, wo er seitdem arbeitet. Er hat sich nicht nur mit Länderrisiken beschäftigt, sondern auch mit Unternehmensstrategien, eine Kombination, die es ihm ermöglicht hat, die Entwicklung Chinas und seiner Nachbarstaaten sehr genau zu verfolgen.
Im Privatleben setzt sich Overholt für die Wahrung der Menschenrechte und für Rüstungskontrolle ein. Er hat sich für die Begnadigung des vom Tode bedrohten Kim Dae Jung in Südkorea engagiert, für Corazon Aquino gearbeitet, als sie gegen Ferdinand Marcos um ihr politisches Überleben kämpfte, und ist gegen die Militärdiktatur in Myanmar (Burma) aktiv geworden. In der vorliegenden Untersuchung über China tritt Overholt nicht als politischer Aktivist auf, sondern als kühler Analytiker politischer und finanzpolitischer Zusammenhänge. Overholt folgt Kahns Tradition, Fakten zu präsentieren und darauf aufbauend im großen Rahmen zu denken. Das Ergebnis ist eine bahnbrechende, gleichermaßen aufregende wie feinfühlige Studie, die mit zahlreichen im konventionellen politischen Denken verhafteten Vorurteilen aufräumt.
Es bleibt zu wünschen, daß möglichst viele Führungspersönlichkeiten die Tragweite der Fakten erkennen. Als US-Bürger kann ich nur hoffen, daß die Regierung Clinton die amerikanische Wirtschaft auf die

im Aufstieg Chinas liegende Herausforderung vorzubereiten versteht. Als derzeitig einzige globale Militärmacht müssen die USA eine entscheidende Rolle bei den Entwicklungen in dieser dynamischsten aller Weltregionen spielen. Clinton muß mit China, Japan und den anderen Staaten Ostasiens eng zusammenarbeiten, und zwar nicht nur, um einen Rüstungswettlauf in Ostasien zu verhindern. Es geht auch darum, die Grundlage für ein regionales Ordnungssystem zu schaffen, das diese Region in die Weltwirtschaft eingliedert und ihr den ihr zustehenden Platz in einer sich überaus rasch wandelnden geopolitischen Struktur einräumt. Wir sind Overholt dafür, daß er die Sachlage so deutlich und kompetent darstellt, zu großem Dank verpflichtet.

Ezra F. Vogel
Henry Ford II Professor der Sozialwissenschaften
Harvard University

1 Der Aufstieg der chinesischen Ökonomie

»Plötzlich und mit einer seit 1949 nicht mehr dagewesenen Entschlossenheit widmen sich die verschiedensten Partei- und Regierungskader und ideologischen Schulen nur noch dem einen Ziel: einen schnellen Dollar zu machen.«

»Chinesische Zeitungen berichten, daß 200 000 Parteimitglieder ins Geschäftsleben eingestiegen und zu ›roten Kapitalisten‹ geworden sind. Überall in China vereinbaren militärische Einrichtungen, darunter Munitionsfabriken, Häfen, Flughäfen und Transportstaffeln, Joint-venture-Abkommen mit zivilen Unternehmen aus dem In- und Ausland.«

»Letzte Woche hat die Parteischule in der Provinz Hubei, angeblich eine Hochburg der reinen marxistischen Lehre, Aufsehen erregt, als sie eine Koproduktionsvereinbarung mit einem Unternehmen aus Hongkong über die Herstellung von kunsthandwerklichen Produkten aus Bambus bekanntgab.«

»Hongkonger Unternehmer berichten, daß die Kinder der Parteigrößen die Politik aufgeben zugunsten der sichereren – und weitaus lukrativeren – Tätigkeit, ihre guanxi *(persönlichen Beziehungen) in klingende Münze zu verwandeln.«*

»Zur gleichen Zeit sind zahlreiche Angehörige der ultraliberalen Denkfabriken des abgesetzten Parteichefs Zhao Ziyang in den Wirtschaftssonderzonen und offenen Städten Taipans geworden.«

»Offensichtlich nehmen sich die Befürworter der Demokratisierung die Ratschläge von Dissidenten wie dem Astrophysiker Fang Lizhi zu Herzen und schaffen sich eine wirtschaftliche Basis, von der aus sie in einigen Jahren eine neue Bewegung ins Leben rufen können.«

»Was nicht weniger wichtig ist: Auch den durchschnittlichen Chinesen hat das Fieber des schnellen Geldes ergriffen. Er lebt getreu einem Zhao zugeschriebenen Motto: quanmin jieshang *oder: Jeder Chinese soll Unternehmer sein.«*

Willy Wo-Lap Lam,
»Deng Taps a Rich Vein of Socialist Thought«,
South China Morning Post, *5. August 1992.*

Fast im gesamten Verlauf der letzten 2000 Jahre war China reicher und technisch höher entwickelt als die meisten anderen Länder. Das Land war so mächtig, daß sein Volk sich daran gewöhnte, im »Reich der Mitte« zu leben, im Zentrum, um das herum sich alles drehte. Erst in den letzten beiden Jahrhunderten war Chinas Geschichte geprägt durch Schwäche nach außen und Zersplitterung nach innen, vegetierten die Chinesen in unbeschreiblicher Armut dahin.

Noch Anfang der achtziger Jahre mußten sich mehr als einhundert Millionen Chinesen mit einem Jahreseinkommen begnügen, das in New York nicht einmal für ein gutes Abendessen gereicht hätte. Diese verzweifelten Umstände führten in weiten Teilen des ländlichen China zu dem Phänomen der Eine-Hose-Familie, ein Phänomen, das so verbreitet war, daß es sogar Thema soziologischer Studien wurde – allerdings ohne daß die Ergebnisse jemals im Westen publiziert worden wären. Die Eine-Hose-Familie ist buchstäblich dadurch gekennzeichnet, daß sie nur für ein einziges Familienmitglied ausreichend Bekleidung besitzt. Üblicherweise trägt der Mann die Hose tagsüber bei der Feldarbeit, und die Frau muß sich verbergen, bis sie abends die Hose erhält. Auch haben sich Dorfbewohner, die zu arm waren, um sich einzukleiden, mit Kohle beschmiert, um so den Eindruck schwarzer Kleidung zu erwecken.[1]

All das wird bald der Vergangenheit angehören. Der Wirtschaftsaufschwung, der mit Deng Xiaopings wirtschaftlichen Reformen 1979 begann, ändert die Verhältnisse mit einer Geschwindigkeit, wie sie bisher nur aus Südkorea, Taiwan, Hongkong und Singapur bekannt war. Genau betrachtet, ist der chinesische Aufschwung in der Weltgeschichte ohne Beispiel. In den achtziger Jahren wies die chinesische Volkswirtschaft weltweit die höchsten Steigerungsraten auf. Nach einer kurzen Phase der Drosselung am Ende des Jahrzehnts gewann sie 1992 wieder an Fahrt und erzielte weltweit die höchsten Zuwachsraten. Ähnliche Leistungen hatten zuvor nur relativ kleine Länder vollbracht (Hongkong mit sechs Millionen, Singapur mit zwei Millionen und Taiwan mit zwanzig Millionen Einwohnern), außerordentlich homogene Staaten (Südkorea und Japan) oder sehr dünn besiedelte Länder, die von einem temporären Rohstoffboom profitierten (wie Saudi-Arabien in den siebziger Jahren). Ein solch rapides Wachstum wurde in einem Land für unmöglich gehalten, in dem nahezu ein Fünftel der Weltbevölkerung lebt und das eine ungewöhnlich stark diversifizierte Ökonomie besitzt.

Chinas Wirtschaftsboom verändert die Struktur der asiatischen Wirtschaftsordnung. In den Jahren 1991 und 1992 etwa hat Chinas Aufschwung Hongkong einen vergleichbaren Boom beschert und Taiwan eine erfolgreiche Anpassungskur ermöglicht, während zur selben Zeit die USA und Japan schwere Rückschläge einstecken mußten. Der Erfolg und die sich abzeichnende hohe Produktivität der chinesischen Küstenregion werden Länder wie Indonesien, die Philippinen oder Sri Lanka vor eine ernste Herausforderung stellen. Entweder beschleunigen diese Staaten ihre eigenen Reformen, oder sie werden Welthandelsanteile und ausländisches Investitionskapital an ein konkurrenzfähigeres China verlieren.

Der beschriebene Boom hat weitere Konsequenzen. Er hat bereits die chinesische Politik verändert und verspricht, die Politik in Asien und vielleicht sogar auf dem ganzen Globus zu beeinflussen. Der ökonomische Erfolg hat Reformern die Initiative überlassen und Bürokraten und Radikale in die Defensive gedrängt. Mit dem Aufschwung hat die Küstenregion dem Landesinneren (einschließlich Beijing) den Rang abgelaufen, hat die Ökonomie Priorität über die Politik erlangt – in einem Land, dessen bestimmendes nachrevolutionäres Schlagwort »Kommandopolitik« lautete. Die Politik hat die zentrale Kontrolle über die Provinzen, die Staatsunternehmen, die sektoralen und lokalen Wirtschaftsaktivitäten und, vor allem, über das Individuum verloren. So sehr hat sich China geöffnet, daß sich entlang der Küste, in vielen größeren Städten und in praktisch allen Universitäten und Forschungszentren eine kosmopolitische Kultur entwickelt hat; überall dort ist der Marxismus tot. Anhand ihrer Lebenseinstellung lassen sich heute in China wenigstens vier verschiedene Generationen deutlich voneinander unterscheiden: die Führungsriege der Achtzigjährigen, die Mitt-

sechziger, die Fünfzigjährigen und die unter Fünfundvierzigjährigen. Jede nachfolgende Generation drängt mehr als die vorhergehende auf eine Beschleunigung des Reformprozesses.
International hat China seine geopolitischen Ambitionen zugunsten des wirtschaftlichen Erfolges zurückgenommen. Das Land hat aufgehört, die Revolution zu exportieren, hat mit seinen Nachbarn Frieden geschlossen, die Militärausgaben stark heruntergefahren und seine Streitkräfte um knapp eine Million Soldaten reduziert. Heute betreibt das Land Handel mit praktisch allen Ländern, darunter auch ideologischen Gegnern wie Taiwan. Es hat Nordkorea unter Druck gesetzt, den Frieden auf der koreanischen Halbinsel nicht zu gefährden, und unterhält inzwischen mit allen früheren Feinden, auch Südkorea, formelle oder informelle diplomatische Beziehungen.

Wirtschaftliche Entwicklung

Alle politischen Anstrengungen standen im Dienste der Bemühungen um Wirtschaftswachstum. Nach Beginn der Reform kletterte Chinas jährliche Wachstumsrate rasch auf 10 %.[2] In den Jahren 1988 und 1989, als man versuchte, die überhitzte Wirtschaft wieder in normale Bahnen zu lenken und die Inflationsrate zu drücken, sank die Wachstumsrate zwar auf 4 %, doch ist das ein Wert, der in westlichen Ländern noch immer einen Boom bedeutet. 1991 beschleunigte sich das Wachstum dann wieder auf 7 % (eine in den letzten Jahren für die asiatischen Wirtschaftswunderländer geradezu charakteristische Steigerungsrate) und 1992 weiter auf 12,8 %. Im selben Jahr hat Beijing das Wachstumsziel für die nächsten fünf Jahre auf 8–9 % jährlich festgelegt. Es bleibt abzuwarten, ob dieses Ziel ohne ein allzu starkes Anziehen der Inflation erreicht werden kann, aber die chinesische Wirtschaft hat bereits bewiesen, daß sie eine jährliche Wachstumsrate von 7 % verkraften kann.
Chinas wirtschaftlicher Erfolg spiegelt sich nicht nur im Wirtschaftswachstum wider, auch der Handel mit dem Ausland floriert. 1991 wuchs sein Umfang auf 166 Milliarden Dollar an, ein Zeichen dafür, daß sich das einstmals autarke China zu einer der wichtigsten Handelsmächte der Welt gewandelt hat. Die Exporte stiegen von bescheidenen 14,8 Milliarden Dollar im Jahr 1979 auf 85 Milliarden Dollar im

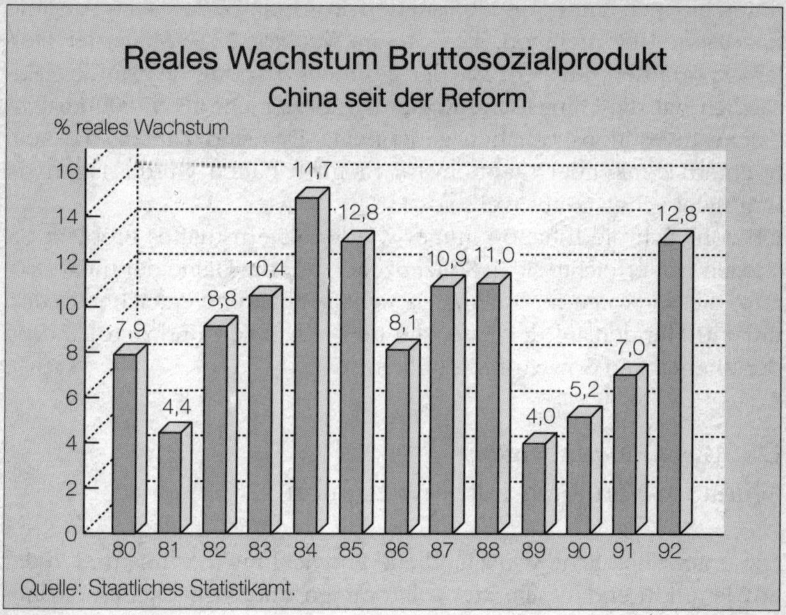

Abb. I-1

Jahr 1991.[3] Nicht nur der Umfang der Exporte nahm zu, auch ihre Qualität verbesserte sich; während 1985 Fertigerzeugnisse nur die Hälfte der chinesischen Exporte ausmachten, betrug ihr Anteil am Gesamtexport 1991 schon mehr als drei Viertel.[4] Parallel zu diesen Exportsteigerungen hat China in jüngster Zeit riesige Handelsbilanzüberschüsse erzielt.

In den zwölf Jahren seit Einsetzen der Reform hat China Auslandsinvestitionen in Höhe von mehr als 20 Milliarden Dollar[5] angezogen; gut 30 000 individuelle Geschäftsbeziehungen wurden geknüpft, mehr als in jedem anderen Land der Dritten Welt. In Brasilien, dem einzigen Land der Dritten Welt vergleichbarer Größe, wurden zwischen 1985 und 1989 nur 1,6 Milliarden Dollar an ausländischem Kapital investiert, in China betrug die Summe in demselben Zeitraum 9,1 Milliarden Dollar.[6] Allein im Jahr 1992 haben ausländische Investoren über 11,2 Milliarden Dollar nach China gepumpt und Abkommen über zukünftige Investitionen in Höhe von 57,5 Milliarden Dollar

unterzeichnet. Ende 1991 existierten in China 37215 vom Ausland finanzierte Unternehmen, die Güter im Wert von 12,05 Milliarden Dollar exportierten, knapp 17% der gesamten Exporte des Landes. Zusätzlich hat die chinesische Regierung 1992 mehr als 47000 ausländische Investitionsvorhaben genehmigt.[7] Das sind Zahlen, die kein nüchtern denkender Ökonom für möglich halten würde, lägen sie ihm nicht schwarz auf weiß vor.
Obwohl sich die Inflation immer wieder als ernsthaftes Problem erwiesen hat, erreichte sie in Spitzenzeiten nur die Hälfte der Inflationsrate, die Südkorea in den späten siebziger Jahren verzeichnete, und nur ein Hundertstel der Rate, die heute in Polen und den Ländern der ehemaligen Sowjetunion üblich ist.

Die Basis des Erfolges: China im Vergleich zur Sowjetunion

Die unterschiedliche wirtschaftliche Entwicklung in China und in der Sowjetunion erklärt sich aus vollkommen unterschiedlichen ökonomischen und politischen Strategien. In weiten Teilen des Westens hielt sich lange Zeit der Mythos, China sei nicht mehr als eine ärmere Kopie der Sowjetunion und in Beijing würden unausweichlich dieselben Fehler begangen wie in Moskau – schließlich waren ja beide Länder kommunistisch geführt. In Wahrheit aber hat die Volksrepublik China ein ökonomisches Entwicklungsmodell verfolgt, das sehr viel mehr demjenigen Südkoreas als jenem ihrer ideologischen Brüder glich. Eine Analyse der Entwicklung von Chinas Nachbarstaaten, vor allem Südkorea, Taiwan, Hongkong und Singapur, zeigt, daß die Strategie der Volksrepublik eindeutig asiatisch geprägt ist. Der Käufer chinesischer Produkte im Westen erkennt das auf den ersten Blick. Die Schuhe, Hemden, Sweatshirts und Spielwaren, auf denen man vor nicht allzu langer Zeit noch »Made in Korea« oder »Made in Taiwan« lesen konnte, tragen heute vorwiegend den Schriftzug »Made in China«. So gut wie nirgends steht »Made in Russia«.
Deng Xiaoping und seine Genossen leiteten von der Entwicklung der Nachbarländer übergreifende Strategien für vier Bereiche ab: Wirtschaft, Politik, Verwaltung und Finanzmärkte.

Dem Vorbild der industriellen Aufsteigerländer, der sogenannten NICs (Newly Industrialized Countries), folgend, räumte China jenen Sektoren, in denen begrenzte staatliche Maßnahmen rasches Wachstum erzeugten, Priorität ein. Erstens wurde den Bauern gestattet, Land privat zu bewirtschaften. Die Folge war ein starker Anstieg der Produktivität, des Einkommensniveaus und der Erträge im landwirtschaftlichen Bereich. Der Staat konnte sich weitgehend darauf beschränken, einen gesetzlichen Rahmen zu schaffen und seine Entscheidungen mit Hilfe des bestehenden Verwaltungsapparates durchzusetzen. Zweitens bemühte sich China intensiv um ausländische Investitionen. Obwohl die Bestimmungen für ausländische Investitionen in der Volksrepublik immer wieder angepaßt werden mußten, erwiesen sie sich insgesamt als großzügig genug, um die erwähnten beträchtlichen Summen ins Land zu locken. Das führte bei wiederum vernachlässigbarem staatlichem Aufwand zu gewaltigen Zuwächsen in der industriellen Produktion und beim Export. Schließlich förderte China vor allem die Konsumgüterindustrie, in der begrenzte Anfangsinvestitionen schnell zu bemerkenswerten Produktionszuwächsen führen. Wie Taiwan und Hongkong in den sechziger und siebziger Jahren, so überschwemmte China in den achtziger und neunziger Jahren den Weltmarkt mit Textilien, Kleidung, Schuhen, Spielzeug und elektronischen Konsumgütern. Wie im Falle der kleineren asiatischen Volkswirtschaften führte diese Politik neben einem rasanten Wirtschaftswachstum zu einem Florieren der Konsumgüterindustrie, einem Anstieg der Privateinkommen und der Exporte und höheren Deviseneinnahmen.

Die Entwicklung der Sowjetunion verlief in völlig anderen Bahnen. Zu Lasten der Landwirtschaft wurde die Schwerindustrie exzessiv gefördert. Die widersprüchliche Haltung der Regierung wiederum schreckte ausländische Investoren in großem Umfang ab. Gorbatschows anfängliche Wirtschaftsprogramme favorisierten den Import von Investitionsgütern, den Maschinen- und den Werkzeugmaschinenbau, die Organisation von Industriebereichen unter Superministerien, den Ausbau der Mineralölindustrie und die Reorganisation des Fahrzeugbaus und der High-Tech-Sektoren, samt und sonders kapitalintensive Industriebereiche. Auch die spätere Privatisierungsdebatte konzentrierte sich vor allem auf Industrien mit riesigem Kapitalbedarf

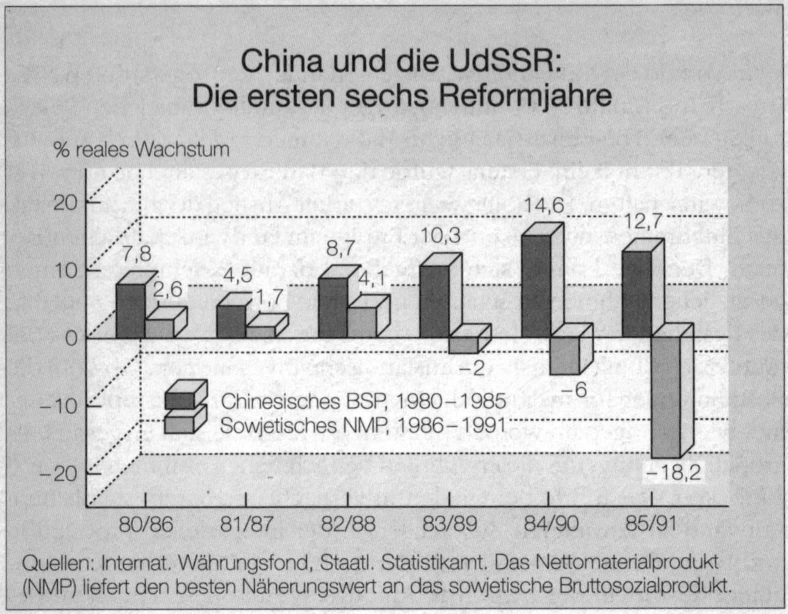

Abb. I-2

und langen Vorlaufzeiten statt auf Sektoren mit geringem Kapitalbedarf und schnell realisierbaren Gewinnen.[8] Diese Prioritäten gründen in der marxistischen Theorie, und sie spiegeln sich wider in der gesamten sowjetischen Geschichte. Es handelt sich um zwangsläufige Folgen der überkommenen Analysen von Marx über die englische Industrie des 19. Jahrhunderts und der Dynamik der immensen Investitionen, die in die militärisch wichtigen Bereiche der sowjetischen Schwerindustrie geflossen sind. Mitschuld trägt auch die verfrühte Konzentration auf die Privatisierung riesiger Staatsbetriebe, wie sie von westeuropäischen und (insbesondere) amerikanischen Wirtschaftsexperten propagiert wurde.

Die sowjetische Strategie führte ebenso wie die Reformansätze anderer osteuropäischer Länder, darunter an prominenter Stelle Polen, zu einem Zusammenbruch der Produktion bei gleichzeitiger galoppierender Inflation. Damit hat Gorbatschow in den Augen eines führenden Wissenschaftlers eine in der Wirtschaftsgeschichte einmalige Leistung vollbracht: eine von einem Mangel an Angebot, nicht einem Mangel an Nachfrage erzeugte Krise.[9] Das sowjetische Schicksal sollte fast ganz Osteuropa ereilen.

Die Unterschiede zwischen der Sowjetunion und China können nicht sonderlich überraschen. Was auch immer man gegen die chinesische Revolution einwenden mag, im Gegensatz zu Lenins staatsstreichartig von oben herab inszenierter russischer Revolution hatte sie tiefe Wurzeln in der bäuerlichen Gesellschaft. Die Energie der Massen zu lenken und sich auf sie zu stützen, erschien den Erben Mao Zedongs nur natürlich, auch wenn Mao kaum davon begeistert gewesen wäre, daß diese besondere Form der Mobilisierung der Massen mit privatem Unternehmertum und ausländischem Engagement einherging – eine Strategie, die allerdings auch Gefahren in sich barg. Der blutige Egalitarismus der chinesischen Bodenreformen und das Wüten der Kulturrevolution zeigten deutlich, wohin der fehlgeleitete Tatendrang der Massen führen konnte. Wenn das Streben des Volkes aber der Mehrung des Wohlstands gilt, kann es helfen, Dutzende von Millionen der ärmsten Menschen dieser Erde endlich mit ausreichend Kleidung, Unterkunft und Nahrung zu versorgen. Mit anderen Worten: Chinas Wachstumskurve zeigt seit der Reform steil nach oben, die der ehemaligen Sowjetunion steil nach unten.

Eine wichtige Folge der chinesischen Strategie ist, daß Millionen neuer Arbeitsplätze für jene Bürger geschaffen wurden, die sie am dringendsten brauchen. Von Wachstum und Einkommensanstieg profitieren am meisten die kleinen Bauern und die einfachen Arbeiter. Zahllose Arbeiter sind heute damit beschäftigt, billige Hemden zu produzieren. Ihr neues Einkommen gestattet ihnen, neben anderem auch Hemden für den eigenen Gebrauch zu erwerben. Durch den forcierten Ausbau der Schwerindustrie in der ehemaligen Sowjetunion oder in Lateinamerika hingegen wird eine sehr viel kleinere Zahl sehr viel höher bezahlter Arbeitsplätze geschaffen, während ein Großteil der Arbeitswilligen leer ausgeht; ein Produkt wie Stahl hat zudem fast keinen direkten Einfluß auf das Alltagsleben der Menschen. In China dagegen ist eine neue breite Schicht von Konsumenten entstanden, die moderne Kleidung trägt und sich die Annehmlichkeiten der Zivilisation leisten kann. Eine von dem amerikanischen Konzern Procter & Gamble in Auftrag gegebene Marktanalyse verdeutlicht, daß heute Millionen Chinesen jene fünf Dollar übrig haben, die eine Flasche Rejoice-Shampoo kostet. Nicht ohne Grund ist die chinesische Provinz Guangdong heute nach den USA der zweitgrößte Absatzmarkt für Procter & Gamble-Shampoos. Auch Avon ist in Guangdong sehr aktiv, mehr als 18 000 Avon-Beraterinnen verkaufen die Kosmetikprodukte der Firma von Tür zu Tür. Nach Einschätzung des Unternehmens Motorola, das in China bereits heute den besten Produktionsstandort für elektronische Geräte sieht, ist das Land auf dem besten Wege, zum weltweit zweitgrößten Absatzmarkt für schnurlose Telefone der zweiten Generation zu werden.[10] All das verändert eine Nation von Grund auf, in der eine Milliarde Menschen noch vor weniger als zehn Jahren in den ewig gleichen blauen Uniformen und mit einheitlichem Kurzhaarschnitt durch die Straßen eilten.

Politik

Reformpolitik ist ein innenpolitischer Prozeß. Erfolgreiche Reformer wie Kemal Atatürk in der Türkei haben ihre Reformvorhaben in überschaubare Abschnitte unterteilt und sich in jeder Phase der Unterstützung politisch maßgebender Gruppen versichert, die ihre Interessen in den Reformvorhaben wiederfanden. Weniger erfolgreiche Reformer, zum Beispiel der Schah von Persien, zogen den Unmut so vieler gesellschaftlicher Gruppen gleichzeitig auf sich, daß sie von der Reaktion überwältigt wurden. Deng Xiaoping war in dieser Hinsicht ein Modellreformer, während Michail Gorbatschow, obschon sicherlich eine bedeutende Persönlichkeit des 20. Jahrhunderts, an diesem Maßstab gemessen das Bild eines Versagers abgibt. Es ist bemerkenswert, wie viele westliche Beobachter Gorbatschows Strategie, alle Probleme gleichzeitig anzugehen, gepriesen und Deng Xiaopings vorsichtige, schrittweise Reformbemühungen verurteilt haben. Dabei lehrt die Geschichte, daß jene Reformer – von Joseph II. in Österreich bis zu Kuang Hsu in China –, die alles auf einen Schlag reformieren wollten, gerade dadurch eine starke Opposition mobilisiert haben und gescheitert sind.[11] Durch Dengs Reformen der Landwirtschaft verdoppelte sich das Einkommen der chinesischen Bauern[12], was ihm die Unterstützung von über 800 Millionen Menschen einbrachte – kein schlechter Anfang. In der Folge erleichterte er die Entstehung einer Kleinunternehmerschicht und förderte den Ausbau der Konsumgüterindustrie, was ihm die Sympathien vieler Arbeiter und Betriebsleiter sicherte. Auch

wenn es in diesen Gruppen Verlierer gab, so gehörten die meisten doch zu den Gewinnern. Darunter waren, und das war politisch von ausschlaggebender Bedeutung, in fast allen Bereichen die klügsten und zielstrebigsten Köpfe. Deng revolutionierte Chinas Finanzsystem, und er gewann die Unterstützung der zahlenmäßig kleinen, gesellschaftlich aber sehr einflußreichen Gruppe der Intellektuellen und Studenten, indem er Reisebeschränkungen lockerte und einen intensiveren Gedankenaustausch mit dem Ausland zuließ. Zwar hat Deng nach den blutigen Ereignissen auf dem Tiananmen-Platz (dem Platz vor dem Tor des Himmlischen Friedens) die Unterstützung der intellektuellen Elite verspielt, trotzdem aber gehört diese Gruppe nach wie vor zu den enthusiastischsten Anhängern der Wirtschaftsreformen.
Obwohl Deng Xiaoping das Militärbudget drastisch beschneiden mußte, um den raschen Ausbau der Wirtschaft finanzieren zu können, verstand er es, eine Mehrheit der militärischen Führung für seine Reformen zu gewinnen. Im selben Jahr 1979, in dem mit der Umsetzung der neuen Politik begonnen wurde, kam es zwischen China und Vietnam wegen des vietnamesischen Engagements in Kambodscha zu Feindseligkeiten. Zwar konnte China seine Ziele durchsetzen, die Armee aber mußte einen hohen Blutzoll entrichten. Das nutzte Deng dazu, seine Generäle von der Notwendigkeit zu überzeugen, Zugang zu westlicher Rüstungstechnologie zu erhalten. Die Finanzierung neuer Waffensysteme aber war nur möglich mit Hilfe einer leistungsfähigen Wirtschaft, und um das wirtschaftliche Reformprogramm zu stärken, mußte das Militär drastische Kürzungen des Budgets und der Truppenstärke hinnehmen. Außerdem war es nötig, sich auch politisch dem Westen anzunähern. Die Reformzeit verlangte dem chinesischen Militär beträchtliche Opfer ab; abgesehen von Budget- und Personalkürzungen mußten sich die Angehörigen der Streitkräfte mit geringeren Einkommenszuwächsen zufriedengeben als der Rest der Gesellschaft, und viele mußten, um ihren Lebensunterhalt zu sichern, sogar selbst wirtschaftlich aktiv werden. Trotzdem gehört das Militär insgesamt zu den überzeugtesten Anhängern von Dengs Reformpolitik.
Auch die meisten Angehörigen der Regierungs- und Parteikader standen hinter den Reformbestrebungen. Nach den Tragödien des Großen Sprungs nach vorn (1958–1961) und der Kulturrevolution (1966–1976) hatten die radikal-egalitären Ideologen verspielt, und die Parteispitzen wußten, daß sie einen neuen Ansatz wagen mußten,

wollten sie das Land und sich selbst vor dem Untergang retten. Ausgerechnet Chen Yun, der von der Altherrenriege am beharrlichsten das Prinzip der zentralen Wirtschaftsplanung vertreten hatte, leitete die erste Reformphase ein und hielt an dieser Politik angesichts ihres großen Erfolges unbeirrt fest. Auch Li Peng, ein jüngerer Anhänger der zentralen Planwirtschaft, hielt plötzlich Lobreden auf die Vorzüge sozialistischer Aktienmärkte. Einige (oft als Liberale bezeichnete) hohe Parteifunktionäre waren der Ansicht, daß ein marktwirtschaftliches System dem Land am meisten nutzen würde, während andere (als Konservative bezeichnet, aber besser mit »bürokratische Sozialisten« umschrieben) feststellen mußten, daß sie ihre Machtbasis nur noch durch die Vergabe wirtschaftlicher Wohltaten erhalten konnten. Dies jedoch setzte eine durch Reformmaßnahmen gestärkte Leistungsfähigkeit des Systems voraus. Unterdessen hatten sich die Mitglieder beider Fraktionen und die hohen Armeeoffiziere von den Möglichkeiten, die ihnen die Reformen eröffneten, korrumpieren lassen: Sie benutzten ihre guten Beziehungen dazu, sich hervorragende Ausgangspositionen am Markt zu sichern. Anders ausgedrückt, hat sich die chinesische Machtelite durch eine Mischung aus Idealismus, Eigennutz und Korruption für den Reformprozeß gewinnen lassen.

Gegen Ende der achtziger Jahre war die Machtbasis der radikalen Sozialisten weitgehend auf den Propagandabereich beschränkt. Ende 1991 und im darauffolgenden Jahr unternahm Deng Xiaoping eine konzertierte Aktion, um seine Gegner auch aus diesen Positionen zu entfernen. Unter den Spitzenkräften der nachrückenden Generation finden sich zwar solche, die für ein langsameres Tempo bei der Durchführung der marktorientierten Reformen eintreten, und andere, die schneller voranschreiten möchten, aber es ist niemand unter ihnen, der eine Umkehr oder auch nur einen Stillstand des Reformprozesses propagieren würde.

Gorbatschow dagegen hat rasch die Unterstützung praktisch aller für die Umsetzung der wirtschaftlichen Reformen wichtigen gesellschaftlichen Gruppen verloren. Die Bauern wurden, wie seit Lenins Zeiten üblich, vernachlässigt und brüskiert, den Arbeitern wurden Leistungssteigerungen zu einer Zeit abverlangt, als ihr Realeinkommen sank und der Wodka rationiert wurde. Die Betriebsleiter mußten auf Macht und Einfluß verzichten, während auch ihr Realeinkommen schrumpfte und die übergreifende Strategie zur Wiederbelebung der Wirtschaft scheiterte, und die Führungskader der KPdSU sollten sich plötzlich einer freien Wahl stellen, nachdem das Volk über drei Generationen hinweg diktatorisch regiert worden war. Zudem mußte das Militär, das bereits über moderne Waffensysteme verfügte, tiefe Einschnitte in sein Budget hinnehmen. Zu einem Zeitpunkt, da die wichtigsten Bündnispartner von der UdSSR abfielen und sich mit den früheren Feinden im Westen verbündeten, sah die Rote Armee den Zugang zu neuen Waffentechnologien versperrt. Fast alle gesellschaftlichen Gruppen, von den Bauern bis zu den Soldaten, hatten ausreichend Gründe, Gorbatschows Politik abzulehnen und sich gegen weitergehende Reformversuche zu sträuben. Nutznießer der Reformen waren hauptsächlich die Intellektuellen und das Ausland. Die Intellektuellen, weil ihnen die Redefreiheit über alles andere ging; das Ausland, weil Gorbatschow mit einer historischen Leistung den Kalten Krieg ohne Blutvergießen beendet hatte. Die anderen Gruppen waren von der wirtschaftlichen Not direkter betroffen und litten unter der Scham über den Kollaps ihres Landes.

Sowohl im politischen wie auch im wirtschaftlichen Bereich profitierte China von den erfolgreichen asiatischen Entwicklungsmodellen. Die UdSSR und die Länder Osteuropas hingegen wurden Opfer von Unerfahrenheit und ideologischer Verblendung, und zwar dieses Mal nicht der kommunistischen, sondern der kapitalistischen Ideologie. Die Vorstellung, daß man alles – ein demokratisches Regierungssystem und umfassende wirtschaftliche Liberalisierung – sofort und gleichzeitig erreichen könne, hat sich als Glaubenssatz erwiesen, der durch keinerlei historisch-praktische Erfahrung belegt ist. Was die Reform der Wirtschaft in den ehemaligen kommunistischen Ländern angeht, hat die westliche Welt ihre eigene Ideologie karikiert. Im Westen sind gewisse Grundbedingungen vorhanden wie etwa ein leistungsfähiges Informationssystem, das auf institutionellen Strukturen gründet, die in Osteuropa nicht vorhanden sind und die aufzubauen viel Zeit benötigt. Über die Voraussetzungen für die Errichtung eines demokratischen Regierungssystems existiert eine umfangreiche, bis zu den alten Griechen zurückreichende Literatur, und nur wenige dieser Voraussetzungen liegen in den Ländern der Dritten Welt oder Osteuropas vor. Man kann ein modernes, glas- und stahlblitzendes Hochhaus nicht allein dadurch errichten, daß man einen alten Backsteinbau in die Luft sprengt. Genauso sinnlos ist es, die alten kommunistischen Strukturen zum Einsturz zu bringen und darauf zu hoffen, daß eine marktwirtschaftlich orientierte Demokratie aus den Trümmern aufersteht.

Die Verwaltung der Wirtschaft

Die chinesischen Wirtschaftsreformen wurden schrittweise und sorgsam aufeinander abgestimmt durchgeführt, während die ehemalige Sowjetunion und Osteuropa eine wirtschaftliche Schocktherapie anwandten, wie sie besonders in Polens »Urknall« verwirklicht wurde. Eine plötzliche Freigabe der Preise und die Privatisierung der Staatsbetriebe bergen zweierlei Gefahren. Mit der Freigabe der Preise riskiert man unerträglich hohe Inflationsraten und den Zusammenbruch der Währung, während die schlagartige Privatisierung der Staatsbetriebe zu wirtschaftlichem Chaos führt. So sah der Schatalin-Plan, der unter Gorbatschow im Westen auf breite Zustimmung stieß, die Privatisierung eines Großteils der sowjetischen Industrie innerhalb von 500 Tagen vor. Dieselben Professoren, die diesem Plan Beifall spendeten, hätten sich ohne Zweifel entrüstet und vor einem ökonomischen Chaos gewarnt, hätte der Vorschlag gelautet, das Management aller größeren Unternehmen in New York oder London innerhalb von weniger als zwei Jahren auszuwechseln.
Die chinesische Führung hat erkannt, daß nur eine schrittweise Freigabe der Preise eine Panik verhindern kann, die zu Hyperinflation, Währungszusammenbruch und politischer Frustration führen würde. Die plötzliche Freigabe der Preise ungeachtet der ernsten Versorgungsengpässe, wie von den meisten sozialistischen Ländern praktiziert, führt geradewegs in die Hyperinflation. In Polen, das diesen Weg ging, erreichte die Inflation in den letzten vier Monaten des Jahres 1989 2000 %.[13] In der ehemaligen Sowjetunion stieg die Inflationsrate 1991 auf 91 %, 1992 auf 2000 %, und 1993 wird sie, von den Januar-Zahlen auf das gesamte Jahr hochgerechnet, auf 3000 % steigen. Gleichzeitig fiel der Kurs des russischen Rubel in katastrophalem Ausmaß.[14]
Die sozialen Konsequenzen solcher Entwicklungen sind gravierend. So kam es im Juni 1992 zum Zusammenbruch zahlreicher russischer Landwirtschaftsbetriebe, weil »die Maschinen jetzt das Siebzigfache dessen kosten, was sie noch vor einem Jahr kosteten, während der Preis ... für Milch nur um das Siebenfache gestiegen ist ... Tierfutter ist auf dem freien Markt unerschwinglich geworden.«[15] Eine galoppie-

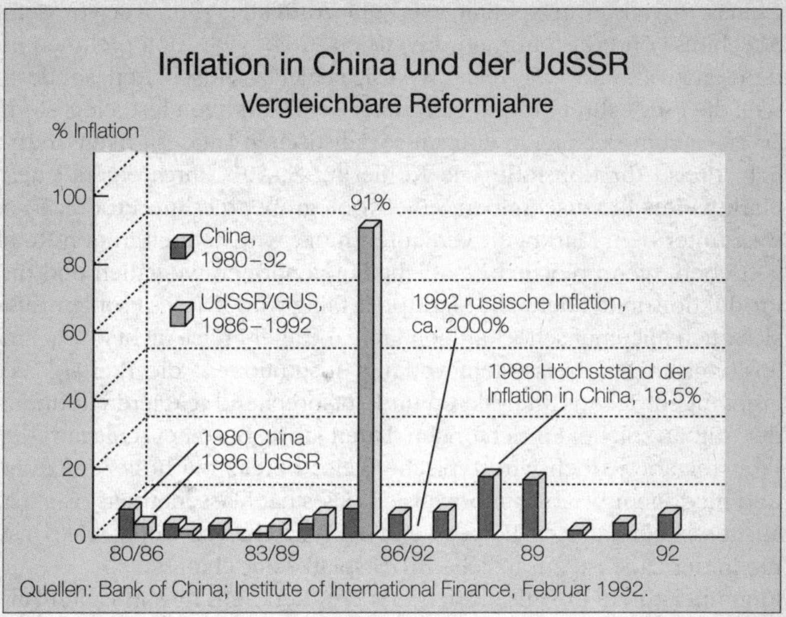

Abb. I-3

rende Inflation schreckt sowohl inländische als auch ausländische Investoren ab und behindert dadurch das Wirtschaftswachstum, zudem führt sie zu zahlreichen unnötigen Konkursen. Eben diese Probleme haben Anfang 1992 in Osteuropa und der ehemaligen Sowjetunion zu einer weitverbreiteten Enttäuschung über das demokratische Regierungssystem geführt.

China dagegen hat die Preise nur schrittweise freigegeben und, dem Beispiel anderer asiatischer Länder wie Indonesien folgend, etwa beim Reispreis sorgsam darauf geachtet, daß das Existenzminimum der ländlichen Bevölkerung nicht gefährdet wurde. Parallel dazu hat China Institutionen geschaffen, die eine wirksame Inflationskontrolle ermöglichen, insbesondere Kreditkontrollsysteme und Anleihenmärkte. Das Resultat war ein rasches Wirtschaftswachstum bei gleichzeitiger Beherrschbarkeit der Inflation, die in China niemals über die 20 %-Marke stieg (auf dem Land, wo die Mehrheit der Chinesen lebt, war sie geringer, in den großen Städten rund doppelt so hoch).

Chinas Privatisierungspolitik war sehr zurückhaltend. Wer vor dem Abschluß von Preisreformen privatisiert, treibt viele Unternehmen in den Bankrott, und zwar nicht, weil sie schlecht wirtschaften, sondern weil die Preise ihrer Produkte oft unter dem Marktwert festgelegt sind. So ist es zum Beispiel in einigen sozialistischen Ländern nicht unüblich, Preise für Rohstoffe wie Kohle auf 5–10% ihres eigentlichen Marktwertes festzuschreiben; eine Kohlegrube, die ihre Produkte so weit unter dem Marktwert verkaufen muß, wird schnell in den Ruin getrieben, wenn plötzlich staatliche Subventionen wegfallen und für Produktionsmittel der volle Marktpreis fällig wird. Dieses Problem läßt sich auch mit einer schockartigen Freigabe aller Preise nicht lösen. Ein leistungsfähiges Preissystem verlangt Institutionen, die Preissignale empfangen, Trends analysieren und entsprechend reagieren können; der Aufbau solcher Einrichtungen dauert Jahre. Bei einer schlagartigen Preisfreigabe jedoch wird typischerweise bereits bei hoher Inflation und niedrigem Wachstum privatisiert. Dies hat Massenarbeitslosigkeit ausgerechnet dann zur Folge, wenn die Wirtschaft so wenig wie sonst nie in der Lage ist, zusätzliche Arbeitsplätze zu schaffen.
Eine überstürzte Privatisierung raubt den Rentnern ihre in vielen Fällen von den Unternehmen bezahlte Altersversorgung. Die Rechte langjähriger Mitarbeiter, die unter dem sozialistischen System Ansprüche auf Firmenwohnungen, Renten, medizinische Betreuung und Ausbildung erworben hatten, stehen zur Disposition. Während sich die Arbeitnehmer in einem freiheitlichen System längst eine eigene Wohnung hätten leisten können, stehen sie jetzt plötzlich verarmt auf der Straße. Eine verfrühte Privatisierung kann auch das Bankensystem zusammenbrechen lassen, das oft über lange Zeiträume hinweg dazu verpflichtet war, in der Verlustzone operierende Staatsbetriebe durch die Bereitstellung immer umfangreicherer »Kredite« zu stützen.

Finanzmärkte

Schließlich kann ein effizientes nationales Privatisierungsprogramm nicht ohne Aktienmärkte, Finanzexperten, die den Wert der zur Debatte stehenden Unternehmen taxieren, und Makler, die die Analysen vermitteln und Aktientransaktionen managen, durchgeführt werden. Ohne ein System zur Bewertung der Leistungsfähigkeit einzelner Un-

ternehmen, der Analyse wirtschaftlicher Trends und der breiten Streuung der so gewonnenen Informationen versagt der Kapitalismus und erweist sich möglicherweise sogar einem sozialistischen Wirtschaftssystem als unterlegen. Entsprechend zielt die chinesische Politik darauf ab, die Privatisierung hinauszuschieben, bis man die Freigabe der Preise abgeschlossen und das nationale Rentensystem gesichert hat, bis man alternative Krankenversorgungs- und Ausbildungsprogramme aufgebaut, funktionsfähige Börsen eröffnet und eine grundlegende Reform des Bankensystems durchgeführt hat. Es ist charakteristisch für China, daß das Land in einer sehr viel früheren Phase der Reform als etwa Südkorea oder Taiwan seine Währung weitgehend an den Marktpreis herangeführt und seine Börsen für ausländische Kapitalanleger geöffnet hat. Zugleich hat es sehr viel entschiedener als die osteuropäischen Länder darauf hingearbeitet, die für ein geordnetes Funktionieren des Marktes notwendigen Institutionen aufzubauen, bevor weitreichende Eigentumsübertragungen angeordnet werden.
Eben diese Zurückhaltung rief im Westen heftige Kritik hervor. Dabei wird übersehen, daß sich der Erfolg der chinesischen Reformpolitik vor allem in der schrittweisen, aber beständigen Erfüllung der Grundbedingungen für eine erfolgreiche Privatisierung begründet. Eine schockartige Privatisierung ganzer Industriezweige, gefolgt von Produktionszusammenbrüchen, schreckt private und ausländische Investoren ab. China hat sich darauf konzentriert, mit Hilfe der schlagartig wachsenden privaten in- und ausländischen Investitionen die Produktion anzukurbeln und dadurch die Not der ärmeren Bevölkerungsschichten zu lindern sowie den Staatssektor zu sanieren.
Den wirtschaftlichen Erfolg Chinas verkörpert symbolisch der Kleinbauer, der auf seinem neuen Motorrad auf den Markt fährt, der junge Arbeiter, der ein Hemd mit einem aufgenähten Krokodil der Firma trägt, bei der er beschäftigt ist, die Arbeiterin, die nach einem Tag in der Fabrik, wo sie Teenage-Mutant-Ninja-Turtles und andere Wahrzeichen der westlichen Kultur zusammengesteckt hat, vor den Spiegel tritt und die neuesten Kosmetika ausprobiert. Für Rußlands Wirtschaftsreform mag die verwirrte Hausfrau mit ihrem Bündel von Zertifikaten stehen, das sie zum Kauf von Anteilen an Staatsbetrieben berechtigt, die möglicherweise den Gegenwert einer gesicherten Altersversorgung repräsentieren, vielleicht aber auch nicht mehr als den Gegenwert eines Wochenendes auf dem Land.

China verfügt bereits heute über die für das effiziente Funktionieren einer Marktwirtschaft unerläßlichen Finanzmärkte. Nach einem dramatischen Anstieg der Inflation in den Jahren 1988 und 1989 stellte die chinesische Führung fest, daß es selbst bei anhaltender Preisfreigabe möglich war, den Preisauftrieb zu bremsen, wenn es nur gelang, die Geldzufuhr zu kontrollieren. Unter der Voraussetzung einer restriktiv betriebenen Fiskal- und Zinspolitik stellten Anleihenmärkte das Instrument zur Kontrolle der Geldmenge dar: attraktiv verzinste Anleihen können das überschüssige, inflationsträchtige Kapital binden. Heute besitzt Beijing eines der weltweit fortschrittlichsten computergestützten Systeme zur Abwicklung von Transaktionen am Anleihenmarkt.

China unternimmt auch große Anstrengungen, seine noch relativ bescheidenen Börsen und Terminbörsen auszubauen. Über die Börsen lassen sich die Sparguthaben des Landes einem produktiven Nutzen zuführen und nach Effizienzkriterien verteilen. Außerdem kann über die Aktienmärkte in- und ausländisches Investitionskapital zusammengeführt werden, so daß sich in einer späteren Reformphase ein beträchtlicher Teil der Staatsbetriebe privatisieren läßt. An den Börsen wächst ein Stamm von ausgebildeten Revisoren heran, die Unternehmen zuverlässig bewerten und ein leistungsfähiges nationales Informationsnetz für Wirtschafts- und Marktdaten errichten können. Terminbörsen tragen zur Preisstabilität bei und erleichtern aufgrund vorhandener Informationen die Preissteuerung preisgebundener Güter.

Damit hat die chinesische Führung eine erstaunliche Einsicht in die institutionellen Notwendigkeiten der Marktwirtschaft bewiesen und mit einer durchdachten Abfolge von Liberalisierungsschritten den Aufbau der notwendigen Einrichtungen gefördert, ohne jedoch die Preisstabilität und den Lebensstandard der Menschen – und damit die politische Unterstützung für das Reformwerk – zu gefährden. Auch wenn viele Fehler gemacht worden sind, widerlegt der Erfolg der chinesischen Reform die westlichen Anhänger einer wirtschaftlichen Schocktherapie. Die Vorgänge in China haben gezeigt, daß der Weg von einem sozialistischen zu einem marktwirtschaftlichen System nicht notwendigerweise in die soziale Katastrophe führen muß, was man meinen könnte, würde man sich nur auf die wirtschaftlichen Reformansätze in der ehemaligen Sowjetunion und Osteuropa beziehen.

Das Ausmaß der Wirtschaftsreform

Wie bereits dargestellt, wurde die Wirtschaftsreform in China im Gegensatz zu den Schocktherapien Osteuropas schrittweise durchgeführt. Das heißt jedoch nicht, daß sie halbherzig betrieben worden wäre. Als Indiz für das umfassende Ausmaß der chinesischen Reform kann die erfolgreiche Umstellung des Geldmechanismus auf marktwirtschaftliche Gegebenheiten gelten. Bezeichnend ist ferner der Umstand, daß 1992 die überwiegende Mehrheit aller Preise in China freigegeben worden ist. Unterlagen im Jahr 1990 »nur 25,2 % der gesamten landwirtschaftlichen Produkte und 44 % der industriellen Produkte der staatlichen Preiskontrolle, waren es im Jahr 1978 noch 94 % und nahezu 100 %«. 1992 wurden die Konsumgüterpreise und die Werkstoffproduktion »zu über 70 % vom Markt bestimmt«.[16] Sogar die besonders sensiblen Preise landwirtschaftlicher und industrieller Produktionsmittel wurden freigegeben.

Am 1. September 1992 ging Beijing noch weiter und gab die Preise von 626 von zuvor 737 preisgebundenen Produktionsmitteln frei und übertrug die Preiskontrolle von weiteren 22 Produktionsmitteln auf die lokalen Verwaltungen.[17] In der Provinz Guangdong, Vorreiter bei den Reformbemühungen und in der Entwicklung den Provinzen im Landesinneren weit voraus, waren 1992 schon 85–90 % aller Preise marktbestimmt, nur für 32 Güter blieben die Preise administrativ festgesetzt.[18] Dabei hat Beijing einige der sensibelsten Preise bereits freigegeben, so landesweit den Zuckerpreis und in fast der gesamten Küstenregion den Preis für Getreide; die politische Bedeutung dieser Preise wird deutlich, wenn man bedenkt, daß selbst Washington immer noch den Zuckerpreis reguliert, Tokyo den Reispreis (der in Japan achtmal so hoch ist wie auf dem Weltmarkt) und auch Frankreich den Preis vieler Nahrungsmittel. China verfolgt die Strategie, die staatlich kontrollierten Preise nach und nach auf Marktniveau steigen zu lassen. Bis dorthin ist es zwar noch ein weiter Weg, aber Chinas Politik zeigt, daß solche Reformen ohne die in den osteuropäischen Ländern üblichen katastrophalen Folgen durchführbar sind.

Ein Maßstab, an dem sich ermessen läßt, wie weit das sozialistische Wirtschaftssystem bereits zurückgedrängt worden ist, ist der Anteil der Wirtschaftsleistung, der in die Staatskasse fließt. In einer konsequenten sozialistischen Wirtschaft, wie China sie vor Beginn der Re-

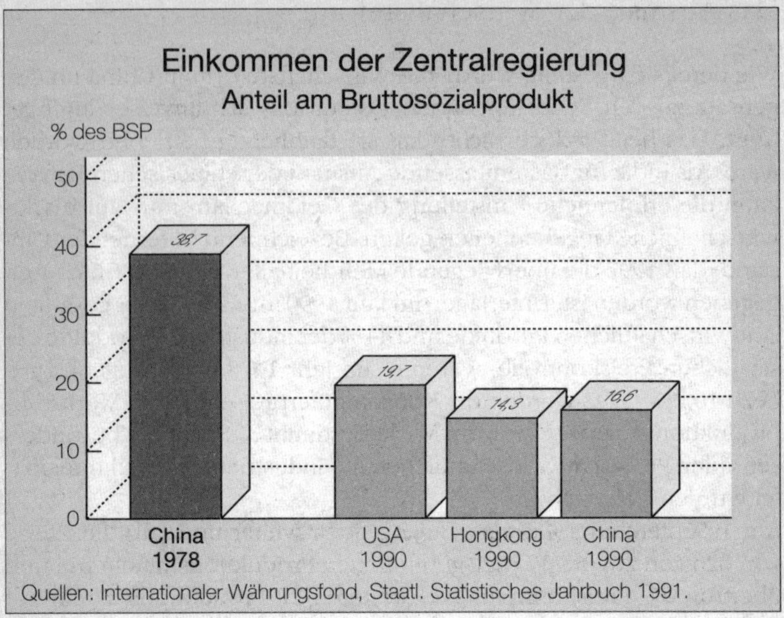

Abb. I-4

formen verkörperte, verwendet die Zentralregierung einen Großteil des Bruttosozialprodukts für ihre eigenen Zwecke. Am anderen Ende der Skala stehen kapitalistische Niedrigsteuer-Länder wie die USA und Hongkong, deren Regierungen weniger als ein Fünftel des Bruttosozialprodukts beanspruchen. Als China 1978 seinen Willen zur Reform bekundete, flossen fast 39 % des chinesischen Bruttosozialprodukts nach Beijing. Zwölf Jahre später ist dieser Anteil auf einen Wert gesunken, der dem Hongkongs vergleichbar ist.[19]

Diese Zahl hat ihre guten wie ihre schlechten Seiten. Zwar hat die Zentralregierung mit ihren einschneidenden Reformmaßnahmen einen Teil ihrer Kontrolle über die Wirtschaft aufgegeben, aber diese Entwicklung scheint sich verselbständigt zu haben. Hätte die Abnahme der Staatsquote bei 20–25 % des Bruttosozialprodukts verharrt, bestünde kein Grund zur Beunruhigung. Es sieht jedoch so aus, als habe die Zentralregierung einen so großen Teil ihrer Steuerhoheit auf die Provinzen übertragen, daß sie heute unter Mittelknappheit leidet.

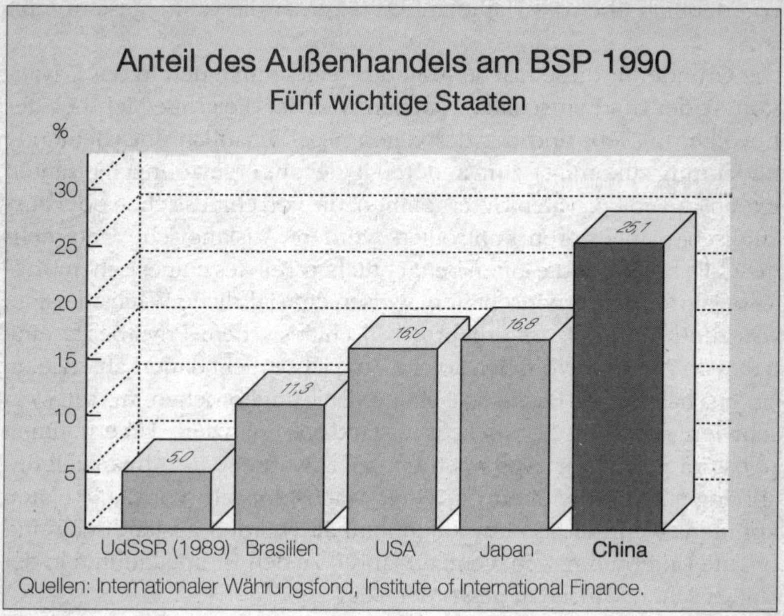

Abb. I-5

Darüber hinaus haben die Provinzen bisher jegliche Steuerreform zu verhindern gewußt, die der Zentralregierung neue Einkommensquellen erschlossen hätte. Die Reform hat sich »heißgelaufen«. Noch sind die dadurch entstehenden Probleme lösbar, eine Zuspitzung dieser Entwicklung könnte jedoch gefährliche Folgen haben.

Wie weit eine Wirtschaft liberalisiert worden ist, läßt sich auch an dem Marktanteil der Staatsunternehmen ablesen. Eingedenk der Tatsache, daß die Volksrepublik bisher kaum Privatisierungen vorgenommen hat, sollte man erwarten, daß dieser Anteil nach wie vor relativ hoch ist. Überraschenderweise aber, definiert man den Begriff Staatsbetrieb sehr eng, erbringen die chinesischen Betriebe nur rund ein Drittel der Wirtschaftsleistung, ein Anteil, der etwa so hoch ist wie in Frankreich oder Italien. Definiert man den Begriff Staatsbetrieb weiter (was wegen der vielfältigen Eigentumsformen in China allerdings leicht zur Willkür führen kann), kommt man zu dem Ergebnis, daß der Anteil an der Gesamtwirtschaft in der Reformperiode

von deutlich über der Hälfte auf etwas unter die Hälfte geschrumpft ist.
Die Gründe für diese rasche Abnahme sind zum einen in der Privatisierung der Landwirtschaft zu suchen (von der die große Mehrheit der Bevölkerung lebt und der deswegen gesellschaftlich entscheidende Bedeutung zukommt), zum anderen in der außergewöhnlich rasanten Expansion von privaten Unternehmen, die von chinesischen oder ausländischen Investoren kontrolliert werden. Ausländische Unternehmen, die bereits heute einen beträchtlichen Teil des chinesischen Bruttosozialprodukts erwirtschaften, weisen eine jährliche Wachstumsrate von rund 50 % auf, Unternehmen in chinesischem Privatbesitz eine Rate von 24 %. Obwohl sich solche Zuwächse nicht dauerhaft erzielen lassen, hält dieser Boom seit einiger Zeit ungebrochen an, selbst in schwierigen Zeiten. So wuchsen ausländisch finanzierte Unternehmen selbst im Krisenjahr 1989 noch um 43 %, während sich finanziell unabhängige Unternehmen bei einer Wachstumsrate von 24 % halten konnten. Wenn diese Entwicklung anhält, werden ausländische und private Unternehmen in wenigen Jahren zu den Hauptakteuren in der chinesischen Wirtschaft geworden sein.
China hat sich dem Ausland gegenüber bemerkenswert weit geöffnet. Zu Beginn der Reform war die chinesische Wirtschaft weitgehend autark und trieb wenig Handel. Wie das Schaubild auf S. 31 verdeutlicht, hat China, wenn man das Bruttosozialprodukt als Meßlatte anlegt und den Anteil des Außenhandels am Bruttosozialprodukt in Prozentpunkten errechnet, Japan weit hinter sich gelassen.

Der Umfang der chinesischen Volkswirtschaft

Die Feststellung, daß der Anteil des Außenhandels an der Gesamtwirtschaft in China größer ist als in Japan oder in den USA, ist fragwürdig. Da man die chinesischen Außenhandelszahlen mit einiger Verläßlichkeit kennt (wenn die chinesischen Exporte in ein bestimmtes Land mit den entsprechenden Importzahlen des Ziellandes verglichen werden, stimmen die Angaben im großen und ganzen überein), müssen die Gründe für die Diskrepanz in den Angaben zum chinesischen Bruttosozialprodukt zu finden sein. In der Tat ergeben sich beim Vergleich der Bruttosozialproduktangaben von Entwicklungsländern mit denen von Industrieländern üblicherweise Schwierigkeiten. Während in der ehemaligen Sowjetunion die Größe der Volkswirtschaft stark übertrieben dargestellt wurde, sind die Angaben bezüglich Chinas Bruttosozialprodukt in den offiziellen Statistiken stark untertrieben. Wenn man das chinesische Bruttosozialprodukt pro Kopf mit demjenigen Thailands gleichsetzt, sinkt der Anteil des Außenhandels am chinesischen Bruttosozialprodukt zwar unter den Vergleichswert für die USA ab, liegt aber immer noch erheblich über dem der ehemaligen Sowjetunion. Auch etliche andere statistische Angaben über die Volkswirtschaft Chinas erscheinen realistischer, geht man davon aus, daß der Umfang der chinesischen Volkswirtschaft in den offiziellen Statistiken untertrieben dargestellt wird. Das Schaubild auf S. 31 enthält also zwei positive Nachrichten. Zum einen hat sich die chinesische Wirtschaft sehr rasch nach außen geöffnet, zum anderen ist die Volkswirtschaft des Landes allem Anschein nach um einiges größer als bisher angenommen. Über die genauen Daten können wir jedoch nur Vermutungen anstellen.

Lawrence Summers, der Chefvolkswirt der Weltbank, legt anstatt der offiziellen chinesischen Preise die Kaufkraftparität zugrunde und kommt dabei zu dem Ergebnis, daß das chinesische Pro-Kopf-Einkommen bei ungefähr einem Zehntel des amerikanischen Pro-Kopf-Einkommens liegt, mithin also rund 2500 Dollar statt der offiziellen 400 Dollar beträgt. Eine australische Studie ergab, daß sich die durchschnittliche Lebenserwartung in China mit 70 Jahren nicht mit dem Durchschnitt von 56 Jahren für andere Länder deckt, die ebenso arm sind, wie China es nach eigenen Angaben ist, sondern eher der Südkoreas entspricht (durchschnittliche Lebenserwartung 71 Jahre bei einem jährlichen Pro-Kopf-Einkommen von 6000 Dollar). Die Ernährungsgewohnheiten in der Volksrepublik entsprechen weitgehend denen in Taiwan, wo das Pro-Kopf-Einkommen bei ungefähr 1200 Dollar liegt. Im Rahmen derselben Studie wurde gezeigt, daß der internationale Marktwert einiger ausgewählter Rohstoffe und Konsumgüter in China sich zu einer Summe addiert, die dem gesamten angegebenen Bruttosozialprodukt entspricht.[20]

Nach offiziellen Statistiken beurteilt, entspricht der Lebensstandard Chinas dem Indiens. Jeder, der nur entfernt vertraut ist mit beiden Ländern, kann bestätigen, daß es den Chinesen deutlich besser geht als den Indern. Einige Unternehmen, die in der chinesischen Küstenregion Konsumgüter vertreiben, haben ein Kaufverhalten festgestellt, das typischerweise einem Land zuzuordnen ist, dessen Einkommensniveau das Vierfache des amtlichen chinesischen Einkommensniveaus beträgt. Wenn dem so ist, dann wäre es angebracht, das chinesische Bruttosozialprodukt pro Kopf drei- bis viermal über dem Wert offizieller Statistiken zu veranschlagen. Der Verfasser dieses Buches setzt nach ausgedehnten Reisen in China und den benachbarten asiatischen Staaten den Lebensstandard in China gleich mit dem in Thailand, obwohl in den offiziellen thailändischen Statistiken das dortige Pro-Kopf-Einkommen als viermal so hoch ausgewiesen wird als das chinesische. In beiden Ländern finden sich Gebiete extremer Rückständigkeit und Gebiete relativen Fortschritts, im Durchschnitt aber scheint der Lebensstandard der Menschen vergleichbar zu sein. Das Pro-Kopf-Einkommen in Thailand liegt bei rund 1800 Dollar. Aufgrund dieser Daten gelangt man zu einem jährlichen chinesischen Pro-Kopf-Einkommen zwischen 1500 und 1800 Dollar, eine Einschätzung, die von vielen Beobachtern der chinesischen Wirtschaft geteilt wird. Sie liegt damit sogar noch unter den 2500 Dollar, auf die Lawrence Summers das chinesische Pro-Kopf-Einkommen geschätzt hat.[21]

Die offiziellen Angaben weichen von der tatsächlichen chinesischen Produktionskapazität und dem Lebensstandard der Bevölkerung ab. Ursache dafür sind die im sozialistischen Wirtschaftssystem künstlich niedrig gehaltenen Preise sowie die unterschiedliche Bewertung einzelner Produkte nach Preisen in entwickelten und sich erst entwikkelnden Gesellschaften. Im Juni 1992 gab ein Stadtbewohner durchschnittlich 1 Dollar (oder umgerechnet 7,4 Renminbi[22]) für Miete aus, auf dem Land lag der Betrag noch darunter. Wenn die Wohnungen auch sehr bescheiden sind, so muß man die Mietpreise doch auf ein Mehrfaches dieses Wertes ansetzen, will man eine vernünftige Basis für den internationalen Vergleich schaffen. Gleiches gilt für die monatlichen Durchschnittskosten in den Städten, die für Nahrung mit 10 $ angegeben werden, für Kleidung mit 3 $, für Haushaltsgeräte und Dienstleistungen mit 2 $, für Ausbildung und Freizeit mit 1 $, für Krankenversorgung und öffentlichen Transport mit jeweils 50 Cents sowie für alle anderen Güter und Dienstleistungen mit 1 $.[23] Amtliche Statistiken werden durch solche Preisangaben ebenso verfälscht wie durch die Nichtberücksichtigung des bedeutenden marktwirtschaftlich organisierten Bereichs.

Die Größe der Volkswirtschaft ist für die Beurteilung der künftigen weltwirtschaftlichen und weltpolitischen Rolle eines Staates von ausschlaggebender Bedeutung. Wenn Summers recht hat, wird die chinesische Wirtschaft vom Volumen her die US-Wirtschaft in etwa elf Jahren überflügeln. Wenn dagegen der Vergleich mit Thailand zutrifft, wird dies noch eine Generation dauern. Aber was ist schon eine Generation in den Zeitläufen der Weltpolitik? Japans spektakulärer Aufstieg zur Weltmacht innerhalb der letzten Jahrzehnte beweist, wie schnell wirtschaftlicher Erfolg in politischen Einfluß umgemünzt werden kann. Die Berechnungen lassen erwarten, daß China als potenter Anbieter und Nachfrager auf vielen Gebieten die Weltmarktpreise entscheidend mitbestimmen und einen starken Einfluß auf die benachbarten Volkswirtschaften ausüben wird. Entsprechend wird das Land es sich erlauben können, sein Militär zu weltpolitischer Bedeutung aufzurüsten.

Probleme der chinesischen Wirtschaftsreform

Eine kommunistische Gesellschaft, die das Wagnis einer grundlegenden Reform eingeht, sieht sich einer Vielzahl von schwerwiegenden Problemen gegenüber. Die Liberalisierung der Wirtschaft kann bei wachsenden Importen und zunehmendem Kapitaltransfer ins Ausland zu einem akuten Devisenmangel führen. Die Freigabe der Preise kann die Inflation anheizen. Angesichts fortdauernder Verluste der Staatsunternehmen drohen katastrophale Haushaltsdefizite. Bei den von den Reformen stark betroffenen sozialen Gruppen kann es zu Unruhen kommen. Politische Führer, die die Reformziele entweder aus ideologischen Gründen oder aus Angst vor Machtverlust ablehnen, werden herausgefordert. Mit einigen dieser Probleme hatte China bereits zu kämpfen, und die Art und Weise, wie die politische Führung auf sie reagierte, gestattet grundsätzliche Einblicke in die chinesische Reformstrategie.

Kreditwürdigkeit

Die Liberalisierung einer zentralgesteuerten Wirtschaft birgt Risiken für die Kreditwürdigkeit des Landes. Während einerseits eine Importflut droht, ist andererseits der Kapitalflucht Tür und Tor geöffnet.

Kreditwürdigkeit: Ende 1991

Gesamtverschuldung	66,8 Milliarden US-$	
Kurzfristige Verbindlichkeiten	(13,2)	
Devisenreserven	(43,7)	
Goldreserven	(4,5)	
Nettoverschuldung	5,4	
Kreditkriterien		In Ordnung wenn:
Schuldendienstquote	12,0%	unter 20%
Importabdeckung	9 Monate	mehr als 3 Monate
Nettoverschuldung / Exporte	7,5%	weniger als 100%
Mittel- und langfristige Verbindlichkeiten / Bruttosozialprodukt	14,5%	weniger als 100%

Quellen: Internationaler Währungsfond, Institute of International Finance.

Abb. I-6

In einer Art Dominoeffekt kann der Kollaps von Staatsunternehmen und Banken immer neue Zusammenbrüche nach sich ziehen, die den Devisenvorrat und die finanziellen Reserven des Landes aufzehren. Auf politischer Ebene können Reformen nicht nur Folge, sondern selbst Auslöser von Krisen sein, die unter bestimmten Umständen zum Bankrott des gesamten Gemeinwesens führen. Eben diese Gründe waren dafür verantwortlich, daß die ehemalige Sowjetunion und die meisten osteuropäischen Länder nicht mehr fähig waren, ihre Auslandsschulden zu begleichen.

Im Gegensatz dazu zeigt sich die chinesische Devisenpolitik ausgesprochen konservativ. So hat sich die Führung nach 1949 fast durchgängig geweigert, Schulden zu machen, um die Unabhängigkeit der Volksrepublik nicht zu gefährden. Diese Politik wurde seit 1979 zwar etwas gelockert, muß aber immer noch als sehr restriktiv bezeichnet werden.

Chinas Verschuldung belief sich Ende 1991 auf 66,8 Milliarden Dollar[24] – eine für ein Entwicklungsland auf den ersten Blick gewaltige Summe, obwohl in einer Weltwirtschaft, in der nicht wenige Länder mit dreistelligen Milliardenbeträgen belastet sind, mancher selbst eine solche Summe nur mit einem Achselzucken registrieren wird. 13,2 Milliarden Dollar entfielen auf kurzfristige Verbindlichkeiten von unter einem Jahr Laufzeit, die zur Absicherung laufender Geschäfte dienen und sich mit deren Abschluß erledigen. Üblicherweise werden sie – falls es keine Hinweise auf generelle finanzielle Schwierigkeiten gibt – nicht in die Bewertung der Bonität eines Landes einbezogen. Damit reduziert sich die chinesische Schuldenlast auf 53,6 Milliarden Dollar, denen Devisenreserven in Höhe von 43,7 Milliarden Dollar und Goldreserven im Wert von 4,5 Milliarden Dollar gegenüberstehen.[25] Die Nettoverschuldung Chinas belief sich Ende 1991 also auf 5,4 Milliarden Dollar – ein bescheidener Betrag für ein Land mit derart schnell wachsender Wirtschaft.

Ohnehin kann an der Höhe der Verschuldung die Fähigkeit eines Landes, die Schulden zu begleichen, nur grob abgelesen werden. Mehr über seine Zahlungsfähigkeit sagt der Anteil der jährlichen Exporteinnahmen aus, der für den Schuldendienst aufgewandt werden muß. In Bankkreisen gilt ein Land allgemein als kreditwürdig, wenn es dafür nicht mehr als 20 Prozent seiner Exporterlöse bereitstellen muß. Diese sogenannte Schuldendienstquote zugrunde gelegt, ist China mit 12 Prozent weiterhin ausgesprochen kreditwürdig.

Eine weitere Möglichkeit, die Kreditwürdigkeit eines Landes zu bewerten, besteht darin, nach seinen Devisen- und Goldreserven zu fragen: Reichen sie aus, um eine Krise (etwa eine weltweite Rezession, Wirtschaftssanktionen oder auch Verluste von Exportmärkten aufgrund einer politischen Krise im In- oder Ausland) meistern zu können? China hat, wie bereits erwähnt, umfangreiche Gold- und Devisenreserven. Weltweit wird es von nur fünf Ländern übertroffen: Taiwan, Japan, Deutschland, den USA und Spanien.[26] In Bankkreisen gilt ein Land dann als kreditwürdig, wenn seine Reserven ausreichen, die durchschnittlichen Importe von wenigstens drei Monaten zu finanzieren. Chinas Reserven reichen für neun Monate.

Zwei weitere Kriterien beziehen sich auf die Verschuldung und die Nettoverschuldung. Banken reagieren nervös, wenn die Gesamtverschuldung (mit Ausnahme der kurzfristigen Verbindlichkeiten) das Bruttosozialprodukt übersteigt oder wenn die Nettoverschuldung die

Gesamtexporterlöse übertrifft. China besteht auch diese Prüfung glänzend (mit 7,5 beziehungsweise 14,5 Prozent).
Die konservative Finanzpolitik der Führung in Beijing hat, wie die ihrer Gegenüber in Taipeh, tiefe historische Wurzeln. Das chinesische Schulden- und Inflationstrauma in den dreißiger und vierziger Jahren übertraf noch den Schock, den die Weltwirtschaftskrise in Deutschland auslöste. Die Generation, der sich dieses Erlebnis unauslöschlich eingeprägt hat, sitzt noch immer an den Schalthebeln der Macht. In Beijing stehen also äußerst vorsichtige Liberale in Konkurrenz zu gemäßigten Reformern, die noch zurückhaltender sind, und überzeugten Sozialisten, die erst recht möglichst wenig Schulden machen wollen und statt dessen möglichst hohe Rücklagen anstreben. Den Radikalen schließlich, deren Einfluß inzwischen allerdings gering ist, ist der Gedanke an jegliche Auslandsverschuldung unerträglich. So betrachtet letztlich jede Fraktion in Beijing Auslandsschulden als eine Art moralische Schuld. Entsprechend wurde noch jede Verpflichtung erfüllt, die der chinesische Staat eingegangen oder die staatlich abgesichert war, wenn auch in einigen Fällen lange und erbitterte Gerichtsverhandlungen vorausgingen.
Wie sich gezeigt hat, halten die verschiedenen Fraktionen innerhalb der chinesischen Führung selbst unter starkem politischem Druck an ihrem finanzpolitisch restriktiven Kurs fest. So rückte die Regierung auch nach den Vorfällen auf dem Platz des Himmlischen Friedens nicht von ihrem antiinflationären Sparprogramm ab. In den meisten Ländern genügt der Regierung schon eine anstehende Wahl, um jedes gesunde finanzpolitische Management über Bord zu werfen. In China ging 1989 die Inflation noch während der Krisenzeit zurück, und die Bankreserven wuchsen. Trotz der angespannten Situation verfolgte Beijing eine kluge Wirtschaftspolitik und widerstand der Versuchung, sich innenpolitischen Frieden durch die Wirtschaft belastende Wohltaten an das Volk zu erkaufen, wie dies wohl in anderen Ländern in vergleichbarer Situation geschehen wäre. Das ist eine für die asiatischen Wirtschaftswunderländer nicht untypische Entwicklung, wie das Beispiel Südkoreas zeigt, wo die Führung 1980 bei hoher Inflation und innenpolitischen Unruhen ebenfalls an ihrer Stabilitätspolitik festhielt.
Chinas finanzielle Lage mit der der ehemaligen Sowjetunion und osteuropäischer Staaten zu vergleichen, ist sehr lehrreich. Die Unfähigkeit der ehemaligen Sowjetunion, ihre Auslandsschulden zu beglei-

chen, läßt sich auf den Zusammenbruch der Sowjetwirtschaft und die politische Zersplitterung des Riesenreiches zurückführen. China hingegen hat seinen Militärhaushalt drastisch zusammengestrichen und war nach Ungarn der erste kommunistische Staat, dem es gelang, eine Liberalisierungspolitik in Gang zu setzen, ohne das Land gleichzeitig in eine politische und ökonomische Krise zu stürzen.

Chinas Situation unterscheidet sich ferner grundsätzlich von der Polens, wo sich die politische Opposition der (erfolgreichen) Taktik verschrieben hatte, die Wirtschaft weitgehend lahmzulegen. Der chinesischen Opposition dagegen erschien dieses Mittel als nicht sehr vielversprechend. Es mangelte bereits an einer starken Gewerkschaftsorganisation, mit der sich eine solche Strategie hätte erfolgreich in die Tat umsetzen lassen. Wichtiger noch war, daß die polnische Opposition gegen eine Regierung kämpfte, die ihrer Meinung nach im Sold Moskaus stand. Die chinesische Führung aber ist ein hausgemachtes Phänomen. Zudem würde eine Wirtschaftssabotage gerade jene Teile der Bevölkerung am härtesten treffen, die noch immer nahe dem Existenzminimum dahinvegetieren. In der Küstenregion, wo die Menschen erstmals seit langer Zeit wieder ein wenig Wohlstand genießen, würde eine Konfliktstrategie auf so großen Widerstand stoßen, daß sie von vornherein zum Scheitern verurteilt wäre.

China läßt sich auch nicht mit dem ehemaligen Jugoslawien vergleichen, wo es nicht gelang, Außenhandel und Kapitalströme zu kontrollieren. Das Land blutete lange vor dem eigentlichen Zerfall des Staates finanziell aus. China dagegen hat wiederholt seine Fähigkeit demonstriert, das Importvolumen bei gleichzeitiger Ausweitung der Exporte zu beschränken und Kontrollen über den Kapitalverkehr mit dem Ausland zu verhängen. Wie man die Meßlatte auch ansetzt, China nimmt im Vergleich mit diesen Ländern eine Sonderstellung ein.

Inflation

Die offensichtlichste Gefahr für ein sozialistisches Land auf Reformkurs besteht darin, daß auf die Freigabe der Preise eine Hyperinflation folgt. Auf den ersten Blick scheint das sogar unvermeidlich, haben doch die meisten dieser Länder die Preise für Konsumgüter des täglichen Bedarfs auf einem Bruchteil ihres Marktwertes eingefroren und in manchen Fällen über Jahrzehnte hinweg nicht verändert. Auch China ist gegen dieses Problem nicht immun und hat erst gegen Ende der ersten Reformdekade zu einem wirksamen Konzept gefunden. Anfänglich folgte Beijing einer Strategie der schrittweisen Preisliberalisierung, was unter den gegebenen Umständen durchaus sinnvoll war. Typisch dafür mag die Preisentwicklung für Fisch in der Provinz Guangdong sein. Ursprünglich kostete er 40 Fen (also 0,4 Renminbi), wobei die Nachfrage das Angebot überstieg. Nach der Freigabe stieg der Preis zwar bis auf 2 Renminbi, aber der höhere Preis führte zu einem Überangebot auf den Märkten, bis sich bei 80 Fen Angebot und Nachfrage stabilisierten. Die Strategie bestand also darin, einerseits ein gewisses Maß an Inflation zu akzeptieren, andererseits die Teuerung über einen längeren Zeitraum zu strecken.

Ende der achtziger Jahre sollte sich zeigen, daß diese Strategie auf Dauer unbefriedigend ist. Zu dieser Zeit nämlich hatte die Preisliberalisierung im Verein mit einem hohen Wachstum der Kreditmenge (bei stark subventionierten Zinssätzen) und einigen anderen Faktoren zu einem Nachfrageüberhang und einer inflationären Grundstimmung geführt. Im Jahr 1988 stiegen die Preise um 18,5 und 1989 um 17,8 Prozent, wobei die Inflationsrate in den größeren Städten zum Teil mehr als doppelt so hoch lag. Die um sich greifende Unzufriedenheit mit dieser Entwicklung war eine der Ursachen, die zu den Demonstrationen auf dem Platz des Himmlischen Friedens führten.

Inzwischen setzt Beijing die im Westen entwickelten Methoden der marktwirtschaftlichen Inflationsbekämpfung ein. Wenn es gelingt, die Geldmenge zu kontrollieren[27], dann sollte es möglich sein, das allgemeine Preisniveau zu steuern. Eine Inflation nährt sich von Geld. Das Geheimnis der Antiinflationspolitik in einer Reformwirtschaft besteht nicht darin, die Freigabe der Preise auszusetzen, sondern die Geldmenge zu begrenzen. Konsequenterweise erlegte sich die Regierung in Beijing Haushaltsbeschränkungen auf, unternahm Schritte, um das Kreditmengenwachstum direkt zu kontrollieren, wandelte Bankdarlehen von Zuschüssen in verzinsliche Darlehen um und regte die Entstehung eines Rentenmarktes an. Mit der Einführung verzinslicher Darlehen verteuerte sie die Kredite und schuf ein System, das es erlaubte, durch die Festlegung der Zinssätze das Kreditmengenwachstum indirekt zu kontrollieren. Der Rentenmarkt entwickelte sich sehr schnell, und die Regierung gab hochverzinsliche Anleihen

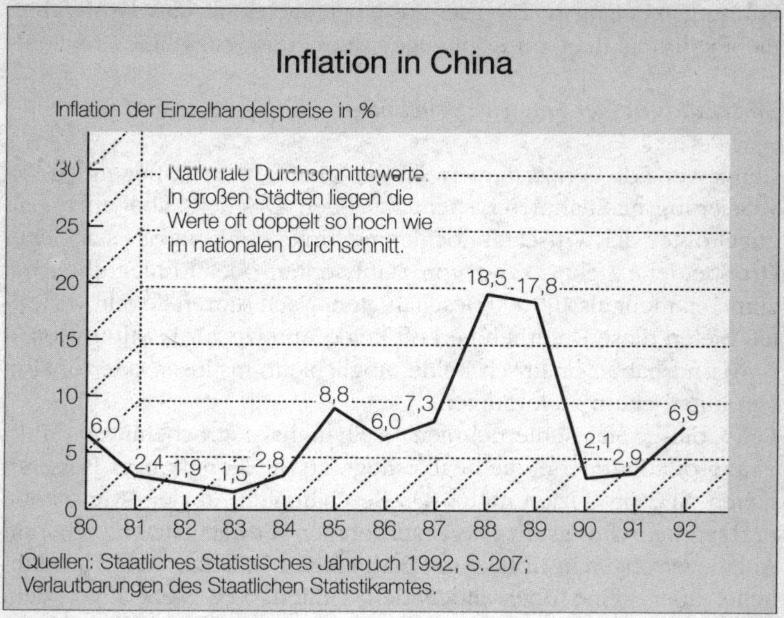

Abb. I-7

aus, um das überschüssige Geld zu binden. Prompt sank die Inflationsrate deutlich ab.

Jeder Manager einer westlichen Zentralbank wird bezeugen können, daß es zur dauerhaften Inflationskontrolle keineswegs ausreicht, über die richtige Theorie zu verfügen und die richtigen Instrumente einzusetzen. Chinas finanzpolitische Maßnahmen sind noch lange nicht ausgereift, und die Führung ist noch nicht erfahren genug, um zu wissen, wie weit sie die Wirtschaft anheizen kann, ohne eine exzessive Inflation zu provozieren. Im Jahr 1992 schienen die Wirtschaftslenker in Beijing die Kontrolle über die Kreditvergabe in den Provinzen verloren zu haben: Das Geldmengenwachstum schnellte auf die bedenklich hohe Rate von 30 Prozent und ließ die Angst vor einer ernsten Inflation wiederaufleben. China wird wohl noch einige Zeit mit dem Auf und Ab seiner Inflationsrate leben müssen. Doch das Land hat sich gewissermaßen monetäre Bremsen zugelegt und sie bereits erfolgreich getestet. Die Frage lautet jetzt vor allem, um im Bild zu bleiben, ob die

Führung in Beijing die Bremsen so zu betätigen lernt, daß die Mitfahrer nicht jedesmal mit dem Kopf gegen die Windschutzscheibe prallen.

Verschuldung der Staatsunternehmen

China war, wie bereits dargestellt, gut beraten, von umfassenden Privatisierungsmaßnahmen bisher abzusehen. Das heißt aber auch, daß ein Großteil der Wirtschaft noch immer unter der Kontrolle staatlicher Großbetriebe steht – etwa von Stahlwerken oder Kohlegruben mit zum Teil mehr als 100 000 Beschäftigten. Nach starren Regeln verwaltet, bieten diese Unternehmen oft keine Anreize zur Leistungssteigerung und haben praktisch keine Möglichkeit, lustlosen oder unfähigen Mitarbeitern zu kündigen.
Eines dieser Staatsunternehmen ist Shanghai Petrochemicals (SPC), eine große Raffinerie, die beabsichtigt, an die Hongkonger Börse zu gehen. SPC produziert mit 60 000 Beschäftigten Äthylen, Kunststoffe und synthetische Fasern. Das Unternehmen verfügt über ein Sach- und Anlagevermögen in Höhe von 1,3 Milliarden Dollar. Das sind ansehnliche, aber keine überwältigenden Zahlen. SPC steht unter dem Zwang, alle Arbeitskräfte ohne Rücksicht auf ihre Leistung weiterzubeschäftigen, und muß darüber hinaus für die Ausbildung ihrer Kinder sorgen. So gehören zu dem Unternehmen auch eine Grundschule, eine weiterführende Schule und eine technische Oberschule. Da es auch für die Krankenversorgung der Angehörigen zuständig ist, beschäftigt es 2000 Ärzte, Krankenschwestern und -pfleger. Zudem muß SPC auch für die Renten der Betriebspensionäre aufkommen. In der Arbeitersiedlung, weitgehend auf Firmengelände errichtet, sorgt eine eigene Polizeitruppe für Sicherheit, und SPC-Sozialtherapeuten helfen bei Ehestreitigkeiten. Betriebskader der Kommunistischen Partei erteilen Staatskundeunterricht – der Besuch ist Pflicht – und kümmern sich um politische Zuverlässigkeit im Arbeitsleben. Noch bis vor kurzem erhielt SPC Quoten zum verbilligten Einkauf von Rohstoffen zugeteilt und sah sich keiner Konkurrenz gegenüber. Doch in Zukunft wird das Unternehmen Marktpreise bezahlen und sich gegen Konkurrenten durchsetzen müssen. Im Gegensatz zu vielen anderen staatlichen Betrieben jedoch erwirtschaftet SPC einen Überschuß, und dem Unternehmen wird allgemein die Fähigkeit zugesprochen, nach der Börseneinführung Investoren aus Hongkong anzuziehen.[28]

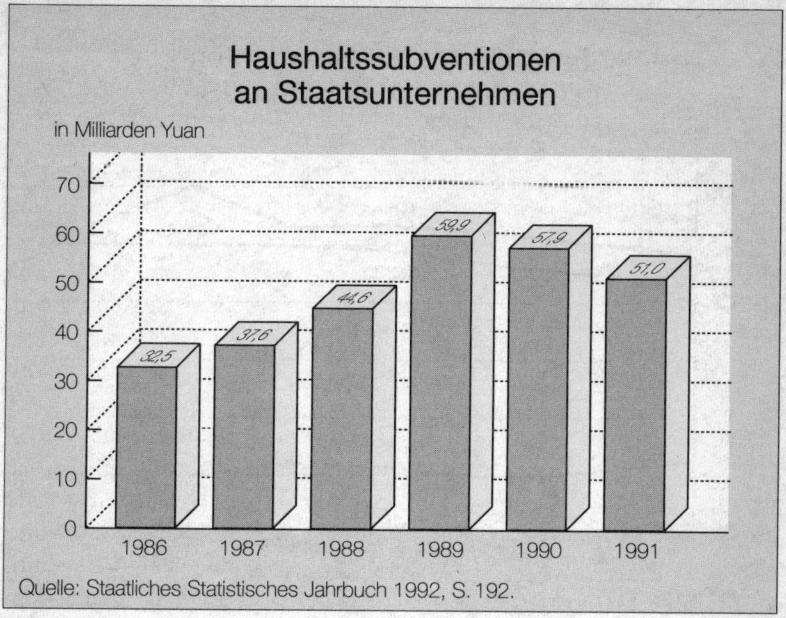

Abb. I-8

Die sozialen Verpflichtungen lassen die Unternehmen wie das Traumgebilde eines westlichen Sozialreformers erscheinen, hindern die Betriebsleiter aber daran, sich wie ihre Kollegen im Westen mit voller Kraft auf eine möglichst effiziente Produktion zu konzentrieren, und beschränken ihre Möglichkeiten, Stellen abzubauen und die Unternehmen zu reorganisieren. Gleichzeitig kann es sich die Regierung kaum leisten, eine große Zahl solcher Unternehmen einfach in Konkurs gehen zu lassen. Viele Amerikaner erinnern sich noch lebhaft daran, wie ganze Städte im Mittleren Westen der USA bankrott gingen, als die Konkurrenz aus Japan Stahlwerke und Automobilfirmen in den Ruin trieb. Eine solche Politik würde in China sehr viel dramatischere Konsequenzen nach sich ziehen, weil zusammen mit den Staatsunternehmen die Sozialleistungen wegfallen würden, die in den USA vom Staat bereitgestellt werden.

Wie das vorangehende Schaubild zeigt, erwirtschaften die chinesischen Staatsunternehmen erhebliche Defizite, die gegen Ende der acht-

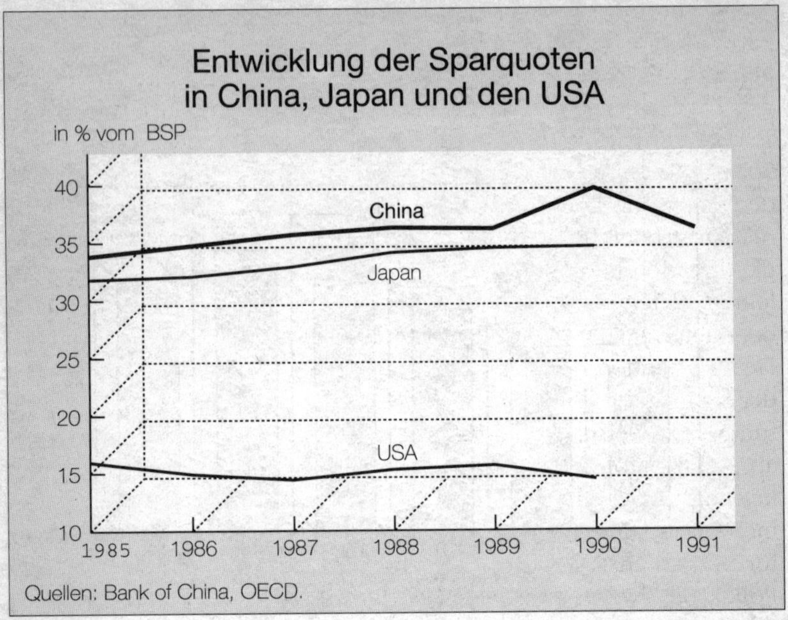

Abb. I-9

ziger Jahre stark anstiegen. Der Rückgang in jüngster Zeit darf nicht als Zeichen einer Entspannung gedeutet werden. Vielmehr erhielten viele der in der Verlustzone wirtschaftenden Staatsunternehmen immer höhere »Darlehen« von staatlich kontrollierten Banken, die in Wahrheit versteckte Subventionen sind, die niemals zurückgezahlt werden. Wahrscheinlich sind die Defizite der staatlichen Unternehmen noch größer, als es die amtlichen Statistiken vermuten lassen. Das liegt weniger an Verschleierungsversuchen der offiziellen Stellen als vielmehr an der Möglichkeit vieler Unternehmen, dank unzureichender Buchhaltungs- und Rechnungskontrollsysteme und leicht zu beschaffender Kredite Verluste auf lange Zeit hinaus zu kaschieren.[29] Die Defizite der Staatsunternehmen führen zu einer doppelten Belastung, indem sie weitere Löcher in Beijings Haushalt reißen und sich zudem als »faule Kredite« in den Bilanzen der Banken niederschlagen. Im Vergleich zu dem Gesamtumfang solcher »Kredite« nehmen sich die Schulden der amerikanischen Spar- und Kreditkassen geradezu zwergenhaft aus.

Nur die hohe Sparquote Chinas, weltweit übrigens eine der höchsten, hat es der Regierung bisher erlaubt, dieses Problem zu vernachlässigen. So wie es Japan möglich war, mit Hilfe seiner hohen Spareinlagen ein Haushaltsdefizit, das einst über dem der USA lag, zu finanzieren, vermag auch China aufgrund der außergewöhnlich hohen Sparquote die Defizite der Staatsunternehmen auf lange Sicht abzudecken, wenn auch nicht bis in alle Ewigkeit. Auch hier spielt der neu aufgebaute Rentenmarkt eine entscheidende Rolle. Von der Regierung, den Banken und einzelnen Unternehmen ausgegebene Anleihen stellen einen Mechanismus dar, mit dem sich diese dringend benötigten Spargelder abschöpfen lassen.
Heftig gestritten wird noch über die Art und Weise, wie das Problem der Staatsunternehmen im Detail gelöst und welcher Zeitrahmen dafür gesetzt werden sollte. Eine grobe Richtung zeichnet sich bereits ab. Anfangs folgte China dem Beispiel der USA im Umgang mit Banken, die in Schwierigkeiten geraten waren, und schloß marode Firmen mit gesunden Unternehmen zusammen, die die Verantwortung für die Außenstände und Beschäftigten übernehmen mußten. Diese Politik hat zwar die Produktivität der Staatsunternehmen im Durchschnitt erhöht, letztlich das Problem aber nur vertagt. Wie die USA scheute auch China bisher davor zurück, staatliche Unternehmen im großen Stil stillzulegen. Zwar hat sich das Land vor einigen Jahren ein Konkursgesetz gegeben, aber nur rund 300 Unternehmen haben seitdem Konkurs angemeldet. Statt dessen werden immer mehr Firmen, für deren Erzeugnisse sich kein Markt findet, gezwungen, ihre Produktion herunterzufahren. Gleichzeitig werden einer ganzen Reihe von Unternehmen, die in der Verlustzone wirtschaften, von heute auf morgen staatliche Zuwendungen entzogen. Viele Betriebe sind so aus wirtschaftlicher Erwägung und weniger wegen expliziter Direktiven der Zentralregierung zu Joint-ventures mit Privatunternehmen oder ausländischen Investoren gezwungen. Dazu kommt die Notwendigkeit, mit heimischen Unternehmen zu konkurrieren, die sich unter marktwirtschaftlichen Bedingungen entwickelt und am Markt etabliert haben und schließlich zu großen Industriekonzernen geworden sind. Unter diesen Umständen haben die Staatsunternehmen ein lebhaftes Interesse, mit ausländischen Investoren zu kooperieren. Ein Joint-venture mit einer ausländischen Firma reduziert den Steuersatz von 55 auf 30 Prozent, hinzu kommen oftmals großzügige

Steuerfreibeträge. Dabei geht der Trend dahin, in solchen Joint-ventures die privaten oder ausländischen Teilhaber dominieren zu lassen. In Vorbereitung auf diesen Schritt wandeln sich immer mehr Staatsunternehmen in Aktiengesellschaften um. Das eröffnet ihnen die Möglichkeit, Anteile an ihrem Unternehmen an jede juristische Person in China zu veräußern. Nachdem anfänglich vor allem andere Staatsunternehmen Anteile erwarben, treten jetzt auch immer mehr Privatunternehmen und Einzelpersonen als Käufer auf. So ist es inzwischen keineswegs mehr ungewöhnlich, daß sich bis zu 49 Prozent eines Staatsunternehmens in freiem Besitz befinden, und in einigen Fällen halten private Eigner sogar bis zu 70 Prozent der Anteile. Die meisten dieser Gesellschaften sind an keiner Börse registriert, so daß die Transaktionen privat abgewickelt werden. Da dieser Prozeß niemals offiziell als Lösung der Privatisierungsfrage deklariert worden ist, bleibt es unklar, in wieweit er in Beijing geplant wurde oder sich eher spontan entwickelt hat. Auf jeden Fall aber fügt sich die Entwicklung nahtlos in die Vorstellungen der neuen Führungsgeneration ein.

Es sind vor allem indirekte Anstöße, die auf die Staatsunternehmen einwirken. Die zunehmende Freigabe von Preisen zwingt sie, sich mehr und mehr mit ökonomischen Rahmenbedingungen auseinanderzusetzen, statt wie bisher auf dem üblichen bürokratischen Weg Zuteilungen zu erwirken. Die Möglichkeit, daß auf dem privaten Markt verkauft wird und Gewinne an die Belegschaft weitergegeben werden, motiviert die Mitarbeiter. Am wichtigsten aber ist der Einbruch dörflicher und kleinstädtischer Unternehmen in die Märkte der Staatsunternehmen, der zu einer Verschärfung der Konkurrenzsituation auf allen Ebenen führte. Diese neuen Unternehmen, zur einen Hälfte in privater, zur anderen Hälfte in der Hand lokaler Verwaltungseinheiten, haben meist klein angefangen. Üblicherweise konzentrieren sie sich in der Leichtindustrie. Entscheidend ist nicht ihre Besitzstruktur, sondern die Tatsache, daß sie aufgrund unternehmerischer Initiative und nicht aufgrund planwirtschaftlicher Vorgaben entstanden sind und ohne staatliche Unterstützung auskommen müssen, wenn sie in Schwierigkeiten geraten. Deshalb verhalten sie sich ausgesprochen konkurrenzorientiert und setzen sich überall dort fest, wo nach der Aufhebung der von den Staatsunternehmen kontrollierten Monopolmärkte Lücken entstehen.

Als Folge dieser Initiativen ist die Produktivität des Staatssektors kon-

tinuierlich gestiegen.[30] Das bedeutet keineswegs, daß damit der Königsweg für die Privatisierung gefunden sei oder daß auf eine umfassende Privatisierung verzichtet werden könnte. Aber wie auch in anderen Bereichen der Wirtschaft hat Chinas vorsichtige Reformpolitik neue Möglichkeiten geschaffen und alte Übel entschärft. Wenn das Land auf diesem Weg weiter voranschreitet, könnte es dem Teufelskreis entfliehen, der sich für die nach dem Vorbild der Sowjetunion organisierten Volkswirtschaften als so verhängnisvoll erwiesen hat: Da die Regierung gezwungen ist, die Verluste der Staatsbetriebe zu übernehmen, und sie gleichzeitig den Großteil der für Investitionen zur Verfügung stehenden Mittel kontrolliert, fließen immer mehr Gelder in die unproduktivsten Firmen und Sektoren. Der Anteil der Investitionen, über deren Verwendung der Staat entscheidet, geht in China aufgrund der zunehmenden Bedeutung privater und lokaler Investoren zurück. Die chinesische Führung unternimmt außerdem größere Anstrengungen als die osteuropäischen Länder, verlustbringende Staatsbetriebe von der staatlichen Finanzierung auszunehmen. Das Wachstum der chinesischen Wirtschaft gründet sich, anders als in den meisten sozialistischen Ökonomien, nicht auf immer umfangreichere staatliche Investitionsmaßnahmen – ein Prozeß, der irgendwann an seine Grenzen stößt –, sondern auf den zunehmend effizienteren Einsatz von Kapital, Arbeit und Technologie auch im staatlichen Sektor.
Die vergleichsweise jungen Führungspersönlichkeiten (die Generation der Fünfzigjährigen) verfolgen nahezu geschlossen das Ziel, alle kleinen und mittleren Staatsbetriebe zu privatisieren, so auch Chen Yuan (Ende vierzig), Sohn des hochrangigsten Gegners Deng Xiaopings und konservativster Politiker der neuen Generation. Immerhin soll der Staat nach wie vor die Kontrolle über die Schwerindustrie behalten, obwohl mancher einer teilweisen Privatisierung nicht abgeneigt ist, wie sie am Beispiel der Singapore Airlines vorexerziert wurde. Die Fluggesellschaft befindet sich nach wie vor unter staatlicher Kontrolle, wiewohl große Teile an private Anteilsnehmer veräußert wurden.
Die gegenwärtige Umstrukturierung der größten und sensibelsten Wirtschaftsbereiche weist in die skizzierte Richtung. Die chinesische Zentralbank wurde aufgeteilt in eine Zentralbank (die People's Bank of China), eine für den Außenhandel zuständige Bank (die Bank of China) und eine Reihe von sektoral orientierten Entwicklungsbanken,

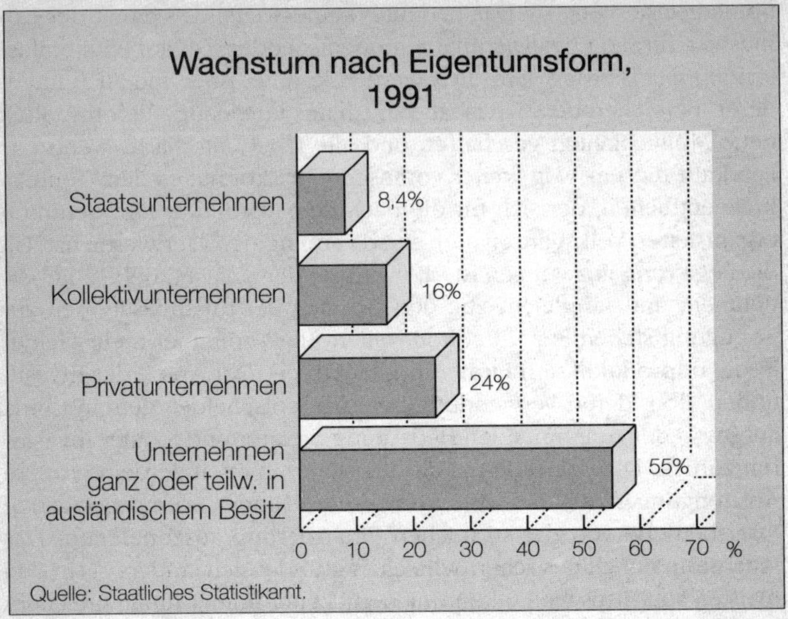

Abb. I-10

die zwar nicht direkt miteinander konkurrieren, aber eine größere Vielfalt von Ideen und Ansätzen zulassen. Die Bank of China hat gleich mehrere wettbewerbsfähige »Schwesterbanken« hervorgebracht, die erfolgreich am Hongkonger Bankenplatz agieren. Auch einige große chinesische Unternehmen, die nicht im Finanzgeschäft zu Hause sind, haben Banken erworben und sind dabei, sowohl westliche als auch chinesische Institute herauszufordern. Über die Sonderzonen drängen verstärkt ausländische Konkurrenten auf den chinesischen Finanzmarkt. So langsam und zögerlich dieser Prozeß auch voranzuschreiten scheint, in bestimmten Bereichen entwickelt sich das Bankensystem in China schneller als in Südkorea.

Obwohl es im Bankensektor noch kaum Konkurrenz gibt, sind bereits erste marktwirtschaftliche Bestrebungen spürbar. Normalerweise begegnet man den schlimmsten bürokratischen Auswüchsen im Kundenservice der Banken, und man sollte erwarten, daß kommunistische Banken hier alle Rekorde schlagen. Auf einer Reise durch China

im Juni 1992 wurden meine Familie und ich eines Besseren belehrt. Wir fuhren durch Shenyang, eine schmuddelige Stadt mittlerer Größe in Zentralchina. Nach einem Ausflug zur ehemaligen Hauptstadt Xian befanden wir uns mit schmalem Geldbeutel, aber einem Kofferraum voller handgeknüpfter Teppiche auf dem Weg zum Flughafen. Es war bereits später Nachmittag, da fiel uns in einem Laden ein ganz besonderer Teppich auf, den wir unbedingt noch erstehen wollten. Leider bestand der Händler darauf, daß wir bar und in Dollars bezahlten. Wir hatten jedoch bereits mehr ausgegeben als vorgesehen, und ich befürchtete, daß uns auf unserer Weiterreise entlang der Seidenstraße das Bargeld ausgehen würde. Was tun?
Wir überschlugen unsere Finanzmittel und fragten unsere Reiseführerin, ob es möglich sei, in Shenyang ganz schnell 3000 Dollar aufzutreiben. Sie sah uns skeptisch an, empfahl uns dann aber doch die Bank of China. Eine Viertelstunde später standen wir vor der örtlichen Zweigstelle, die eigentlich seit einigen Stunden hätte geschlossen sein müssen, deren Türgitter aber noch halb hochgezogen war. Also duckten wir uns und gingen hinein. Dem Direktor der Bank setzte ich mein Problem auseinander: Ich wollte auf dem Schwarzmarkt einkaufen, und dafür benötigte ich 3000 Dollar – in bar. (Selbstverständlich gehört es auch zu den Aufgaben der Bank, den Schwarzmarkthandel zu unterbinden.) Ob sie meine American Express Gold Card belasten und mir 3000 Dollar auszahlen könnten?
Nein, die Bank of China unterhielt keine Verbindungen mit American Express, nur mit Mastercard. Damit konnte ich nicht dienen, aber vielleicht, schlug ich vor, würde meine Citibank Visacard weiterhelfen, denn beide Kreditkartengesellschaften benutzten dasselbe Datennetzwerk. Der Direktor blickte mich zweifelnd an, erklärte sich aber bereit, in Beijing anzurufen und sich kundig zu machen.
Nach einer halben Stunde am Telefon legte er auf, grinste mich breit an, schloß seine Schreibtischschublade auf und blätterte dreißig Hundertdollarscheine vor mir auf den Tisch. Allerdings, sagte er, müsse er mir eine vierprozentige Bearbeitungsgebühr (120 Dollar) in Rechnung stellen, wie sie jedes Geschäft an Visa abzuführen hat. Später durfte ich von seinem Telefon aus den Schwarzhändler anrufen, der, wie sich herausstellte, kein Auto besaß. Mit einem geliehenen Jeep kam er fünf Minuten vor dem letzten Aufruf zu unserem Flug mit dem Teppich am Flughafen an.

Die Geschichte hatte noch ein amüsantes Nachspiel. Als mir die Rechnung für diese Transaktion ins Haus flatterte, sah ich, daß die Citibank mir zusätzlich zu den 120 Dollar Bearbeitungsgebühr eine saftige Extragebühr für Barauslagen, eine Steuer und eine dicke Provision für den Umtausch von Dollar in Renminbi zu einem und den Rücktausch von Renminbi in Dollar zu einem völlig anderen Kurs in Rechnung stellte. Die Gesamtgebühren entsprachen einer jährlichen Kreditzinsrate von über 90 Prozent! Ich wand ein, der gesamte Vorgang sei in Dollar vonstatten gegangen und kein einziger Renminbi getauscht worden. Meine Bank beharrte auf ihren Gebühren für diese fiktiven Tauschgeschäfte, bot mir aber an, wegen der vierprozentigen Bearbeitungsgebühr Rücksprache mit der Bank of China zu nehmen. Mit den Gebühren der Bank of China war ich jedoch vollständig einverstanden. Was mich vielmehr ärgerte, war die Unverfrorenheit, mit der mir die Citibank rein fiktive Devisentauschgeschäfte in Rechnung stellte. Nach einem halben Jahr fruchtloser Korrespondenz gab ich auf und überlegte mir, ob ich mich nicht nach einer kundenfreundlicheren Bank umsehen sollte – einer chinesischen Bank zum Beispiel!

Zu den sensiblen Wirtschaftsbereichen zählt auch die nationale Luftfahrt. Ebenso wie der Bankensektor befand sich das chinesische Luftfahrtgeschäft in den Händen eines Monopols. Die staatliche Fluggesellschaft CAAC schlug, was klapperige Flugzeuge, sagenhafte Verspätungen und mangelnden Service betraf, selbst Aeroflot um Längen. So kam es Anfang der achtziger Jahre in einem CAAC-Flugzeug zu einer im wahrsten Sinne des Wortes brenzligen Situation, als der Kabinencrew der Magen knurrte und sie im Gang ein Feuer entfachte, um zu kochen. Noch Mitte der achtziger Jahre geschah es häufig, daß Reisende tagelang auf einem Flughafen festsaßen, weil ihr Flug einfach gestrichen worden war.

Dann beschloß Beijing, die CAAC in sechs regionale Fluggesellschaften aufzuteilen und unabhängige Gesellschaften zuzulassen. Nach dem Beispiel der sektoral gegliederten Entwicklungsbanken konkurrieren diese Regionalgesellschaften nur in Randbereichen. Darüber hinaus wurden Joint-ventures mit ausländischen Unternehmen in angegliederten Geschäftsbereichen wie etwa Flugzeugwartung und -bau, Catering, Hotelgewerbe und Bodentransport angeregt. Schließlich erwarben chinesische Unternehmen größere Anteile an der privaten Hongkonger Fluglinie Cathay Pacific (bis Mitte 1992 22,5 Prozent), die im kapitalistischen Asien zu den erfolgreichsten Fluggesellschaften gehört. Der Einstieg der Chinesen könnte die Voraussetzung dafür schaffen, daß Cathay Pacific nach der Rückgabe Hongkongs an die Volksrepublik zu einer national und international bedeutenden Fluggesellschaft aufsteigt. Im August 1992 gab Beijing Pläne bekannt, die regionalen Fluggesellschaften und Flughäfen teilweise zu privatisieren und in ihr Management auch ausländische Unternehmen miteinzubeziehen.[31] China Airlines hat mit Lufthansa ein 60:40 Joint-venture zur Wartung und Reparatur von Flugzeugen in Beijing gegründet.

Nach Beijings Entscheidung, auch private Fluggesellschaften zuzulassen, gründeten chinesische Interessenten die Swan International Airlines, eine in ausländischem Besitz befindliche, aber von Chinesen kontrollierte und auf den Inlandsmarkt ausgerichtete Fluggesellschaft.[32] Eines Tages betrat ein ehemaliger Kollege aus New Yorker Zeiten mein Büro und bat um Informationen über einen chinesischen General und seine Firma, die bei einer westlichen Bank um Mittel zur Finanzierung einer Fluggesellschaft in Guangdong angefragt hatte. Anfang der neunziger Jahre gründete ein 23jähriger Chinese ohne besondere Kenntnisse eine Airline und verdiente damit zwei Millionen Dollar. Zwar können die chinesischen Fluggesellschaften immer noch nicht mit den großen westlichen und (insbesondere) asiatischen Gesellschaften konkurrieren, aber auf den wichtigsten Strecken fliegen jetzt neue Maschinen von Boeing, Airbus oder McDonnell Douglas. Aufmerksame Stewardessen servieren annehmbare Bordverpflegung, und selbst die Pünktlichkeit hat sich gegenüber früher gebessert.

Diese Politik entspricht dem in Asien allgemein praktizierten Entwicklungsmodell. Zuerst wird die Konkurrenz zwischen den Staatsunternehmen angeregt, danach werden bis zu 49 Prozent der Anteile privatisiert. In einer späteren Phase folgt ein weiterer Privatisierungsschritt, da der Staat die Unternehmen auch mit einer Anteilsminorität beherrschen kann. So kontrolliert die süd-koreanische Regierung immer noch die ehemals staatlichen Geschäftsbanken. Zwar hat sie 100 Prozent der Anteile veräußert, aber den Aktienbesitz auf 1 Prozent pro Anteilseigner beschränkt. Dank der staatlichen Aufsichtsgewalt beherrscht die Regierung den Aufsichtsrat, und über den Aufsichtsrat hat sie die Kontrolle über wichtige Personalentscheidungen und die grundsätzliche Unternehmenspolitik.

Nachdem China den Stein ins Rollen gebracht hat, zwingt die Dyna-

mik der mit der Einführung der Marktwirtschaft verbundenen wirtschaftlichen und sozialen Veränderungen dem Land einen ähnlichen Kurs auf, wie ihn die Nachbarstaaten eingeschlagen haben. Darüber ist sich die nachrückende chinesische Führungsgeneration völlig im klaren. Zwar gibt es bei der neuen Machtelite deutliche Meinungsverschiedenheiten darüber, wie schnell und wie weit dieser Prozeß fortschreiten soll, doch über die allgemeine Richtung ist man sich einig. Der Wettbewerb soll forciert, die Produktion erhöht sowie in- und ausländisches Kapital mobilisiert werden. Dieser Prozeß führt deshalb nicht zu einem nationalen Ausverkauf, weil den inländischen Firmen ausreichend Zeit bleibt, sich an die Gegebenheiten anzupassen und konkurrenzorientiert zu wirtschaften. In Osteuropa dagegen sind solche Ausverkäufe die natürliche Folge einer Politik, die eine große Anzahl von Unternehmen in einer Situation zur Privatisierung feilbietet, in der kaum Nachfrage vorhanden ist, die Profitaussichten gering sind und die nationale Währung kurz vor dem Kollaps steht. Es ist also kein Wunder, daß das asiatische »Privatisierungsmodell« bei der Bevölkerung weit mehr Sympathien genießt als eine Schocktherapie nach osteuropäischem Vorbild.
Die Privatisierung der Wirtschaft schreitet in China schnellen Schrittes voran. Im Mittelpunkt steht weniger der Verkauf von Staatsunternehmen als vielmehr das rasante Wachstum des privaten Wirtschaftssektors. Nach herkömmlichem westlichem Denken führt der einzige Weg in die Marktwirtschaft über eine rasche Privatisierung – je schneller, desto besser. Ohne Zweifel werden auch die Chinesen irgendwann den Großteil ihrer Staatsbetriebe privatisieren. Doch ehe es soweit ist, werden Börsen aufgebaut, über die ein Unterfangen dieser Größenordnung effizient abgewickelt werden kann. Der größte Erfolg der chinesischen Reformpolitik – die generell so wirksam ist, daß die alten Sozialisten nicht wissen, ob sie jubeln oder trauern sollen – besteht in dem fulminanten Wachstum von Landwirtschaft und Industrie, und zwar der privaten Unternehmen ebenso wie der kollektiv organisierten und der mit ausländischem Kapital finanzierten.[33] Diese Bereiche wachsen nicht nur schneller als der Staatssektor, sie sind zudem Vorbild für immer neue Joint-ventures auch im staatlichen Bereich, die die Einflußmöglichkeiten von oben immer weiter reduzieren. Nach dem osteuropäischen Modell wird der Staat zwar ebenso erfolgreich ruiniert, aber zugleich auch der private Sektor stark in

Mitleidenschaft gezogen. Bemüht man eine militärische Terminologie, dann ließe sich Polens Reformpolitik mit den erbitterten Stellungskämpfen des Ersten Weltkrieges vergleichen. Ein Sieg ist zwar möglich, aber um welchen Preis? Die chinesische Strategie gleicht eher der Taktik MacArthurs, der im Zweiten Weltkrieg von einer pazifischen Insel zur anderen sprang und den Feind einfach links liegen ließ, statt blindlings gegen ihn anzurennen.

Infrastruktur

Chinas Wirtschaft hat mit massiven Mängeln in der Infrastruktur zu kämpfen: einem unzureichenden Telefonnetz, fehlenden Transportmitteln, Engpässen bei der Energieversorgung und dergleichen mehr. Aber diese Mängel sind fast schon typisch für einen Wirtschaftsaufschwung nach asiatischem Vorbild. In Bangkok, Jakarta und Taipeh sieht die Situation noch schlimmer aus, während Singapur, Kuala Lumpur und Hongkong mehr vom Glück begünstigt sind und vorausschauender reagiert haben. Aber selbst Hongkong stöhnt immer wieder unter den enormen Investitionsbemühungen, die das unaufhaltsame Wachstum der Stadt abverlangt. Immerhin sind Infrastrukturkrisen Kinder des Erfolgs, was man von Hyperinflation und strauchelnden Staatsunternehmen nicht sagen kann.
Chinas infrastrukturelle Engpässe werden sich in absehbarer Zeit nicht auflösen, aber es läßt sich ein positiver Trend erkennen. Die Situation ist heute jedenfalls besser als vor den Reformen. Noch 1981 vermochte mir mein Gastgeber in Beijing nicht im voraus zu sagen, wo ich in Chengdu (der Hauptstadt der zentralchinesischen Provinz Sichuan) untergebracht sein würde. Selbst das Militär war nicht in der Lage, mir telefonisch ein Hotelzimmer zu reservieren. In Chengdu angekommen, mußte ich feststellen, daß das einzige verfügbare Telex-Gerät eine umgerüstete Schreibmaschine aus der Zeit der Jahrhundertwende war – und das in einer Welt, in der Geschäftsleute schon ärgerlich werden, wenn sie länger als eine Minute auf eine Verbindung warten müssen. Der Nachbar Thailand, dessen Hauptstadt Bangkok seit 1965 der Verkehrskollaps droht, dessen Wirtschaft aber jährlich um durchschnittlich 7 Prozent wächst, zeigt, wie man trotz unzureichender Infrastruktur durchaus hohe Wachstumsraten erzielen kann. Auch wenn es schwerfällt, in der Schlange von 18000 Lastwagen, die tagtäglich

die Grenze zwischen Guangdong und Hongkong passieren, Optimismus zu bewahren – es werden neue Straßen gebaut, und Guangdong produziert heute bereits genügend eigene Energie für seine Fabriken. Wachstum schafft das notwendige Kapital für den Auf- und Ausbau der Infrastruktur.

Arbeitslosigkeit

Arbeitslosigkeit ist die sozial schmerzlichste und politisch gefährlichste Konsequenz einer wirtschaftlichen Krise. Obwohl China unter einer hohen Arbeitslosigkeit leidet, gibt es zu diesem Problem keine aussagekräftigen Studien. Amtlichen Angaben zufolge liegt die Quote bei knapp über 2 Prozent, unter der Hand aber zirkulieren Berichte, nach denen mehr als 200 Millionen Menschen arbeitslos oder unterbeschäftigt sind, was einer Arbeitslosenquote von 30 Prozent entspräche. Der Verlust an Arbeitsplätzen wird üblicherweise mit den Reformmaßnahmen im Staatssektor und dem Zusammenbruch von Betrieben, die der Konkurrenz durch effizienter arbeitende ausländische Unternehmen nicht standhalten konnten, in Verbindung gebracht. Das eigentliche Problem besteht aber darin, daß unter dem protektionistischen Schutzschild eines sozialistischen Wirtschaftssystems riesige Firmenkonglomerate und aufgeblähte Bürokratien entstanden sind, die am Markt vorbei produzieren und ihre Mitarbeiter allein schon deshalb nicht gewinnbringend beschäftigen können. Statt dessen ist ein gewaltiges verstecktes Arbeitslosenheer entstanden. Jede unter solchen Rahmenbedingungen operierende Firma stellt ein Wohlfahrtssystem im kleinen dar, dessen Umfang und Kosten so lange anschwellen, bis sie das Unternehmen samt dem ganzen Land in den Ruin getrieben haben. Eine Reform nach dem Vorbild der asiatischen Wirtschaftswunderländer begegnet diesem Problem, indem sie arbeitsintensive Industrien fördert und so möglichst rasch Millionen neuer Arbeitsplätze schafft. Die Herstellung von Hemden, Schuhen, Spielzeug und Kameras verlangt nach vielen Arbeitskräften. Gleichzeitig aber reißt die Reform den Schleier von der versteckten Arbeitslosigkeit. Eine paradoxe Situation entsteht: Einerseits schafft Chinas 80 Milliarden Dollar schwere Exportindustrie pausenlos neue Arbeitsplätze, andererseits entwickelt sich die Arbeitslosigkeit durch die offengelegten »Altlasten« zu einem ernsten politischen Problem.

Die Erfahrungen der erfolgreichen Nachbarn bescheren China eine Fülle von wichtigen Erkenntnissen. Selbst in dem kleinen Singapur orakelten die Soziologen vor einer Generation, daß die Wirtschaft niemals in der Lage sein werde, genügend Arbeitsplätze zu schaffen, um der Erwerbslosigkeit Herr zu werden. Wenn die Arbeitslosen zudem über einen hohen Bildungsstand verfügten, könne die individuelle Unzufriedenheit schnell in organisierten politischen Widerstand umschlagen und das Land destabilisieren. Die Regierung schenkte diesen Argumenten Glauben, schränkte den Zugang zu höheren Bildungseinrichtungen ein und versuchte, die Geburtenrate zu senken. Die Vorhersagen trafen nicht ein, dafür sah sich Singapur mit einem ernsten Mangel an Arbeitskräften, insbesondere gut ausgebildeten Fachkräften, konfrontiert. Heute forciert der Staat den Ausbau des Bildungsbereiches und umwirbt kinderreiche Familien. (Dabei muß man berücksichtigen, daß Überbevölkerung in Singapur, anders als in vielen anderen Ländern, noch nie ein Problem war. Wir haben zuverlässige Methoden, das Ausmaß reformbedingter Arbeitsplatzverluste zu schätzen; wie viele neue Arbeitsplätze entstehen werden, läßt sich dagegen kaum zuverlässig prognostizieren. Das führt dazu, daß die Vorausschau in einer dynamischen Ökonomie regelmäßig zu negativ ausfällt.)
Zu Beginn der Wirtschaftsreformen in Südkorea lag die Arbeitslosenquote bei 40 Prozent. Nach einer Reihe von Maßnahmen, die nach herkömmlichem Verständnis die soziale Lage hätten verschlechtern müssen, sank die Arbeitslosigkeit auf ein Zehntel des früheren Niveaus ab. Steigende Produktivität führte zu besseren und billigeren Gütern, mit denen größere Märkte erschlossen werden konnten, wodurch neue Arbeitsplätze geschaffen wurden. Die höhere Beschäftigung veränderte das Konsumverhalten, und diese neue Nachfrage führte zu einer weiteren Stimulierung der Wirtschaft.
Eine ähnliche Entwicklung, doch unter gänzlich anderen Vorzeichen, hat in dem bevölkerungsreichen Indonesien stattgefunden. In Regionen, die besonders dicht besiedelt sind, war es üblich, Reis mit kleinen Taschenmessern zu ernten – eine Methode, die so ineffizient war, daß die Arbeit für alle reichte. Hier zu modernisieren, so wurde befürchtet, hätte Massenarbeitslosigkeit und sogar Hungersnöte zur Folge. In den frühen achtziger Jahren reisten Wissenschaftler der Cornell University und einiger australischer Institute durch die betroffenen Dörfer, sammelten Daten und verfaßten Berichte, die beweisen soll-

ten, daß die angekündigte Katastrophe tatsächlich eingetreten sei. In den letzten Jahren setzte es sich mehr und mehr durch, die Zahl der neu auf den Arbeitsmarkt drängenden Menschen zu zählen (eine in Indonesien in der Tat beeindruckende Zahl) und anschließend zu behaupten, daß keine Volkswirtschaft in der Lage sei, so viele Arbeitsplätze zu schaffen. Dem steht die Erfahrung von Dörfern in Mittel-Java entgegen, wo heute mehr Menschen in besseren Jobs tätig sind als jemals zuvor. Man sieht keine Kinder mit aufgeblähten Bäuchen mehr, die an Kwashiorkor leiden, oder Frauen, denen es an der nötigen Kleidung fehlt. Leute, die bisher zu Fuß hatten gehen müssen, sitzen heute auf Fahrrädern und Mopeds oder fahren mit dem Bus. Lange bevor sich diese Entwicklung in den Statistiken niederschlug, vertrat ich die Meinung, daß die tatsächlichen Lebensumstände in Indonesien die in der akademischen Welt beliebte These von der zunehmenden Arbeitslosigkeit widerlegten.

In China zeichnet sich eine vergleichbare Entwicklung ab. Mit dem Wirtschaftsaufschwung steigt der Lebensstandard in praktisch allen Landesteilen. Gleichzeitig aber kann das wahre Ausmaß der Arbeitslosigkeit nicht mehr länger kaschiert werden. Es sammelt sich sozialer Sprengstoff an. Wenn das Reiseverbot innerhalb Chinas aufgehoben wird, werden Millionen von Menschen, die arbeitslos oder unterbeschäftigt sind, auf der Suche nach einem Auskommen umherziehen. Normalerweise baut sich Arbeitslosigkeit langsam auf, doch in der gegenwärtigen Zeit, da ständig neue Firmen gegründet werden und alte dem Ruin entgegensteuern, wechseln Arbeitslosigkeit und Erwerbstätigkeit einander rasch ab – eine politisch sehr kritische Situation.

Wenn erst die Giganten unter den Staatsunternehmen ihre Pforten für immer schließen, wird sich die Situation weiter zuspitzen. Ein Heer von Arbeitern steht dann plötzlich auf der Straße, wo es sich leicht zu einer schlagkräftigen reformfeindlichen Opposition formieren kann. Selbst wenn also die Arbeitslosigkeit in bestimmten Regionen unter dem Strich zurückgeht, wächst die Gefahr politischer Instabilität. Nicht die neu in den Arbeitsmarkt aufgenommenen Bürger werden die Meinungsführer sein, sondern die gutorganisierten Arbeitslosen. Das stellt die politische Führung vor eine Reihe schwieriger Entscheidungen. Die Regierung muß stark genug sein, um Streiks und Aufstände niederzuschlagen, die das Reformprojekt gefährden, und sie muß unbeirrt das Wirtschaftswachstum forcieren, um längerfristig neue Arbeitsplätze schaffen zu können. Voraussetzung dafür sind schrittweise durchgeführte Reformen, bei denen die Lasten auf das ganze Land verteilt werden, und geschickte Aufklärungsarbeit durch die Regierung. Andernfalls wird die Unzufriedenheit der Menschen in Zorn umschlagen. Ein organisierter Aufstand könnte die Folge sein. Das zu verhindern ist in einem Land von der Größe Chinas eine solch gewaltige Aufgabe, daß sich Streiks, Unruhen und eine Zunahme der Kriminalität gar nicht verhindern lassen. Dennoch ist die Herausforderung zu meistern, andere asiatische Länder haben es vorgeführt.

Korruption, Bürokratie und das Rechtssystem

Der Übergang von der Plan- zur Marktwirtschaft verläuft in mehreren Etappen. Zwar schreitet dieser Prozeß in China besser voran als in Rußland oder Polen, aber durchaus nicht reibungslos. Vor allem die sukzessive Befreiung der Wirtschaft von staatlicher Kontrolle kann zu unerwünschten Begleiterscheinungen führen, die Mißverständnissen, Verwirrungen, Verzögerungen und auch der Korruption Tür und Tor öffnen. So erlaubt man in der ersten Reformphase zwar die Gründung von Privatfirmen, beläßt aber Immobilien, Rohstoffe, Kredite und den Arbeitsmarkt unter der Aufsicht der Staats- und Parteibürokratie. Ein Chinese, nennen wir ihn Herrn Chan, kann zwar nach geltendem Recht eine Firma gründen, doch unter Umständen wird ihm nicht einmal erlaubt, sich seine Arbeiter selbst auszusuchen. Möglicherweise werden sie ihm von einer Behörde zugewiesen, die ihre fähigsten und fleißigsten Arbeitskräfte gerade dort zu belassen beliebt, wo sie sind. Weiterhin wird Herr Chan Probleme haben, seinen Arbeitern Wohnungen zu beschaffen, Stahl für seine Produktion zu erhalten und bei der Bank Kredite aufzunehmen. Um diese Schwierigkeiten aus dem Weg räumen zu können, muß er über gute Kontakte zu hohen Funktionären verfügen. Für die empfangene Hilfe muß er im Gegenzug die große Partei-Familie am Gewinn seiner Firma angemessen beteiligen.
Des weiteren muß sich Herr Chan mit einer Fülle staatlicher Vorschriften herumschlagen, die keineswegs alle öffentlich bekanntgemacht werden. Will er eine Maschine importieren, braucht er eine Lizenz. Will er Devisen erhalten, muß er sich Zugang zu den Swapmärkten verschaffen, auf denen Firmen die nichtkonvertible chinesische Währung entsprechend dem Marktwert tauschen können. Will er eine Fabrik-

halle errichten, muß er eine Genehmigung einholen. Solche Vorschriften plagen Unternehmer in allen Ländern der Welt, doch die meisten Menschen im Westen können sich nicht vorstellen, zu welcher Vielfalt an Reglementierungen und Lizenzbestimmungen eine so devisenhungrige Bürokratie wie die chinesische fähig ist. Herr Chan wird auch verwirrt darüber sein, wie viele Ämter behaupten, in diesem oder jenem Bereich zuständig zu sein, obwohl sie es gar nicht sind. Diejenigen, die tatsächlich das Sagen haben, verfolgen oft genug unterschiedliche Interessen und verstricken sich in interne Machtkämpfe, die Herrn Chan das Leben schwerer und seine Börse leichter machen. Rechtsvorschriften werden oft genug willkürlich ausgelegt, und Streitigkeiten werden anders als im Westen nicht in rechtlich klar geregelten Verfahren geschlichtet, sondern sind von persönlichen und allgemeinmoralischen Grundsätzen abhängig. Wir können übrigens sicher sein, daß Herr Chan damit wesentlich besser fährt als Mr. Smith aus New Jersey, der mit seinem chinesischen Kollegen ein Joint-venture gründen möchte.

Diesen Weg des ungeordneten Übergangs haben auch die anderen asiatischen Länder beschritten. Südkorea und Taiwan waren einst geradezu berühmt dafür, daß ihre Amtsträger fordernd die Hand aufhielten. In China ist die Situation jedenfalls besser als in Indonesien, von den Philippinen ganz zu schweigen. Trotzdem ist jeder, der in China zum ersten Mal einen Vertrag aushandeln oder eine Fabrik errichten möchte, erstaunt darüber, daß das Projekt überhaupt zustande kommt. Ein altes Sprichwort rät, beim Entstehungsprozeß von zwei »Produkten« besser die Augen abzuwenden: von Würsten und Gesetzen. Man sollte die Kategorie »chinesische Geschäftsvorgänge« hinzufügen. Die Lehre, die sich aus den Erfahrungen der anderen asiatischen Reformstaaten ziehen läßt, lautet: Wenn es der Regierung gelingt, die Zügel in der Hand zu halten und nicht vom Weg hin zu einer weitgehend vom Markt bestimmten Wirtschaft abzuweichen, dann verdrängt der einsetzende Konkurrenzdruck allzu korrupte Unternehmen früher oder später vom Markt. Auch Beamte verdienen über kurz oder lang genügend, um den Versuchungen der Korruption leichter widerstehen zu können. Die Zwänge eines marktwirtschaftlichen Systems und der allgemeine Wunsch nach Rechtssicherheit fördern die Entwicklung eines modernen Rechtssystems. Dabei steht China vor einer weitaus größeren Herausforderung als seine kleinen Nachbarn. Allein durch seine Größe

wird jede Autorität in Frage gestellt, und zwei vom Sozialismus geprägte Generationen hintereinander haben die politische Kultur verdorben.
Neben immensen Problemen bietet die Struktur des Riesenreiches auch einige gewichtige Vorteile. So konnte China im Gegensatz zu den Philippinen oder Indonesien bisher verhindern, daß ganze Industriebereiche korrupten Unternehmensgruppen in die Hände fielen. Wenn eine Gruppe in einer Provinz dominant wird, erwächst ihr Konkurrenz aus anderen Provinzen. Obwohl viele Kinder von Führungskräften die Beziehungen ihrer Eltern in der Reformphase weidlich auszunutzen verstehen, läßt sich bisher eine Tendenz zur Entstehung großer Monopole in Familienbesitz noch nicht erkennen. Wo Monopole existieren, befinden sie sich in staatlicher Hand. Traditionelle chinesische Wertvorstellungen und die zunehmend starke Konkurrenz privater Unternehmen sprechen dagegen, daß in China Zustände einkehren wie etwa auf den Philippinen, wo die Vertrauten von Ferdinand Marcos die wirtschaftlichen Pfründe unter sich aufteilten, oder wie in Indonesien, wo die Familie des Präsidenten Suharto das Wirtschaftsgeschehen bestimmt. Ähnlich wie die Regierungen in Taiwan, Südkorea, Singapur und Hongkong hat auch die chinesische Führung, wie immer man sonst über sie denken mag, vor allem den Aufbau des Landes und weniger die Selbstbereicherung im Auge. Niemand hat Mao Zedong, Chen Yun oder Deng Xiaoping jemals vorgeworfen, aus Geldgier gehandelt zu haben. Dieser Umstand ist womöglich von politisch entscheidender Bedeutung, denn China steht vor einer großen Prüfung. Gelingt es der nachrückenden Führungsgeneration, ihre patriotische Gesinnung auch angesichts der Verlockungen des Kapitalismus zu bewahren? Daß die kleinen Nachbarländer diesen Test bestanden haben, gibt Anlaß zu Optimismus, ist aber keineswegs eine Garantie für Chinas Erfolg.

Wachstumsmuster der Wirtschaft

Das Wachstum der chinesischen Wirtschaft folgt einem ganz bestimmten Muster. Am deutlichsten wird das, wenn man sich die wirtschaftlich dynamische Küstenregion in Form von vier Joint-ventures mit zahlreichen Verästelungen vorstellt.
Das erste und am weitesten fortgeschrittene Gemeinschaftsprojekt besteht zwischen Hongkong und der angrenzenden Provinz Guang-

dong, einem Gebiet von der Größe und Bevölkerungszahl Frankreichs. Die 66 Millionen überwiegend Kantonesisch sprechenden Menschen haben in den letzten zwölf Jahren ein jährliches Wirtschaftswachstum von durchschnittlich 12 Prozent erlebt. Die Kronkolonie finanziert den industriellen Aufbau in Guangdong und beschäftigt mehr als die Hälfte der im verarbeitenden Gewerbe tätigen Arbeiter der Provinz. Hongkong führt in Guangdong moderne Technologien und zeitgemäßes Design ein und vermarktet die Produkte, während Guangdong Arbeitskräfte und Land beisteuert. Wie erfolgreich diese Kooperation ist, läßt sich daran ermessen, daß niemals zuvor in der Geschichte der Menschheit eine Region vergleichbarer Größe über so lange Zeit hinweg so rasch gewachsen ist. In Kapitel 4 wird dieses Phänomen einer genaueren Analyse unterzogen.

Die anderen drei Joint-ventures verbinden Taiwan mit der gegenüberliegenden Provinz Fujian, die heute auf Taiwan lebenden ehemaligen Südchinesen mit der Region Shanghai und schließlich Südkoreaner, Japaner und auf Taiwan lebende ehemalige Nordchinesen mit der Region Shandong-Tianjin an der chinesischen Nordküste.

Bemerkenswert ist, daß der wirtschaftliche Aufschwung der Küstenregion einerseits auf Zufall beruht, andererseits eine logische Folge der allgemeinen Entwicklung ist. Im Zuge der Demokratisierung in Taiwan und Südkorea gegen Ende der achtziger Jahre schnellten in beiden Ländern die Lohnkosten in die Höhe. Zur selben Zeit übten die USA erfolgreich Druck auf diese Länder aus, ihre Wechselkurse anzupassen. Beides zusammengenommen führte zu einem Anstieg der allgemeinen und der Arbeitskosten, was wiederum die Konkurrenzfähigkeit der beiden Volkswirtschaften ernsthaft gefährdete. Ein ähnlicher Prozeß vollzog sich auch in Japan und Hongkong. Der Lebensstandard in der Kronkolonie war bereits höher als in Südeuropa, und Lohn- und andere Produktionskosten stiegen unvermindert weiter. Japan mußte zusätzlich eine starke Aufwertung des Yen verkraften. Somit standen diese Länder alle vor der Notwendigkeit, ihre arbeitsintensiven Industriezweige in billigere Regionen auszulagern. Dieser Druck war es, der die chinesische Option zu diesem Zeitpunkt so attraktiv erscheinen ließ; die Kosten für Land und Arbeit betrugen in China gerade ein Zehntel der entsprechenden Kosten in Hongkong. Als man die Interessen der entwickelten Nachbarn mit Chinas brachliegenden Ressourcen zusammenbrachte, löste dies an der chinesi-

schen Küste einen regelrechten Boom aus. Ein Gebiet, in dem über 300 Millionen Menschen leben, etwa ebenso viele wie in der Europäischen Gemeinschaft, erzielt jährlich ein durchschnittliches Wirtschaftswachstum von knapp über 10 Prozent. Dieser Aufschwung reißt den Rest des Landes mit seinen 900 Millionen Menschen mit – eine Bevölkerungszahl, die der der ehemaligen Sowjetunion mitsamt Afrika und Südamerika entspricht. Die chinesische Volkswirtschaft wächst um ein Vielfaches schneller als jene der westlichen Länder in ihren besten Zeiten. (Entgegen weitverbreiteter Auffassung hinkt die Entwicklung in Zentralchina nur wenig hinter der in der dynamischen Küstenregion her, ein Umstand, auf den im nächsten Kapitel noch genauer eingegangen wird.) Diese Entwicklung beschert mehr als einem Fünftel der Menschheit ein Wirtschaftswachstum, das über längere Zeit aufrechtzuerhalten die Ökonomen bis vor einer Generation selbst einem kleinen Land nicht zugetraut hätten.
China gelingt dies, weil es sich zu einem festen Bestandteil des florierenden pazifisch-asiatischen Wirtschaftsraumes entwickelt. Die Chinesen haben die wirtschaftlichen und politischen Fortschritte der angrenzenden Staaten studiert und Lehren daraus gezogen. Sie scheuen sich nicht, das unternehmerische Können, das Kapital, die Technologie und die Marketing-Fähigkeiten der Nachbarn, vor allem Hongkongs und Taiwans, zu ihrem Vorteil zu nutzen. Aber auch die innenpolitische Struktur der Volksrepublik gleicht sich immer mehr derjenigen seiner wirtschaftlich so erfolgreichen Nachbarn an. Die asiatischen Aufsteigerländer, die NICs, spielen für China dieselbe Rolle, die einst Japan für sie gespielt hat: In dem Maße, in dem der Arbeitsmarkt in den fortgeschritteneren NICs Sättigungserscheinungen aufweist und die Löhne steigen, lagern diese Länder ihre arbeitsintensiven Industrien nach Guangdong und Fujian aus. Und in dem Maße, wie in diesen Provinzen der Aufschwung fortschreitet und die Löhne steigen, wandern die von billiger Arbeitskraft abhängigen Industrien weiter ins Landesinnere. So gesehen, entspricht Hongkong Japan, Guangdong Südkorea und Sichuan Indonesien. Anfang der neunziger Jahre gab es in China nur noch wenige Regionen, die der dynamische Aufschwung im pazifisch-asiatischen Raum noch nicht erfaßt hatte.

2 Die Politik des Wirtschaftswunders

»Beim Öffnen der Tür werden sowohl Fliegen als auch frische Luft hereingelassen.«

Deng Xiaoping über
die politischen Probleme der Einführung
einer offenen Wirtschaft.

»Alle Anzeichen weisen darauf hin, daß der Demokratisierungsprozeß, die ökonomischen Reformen und die Öffnung des Landes an den politischen Ansprüchen und Hoffnungen des Volkes vorbeigehen. Unsere Verfassung, unsere Verwaltungsvorschriften und unser Wahlrecht enthalten in der Tat Regeln und Prinzipien für eine demokratische Politik, die aber wegen unerwünschter Begleiterscheinungen nicht in die Praxis umgesetzt werden ... Das liegt nicht zuletzt an der Haltung hochgestellter Amtsträger ...«

»Um den Aufbau einer demokratischen Politik voranzutreiben, müssen wir die politischen Erfahrungen, die das Ausland gemacht hat, studieren und übernehmen, was uns sinnvoll erscheint.«

Wang Bangzuo und Sang Yucheng,
»On Building Socialist Democratic Politics
with Chinese Characteristics«,
Wenhui Daily, *26. Februar 1993.*
(Wenhui Daily *ist eine in Shanghai*
erscheinende amtliche Tageszeitung.)

Auf einer Reise quer durch China von Beijing nach Kashgar und zurück nach Hangzhou im Sommer 1992 hatte ich Gelegenheit, mich mit vielen Menschen über den neuen politischen Kurs auszutauschen. Kein einziger meiner Gesprächspartner lehnte die Reformen ab, im Gegenteil, den meisten gingen sie nicht weit genug. Ob Landbesitzer, Fremdenführer, Hotelangestellte oder Intellektuelle, die meisten verstanden

sehr gut, warum die Reformen Erfolg hatten: daß Konkurrenz die Produktivität erhöht, daß Garantielöhne leistungshemmend sind und daß es besser ist, Preise vom Markt statt von der Partei bestimmen zu lassen. Dieses Verständnis gründet auf der unmittelbaren Erfahrung der Chinesen mit beiden Systemen. Nachdem die sozialistische Propaganda den Menschen über drei Jahrzehnte die Theorie der »eisernen Reisschüssel«, der leistungsunabhängigen Garantielöhne, eingetrichtert hatte, schwenkte sie um und wirbt seit mittlerweile zehn Jahren ebenso nachhaltig für Wettbewerb und Marktwirtschaft.
Heute kennt der durchschnittlich gebildete Chinese die wichtigsten Argumente, die für die Marktwirtschaft sprechen, besser als ein Amerikaner. Hinzu kommt der feste Glaube – jedenfalls außerhalb der Parteizirkel – an die Wirksamkeit der marktorientierten Reformen –, ein Glaube, der angesichts des wachsenden Lebensstandards immer stärker wird. Ganz anders sieht dagegen die Situation in weiten Teilen Osteuropas und in der ehemaligen Sowjetunion aus, wo anfängliche Euphorie tiefer Verzweiflung Platz macht.
Deng Xiaoping und seinen Mitstreitern kommt der Optimismus ihrer Landsleute gerade recht. Weniger glücklich sind sie über die damit verbundene radikale Abkehr vom Marxismus-Leninismus, der in China heute so unpopulär ist wie in Polen Anfang der achtziger Jahre. Meine Tochter ist Spielführerin der Basketballmannschaft an der amerikanischen Schule in Hongkong und reist häufig zu Wettkämpfen in die Volksrepublik. Nach einem solchen Turnier lud das chinesische Team die amerikanischen Mädchen zum Essen ein. Stundenlang amüsierten sie sich über die Geschichten, die die Chinesinnen über die Absonderlichkeiten ihres Marximus-Unterrichts zu erzählen wußten. Amerikanische Manager haben sich inzwischen daran gewöhnt, daß ihnen hohe Regierungsbeamte und Betriebsleiter in Beijing schon nach wenigen Minuten anvertrauen, wie sehr sie Li Peng verabscheuen oder wie leid sie es sind, sich mit der korrupten Polizei arrangieren zu müssen. Führende Parteikader beklagen sich über die Irrwege der sozialistischen Wirtschaft, etwa darüber, wie die vertrackten Devisenvorschriften Rohstofflieferungen von Hunan nach Guangdong erschweren. Die Provinz Hunan verkauft ihre Schätze gegen gute Devisen nach Hongkong, von wo sie ebenfalls gegen Devisen und zu weit höheren Preisen nach Guangdong weiterverkauft werden.
Noch vor fünfzehn Jahren übten die Chinesen einen perfekten mar-

xistischen Schulterschluß. Damals wurden fast nur lobende Stimmen über den Sozialismus, die Parteiführung und selbst den Sicherheitsapparat laut. Die Menschen lebten in der ständigen Angst, bei einer Regelwidrigkeit ertappt zu werden und ihren Arbeitsplatz oder gar ihr Leben zu verlieren. Zwar preist die chinesische Führung weiterhin die marxistischen Ideale an, die Resonanz jedoch bleibt verhalten. Auch heute noch drohen demjenigen harte Strafen, der politischen Protest organisiert oder mit öffentlichen Erklärungen allzu sehr vom offiziellen Kurs abweicht, doch hat sich die Toleranzgrenze stark verschoben.

Nicholas Kristof, Leiter des Beijinger Büros der *New York Times*, der für seine Berichterstattung über die Unruhen auf dem Platz des Himmlischen Friedens den Pulitzer-Preis erhalten hat, faßt diese Entwicklung in folgende Worte:

> »Besonders im kulturellen Bereich testen die Chinesen wieder die Grenzen staatlicher Toleranz – und sie bleiben bei ihren Vorstößen größtenteils unbehelligt. Progressive Filme, Theaterinszenierungen und Bücher kommen auf den Markt, endlich kann man die Zeitungen wieder lesen, Chinas beliebtester Rock'n'Roll-Star ist auf die Bühne zurückgekehrt, und Sex und Demokratie stehen wieder (in dieser Reihenfolge) auf der Tagesordnung.«[1]

Deng Xiaopings Reformen beruhen auf vier politischen Grundüberlegungen. Zunächst will Deng die Früchte des Aufschwungs einer großen Bevölkerungsgruppe zukommen lassen, die hauptsächlich an gesichertem Einkommen und weiterem Wachstum interessiert ist: den Bauern, Arbeitern, Bankiers, Betriebsleitern, der Mittelklasse insgesamt. Zudem hofft er, diejenigen, deren Sorge insbesondere dem Fortbestand der Nation gilt (Militär, Parteiführung, viele Intellektuelle), mit dem Argument zu überzeugen, daß sein Reformprogramm der einzige Weg zu einer Erneuerung des Landes ist – selbst wenn es Kürzungen im Militärbudget zur Folge hat, die Wirtschaft von der staatlichen Kontrolle abkoppelt und ideologische Probleme aufwirft. Drittens erwartet Deng, daß ihm die Öffnung der Grenzen die Unterstützung auch der Intellektuellen und Studenten einbringt, selbst wenn diese das politische System insgesamt ablehnen. Und viertens

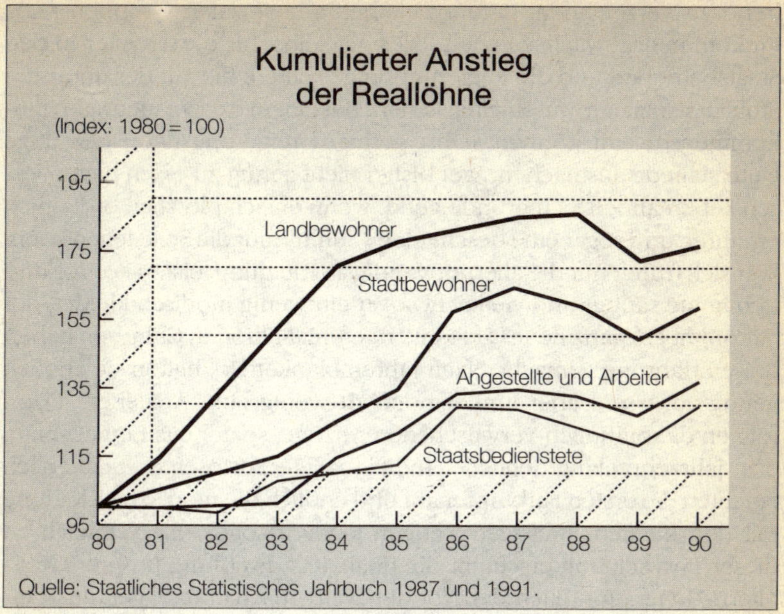

Abb. II-1

ist er vorsichtig genug, den Partei- und Staatsapparat schlagkräftig zu halten, um möglichen Widerstand aus den Reihen der alten Radikalen oder der verunsicherten Arbeiter und Betriebsleiter unterdrücken zu können. Zugleich gilt es, die durch die Reformen geweckten übertriebenen Erwartungen zu dämpfen. Unabdingbare Voraussetzung für den Erfolg der Strategie Dengs ist ein schnelles Wirtschaftswachstum, nicht nur, um die Erwartungen der Mehrheit zu erfüllen, sondern auch, um die Finanzierung der Infrastruktur, des Militärs und des Verwaltungssystems sicherzustellen, die in dieser aufreibenden Periode des Übergangs den Zusammenhalt des Landes gewährleisten müssen.

Höchste Priorität galt bislang der Verbesserung der Situation von Bauern und Arbeitern. Dieses Ziel wurde, wie das Schaubild zeigt, erreicht. In den Städten erzielten beide Gruppen in den achtziger Jahren spektakuläre Einkommenszuwächse. Nach zeitweiligen Einbrüchen in der Sparphase Ende der achtziger Jahre ist derzeit wieder ein Aufwärtstrend zu verzeichnen. Offenbar haben alle sozialen Gruppen reale Einkommenszuwächse erzielt. Dies gilt selbst für die Arbeiter in den Staatsbetrieben und die Regierungsangestellten, die auf der untersten Stufe der sozialen Stufenleiter stehen. Bei einem extrem niedrigen Einkommensniveau können selbst geringe Steigerungsraten gewaltige Unterschiede ausmachen. Wer bisher nicht genug zu essen hatte, dessen Leben ändert sich grundlegend, wenn er sich plötzlich ordentlich ernähren und sogar eine bescheidene Summe auf die Seite legen kann. Wer sich früher nur die allernotwendigste Kleidung leisten konnte und sich heute sauber und vielleicht sogar ein wenig modisch kleidet, der bekommt ein ganz neues Selbstwertgefühl. Millionen Chinesen haben diese Erfahrung gemacht. Nach Jahren blanker Not hatten sie endlich genug zu essen, aber immer noch zu wenig zum Anziehen. Dann folgten die bräunlich-verwaschenen Anzüge, später das Einheitsblau, das jahrzehntelang jegliche Individualität auslöschte. Schließlich tauchten die ersten Farbtupfer auf und endlich die modische Kleidung mit den kleinen, prestigeträchtigen Marken-Logos. Im Vergleich zu dieser Entwicklung erscheint die finanzielle Erholung unserer Großeltern-Generation nach der Not der Weltwirtschaftkrise geradezu trivial.

Daß die höchsten Zuwächse in Bevölkerungsgruppen mit relativ niedrigem Einkommen erzielt wurden, ist gesellschaftlich und politisch von ausschlaggebender Bedeutung. Die Einkommen wurden generell einander angeglichen, auch wenn einige wenige Bauern und Unternehmer zu plötzlichem Reichtum kamen. Letzteres gab Anlaß zu zahlreichen Diskussionen über die Ungleichheit innerhalb der Gesellschaft, während die überdurchschnittlichen Einkommenszuwächse der ärmsten Gruppen relativ wenig Beachtung fanden. Die Zahl der Neureichen aber ist vergleichsweise gering. Zahlenmäßig die stärksten Gruppen bilden die Bauern und die Arbeiter in der Konsumgüterindustrie.[2]

Der chinesische Reformprozeß ist charakteristisch für den pazifisch-asiatischen Raum insgesamt; auch in Japan, Südkorea und Taiwan haben Umverteilungen zu mehr sozialer Gleichheit geführt. Wie die Karte am Ende dieses Kapitels (S. 115) zeigt, haben vor allem relativ arme Provinzen wie Guangdong, Xinjiang und Yunnan von den Wirtschaftsreformen profitiert. Gleichzeitig verzeichnete Shanghai, Chinas wohlhabendste Region, bis 1992 die geringsten Wachstumsraten, was

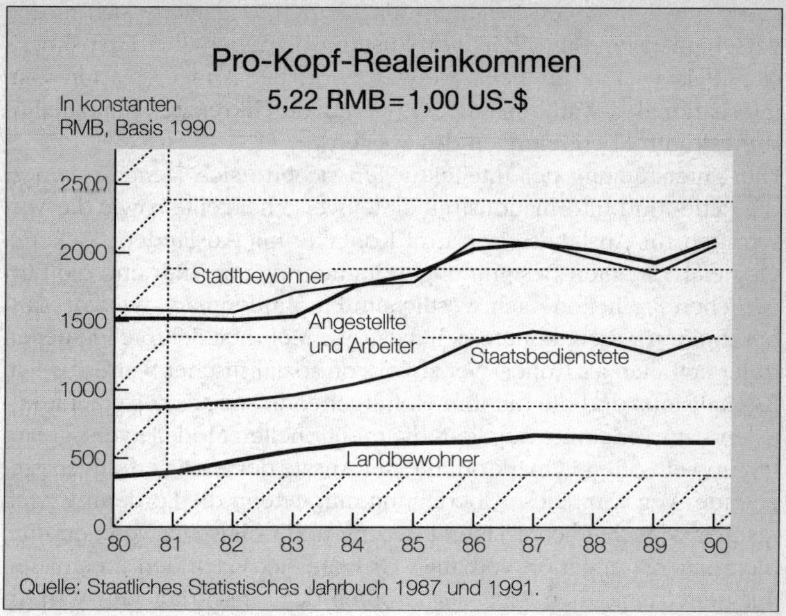

Abb. II-2

sich vor allem auf eine – erst 1992 reduzierte – überdurchschnittlich hohe Steuerbelastung zurückführen läßt.

Wie bereits in Kapitel 1 dargestellt, hatte Deng Xiaoping mehr Erfolg als seine Kollegen in Osteuropa bei dem Versuch, die Unterstützung der militärischen Führung zu gewinnen. Der Beginn der Reformpolitik fiel mit dem Ausbruch der chinesisch-vietnamesischen Grenzstreitigkeiten 1979 zusammen, in deren Verlauf die chinesische Armee einen hohen Blutzoll entrichten mußte. Für Deng war dies der ideale Zeitpunkt, die Militärs davon zu überzeugen, daß ihre Schlagkraft nur durch modernste Waffentechnologie aus dem Westen wiederhergestellt werden könnte. Ohne eine Öffnung der Wirtschaft zum Westen sowie eine Kürzung des Militärbudgets war dieses ehrgeizige Beschaffungsprogramm nicht zu finanzieren. Der größte Teil der Armee stellte sich hinter das Reformprogramm; ihr zentraler Wahlspruch für 1992 lautete: »Die Reform mittragen und beschützen.« Negative Begleiterscheinungen blieben dabei natürlich nicht aus. Das Militär, begierig, an dem neuen Reichtum teilzuhaben, engagierte sich in den verschiedensten Bereichen, von Rüstungsbetrieben über Luxushotels (das Palace Hotel in Beijing etwa gehört der Armee) bis hin zum internationalen Waffenhandel. Oft genug durchkreuzte China die Rüstungskontrollbemühungen des Westens.

Die Unterstützung der Intellektuellen sicherte sich Deng, indem er die Rede- und Informationsfreiheit teilweise herstellte sowie die Vorschriften für Auslandsreisen und Kontakte mit Ausländern lockerte. Obgleich die alten Bestimmungen immer noch in Kraft und die bürgerlichen Freiheiten nach westlichem Empfinden nach wie vor stark beschnitten waren, konnte sich die große Mehrheit der Intellektuellen freier entfalten als früher. Wer zuvor von sozialistischer Warte aus den Kapitalismus und die mit ihm einhergehende soziale Zersetzung kritisiert hatte, erkannte nun, daß die traditionellen Modelle versagt hatten und ein offener, marktorientierter Ansatz der einzig erfolgversprechende Weg war. Diese Überlegung mündete in die Forderung nach rascher wirtschaftlicher Liberalisierung und politischer Veränderung, die zunächst ungehört verhallte. Obwohl sich nach den Ereignissen auf dem Tiananmen-Platz der Großteil der fortschrittlichen Wissenschaftler und Studenten gegen die politische Führung wandte, unterstützten die Intellektuellen das Reformprogramm Dengs auch weiterhin.

Politische Probleme der Wirtschaftsreform

Die Frage der Nachfolge

Nachdem es Deng Xiaoping gelungen ist, die Unterstützung breiter gesellschaftlicher Gruppen zu gewinnen, konzentriert sich die Diskussion über die zukünftigen Erfolgsaussichten des Reformprogramms auf einzelne Führungspersönlichkeiten. Gelingt es A, B auszuschalten? Ist C mehr oder weniger reformorientiert als D? Diese Diskussion ist fruchtlos. Die Zukunft Chinas wird von gesamtgesellschaftlichen Gruppenprozessen bestimmt, nicht von individuellen Präferenzen. Der Schlüssel zum Erfolg liegt in der Standfestigkeit einer breiten Reform-Koalition, und die Chancen sind gut. Die potentiellen Erben Dengs folgen seinen Grundsätzen. Selbst Li Peng, der die neue Politik anfangs nur zögerlich unterstützte, befürwortet inzwischen sozialistische Aktien- und Anleihemärkte.

Ohne Zweifel wird nach Dengs Tod ein Machtkampf ausbrechen. In Ländern der Dritten Welt ist dies nichts Außergewöhnliches, doch die Auseinandersetzungen werden nur selten mit Waffengewalt ausgetragen. Die Bandbreite der unterschiedlichen Auffassungen und das Ausmaß der Meinungsverschiedenheiten innerhalb der chinesischen Führung sind groß, doch beschränken sich die Differenzen vorwiegend auf die Frage, wie schnell und wie weit die Reformen vorangetrieben werden sollen. Die allgemeine Marschrichtung wird nicht in Zweifel gezogen, und nur ein solcher prinzipieller Dissens könnte zum Bürgerkrieg führen.

Auf dem 14. Parteitag der KPCh im Oktober 1992 kam das Nachfolgeproblem auf vier Ebenen zur Sprache. Erstens: Wer wird Deng als obersten Steuermann ersetzen? Zweitens: Wer folgt auf die Altherrenriege, die noch immer das Heft in der Hand hält? Drittens: Welche Ideologie kann das alte, sozialistische Glaubensbekenntnis ersetzen? Und viertens: Welche Reformphase soll als nächste eingeläutet werden? Die zweite und dritte Frage wurden weitgehend geklärt, die erste und vierte jedoch kaum angeschnitten. Warum dies so ist, hilft ein Blick zurück in Mao Zedongs Todesjahr zu verstehen.

Im Jahr 1976 starb nicht nur Mao, sondern auch die Mehrheit der alten Politbüromitglieder. An der Columbia University versammelte sich damals eine Gruppe von Wissenschaftlern des Institute on International Change und diskutierte darüber, wer die Nachfolge des großen Vorsitzenden antreten und welche Konsequenzen das für die nächste amerikanische Regierung haben werde. Da unterbrach Zbigniew Brzezinski unsere Diskussion: Die Veranstaltung sei nichts weiter als Zeitverschwendung, die »Kreml-Spezialisten« seiner Generation hätten zehn Jahre damit vertan, darüber zu debattieren, wer Stalins Nachfolger werden würde: Molotow, Malenkow oder Bulganin. Aber »nach Stalins Tod kam Chruschtschow an die Macht. Verdutzt schauten wir uns nochmals die Fotografien an, und siehe da, Chruschtschows Glatze war auf jedem Bild zu sehen. Als einziger hatte er es aber verstanden, nicht aufzufallen.« Wer hatte schon den Aufstieg Gorbatschows oder die Rückkehr des unter Mao zweimal verbannten Deng Xiaoping an die Macht vorausgesehen? Einschneidender als Maos Tod waren die Auswirkungen der Kulturrevolution, unter denen die gesamte Gesellschaft zehn Jahre lang gelitten hatte. Nur ein Politiker, der diesem Radikalismus abschwor, konnte sich Chancen auf eine Führungsposition ausrechnen. Deng Xiaoping wiederum hat durch seine Reformen, die praktisch allen gesellschaftlichen Gruppen zugute kamen, seine Nachfolge festgelegt. Nur wer den neuen Kurs weiterzuführen verspricht, hat Aussichten, in die Führungsspitze gewählt zu werden. Ausnahmslos alle einflußreichen Fraktionen orientieren sich heute am Erfolg der schrittweise und friedlich umgesetzten Wirtschaftsreform; kein Politiker propagiert noch jene Ideologie der Gewalt, die während der Kulturrevolution das Land verwüstete. Darüber hinaus bieten die osteuropäischen Länder und die ehemalige Sowjetunion ein abschreckendes Beispiel: Ihre Gesellschaften zerfallen in Interessengruppen, ganze Bevölkerungsschichten müssen um ihr Auskommen bangen. Bereits der wirtschaftliche Aufstieg Singapurs, Taiwans, Hongkongs und Südkoreas hat das Angebot an verfügbaren Ideologien durch die Diskreditierung des Kommunismus geschmälert, und das Versagen der Linken in China und der Aufschwung der Wirtschaft in der Reformära hat die gemäßigten Maoisten als ernstzunehmende politische Kraft vollends ausgeschaltet und den Handlungsspielraum der stalinistischen Bürokratien praktisch auf Null reduziert.

Die Delegierten des 14. Parteitages der KPCh, auf dem über Dengs Nachfolge beraten werden sollte, vermieden es, Kandidaten aufzustellen, sondern konzentrierten sich darauf, potentielle Risiken auszuschalten. Chen Yun, der zweitmächtigste Mann Chinas und führende Kopf der ersten Reformphase, aber entschiedener Gegner aller weiteren Reformvorhaben, mußte zurücktreten. Die Gefolgsleute des Staatspräsidenten Yang Shangkun, die ihren Einfluß auf das Militär zunehmend vergrößert hatten und im Begriff waren, zu einer mächtigen politischen Kraft heranzuwachsen, wurden aus den Führungspositionen verdrängt. Dasselbe widerfuhr den letzten Bannerträgern des radikalen Sozialismus, die sich in den Propaganda- und Kulturabteilungen von Staat und Partei eingerichtet hatten. (Dieser Rückzug der alten Ideologen in letzte Refugien des Staatsapparates ist nur eine von vielen Parallelen zu der Entwicklung in Taipeh.) Deng selbst hielt auf dem Parteitag an Jiang Zemin als seinem Erben fest. Kritiker aber sehen in Jiang nur eine blasse Übergangsfigur und vergleichen ihn mit Hu Yaobang, der für kurze Zeit Nachfolger Maos war, bis er von dem dynamischeren Deng abgelöst wurde.

Ministerpräsident Li Peng wurde einerseits als der Mann bejubelt, der die Wirtschaft nach der Inflation von 1988/1989 stabilisiert und Chinas Prestige im Ausland nach den Ereignissen auf dem Tiananmen-Platz wiederhergestellt hatte. Andererseits hatte er mächtige Gegner in der Partei und vor allem in der Armeeführung, die ihm vorhielt, dem Ansehen des Militärs mit dem Einsatz gegen die Demonstranten geschadet zu haben. Zhu Rongji gehörte zu den Aufsteigern, was er wohl in erster Linie seiner Fähigkeit verdankte, schwierige Wirtschaftsprobleme ohne Gesichtsverlust zu lösen. Mit seinem entschlossenen Auftreten jedoch hatte er sich Feinde geschaffen, und auch die Beliebtheit, die er im Ausland genoß, kam ihm im eigenen Land nicht zugute. (Die westliche Presse rühmte ihn sogar als den »chinesischen Gorbatschow«, was jeden Politiker diskreditieren muß.) Kurz gesagt, Brzezinskis Rat, sich nicht in Spekulationen über die politische Nachfolge zu verzetteln, ist sechzehn Jahre später unverändert aktuell.

Bemerkenswert ist der Generationenwechsel, der sich auf dem Parteitag vollzog. Die Mitglieder des neuen Zentralkomitees – größtenteils entschiedene Reformer – sind mit ihren durchschnittlich 55 Jahren rund 30 Jahre jünger als die bisherige Führungsriege und durchweg höher gebildet. Allerdings stammen sie noch aus einer Generation, die nach sowjetischem Vorbild erzogen wurde. Deshalb ist ein weiterer Einschnitt zu erwarten, wenn die Generation der unter 45jährigen an die Macht kommt. Sie werden kosmopolitisch orientiert, sozial flexibler und eher Wirtschaftsfachleute als Ingenieure sein.

Auf dem Parteitag vollzog sich ferner ein ideologischer Paradigmenwechsel. Der Kongreß beschloß, künftig eine »sozialistische Marktwirtschaft« anzustreben. Aber was ist darunter zu verstehen? Während die »geplante Warenwirtschaft« noch die zentrale Rolle staatlicher Vorgaben betont hatte, allerdings bei bedeutenden Konzessionen an die Kräfte des Marktes, rückte die neue Ordnung den Markt ins Zentrum, ohne jedoch staatliche Eingriffe gänzlich auszuschließen. Chinas prominente Wissenschaftler, Journalisten und Politiker sprechen demonstrativ von »Marktwirtschaft« und unterschlagen das ideologisch vorgeschriebene Adjektiv »sozialistisch«. Es ist bezeichnend für den Geist der Zeit, daß die Medien es wagen konnten, über ein Konzept zu spotten, das gerade erst zum Inbegriff der neuen Parteilinie gemacht worden war. Solche Formen des Ungehorsams beweisen, wie sehr sich das politische Klima gewandelt hat.

Die Art und Weise, wie diese ideologische Wende vollzogen worden ist, sagt viel über Deng Xiaopings erfolgreiche Politik der kleinen Schritte aus. Es darf nicht vergessen werden, daß China in den letzten zwei Jahrhunderten durch politische und wirtschaftliche Umbrüche mehrfach stark erschüttert worden ist. Deshalb gehen die Reformer von heute behutsamer vor und brechen nicht gleich radikal mit alten Ideologien und Vorbildern. Die gegenwärtige Phase des Übergangs nahm mit der kritischen Überprüfung der Ära Mao Zedongs ihren Anfang. Er habe sich, so lautete das vorsichtige Urteil, große Verdienste erworben, aber auch Fehler begangen. Die Politik seiner frühen Jahre sei klug und fortschrittlich gewesen, später jedoch habe er kurzsichtig gehandelt, zum Teil sogar vollkommen versagt. Partei und Gesellschaft hielten seine Verdienste nach wie vor hoch, distanzierten sich aber von seinen Fehlern.

Der lange Weg von einer strengen Planwirtschaft über die sozialistische Marktwirtschaft zu einer »Marktwirtschaft chinesischer Prägung« muß dem westlichen Beobachter verschlungen und mühevoll erscheinen. Im Interesse politischer Kontinuität ist er aber unerläßlich. Zudem steht er in der asiatischen Tradition. Konfuzius hatte die »Richtigstellung der Begriffe« als erste und wichtigste Aufgabe im Staate bezeichnet. Die Gesellschaften des modernen Asiens, zu denen China gezählt werden muß, wie ironisch das aus ideologischer Sicht auch immer erscheinen mag, profitieren nach wie vor von der konfuzianischen Lehre. Die schrittweise Veränderung unter Lee Kwan Yew in Singapur, unter Chiang Kai-shek und Chiang Ching-kuo in Taiwan und unter Park Chung Hee in Südkorea weisen manche Parallele auf. Sie alle entwickelten sich von Anhängern einer sozialistischen Ideologie zu Anhängern einer eher marktwirtschaftlich orientierten Ordnung. Wie wenig hat diese vorsichtige, von konfuzianischen Idealen geleitete Entwicklung mit den ideologischen Wechselbädern zu tun, wie sie etwa die meisten Länder Lateinamerikas durchgemacht haben – auf Kosten eines gesellschaftlichen Konsenses.

Der 14. Parteitag der KPCh entschied sich mit der Einführung der »sozialistischen Marktwirtschaft« für eine nach marktwirtschaftlichen Gesetzen funktionierende Wirtschaftsordnung. Damit bestand Einigkeit darüber, das bisherige Reformprogramm weiterzuführen, und das heißt unter anderem: weitergehende Freigabe der Preise, Abbau von Subventionen für Staatsbetriebe, Ausweitung des Außenhandels und mehr Flexibilität auf dem Arbeitsmarkt. Gleichzeitig aber unterließ es der Parteitag, ein Programm für die nächste Reformphase aufzustellen. Dahinter verbargen sich grundlegende Unstimmigkeiten über Abfolge und Geschwindigkeit der Reformen, vor allem im staatlichen Sektor.

Aufstand der Radikalen?

Der Westen fürchtet vor allem, daß der Kampf um Dengs Nachfolge die radikalen Maoisten wieder an die Macht bringen könnte. Diese Sorge läßt sich jedoch leicht zerstreuen. Die Radikalen verfügen weder über eine effektive Organisation noch über eine breite politische Basis. Die Kulturrevolution, ihre letzte und größte Machtdemonstration, hat sie bei nahezu allen wichtigen politischen Gruppierungen diskreditiert. Die Kulturrevolution war vor allem ein Angriff auf die Führungsriege der KPCh, deren Mitgliederzahl dezimiert wurde. Das Schicksal von Deng Xiaopings Sohn, den Mitglieder der Roten Garden aus dem obersten Stockwerk eines Hauses stießen und der seitdem gelähmt ist, ist bezeichnend für den Umgang mit der damaligen Parteiführung. Es ist leicht erklärlich, daß die Parteiführung, im Verbund mit Mitgliedern des Regierungsapparates, heute fest entschlossen ist, den radikalen Kräften keine zweite Chance zu geben.
Auch die Armee, der vor allem es oblag, die innere Ordnung aufrechtzuerhalten, entsetzte sich über die Auswüchse der Kulturrevolution. Obgleich Armeechef Lin Piao zu den Hauptverfechtern der Kulturrevolution zählte, spielten die Streitkräfte bei der Entmachtung der Radikalen eine Schlüsselrolle. Unter den Bauern, Arbeitern und Betriebsleitern, die sich aus ihren Lebenszusammenhängen gerissen und ihres Auskommens beraubt sahen, regte sich Opposition gegen die unheilbringende Allianz Mao Zedongs mit den Propaganda-Abteilungen und einer entfesselten Jugend. Diese Jugend, die heute als »verlorene Generation« bezeichnet wird, hat in der Zwischenzeit erkannt, daß sie von den Radikalen benutzt worden war. Ohne geregelte Ausbildung ist ihr der wirtschaftliche Aufstieg versperrt. Kein Wunder, daß niemand in China eine zweite Kulturrevolution wünscht.
Die verbliebenen linken Gruppierungen können nicht mit den alten Radikalen verglichen werden. Der kleinsten Fraktion gehören unter anderen Vizepräsident Wang Zhen und Chen Yun an, Dengs großer Gegenspieler in den Jahren 1985–1990. Diese »stalinistischen Sozia-

listen«, wie sie wohl zu Recht tituliert werden, akzeptierten die erste Reformphase – Chen befürwortete sie sogar offensiv –, in der die Landverteilung an die Bauern, die Einführung des Leistungsprinzips in der Industrie und eine vorsichtige Öffnung zum Westen im Mittelpunkt standen. Sie widersetzen sich aber weiterführenden Reformen, wie sie von Zhao Ziyang und Hu Yaobang gefordert wurden. Daß Chen und Wang 1992 Deng Xiaoping für seine nächsten Reformvorhaben dennoch Unterstützung zusagten, ist bezeichnend. Diese Kompromißbereitschaft beruht nicht auf einem Wandel ihrer Grundüberzeugung, sondern erklärt sich aus der Einsicht, daß sich ihre Position zusehends verschlechterte und sie nur durch ein Einlenken hoffen konnten, Deng Zugeständnisse abzuringen.

Eine zweite Fraktion bildet die von Li Peng repräsentierte Orthodoxe Fraktion, die den neuen Kurs mittragen, sich aber ebenfalls gegen eine rasche Durchführung weiterer Reformen sperren. In ihren Augen sind neben sorgfältiger Planung und der Rückbesinnung auf marxistische Grundsätze eine zentrale Beteiligung der KPCh sowie Subventionen und Wettbewerbsvorteile für Staatsbetriebe gegenüber privaten und ausländischen Konkurrenten unerläßlich. Ihre Hauptsorge gilt der Inflationsbekämpfung und der Ausschaltung jedweder Risiken, seien sie ökonomischer, gesellschaftlicher oder politischer Natur. Dabei ist es kein Zufall, daß die meisten Führer dieser Fraktion in der Sowjetunion ausgebildet wurden, weshalb man häufig vom »Verein der Absolventen osteuropäischer Hochschulen« spricht. Es wäre verfehlt, diesen Politikern Reformfeindlichkeit zu unterstellen. Immerhin haben sie unter der Führung Li Pengs eine Reihe von finanzpolitischen Reformen angeregt und durchgesetzt, daß ausländische Investoren volles Eigentum an chinesischen Unternehmen erwerben können, nachdem sie zunächst auf Joint-ventures beschränkt worden waren. 1992 gaben auch Li und seine Gefolgsleute Deng Xiaopings neuen Reformplänen ihre Zustimmung. Sie taten es jedoch widerwillig und erst, nachdem der Nationale Volkskongreß Li gezwungen hatte, sein Regierungsprogramm in mehreren Punkten zu überarbeiten.

Die dritte Gruppe der linken Modernisierer wird mit der Elite-Universität Qinghua in Beijing in Zusammenhang gebracht. Die Gefolgsleute Zhao Ziyangs und Hu Yaobangs stehen für eine ungehinderte Reformpolitik, für die sie auch bereit sind, größere Risiken einzugehen, wie steigende Inflation, soziale Unruhen oder ideologischen Werteverfall. Zhu Rongji, der den besonders entschlossenen Kern der Fraktion repräsentiert, ist zwar auf politische Stabilität bedacht, wirft aber auf seinem konsequenten Reformkurs so viel ideologischen Ballast über Bord, daß die kommunistische Ordnung immer wieder in Frage gestellt wird. In den Jahren 1988–1989, die eine hohe Inflationsrate und soziale Unruhen gebracht hatten, verloren die Gefolgsleute Rongjis an Einfluß und wurden zeitweise sogar von der Macht ausgeschlossen, allerdings nicht für immer.

Bereits 1992 nahm sich Deng Xiaoping der kompromißlosen Modernisierer wieder an und ebnete ihnen erneut den Weg zu Amt und Würden. Seitdem können sie wieder ihr Ziel verfolgen, den Staat schnell und konsequent neu zu ordnen. Sie treten für ein rasches Wirtschaftswachstum ein, auch auf die Gefahr einer ernsten Inflation hin, reden einer politischen, kulturellen und sexuellen Liberalisierung das Wort und drängen auf rechtsstaatliche Sicherungen. Die meisten jungen Anwärter auf Führungspositionen gehören dieser Fraktion an, und der Zusammenhalt der Gruppe ist groß. Zwar drängen einige schneller auf dem Weg der Erneuerung voran, aber nur wenige sympathisieren mit Li Pengs schleppender Reformpolitik, und noch weniger befürworten radikale neo-maoistische Maßnahmen.

Deng ist bestrebt, ein Gleichgewicht zwischen den beiden letztgenannten Fraktionen aufrechtzuerhalten, von denen keine für sich beanspruchen kann, als einzige über ein erfolgversprechendes Wirtschaftskonzept zu verfügen. Beide Seiten sind dafür verantwortlich, daß die Macht der KPCh in Frage gestellt worden ist. Insbesondere Hu Yaobang und Zhao Ziyang haben den Reformprozeß so heftig vorangetrieben, daß die Wirtschaft überhitzte und die Inflation ein destabilisierendes Ausmaß erreichte. Damit standen sie nicht allein. Anfang 1992 schaltete sich Deng selbst in die Bemühungen ein, das Wirtschaftswachstum anzukurbeln. Er verwarf Li Pengs 6prozentiges Wachstumsziel und forderte für den nächsten Fünfjahresplan eine jährliche Rate von 10 Prozent. Tatsächlich erreichte man noch im selben Jahr 12,8 Prozent, womit die Gefahr einer neuen Inflationsspirale heraufbeschworen war. In aller Eile wurde das Wachstumsziel auf 8–9 Prozent gesenkt. In einer vergleichbaren Konjunkturphase hatten Taiwans vorausschauende Wirtschaftsplaner in den Fünfjahresplänen die jährliche Wachstumsrate mit 7 Prozent wiederholt bewußt niedrig angesetzt; im Durchschnitt wurde sie dann um 3 Prozent überschritten. Li Peng hatte mit seiner Vorgabe also erheblich näher am eigentlichen Ziel gelegen.

Die Dissidenten, deren bekannteste Vertreter Wuerkaixi und Fang Lizhi sind, bilden keine homogene Gruppe. Gemeinsam treten sie für mehr Freiheit und eine raschere Ablösung der überkommenen marxistischen Dogmen ein. Wie alle Regierungsgegner in Asien fordern auch sie mehr Demokratie – womit sie das Recht meinen, gegen Inflation, Korruption, Vetternwirtschaft, Gerontokratie oder Dogmatismus einzutreten. Häufig geht es ihnen um sehr spezielle Freiheitsrechte. So richtete sich der Protest der Studenten auf dem Tiananmen-Platz vor allem auch gegen die Entscheidung der Regierung, Studenten nicht länger zu erlauben, sich nach Abschluß der Prüfungen selbst eine Arbeitsstelle zu suchen. Das Schlagwort von der Demokratiebewegung vermittelt ein Bild der Geschlossenheit, dem die zersplitterte Opposition nicht gerecht wird und das die Tatsache verschleiert, daß sie mehr gegen einzelne Mißstände als für die Herrschaft des Volkes kämpft. In der Mehrheit zieht die Opposition eine schrittweise und friedliche Veränderung der Zustände einem gewaltsamen Umsturz vor, ist ihr die Ausweitung persönlicher Freiheit wichtiger als die Einführung freier Wahlen, und begnügt sie sich damit, das Regime verbal zu attackieren, solange das Wirtschaftswachstum nicht nachläßt und die schlimmsten Mißstände beseitigt werden.

Im Westen wird häufig übersehen, daß die Opposition in dieser frühen Phase der Modernisierung größeres Gewicht auf den Fortgang der Wirtschaftsreformen legt als auf die Einführung einer Demokratie nach westlichem Vorbild. Ein Vergleich zwischen China und Südkorea liegt nahe. 1960 hatten Studenten und andere Demonstranten unter dem Banner der Demokratie Syngman Rhee gestürzt. Sein Nachfolger Chang Myon führte die Demokratie ein, aber die Studenten, deren Kritik sich nun gegen Korruption und Mißwirtschaft richtete, demonstrierten weiter. Als General Park Chung Hee 1961 mit einem Militärputsch die Macht an sich riß, setzten die Studenten ihre Proteste für einige Jahre aus, weil sie dem General zutrauten, die Korruption zu bekämpfen und Südkorea zu stärken. Parks ideologische Starrheit rief später zwar erneut Proteste hervor, aber ökonomische Erfolge sicherten dem Regime achtzehn Jahre lang eine solide Machtbasis. Ein ehemaliger koreanischer Oppositionsführer, der während der Proteste auf dem Tiananmen-Platz anwesend war, äußerte sich erstaunt über die gleichlautenden Forderungen der chinesischen Studenten 1989 und der koreanischen Opposition knapp dreißig Jahre zuvor.

Die gegenwärtige Opposition vermag das Regime nicht zu stürzen, solange es auf Reformkurs bleibt – jedenfalls nicht bevor eine gebildete Mittelschicht entstanden sein wird, die bereit ist, zugunsten politischer Freiheiten wirtschaftliche Risiken auf sich zu nehmen. Die Erfahrungen Südkoreas, Taiwans und Singapurs zeigen, daß sich die Opposition ein oder zwei Generationen lang kontrollieren läßt. Erst wenn ein gewisses Maß an wirtschaftlichem Wohlstand und individueller Sicherheit erreicht ist, gerät die alte Führungsgarde in die Isolation – und der Übergang zur Demokratie kann, anders als in der ehemaligen Sowjetunion und in weiten Teilen Osteuropas, in der gebotenen Ruhe erfolgen. Nach diesem Modell vollzogen Taiwan und Südkorea in den letzten Jahren einen friedlichen Wechsel zur Demokratie. China befindet sich auf demselben erfolgreichen Weg.

Die Auflösung der Sowjetunion dagegen folgte einem ganz anderen Konzept. Dies erklärt sich auch aus den völlig unterschiedlichen Ausgangsbedingungen. Die UdSSR war eine künstlich geschaffene Staatengemeinschaft, deren Bewohner nicht einmal zur Hälfte Russen waren. China dagegen ist eine uralte Nation, 94 Prozent der Bevölkerung sind Han-Chinesen. Die Wirtschaft wächst jährlich um 8 Prozent und kann auf weitere 7 Prozent hoffen, legt man das Modell Taiwans und Koreas zugrunde. Die russische Wirtschaft dagegen schrumpft jährlich um 18 Prozent. In China bedingen eine starke Verwurzelung in der eigenen Geschichte, ein ausgeprägtes Nationalbewußtsein und ein stetig wachsender Wohlstand eine gänzlich andere Mentalität als in der Sowjetunion. Abgesehen von einigen Regionen, in denen aber nur ein Bruchteil der gesamtchinesischen Bevölkerung zu Hause ist (wie Tibet und Xinjiang Uygur mit je sechs Millionen Einwohnern), sind alle Provinzen bereit, für den Erhalt der staatlichen Einheit Opfer zu bringen, etwa in Form von höheren Steuern. Dies gilt auch für Regionen, die – wie Guangdong – größere wirtschaftliche Autonomie anstreben. Auch in der ehemaligen Sowjetunion waren die meisten Mitglieder des Staatenverbandes bereit, sogar einen sehr hohen Preis zu zahlen – aber es ging ihnen dabei um die politische Unabhängigkeit.

Im Westen hält sich die Annahme, daß China ein ähnlicher politischer Zerfall droht wie dem Osten Europas. Doch die jüngere Geschichte Asiens zeigt, daß Auflösungserscheinungen höchst unwahrscheinlich

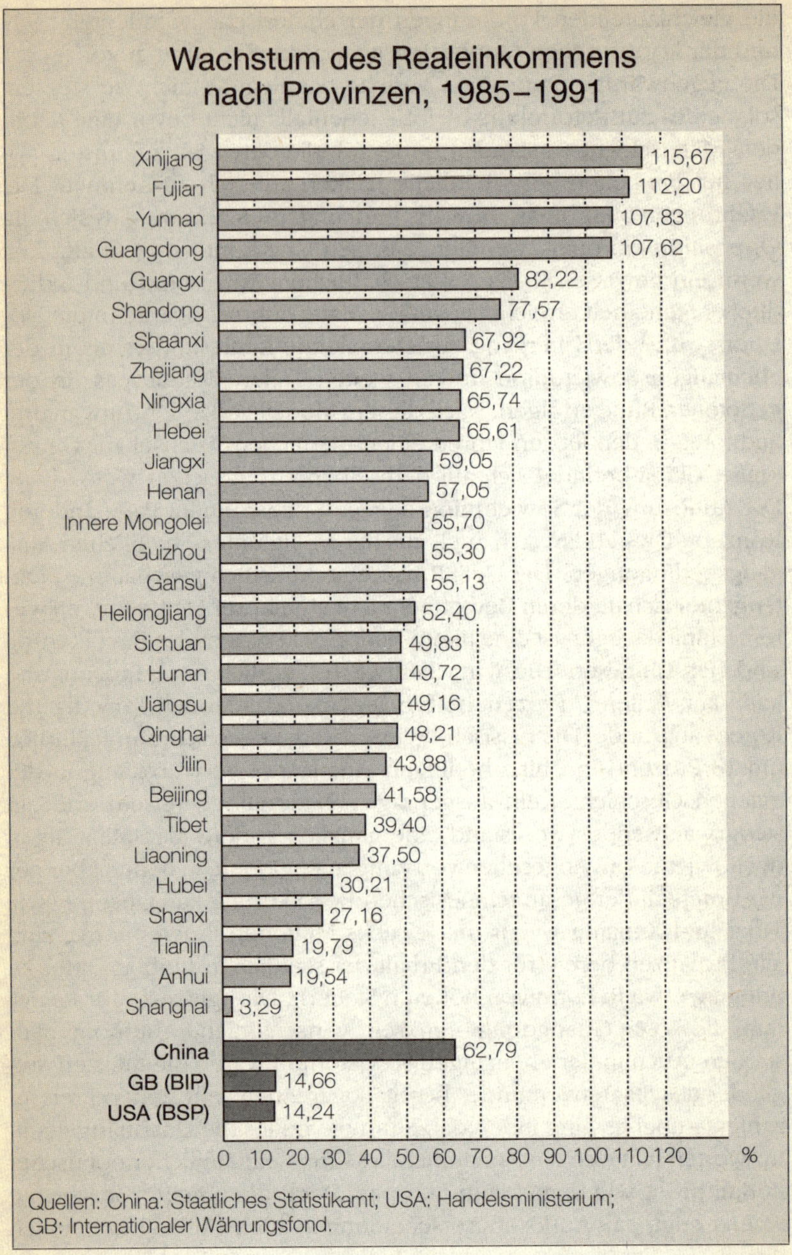
Wachstum des Realeinkommens
nach Provinzen, 1985–1991
Xinjiang 115,67
Fujian 112,20
Yunnan 107,83
Guangdong 107,62
Guangxi 82,22
Shandong 77,57
Shaanxi 67,92
Zhejiang 67,22
Ningxia 65,74
Hebei 65,61
Jiangxi 59,05
Henan 57,05
Innere Mongolei 55,70
Guizhou 55,30
Gansu 55,13
Heilongjiang 52,40
Sichuan 49,83
Hunan 49,72
Jiangsu 49,16
Qinghai 48,21
Jilin 43,88
Beijing 41,58
Tibet 39,40
Liaoning 37,50
Hubei 30,21
Shanxi 27,16
Tianjin 19,79
Anhui 19,54
Shanghai 3,29
China 62,79
GB (BIP) 14,66
USA (BSP) 14,24
0 10 20 30 40 50 60 70 80 90 100 110 120 %
Quellen: China: Staatliches Statistikamt; USA: Handelsministerium;
GB: Internationaler Währungsfond.

Abb. II-3

sind, solange die politische Führung einen Kurs des raschen wirtschaftlichen Aufschwungs steuert.

Küste contra Hinterland

Von größerer Bedeutung als ethnische Konflikte sind in China die Spannungen zwischen den prosperierenden Küstenregionen und den ärmeren Provinzen im Landesinneren. In der Vergangenheit kam es immer wieder zur Eskalation, zum Beispiel vor dem Ausbruch des chinesischen Bürgerkriegs. Mit Beginn der Reformpolitik 1979 schien sich der Konflikt erneut zuzuspitzen. Während die Küstenprovinz Guangdong einen enormen Aufschwung erlebte, mehrten sich in Hunan die Demonstrationen aufgebrachter Bürger gegen den Export von Rohstoffen nach Guangdong. Immer nachdrücklicher wurde gefordert, der Nachbarprovinz die Sonderrechte zu entziehen, die ihr einen reichen Devisenregen bescherten. Die Wende kam 1991, als die Binnenregionen ihre Taktik änderten und umgekehrt dieselben wirtschaftlichen Sonderrechte forderten. Lange zuvor schon waren Millionen Arbeitslose aus Hunan in die Fabriken Guangdongs geströmt. Mit vergleichsweise gut gefüllter Brieftasche und verlockenden Berichten über den neuen Wohlstand kehrten sie in die Heimat zurück. Die finanziellen Transfers begannen die Armut in Hunan zu lindern. Die Provinz entwickelte sich zum Zulieferer Guangdongs. Es war ein Weg gefunden, auf dem man rasch zu Wohlstand gelangen konnte.
Wie das Schaubild auf Seite 78 zeigt, bestehen zwischen den Provinzen, vor allem zwischen den einkommensstarken Küstenregionen und dem armen Landesinneren, erhebliche, aber durchaus nicht unüberwindliche Einkommensunterschiede. Das krasseste Gefälle liegt mit durchschnittlich 40 Prozent zwischen den größeren Städten (Shanghai, Beijing, Tianjin) und den ländlichen Gebieten. In Taiwan hatte sich in den siebziger Jahren ein ähnliches Einkommensgefälle herausgebildet, das der Regierung in ihrem Bemühen um einen Ausgleich der Lebensverhältnisse großes Kopfzerbrechen bereitete. Im internationalen Vergleich jedoch sind solche Differenzen nicht außergewöhnlich hoch und sollten deshalb nicht beunruhigen.
In China und den anderen prosperierenden Nationen im pazifisch-asiatischen Raum war ein Faktor stets von entscheidender politischer Bedeutung: das Wachstum der lokalen Wirtschaft. Die Bevölkerung

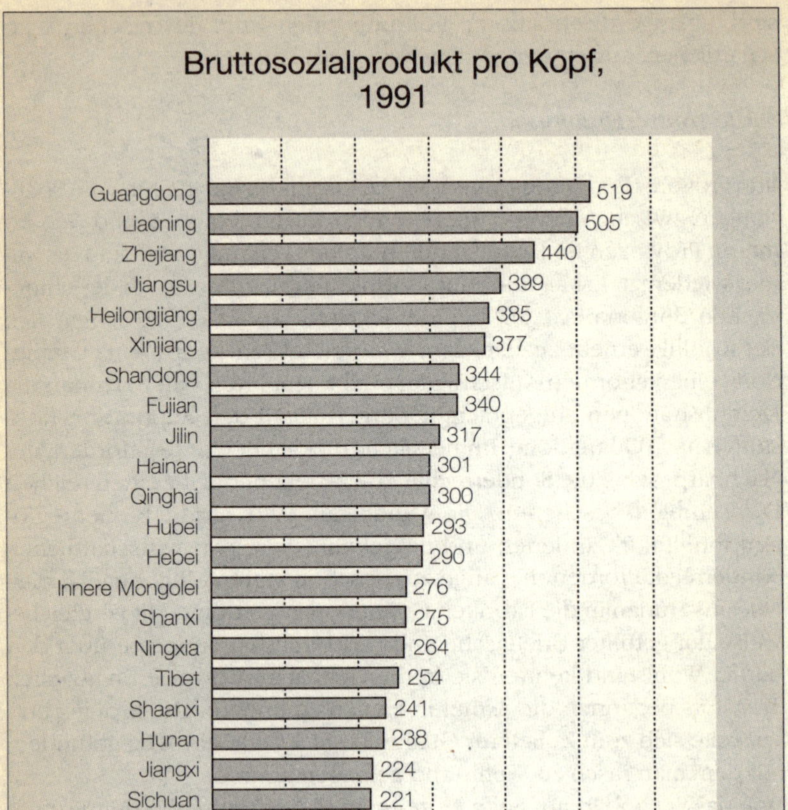
Bruttosozialprodukt pro Kopf, 1991
Guangdong 519
Liaoning 505
Zhejiang 440
Jiangsu 399
Heilongjiang 385
Xinjiang 377
Shandong 344
Fujian 340
Jilin 317
Hainan 301
Qinghai 300
Hubei 293
Hebei 290
Innere Mongolei 276
Shanxi 275
Ningxia 264
Tibet 254
Shaanxi 241
Hunan 238
Jiangxi 224
Sichuan 221
Yunnan 215
Henan 213
Gansu 210
Guangxi 197
Anhui 196
Guizhou 164
Shanghai 1202
Beijing 959
Tianjin 697
0
200
400
600
800
1000
1200
in US-$
Quelle: Staatliches Statistisches Jahrbuch 1992, S. 36 und 79.

Abb. II-4

im Innern der Volksrepublik lebte über Generationen am Rande des Existenzminimums und litt oft unter Hungersnöten, so in der Zeit des Großen Sprungs nach vorne von 1958 bis 1961 oder während der Kulturrevolution von 1966 bis 1976. Kaum ein sozialer Unterschied ist so gravierend wie der zwischen zwei Menschen, von denen der eine weiß, daß er am nächsten Tag satt werden wird, der andere aber hungern muß.

Die meisten Binnenprovinzen befinden sich noch auf einem relativ niedrigen Niveau und wachsen langsamer als Guangdong oder Fujian. Die Bevölkerung ist nach wie vor arm, doch mangelt es inzwischen nicht mehr an Nahrung und Kleidung. Heute geht es eher um die Frage, wer sich bereits besondere Speisen und modische Kleidung leisten kann. Reisende, die aus Hunan oder Hubei zurückkommen, berichten, daß die Frauen auf den Reisfeldern häufig Dauerwelle tragen – vor einem Jahrzehnt noch ein unvorstellbarer Luxus. Als ich 1992 durch China reiste, begegnete ich selbst in den ärmsten Regionen nur wohlgenährten Menschen, die in ordentlichen Häusern lebten. Nahezu überall sah ich Fernsehapparate, und in den Städten waren die Menschen farbenfroh und modisch gekleidet. Frauen, die mit dem Fahrrad zur Arbeit fuhren, etwa in Xian, trugen schicke Röcke und Blusen aus Seide. Selbst an den abgelegensten Stationen entlang der Seidenstraße kann man heute Nylonstrümpfe mit dem Aufdruck »Made in France« kaufen. (Es handelt sich zwar nur um Kopien, aber selbst das kommt fast einer Revolution gleich.) Auf jedem Basar finden sich neben Ständen mit Gurken und Melonen Schönheitssalons, in denen sich Frauen ihre Haare waschen und fönen lassen. Überall ist das Vertrauen auf bessere Zeiten förmlich mit Händen zu greifen. Eine solche Zuversicht fehlt beispielsweise in den ärmeren Gebieten auf den Philippinen noch gänzlich. Solange in den chinesischen Binnenprovinzen der Fortschritt spürbar bleibt, wird es deshalb zu keiner die Stabilität des Landes gefährdenden Revolte gegen die reichen Küstenregionen kommen.

Die Grafik (S. 80) schlüsselt das reale Wachstum des Bruttosozialprodukts in den letzten sechs Jahren nach Provinzen auf und widerlegt damit den Mythos, daß neben der florierenden Küstenregion die Wirtschaft der Provinzen im Hinterland stagniert.[3] Im Gegenteil, die meisten Gebiete verzeichnen geradezu spektakuläre Steigerungsraten. So ist die tief im Landesinneren gelegene Provinz Xinjiang mit der uigurischen autonomen Region der am schnellsten wachsende Landesteil Chinas. Auf Platz zwei steht die Küstenprovinz Fujian, gefolgt von Yunnan, einem weiteren Gebiet mit hohem Minderheitenanteil. (Allerdings sollte Yunnan, das an Vietnam, Laos und Myanmar angrenzt, als Sonderfall behandelt werden, da ein Großteil des Wachstums vom Drogenhandel mit Myanmar herrührt.) Guangdong, Nachbar Hongkongs und bekannteste Küstenprovinz Chinas, rangiert nur auf Platz vier. Die sechs folgenden Ränge werden wiederum von Binnenprovinzen eingenommen, und auch zwei der dann folgenden vier Provinzen liegen im Landesinneren. Die Region mit dem schwächsten Wirtschaftswachstum im erfaßten Zeitraum war die regierungsunmittelbare Stadt Shanghai am ostchinesischen Meer. (Zwischen 1985 und 1991 litt Shanghai unter einer enormen Steuerbürde, verzeichnet inzwischen aber wieder steigende Wachstumsraten.) Sichuan, in vielerlei Hinsicht eine typische Binnenprovinz mit über 100 Millionen Einwohnern, verdoppelte innerhalb von sechs Jahren sein Bruttosozialprodukt, und selbst Tibet, zerrissen von inneren Unruhen, wuchs in diesem Zeitraum dreimal so schnell wie die USA während des Booms gegen Ende der Reagan- und zu Beginn der Bush-Ära.

Vergleicht man die Wachstumsraten der Binnenprovinzen mit denen der Musterprovinz Guangdong, so ergibt sich folgendes Bild: Hunan ist arm, Sichuan, noch weiter im Landesinneren gelegen und vom Rest Chinas durch Gebirgszüge fast vollständig abgeschnitten, ist noch ärmer. Unter den dreißig Provinzen und regierungsunmittelbaren Städten rangieren diese beiden Provinzen auf den Plätzen 17 und 18. Wenn Guangdongs Wirtschaft in einem Jahr um 10 Prozent wächst, können Hunan und Sichuan bei kontinuierlicher Entwicklung auf rund 4,6 Prozent hoffen. Diese Rate läge immer noch um einiges höher als die der US-Wirtschaft in einem Boom-Jahr. In dem eher unterdurchschnittlich erfolgreichen Jahr 1991 legte die Wirtschaft in Guangdong um 13,5 Prozent zu, in Hunan und Sichuan um 6,2–6,3 Prozent. Das sind Steigerungsraten, wie sie im modernen China noch nie verzeichnet wurden. Die Situation in den Binnenprovinzen ist von Experten, die sich in der Geschichte auskennen mögen, aber wenig über die gegenwärtige Situation wissen, übertrieben dramatisch dargestellt worden.[4]

Länder wie Thailand und Indonesien hatten mit sehr viel ernsthafteren ethnischen und regionalen Problemen zu kämpfen als China. Das

unübersichtliche Indonesien mit seinen 13000 Inseln war zum Zeitpunkt seiner Unabhängigkeit Heimat unterschiedlichster Bevölkerungsgruppen mit 300 Dialekten. Asien bietet Beispiele, wie ein rasches Wirtschaftswachstum und die Möglichkeit, einen immer größer werdenden Kuchen aufzuteilen, Volksgruppen und Regionen einander näherbringt. Länder mit schwacher Wirtschaft dagegen, wie die Philippinen oder Myanmar, verlieren im erbitterten Verteilungskampf ihre nationale Identität. Die ethnische Zusammensetzung der Bevölkerung war in Myanmar und Thailand nach dem Zweiten Weltkrieg weitgehend identisch, während auf den Philippinen die Differenzen zwischen den Volksgruppen weniger zum Tragen kamen. Dennoch konnte Thailand dank seines enormen wirtschaftlichen Aufschwungs die Hürden überwinden, Myanmar und die Philippinen dagegen scheiterten. Die Gesellschaft in Indonesien wiederum ist weit heterogener als in China. Nach der Unabhängigkeit des Landes wurde die Situation zusätzlich verschärft, vor allem durch das Fehlen eines gemeinsamen Geschichtsbewußtseins und einer gemeinsamen Sprache sowie durch die unterschiedliche Wirtschafts- und Einkommensentwicklung in den einzelnen Regionen. Doch eine Politik der eisernen Hand und ein kontinuierliches Wirtschaftswachstum (wenn auch nie in chinesischen Dimensionen) halfen dem Land, diese Probleme zu meistern. Die Schwierigkeiten, mit denen China zu kämpfen hat, erscheinen dagegen gering, zumal das Land auf weitaus größere Ressourcen zurückgreifen kann.
Problematischer für die weitere Entwicklung ist die Konzentration industrieller Großbetriebe im Landesinneren. Mao Zedong hatte die Umsiedlung ganzer Industriezweige aus sicherheitspolitischen Gründen angeordnet, um im Falle einer Invasion durch die USA oder später durch die Sowjetunion das wirtschaftliche Überleben der Volksrepublik zu sichern. Diese Maßnahme ist vergleichbar mit Stalins Entscheidung, die sowjetische Industrie im Zweiten Weltkrieg hinter den Ural zu verlagern. In den abgelegenen Regionen wie etwa dem ländlichen Sichuan wirtschafteten sich die Betriebe wegen hoher Transportkosten und notorischer Ineffizienz bald in die Verlustzone. Die Situation verschärfte sich, als Beijing im Zuge der Reformen die Subventionen kürzte. Den betroffenen Betrieben bleibt nicht mehr viel Spielraum: Entweder erkaufen sie sich die Unterstützung der Orthodoxen Fraktion, oder sie flüchten sich in die Partnerschaft mit einem privaten Unter-

nehmen oder einem Staatsbetrieb in der Küstenregion. Die sicherste Lösung wäre ein Joint-venture mit einem ausländischen Partner. (Es ist eine ironische Wendung der Geschichte, daß Maos Sicherheitsdenken dazu geführt hat, daß die Betriebe im Landesinneren heute Rettung vor dem Ruin ausgerechnet im Ausland suchen.)

Der Konzentrationsgrad der Betriebe in den einzelnen Provinzen (die heutige Führung muß Mao immerhin dankbar sein, daß er sie mehr oder weniger gleichmäßig über das Land verteilt hat) und der politische Rückhalt, über den sie verfügen, können gegenwärtig nur schwer beurteilt werden. Man kann aber wohl davon ausgehen, daß es den Belegschaften an Organisationstalent und Einfallsreichtum mangelt, ernsthaften politischen Druck auf die Reformpolitik auszuüben. Sicherlich wird es zu Streiks und Unruhen kommen, wenn Zehntausende von Arbeitern entlassen werden müssen. Aber diese Auseinandersetzungen werden kaum zu größeren Aufständen führen oder gar in eine revolutionäre Situation münden, wenn die politische Führung ihre Handlungsfähigkeit bewahrt.

Gering ist auch die Wahrscheinlichkeit, daß es in China wegen der ungleichen Einkommensverteilung zu ernsthaften Konflikten kommen wird. Zwar leben immer noch mehrere 100 Millionen Chinesen in bitterster Armut, aber die jüngsten Wachstumsraten wecken auch in den ärmeren Regionen Hoffnung. Dieselbe positive Erwartungshaltung hat auch Hongkong trotz immenser Schwierigkeiten innere Stabilität beschert. Solange die Wirtschaft jährlich um 6–10 Prozent wächst, wird die Hoffnung auf eine Verbesserung der Zustände, verbunden mit der Erinnerung an frühere Entbehrungen, einen Klassenkonflikt verhindern. Eine sich stetig verschlechternde Konjunktur mit entsprechenden Einkommensverlusten, etwa in Folge harter Wirtschaftssanktionen der USA in Zeiten einer ungewöhnlich ernsten Rezession der Weltwirtschaft, könnte dagegen verhängnisvolle Folgen haben. Aber nicht einmal eine solche dramatische Entwicklung müßte notwendigerweise einen neuen Bürgerkrieg auslösen. Denn trotz der rasant steigenden Exporte stützt sich das Wirtschaftswachstum vor allem auf die erhöhte Binnennachfrage. So kann die inländische Produktivität durch weitere Reformmaßnahmen gesteigert werden, die hohe Sparquote kann Investitionen zugute kommen.

Westliches Denken war, wie bereits erwähnt, lange von der Annahme bestimmt, China könnte Opfer derselben Auflösungserscheinungen werden, wie sie in Osteuropa und der ehemaligen Sowjetunion beobachtet wurden. Der wahre Grund für den Abbruch der Kontakte auf höchster Ebene durch den amerikanischen Präsidenten Bush nach den Ereignissen auf dem Platz des Himmlischen Friedens lag darin, daß er Geheimdienstberichten Glauben schenkte, in denen der Sturz der Regierung in Beijing vorausgesagt wurde. Auch Delegationen des amerikanischen Kongresses äußerten nach einem Besuch in Hongkong die Ansicht, China werde wie die ehemalige Sowjetunion in Einzelstaaten zerfallen. Einige Abgeordnete waren nicht nur von der Unvermeidbarkeit dieser Entwicklung überzeugt, sondern griffen ihr sogar vor. So bezeichnete die Abgeordnete Pelosi in den ersten Entwürfen ihres Gesetzes von 1991, mit dem China die Meistbegünstigung aberkannt werden sollte, Tibet als eigenständige Nation. Auch hinter Gouverneur Pattens neuer Politik in Hongkong (ausführlich dazu Kapitel 5) verbarg sich die Hoffnung, Chinas innenpolitische Labilität ausnutzen zu können und nachträglich Änderungen in dem bereits beschlossenen Abkommen durchzusetzen. Solange die Wirtschaftsreform nicht ernsthaft ins Stocken gerät, sind solche Annahmen verfehlt. Sie lassen die zentrale Lehre aus den Entwicklungen im pazifisch-asiatischen Raum außer acht: Rasches Wirtschaftswachstum ermöglicht einer handlungsfähigen Regierung: selbst ein Land zusammenzuhalten, dessen Gesellschaft weit heterogener ist als die Chinas.

Die größte Gefahr: Politische Unbeweglichkeit

Die verschiedenen Stützen der Reformen (Bauern, Arbeiter, Angestellte in der Konsumgüterindustrie, gutverdienende Bürger, Unternehmer, der Großteil der politischen Führungsspitze und des Militärs) können schon aufgrund ihrer Zahl in den Gremien kaum überstimmt oder durch örtliche Aufstände erschüttert werden. Die eigentliche Gefahr liegt darin, daß sich das politische System insgesamt als zu unbeweglich erweisen könnte.

Die Struktur der Volksrepublik weist einige bedenkliche Schwachpunkte auf. Erstens: Nach der Kulturrevolution und den Ereignissen auf dem Tiananmen-Platz hat die marxistische Idee ihre verbindende Kraft verloren. Die Mehrheit der Chinesen begegnet heute jedweder Ideologie mit Zynismus. Zweitens: Innerhalb der politischen Füh-

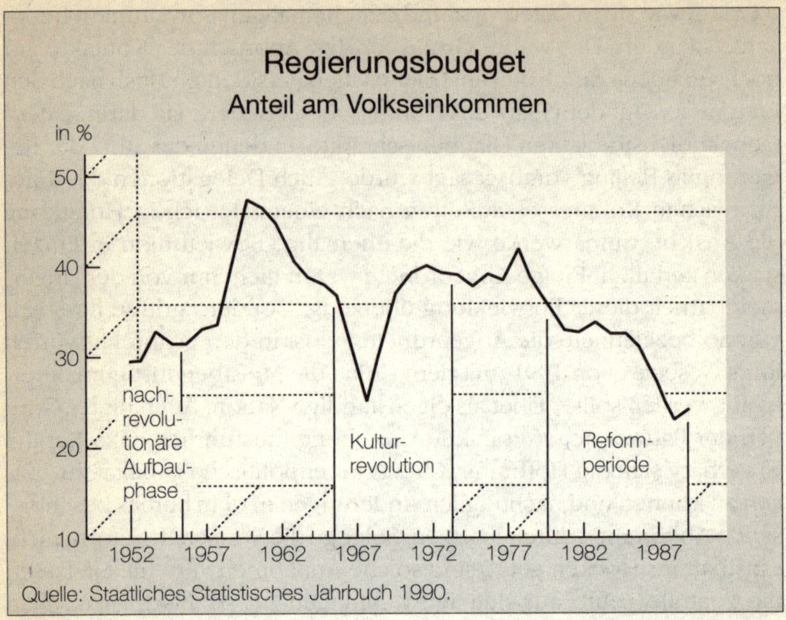

Abb. II-5

rung, auch wenn sie größtenteils die Reformpolitik unterstützt, besteht immer noch kein Konsens über mehrere kritische Punkte, unter anderem darüber, wie mit den Staatsbetrieben verfahren werden soll. China braucht eine Regierung, die sich gegenüber den Forderungen der Opposition zu behaupten weiß, selbstbewußt nach Lösungen für zentrale Probleme sucht und bereit ist, Risiken auf sich zu nehmen. Drittens: Die bisherige Reformpolitik stützt sich ganz auf die einzigartige Persönlichkeit Deng Xiaopings. Selbst in greisem Alter hat der chinesische Vordenker noch bewiesen, daß er die Fäden in der Hand hält und das Volk mitreißen kann – aber er wird nicht ewig leben. Viertens: Beijing hat den Provinzen viele Kompetenzen übertragen und den Anteil der Zentralregierung am nationalen Budget stark gesenkt. Damit hat sich die Führung teilweise der Möglichkeit beraubt, den Provinzen eine bestimmte Politik vorzuschreiben.[5] Fünftens: Die politisch einflußreichen Gruppen unterstützen zwar in der Mehrzahl den neuen Kurs, doch der Mittelbau der Regierungs- und Parteibürokratie, der großen Einfluß auf die Umsetzung politischer Beschlüsse hat, muß fürchten, im Zuge der Reformen Macht, Ansehen und Sonderrechte zu verlieren. Seine Vertreter werden jede Schwäche der Führungsspitze ausnutzen und die Reformpolitik so umzusetzen versuchen, daß ihr Einfluß erhalten bleibt.

Diese Probleme sind nicht aus der Luft gegriffen. Es liegt durchaus im Bereich des Möglichen, daß es in der Führung zu neuen Fraktionsbildungen kommt, daß die Provinzen der Zentrale, deren Handlungsspielraum ohnehin eingeschränkt ist, den Gehorsam verweigern, daß sich die Politikverdrossenheit der Bevölkerung verstärkt und die Verwaltung ihr schleppendes Arbeitstempo weiter drosselt. Kommen alle negativen Entwicklungen zusammen, kann die nach Dengs Tod unausweichliche Auseinandersetzung um die Nachfolge zu einem verheerenden Machtkampf führen, nicht zwischen Befürwortern und Gegnern der Reform, sondern zwischen reformorientierten, aber konkurrierenden Fraktionen. Falls sich die Zentralregierung im Verlauf eines solchen Kampfes spaltet und die einzelnen Gruppen die Unterstützung der Provinzen erbitten, wird Beijing die Autorität verlieren, die dringend notwendige Steuerreform durchzuführen und den Anteil der Regierung am nationalen Einkommen wieder zu erhöhen. Zu Zeiten der Qing-Dynastie ist schon einmal ein Regime über die Unfähigkeit gestürzt, mittels Steuerreformen einen ausreichenden Teil des Volkseinkommens abzuschöpfen.[6]

In einem solchen Fall werden die Provinzen zunehmend eine eigene Politik verfolgen. Die Konsequenzen sind absehbar: Die Kontrolle über Ausgaben und Kredite geht verloren, die Inflation wird angeheizt. Provinzen, Städte und Dörfer werden sich mit protektionistischen Maßnahmen vor ihren Nachbarn zu schützen suchen – eine Entwicklung, wie sie im Ansatz schon heute zu beobachten ist. Die Wirtschaftswissenschaftlerin Christine Wong von der University of California hat diesen Prozeß als »encystation« (Einkapselung) bezeichnet.[7] In fortgeschrittenem Stadium führt er zu einer raschen Abnahme der wirtschaftlichen Leistungsfähigkeit und zu neuen politischen Konflikten; die wirtschaftliche Dynamik würde zum Erliegen kommen und China mindestens auf das Niveau Indiens zurückfallen.

Hier also liegt die eigentliche Gefahr für die Reformpolitik, aber das Risiko wird durch mehrere Umstände gemildert. Der wirtschaftliche Aufschwung in den meisten asiatischen Ländern fand in einer Phase der ideologischen Ernüchterung statt; die Links-Orientierung Lee Kwan Yews und der Sozialismus des frühen Park Chung Hee wichen sehr schnell einem ideologischen Vakuum, in dem demokratische Vorstellungen heranreifen und sich, nachdem die ökonomische Entwicklung fortgeschritten war, durchsetzen konnten. Das Fehlen leidenschaftlich verfochtener Weltanschauungen ist geradezu eine Voraussetzung für den Erfolg des pragmatischen, weder sozialistischen noch kapitalistischen Entwicklungsmodells der asiatischen Wirtschaftwunderländer. Eine politische Führung, die ihre Gefolgschaft nicht durch eine gemeinsame Ideologie oder durch Feindbilder mobilisieren kann, muß mit konkreten materiellen Vorteilen locken – und das ist nur durch eine erfolgreiche Wirtschaftspolitik möglich. Daß sich auch widerwillige Reformer wie Li Peng dieser unvermeidlichen Einsicht fügen, ist bezeichnend für das asiatische Erfolgsmodell.

In der jüngeren politischen Geschichte Chinas sind sich die Provinzen in zwei Punkten stets treu geblieben: in ihrer unterschiedlichen Art und Weise, Vorgaben aus Beijing umzusetzen, und in ihrer Bereitschaft, die Anweisungen von oben ganz zu ignorieren. Das hat dazu geführt, daß bestimmte Küstenprovinzen und Sonderzonen einen raschen Aufschwung erlebt und mit verschiedenen Ansätzen experimentiert haben. Die erfolgreichen Reformen in Guangdong und Fujian sind erste, unsichere Schritte gewesen, die die gesamtchinesische Entwicklung vorweggenommen haben.[8] So war in Guangdong Land an die Bauern verteilt worden, bevor Beijing sich zu einer Bodenreform entschlossen hatte. Auch sind dort weit mehr Preise freigegeben worden als in anderen Provinzen. Shenzhen hat entgegen der ausdrücklichen Anordnung Beijings noch vor Shanghai eine Börse eröffnet. Der Aufschwung in Guangdong hat Nachahmer gefunden, so ist die Börse in Shenzhen heute erfolgreicher als die in Shanghai. Nicht alle Experimente werden glücken, aber es kann sich auszahlen, daß Beijing den Weg freigegeben hat, vor Ort die unterschiedlichsten Ansätze auszuprobieren – vorausgesetzt, die Dinge geraten nicht außer Kontrolle.

Schließlich ist die Macht des bürokratischen Mittelbaus beschränkt. Er sieht sich überall Reformbefürwortern gegenüber: oben der Regierung, unten den Bauern und Arbeitern, die die Früchte des Marktes gekostet haben und nach mehr verlangen. Beide möchten das einengende Korsett der zentralen Planung und der »eisernen Reisschüssel« mit ihren festgeschriebenen Löhnen und ihrer Arbeitsplatzgaran-

tie ablegen. Die größte Gefahr aber droht den Bürokraten von ihren eigenen Familien. Mit der Liberalisierung der Wirtschaft eröffnen sich für private Unternehmer enorme Möglichkeiten, die neuen Wünsche der Kunden zu erfüllen, erfolgreich mit den schwerfälligen Staatsbetrieben zu konkurrieren und ein marktfernes Preis- und unflexibles Finanzsystem zu erneuern. Da jedoch die Verteilung des knappen Wohnraums, der Arbeitsplätze und der Rohstoffe immer noch Sache der Bürokratie ist, erweist es sich anfänglich als sehr schwierig, diese Möglichkeiten zu realisieren. In der frühen Reformphase können nur solche Unternehmer in größerem Rahmen erfolgreich wirtschaften, die einen Zugang zur Bürokratie herstellen. Und wem gelingt das besser als den Bürokraten selbst? Da die hohen Regierungsbeamten und Parteifunktionäre meist zu sehr der Tradition verhaftet sind, als daß sie sich selbst unternehmerisch betätigen würden, überlassen sie es ihren Kindern, unter die Firmengründer zu gehen.
Chinas führende kommunistische Familien (und der Kommunismus ist wie alle politischen Bewegungen im Land auch eine Familiensache) wandelten sich innerhalb einer einzigen Generation in erfolgreiche Unternehmer. Wang Jun beispielsweise, der Sohn des stalinistisch-sozialistischen Vizepremiers Wang Zhen, hat sich in Hongkong und Südchina den Ruf eines regen und durchtriebenen Geschäftsmannes erworben. Auch Chinas Militärs, die durch Budgetkürzungen in Bedrängnis geraten sind, entfalten allerlei unternehmerische Aktivitäten. Neue Probleme entstehen dadurch, daß die Söhne und Töchter hoher Funktionäre und Bürokraten ihre obligatorische Macht dazu benutzen, Zahlungen zu erpressen. Neben Unternehmer wie Wang Jun, die ihren Erfolg ihrem Geschäftssinn und harter Arbeit verdanken, treten immer mehr »kleine Prinzen«, die durch korrupte Geschäfte zu Reichtum kommen. Die Reform des sozialistischen Wirtschaftssystems hat eine besonders unmoralische Form des Neofeudalimus hervorgebracht. Wenn aber die Führung sich ihre Integrität bewahrt und den Reformprozeß unter Kontrolle behält, wird dieses Phänomen über kurz oder lang verschwinden.
Doch es reicht nicht aus, daß die Ersten im Staate integer sind, sie müssen auch über Durchsetzungsvermögen verfügen und Entschiedenheit beweisen. Wenn in der Starrheit des politischen Systems die Hauptgefahr für das Reformprogramm liegt, ist es um so wichtiger, handlungsfähig zu bleiben. Widerspenstige Bürokraten müssen, wenn

nötig mit rigorosen Methoden, in die Schranken gewiesen werden. Die Reformer müssen sich zutrauen, Widerstand von Interessengruppen zu brechen, die eine Abwertung der Währung und die Preisreform blockieren. Sie müssen Parteifunktionäre und Regierungsbürokraten ihrer Posten entheben, wenn diese versuchen, die Wirtschaft am Gängelband des Sozialismus zu führen. Beijing muß das Aufflammen von Unruhen unter den unzufriedenen Arbeitern und Angestellten in den Staatsbetrieben verhindern und rücksichtslos gegen die korrupten Parteifamilien vorgehen. Eine solche Politik verlangt nach einer wohldosierten Mischung aus Zuckerbrot und Peitsche, und es wird sich nicht immer vermeiden lassen, harte Maßnahmen zu ergreifen. Im vorigen Kapitel habe ich festgestellt, daß der Wirtschaftsaufschwung in der Theorie reibungslos, in der Praxis aber weniger geordnet verläuft: Nicht anders geht es in der Politik.

Die Gefahr besteht, daß die Reform ins Stocken gerät und eine politische Krise auslöst, sie ist aber nicht unausweichlich. Die Erfahrungen anderer asiatischer Länder haben gezeigt, daß der wirtschaftliche Aufschwung die Gesellschaft an einen Punkt führt, an dem ein grundsätzlicher politischer Konsens zusammen mit den Antriebskräften des Wettbewerbs weitere Reformen unausweichlich nach sich zieht. Hinter der häufig geäußerten Sorge, daß es Deng Xiaoping in der verbleibenden Zeit nicht mehr gelingen könnte, sein Programm abzusichern, verbirgt sich die Ungewißheit, wann dieser entscheidende Wendepunkt erreicht ist. China kann den Durchbruch schaffen, eine Gewähr dafür gibt es nicht. Aber je weiter die Volksrepublik auf dem von Taiwan und Südkorea vorgezeichneten Weg voranschreitet, desto günstiger werden die Aussichten. Unterdessen darf man die Umstände nicht aus den Augen verlieren, die zur Erstarrung des politischen Systems führen könnten: endlose Machtkämpfe, ein Scheitern der Steuerreform, das Unvermögen, neue Entwicklungen einzuleiten, die Verbreitung eines innerstaatlichen Protektionismus. Diese Probleme könnten sich verstärken, wenn Beijing mit dem Ausland in Konflikt gerät und Wirtschaftssanktionen über China verhängt werden. In einer solchen prekären Lage könnten die Befürworter eines rigiden Zentralismus wieder die Oberhand gewinnen.

Politische Reform

Auch die Wechselwirkung zwischen Politik und Wirtschaft in China trägt asiatische Züge. Das Land hat von seinen Nachbarn gelernt, wie notwendig es ist, eine starke Reformkoalition zu schmieden. Ebenso wichtig ist es, daß der politischen die wirtschaftliche Reform vorausgeht – eine Einsicht, die den neuen Vorstellungen der Führung in Beijing sehr entgegenkommt. Der Westen dagegen feiert Länder, die mit einer Reform des politischen Systems begonnen haben: Gorbatschows Sowjetunion, die Philippinen unter Corazon Aquino oder Nigeria unter Shagari. In Schaubild II-6 »Wege zur marktwirtschaftlichen Demokratie« entspricht dieser Weg Pfeil A, der direkt, ohne vorhergehende Reformen der Wirtschaft und der politischen Institutionen, von einer sozialistischen Diktatur (oder einer Diktatur in einem unterentwickelten Land, der Prozeß entspricht sich) zur Demokratie führt. Doch die Geschichte hat gezeigt, daß dieser Weg die Wirtschaft eines Landes so stark belastet, daß sie schließlich kollabiert, was in der Mehrzahl der Fälle eine Restauration der Diktatur zur Folge hat. Schwache Institutionen haben den in einem freien System entfesselten Interessengruppen wenig entgegenzusetzen, zumal wenn es sich um einflußreiche Gruppen handelt, die in der Lage sind, den Reformprozeß zu blockieren. Eine schwache Regierung kann unpopuläre Maßnahmen nicht durchsetzen, wie etwa die in einer Übergangsphase notwendige Sparpolitik, die oft genug auf den Widerstand nahezu aller Bevölkerungsgruppen stößt. Entsprechend steigt die Inflationsrate, potenzieren sich Mißmanagement und gesellschaftliche Auflösungserscheinungen. Politiker, die Staatsausgaben begrenzen, Preise freigeben, die Konkurrenz beleben und Staatsbetriebe privatisieren wollen, sehen sich plötzlich von Wählern abhängig, die subventionierte Preise, garantierte Einkommen und lebenslange Beschäftigung gewohnt sind. Die Regierenden müssen die Gunst der Bürger in einer Zeit gewinnen, in der Nahrungsmittel immer teurer werden, nicht konkurrenzfähige Unternehmen reihenweise bankrott gehen, unzählige Arbeitsplätze vernichtet werden und keine Aussicht auf die Schaffung neuer Stellen besteht. Sie müssen die Währung abwerten und aufgebrachte Wähler aus dem Mittelstand beruhigen, die sich importierte Waren oder einen Auslandsurlaub nicht mehr leisten können, und sie müssen die nationalistischen Argumente der Reformgegner entkräften, die die Wirt-

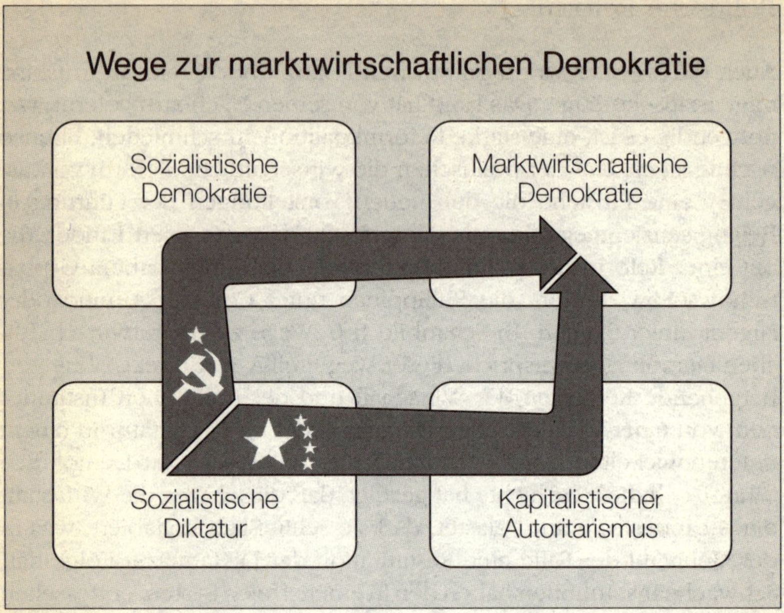

Abb. II-6

schaft vor ausländischer Konkurrenz beschützen und fremde Investoren vertreiben wollen. Die gewaltige Dimension dieser Aufgabe wird deutlich, wenn man an westliche Politiker denkt, die bereits vor der Kürzung von Sozialleistungen oder Steuererhöhungen zurückschrecken. Schnell könnte sich das Volk nach der gerade erst überwundenen Diktatur zurücksehnen. Beispiele auf allen Kontinenten haben gelehrt (als Belege mögen Brasilien, Nigeria, Litauen und die Philippinen dienen), daß Reformregierungen in einer solchen Situation entweder alle Vorhaben aufgeben – oder entmachtet werden.
Drei Voraussetzungen müssen erfüllt sein, um eine stabile Demokratie aufzubauen; in den meisten Ländern der Dritten Welt und in den meisten (ehemals) sozialistischen Ländern fehlen sie. Grundvoraussetzung ist die Existenz moderner und leistungsstarker Institutionen, die den in Krisenzeiten aufkeimenden populistischen Forderungen nach höheren Staatsausgaben, niedrigeren Steuern, mehr Subventionen, verstärktem Protektionismus und bevorzugter Sonderbehandlung wi-

derstehen. Wie kann ein Gemeinwesen ohne funktionsfähiges Finanzministerium, ohne effiziente Zentralbank, ohne gut ausgerüstete Armee und disziplinierte Polizeitruppe auf Dauer überleben? Argentinien hat gezeigt, wie das Zurückweichen vor populistischen Forderungen direkt in die Hyperinflation und schließlich zum Zusammenbruch der Demokratie führen kann. Oder der Staatsverband löst sich im Konflikt konkurrierender Interessengruppen oder ethnischer Verbände auf – ein Schicksal, das Jugoslawien nach Titos Tod ereilte. In beiden Ländern hatten die Institutionen, die die Wirtschaft steuern und das Land zusammenhalten sollten, dem Druck der Straße nicht standgehalten.
Eine zweite Voraussetzung für eine erfolgreiche Demokratisierung ist die Überwindung der Hürden, die den Weg in die Marktwirtschaft erschweren. So hat die demokratische Regierung unter Corazon Aquino zwar ihre Entschlossenheit erklärt, die Staatsbetriebe zu privatisieren, die unter der Marcos-Diktatur die philippinische Wirtschaft dominierten. Doch es gelang mächtigen Interessengruppen, sich die Unterstützung von Parlamentariern zu erkaufen und so den Erlaß entsprechender Gesetze zu verhindern. Auch die Bodenreform, die das Kernstück von Aquinos Regierungsprogramm werden sollte, wurde von der einflußreichen Liga der Grundbesitzer abgelehnt. Die Koalition derjenigen, die von der alten, feudalistischen Landordnung profitierten, war zu mächtig: Sie umfaßte die Mehrheit der staatlichen Angestellten, die die Reform hätten umsetzen sollen, die meisten der Kongreßmitglieder, die entsprechende Gesetze hätten beschließen müssen, und sogar viele wichtige Anhänger Corazon Aquinos. In der Dritten Welt hat die Einführung der Marktwirtschaft in vormals feudalistisch organisierten, agrarischen Gesellschaften stets zu Bauernaufständen geführt. In den ehemaligen kommunistischen Gesellschaften dagegen kommt wirkungsvoller Widerstand eher von den straff organisierten und finanziell gut ausgestatteten Partei- und Militärkadern sowie den Funktionären aus Staatsbetrieben, die Zugang zu Waffen haben und Rohstoffe, Transportwesen, technische Einrichtungen und Wohnraum kontrollieren.
Drittens ist seit langem bekannt, daß eine stabile Demokratie eine breite Mittelschicht voraussetzt. Eine Gesellschaft ohne Mittelschicht wird, wie auf den Philippinen oder in Thailand, entweder von der reichen Oberschicht dominiert oder sich zunehmend polarisieren. Wenn ein Großteil der Bevölkerung an der Armutsgrenze lebt, kann

jeder Politiker, der ein einigermaßen plausibles Konzept zur Bekämpfung der Armut vorlegt, die Massen um sich scharen, sei er ein kommunistischer Demagoge, der verspricht, die Reichen zu schröpfen, ein Diktator in Uniform, der für Ruhe und Ordnung eintritt, oder ein islamischer Mullah, der die Restauration traditioneller Werte als Schlüssel zu einem goldenen Zeitalter preist.
Alle Versuche, quasi über Nacht eine Demokratie aus dem Boden zu stampfen, sei es in Afrika, in Lateinamerika, in Asien oder in Osteuropa, zeichnen sich dadurch aus, daß sie diese drei Bedingungen ignorieren, die ich als populistische Schranke bezeichne. Schranke deshalb, weil eine demokratische Regierung in einer Gesellschaft, die die genannten Grundvoraussetzungen nicht erfüllt, unweigerlich scheitern muß. Nahezu alle Länder, die seit dem Ende des Zweiten Weltkriegs in die Unabhängigkeit entlassen worden sind, haben versucht, Demokratien nach westlichem Vorbild aufzubauen. Und fast allen ist das Vorhaben mißglückt. Die wenigen Länder, die heute demokratisch sind, konnten sich entweder von Anfang an auf ein marktwirtschaftliches System stützen (wie Malaysia), sind bei der Bewältigung großer sozialer Probleme kläglich gescheitert (wie Kolumbien mit seiner von Gewalt und Drogenhandel gezeichneten Gesellschaft oder Venezuela, wo das wirtschaftliche Mißmanagement gigantische Ausmaße erreicht hat – und das, obwohl beide Länder über reiche Erdölvorkommen verfügen) oder haben es schlichtweg versäumt, auf den Modernisierungszug aufzuspringen (etwa Indien). Wer in der jüngeren Geschichte nach einem Entwicklungsland oder einem vormals sozialistischen Land sucht, das demokratische Reformen vor die Reform der Wirtschaft gestellt und trotzdem den Übergang zu einer marktwirtschaftlichen Demokratie geschafft hat, wird wenig Glück haben. Und doch ist es allein dieser Ansatz, der im Westen Beifall und großzügige finanzielle Hilfe findet – Kapital, das zur Vordertür hineinfließt und wegen der verbreiteten Angst vor politischem Chaos und schwindelerregender Inflation durch Hintertüren gleich wieder außer Landes geschafft wird.
Im Gegensatz dazu haben die Länder im pazifisch-asiatischen Raum unter der Führung einer starken, autoritären Regierung zuerst die notwendigen staatlichen Institutionen aufgebaut, die Wirtschaft liberalisiert und eine gebildete Mittelschicht geschaffen, bevor sich ein demokratisches Staatswesen herausgebildet hat, entweder mit

Zustimmung oder gegen den Widerstand der politischen Führung. Da diese Staaten die drei genannten Reformvoraussetzungen erfüllen, besitzen ihre Demokratien gute Erfolgsaussichten.

Die Demokratisierung in Südkorea, Taiwan, Singapur und (mit Abstrichen) Thailand ist nach diesem Muster verlaufen. In Südkorea wurden die grundlegenden Reformen unter der autoritären Herrschaft Park Chung Hees, eines von den Japanern ausgebildeten Generals, durchgeführt. Park, der 1961 die Macht in dem damals zu den ärmsten Ländern der Erde zählenden Südkorea übernahm, erkannte, daß langfristige Stabilität nur mit wirtschaftlichem Erfolg erreichbar ist. Trotz der militärischen Bedrohung durch Nordkorea setzte er eine drastische Kürzung des Militärbudgets durch – eine Maßnahme, die sich keine Zivilregierung hätte leisten können. Um den Handel zu beleben und Investitionen ins Land zu locken, nahm er Beziehungen zur verhaßten früheren Kolonialmacht Japan auf – eine Entscheidung, die im damaligen Südkorea das Ende jeder gewählten Regierung bedeutet hätte. Park widersetzte sich dem Widerstand einer weitgehend sozialistisch orientierten und fremdenfeindlich eingestellten Bevölkerung. Um die Exportwirtschaft zu stärken, wertete er die Landeswährung ab. Eine solche Maßnahme hätte eine demokratische Regierung in Lateinamerika niemals gegen den Widerstand der wirtschaftlichen Elite durchsetzen können, die durch eine Überbewertung der Währung Gelegenheit erhielt, Luxusgüter zu importieren und im Ausland günstig zu investieren.

Südkoreanische Sozialisten und wirtschaftliche Interessengruppen, die Schutz vor ausländischer Konkurrenz suchten, waren gar nicht begeistert, als Park Investoren ins Land holte und die Produktivität der Industrie steigerte, indem er die Zölle auf Rohstoffe und Maschinen senkte. In einem klassischen Entwicklungsland wie den Philippinen beispielsweise hat der Widerstand aus der Wirtschaft Reformen des Zollsystems auf Jahre hinaus blockiert. Wie in Taiwan und Japan war die Bodenreform in Südkorea nur deshalb erfolgreich, weil sie von Politikern durchgeführt wurde, die nicht selbst zu den Großgrundbesitzern gehörten. Parks Politik zog einen höchst eindrucksvollen Wirtschaftsaufschwung nach sich, der ein bedürftiges Entwicklungsland in ein führendes industrielles Schwellenland verwandelte. So kann Chinas Vorbild aussehen.

Angesichts der enormen Einkommenszuwächse, die dem ganzen

Volk zugute kamen, wich die anfängliche Opposition gegen marktwirtschaftliche Reformen einer breiten Akzeptanz, und das Ansehen der technokratischen Wirtschaftslenker wuchs.
Gleichzeitig baute Park einen modernen, leistungsfähigen Staatsapparat auf. Er schuf eine Armee, die disziplinierter war als die im Land stationierten amerikanischen Truppen, weniger anfällig für Drogenprobleme und zuverlässiger bei der Bewachung der entmilitarisierten Zone. Aus der Zentralbank und den Ministerien ließ Park korrupte und unfähige Angestellte entfernen. Er gründete Denkfabriken, lockte südkoreanische Spezialisten aus Amerika zurück und betraute sie mit hohen Ämtern in der Regierungsbürokratie, bis er einen der weltweit leistungsfähigsten Verwaltungsapparate geschaffen hatte. Corazon Aquino dagegen, die sicherlich mit den besten Absichten angetreten war, das philippinische Staatswesen zu reformieren, konnte dem Drängen ihrer Gefolgsleute nicht widerstehen, und innerhalb kurzer Zeit schwoll die Bürokratie bei gleichzeitig abnehmender Effizienz gewaltig an. Kompetente Minister wurden entlassen, weil sie einflußreiche Interessengruppen bei ihren Geschäften behinderten. Der ohnehin hohe Anteil der Bevölkerung, der in absoluter Armut lebt und oft an Unterernährung leidet, nahm weiter zu. Entsprechend ist die Situation auf den Philippinen im Gegensatz zur relativ starken südkoreanischen Demokratie immer noch unsicher, und die Bevölkerung bringt der demokratischen Regierung wenig Enthusiasmus entgegen.
Die sozialen Begleiterscheinungen des spektakulären südkoreanischen Wirtschaftswachstums schufen die Grundvoraussetzungen für eine erfolgreiche Demokratisierung – auch wenn Park Chung Hee daran gar nicht interessiert war. So entstand eine breite Mittelschicht von Regierungsangestellten, Unternehmern, Facharbeitern und Akademikern, mit dem Bedarf an qualifizierten Arbeitskräften stieg auch das Angebot an Lehrstellen, und die Zahl der Studenten überschritt die Millionengrenze. Durch intensiven Handelsaustausch kam das Land mit fremden Einflüssen in Berührung, und neben die traditionellen konfuzianischen Werte traten westliche Ideale. Die Studenten wurden zunehmend politisiert. Der anhaltende Aufschwung vertrieb die letzten Ängste vor einer Hungersnot, die das Streben nach politischer Würde oder demokratischen Freiheiten zuvor noch zweitrangig hatten erscheinen lassen. Zugleich wurde es möglich, Streitkräfte zu unterhalten, die das Land verteidigen konnten. Damit jedoch schwand die

Wahrscheinlichkeit eines neuen Krieges, mit der die Existenz des diktatorischen Kasernenstaats bislang gerechtfertigt worden war. Als die südkoreanische CIA für 1979 vorhersagte, daß die Regierung den studentischen Forderungen nach politischer Liberalisierung zumindest teilweise würde nachgeben müssen, plante Park Chung Hee die Ermordung der Studentenführer. Doch noch bevor der Präsident sein Vorhaben ausführen konnte, wurde er selbst von seinem Geheimdienst beseitigt. Es dauerte noch knapp zehn Jahre, bis die Demokratiebewegung in Südkorea obsiegte. 1987 wurde die Direktwahl des Präsidenten eingeführt, und 1988 fanden die ersten freien Parlamentswahlen statt. Zu diesem Zeitpunkt waren in Südkorea alle Voraussetzungen für eine stabile demokratische Staatsordnung erfüllt.
Ähnlich verlief die Entwicklung in Taiwan, Singapur und Thailand, den wenigen Ländern der Dritten Welt, denen es gelungen ist, ihren Bürgern Wohlstand, Sicherheit und Freiheit zu garantieren und (nur bedingt auf Thailand zutreffend) ein demokratisches System aufzubauen – Ideale, nach denen die gesamte Menschheit strebt.
Von den Staaten Lateinamerikas erzielten bis jetzt nur Mexiko und Chile klare Fortschritte. Während in Chile unter der Militärdiktatur Pinochets die Wirtschaft saniert wurde, hat in Mexiko, nach Jahrzehnten katastrophaler Finanz- und Sozialpolitik, die Regierungspartei unter Präsident Salinas ein Reformprogramm angestrengt. Als einzigem Land im pazifisch-asiatischen Raum, das wie die Länder Lateinamerikas abwechselnd von demokratischen Regierungen und diktatorischen Militärregimen regiert wurde, herrschen auf den Philippinen sehr instabile Verhältnisse, weitverbreitete Armut, eine hohe Arbeitslosigkeit und finanzielles Mißmanagement. In Afrika hat es keine einzige Regierung geschafft, ihrem Land Sicherheit, Wohlstand und Demokratie zu bringen; Myanmar (Burma), das nach afrikanischem Vorbild zur Demokratie gelangen wollte, leidet heute unter Verarmung, politischer Instabilität, einem bankrotten Staatshaushalt und blutigen ethnischen Konflikten.
Für die Länder der Dritten Welt folgt der Weg zu einer stabilen Demokratie Pfeil B in Schaubild II-6 auf Seite 92. Dies ist der Weg, den auch Südkorea, Taiwan, Singapur und Thailand beschritten haben. (Die wirtschaftliche Entwicklung in Thailand, das seinen Bürgern mehr politische Freiheiten zugesteht als seine Nachbarn Taiwan und Südkorea, verläuft nicht reibungslos, aber das Land hat vergleichbare

lateinamerikanische und afrikanische Staaten an Wohlstand und politischer Stabilität längst übertroffen. Auch Brasilien, das mit seiner Wirtschaftskraft noch vor nicht allzu langer Zeit weit vor Thailand rangierte, ist stark zurückgefallen.)

Die Grundformel ist einfach: Wirtschaftliche Reform muß vor individueller Freiheit kommen, Freiheit vor Demokratie. Weil im Westen nicht verstanden wird, daß auch dieser Weg langfristig zur Demokratisierung einer Gesellschaft führt, wurden Länder wie Südkorea dafür verurteilt, daß sie sich mit der Demokratisierung Zeit ließen. Heute richtet sich dieser Vorwurf an die Adresse Chinas. Unterdessen preisen westliche Leitartikler die osteuropäischen Reformpläne, die doch nur zu Nahrungs- und Brennstoffknappheit führen, ethnische Konflikte auslösen und das Risiko unübersehbarer Flüchtlingsströme heraufbeschwören. Die Demokratie in diesen Ländern wird einen sehr schweren Stand haben. Ein Volk, das hungert und um seine Sicherheit fürchten muß, wird nicht lange zögern, wenn es eine Möglichkeit sieht, seine Regierung zu stürzen.

Es ist schon paradox, daß die erfolgreichen jungen Demokratien im pazifisch-asiatischen Raum ihre Entstehung gerade demokratiefeindlichen Regimen verdanken, während einige der schlimmsten Diktaturen der Gegenwart auf den Trümmern ehemals demokratischer Gesellschaften errichtet worden sind.

Die Verfechter eines raschen Demokratisierungsmodells – für sie stehen Namen wie Gorbatschow, Aquino, Shagari – argumentieren, daß Wirtschaftsreformen auf einem politischen Konsens beruhen müssen und daß dieser Konsens nur innerhalb einer demokratischen Gesellschaftsordnung gefunden werden kann. Diese Strategie muß versagen, da wirtschaftlicher Niedergang jeden politischen Konsens verhindert. Das asiatische Entwicklungsmodell richtet sich an eine unter schlimmster Armut leidende und kriegsmüde Bevölkerung (in Südkorea war der Koreakrieg gerade beendet, in Singapur war es der Kampf um die Unabhängigkeit, die Bedrohung durch Nachbarstaaten und der aufkeimende Bürgerkrieg, in Taiwan und Hongkong die Übermacht der Volksrepublik, in China ein Jahrhundert blutiger Unruhen). Wirtschaftlicher Erfolg soll einen Konsens schaffen für politische Reformen und Stabilität. Ein oder zwei Generationen später, wenn die ärgste Armut überwunden und die Angst vor bewaffneten Auseinandersetzungen genommen ist, sieht sich die jeweilige Regierung gezwungen, die aufkeimenden Forderungen nach politischer Freiheit zu berücksichtigen. Das hat mehrere Gründe. Erstens: Selbst bei fortdauernder politischer Unterdrückung bringt sozialer Wandel unweigerlich neue soziale Freiheiten mit sich. Zweitens: Die wirtschaftliche Liberalisierung nimmt dem Regime seine wirkungsvollste Waffe, die Kontrolle über die Arbeitsplätze. Drittens: Aufgrund des Wirtschaftswachstums kommt es zu einer Belebung des Handels, steigt die Zahl der Auslandsreisen und wird der Zugang zu ausländischen Informationsquellen erleichtert, womit der Verbreitung demokratischer Ideale Vorschub geleistet wird. Viertens: Die Forderungen einer gebildeten, selbstbewußten Bevölkerung, die Mittel besitzt, ihren Protest zu organisieren, lassen sich nicht so leicht ignorieren wie die eines verarmten, führungslosen Proletariats. Typischerweise führen die ersten Gehversuche der neuen Demokratien zum Ausbruch lange unterdrückter Proteste und, im wirtschaftlichen Bereich, zu einem Anstieg der Inflationsrate (wie in Taiwan und Südkorea Ende der achtziger Jahre). Doch zu diesem Zeitpunkt haben sich bereits funktionsfähige Institutionen ausgebildet, die der Situation Herr werden können.

Die westliche Geschichtsschreibung läßt ein ausreichendes Verständnis für die Notwendigkeit einer stufenweisen Entwicklung vermissen. Kaum eine westliche Demokratie sah sich zu ihrer Zeit ähnlich hohen Erwartungen der Bevölkerung gegenüber wie die heutigen Reformgesellschaften im ehemals sozialistischen Osteuropa. Selbst ein Land wie die USA hat, historisch betrachtet, einfach Glück gehabt: Seine Demokratisierung und der Aufbau seines Verwaltungsapparates vollzogen sich zu einer Zeit, in der die Bevölkerung von ihrer Regierung noch keine Feinsteuerung der Wirtschaft erwartete. Dank der spärlichen Kommunikationsmöglichkeiten und der regionalen Unterschiede war die Entstehung mächtiger Interessengruppen modernen Zuschnitts unmöglich. Parteien, Interessengruppen und Machtkoalitionen waren für die amerikanischen Gründungsväter keine Begriffe; für die Länder, die heute eine Demokratisierung anstreben, sind sie allgegenwärtig.

Die von klugen Köpfen im Westen erhobene Forderung, daß politische und ökonomische Reformen gleichzeitig vorgenommen werden sollten, entspricht in ihrer analytischen Kurzsichtigkeit dem Ratschlag, Wirtschaftsreformen schockartig durchzuführen. Dabei wird, wie gesagt, die Notwendigkeit verkannt, zunächst funktionsfähige Institutionen aufzubauen und im Volk politischen Rückhalt für die Reformen zu finden. Wenn man diese Faktoren berücksichtigt, wird sofort einsichtig, daß der Reformprozeß Zeit in Anspruch nimmt und stufenweise vollzogen werden muß.

Erinnern wir uns daran, daß Aristoteles die Demagogie für den Todfeind der Demokratie hielt; jeder Politiker der Dritten Welt, der sich jemals ernsthaft bemüht hat, die Wirtschaft seines Landes zu reformieren, kann dem zustimmen. Nur wenn eine Infrastruktur leistungsfähiger wirtschaftlicher und politischer Institutionen vorhanden ist, kann Aristoteles widerlegt werden.

In China setzt ein autoritäres Regime Wirtschaftsreformen durch, die einen Anstieg des allgemeinen Wohlstands – und dadurch eine hohe Zustimmung der Bürger – zur Folge haben. In Regionen wie Guangdong, wo die neue Wirtschaftspolitik durchschlagende Erfolge erzielte, entsteht bereits eine moderne Gesellschaft, deren Bürger über eine verhältnismäßig gute Bildung verfügen, in Kontakt mit dem Ausland stehen und fremdes Gedankengut kennenlernen, Geld zur freien Verfügung haben, reisen dürfen (selbst wenn offiziell noch strenge Reisebeschränkungen gelten) und mit ihren illegalen Radio- und Fernsehgeräten ausländische Sender empfangen. Viele Bürger arbeiten für Unternehmen, die nicht von den Kadern der Kommunistischen Partei kontrolliert werden. Sie dürfen ihre Ansichten relativ frei äußern und genießen erstmals auch ein gewisses Maß an religiöser Freiheit.[9] China ist heute auf dem Stand von Südkorea oder Taiwan in den späten Sechzigern, als, lange bevor die gesellschaftlichen Bedingungen in beiden Ländern die Demokratisierung erzwangen, im Zuge des sozialen Wandels erste Nischen bescheidener Freiheiten entstanden. Im Westen hat man die Lehre, die in der jüngeren Geschichte Südkoreas und Taiwans verborgen liegt, nicht verstanden. Das läßt sich schon an den auffälligen Parallelen zwischen der heutigen negativen Berichterstattung über China und den einseitigen Darstellungen über Südkorea Mitte der siebziger Jahre ablesen.[10]

Gegen die These von der Überlegenheit des asiatischen Modells kann eingewendet werden, daß in relativ hochentwickelten Gesellschaften wiederholt totalitäre Regime entstanden sind. Wirtschaftlicher Fortschritt scheint also eine notwendige, aber keine hinreichende Bedingung für die Entstehung einer marktwirtschaftlichen Demokratie zu sein. Die deutsche Volkswirtschaft zählte in den zwanziger Jahren zu den höchst entwickelten Ökonomien, und trotzdem gelang es Hitler, ein totalitäres Regime zu errichten. Dabei gilt es allerdings zu bedenken, daß der deutsche Totalitarismus sich auch aus der katastrophalen Wirtschaftslage und dem Gefühl nationaler Erniedrigung zu Zeiten der Weimarer Republik erklärt, gemeinhin Bedingungen, die ungeachtet des Entwicklungsstandes einer Gesellschaft der Machtergreifung eines totalitären Regimes Vorschub leisten. Hätte Europa den Expansionsdrang Nazi-Deutschlands unterbinden können, so wäre das Dritte Reich aller Wahrscheinlichkeit nach ebenso wie die Sowjetunion an sich selbst zugrunde gegangen. Der geballte Zusammenbruch totalitärer Regime Ende der achtziger Jahre hat der Welt, und insbesondere China und Osteuropa, die Perspektivlosigkeit dieser Systeme vorgeführt und den Totalitarismus, zumindest für die nächste Zukunft, diskreditiert.

Während der Schwachpunkt westlichen Denkens in der Annahme liegt, daß die Reform des politischen Systems der Reform der Wirtschaft vorausgehen oder wenigstens mit ihr zusammenfallen müßte, liegt der Denkfehler der autoritären Staatslenker Asiens in dem Glauben, die Liberalisierung der Wirtschaft weiter vorantreiben zu können, ohne dafür den Preis einer auch politischen Liberalisierung zahlen zu müssen. Die Erfahrung der vier Tiger hat aber gezeigt, daß wirtschaftlicher Erfolg unausweichlich eine Reform des politischen Systems nach sich zieht – in kleineren Ländern nach einer Generation, in einem Riesenreich wie China vielleicht etwas später.

Der chinesische Sonderweg zum Aufschwung

In Südkorea, Taiwan und Singapur wurde die wirtschaftliche Entwicklung von radikalen Sozialreformern aus der Führungsspitze initiiert, die ihre Politik mit Hilfe obrigkeitsstaatlicher Maßnahmen und einer weitgehenden Kontrolle der Wirtschaft durch die Regierung umzusetzen suchten. Park Chung Hee sympathisierte mit dem Sozialismus, als er 1961 nach einem Militärputsch die Macht in Südkorea übernahm. (Er war sogar einmal aus der Armee ausgestoßen worden, weil er seinem Bruder, einem Radikalenführer, geholfen hatte.) Um die Kontrolle über die südkoreanische Wirtschaft zu erlangen, verstaatlichte er die Banken und stellte ein Dutzend industrieller Groß-

betriebe unter die direkte Aufsicht der Regierung. An deren Spitze berief er linientreue Politiker und stattete sie mit weitreichenden Sonderrechten aus.
Später überzeugten ihn seine Berater davon, private Unternehmen und Großbetriebe zum Wettbewerb zu ermuntern. Trotz dieser Zugeständnisse schwor Park seinen Umverteilungsidealen niemals ab. Das führte zu der paradoxen Situation, daß Südkorea gegen Ende seiner Herrschaft zwar der weltweit führende Exporteur von Farbfernsehgeräten geworden war, im Land selbst diese Apparate aber nicht vertrieben wurden. Der Präsident wollte vermeiden, daß eine soziale Kluft zwischen den Besitzern von Farbfernsehern und den weniger begüterten Eigentümern von Schwarzweißgeräten entstand. Die Bodenreformen unter Syngman Rhee, die Gleichschaltung der südkoreanischen Industrie während des Koreakriegs und Parks Umverteilungspolitik (wie hohe Steuern auf Luxusgüter und eine Bildungspolitik ohne Privilegien) mündeten in einen Wirtschaftsaufschwung, der allen Bevölkerungsteilen zugute kam und die Basis für eine aufblühende inländische Konsumgüterindustrie schuf.
Auch Taiwan begann mit Maßnahmen zur Angleichung der Lebensverhältnisse: Es führte eine umfassende Bodenreform durch, schuf ein einheitliches Bildungssystem für arm und reich und betrieb eine auf Einkommensumverteilung ausgerichtete Steuerpolitik. (Bemühungen, das Eigentum an Produktionsmitteln gleichmäßiger zu verteilen, standen in krassem Gegensatz zu den Bestrebungen Südkoreas, die Industrie zu konzentrieren, um Entwicklungen besser steuern zu können und von den Vorteilen industrieller Massenfertigung zu profitieren.) Noch Anfang der siebziger Jahre bekannte sich die taiwanesische Regierung öffentlich zu ihren sozialistischen Idealen. Der Bankensektor blieb bis in die späten achtziger Jahre in den Händen der Regierung, die ihren direkten Einfluß zur Steuerung der Wirtschaftsentwicklung entsprechend den diversen Ein-, Drei-, Fünf- und Zehnjahresplänen nutzte.
Singapurs wirtschaftlicher Aufstieg begann mit dem Wahlsieg der People's Action Party unter Lee Kwan Yew im Jahr 1959. Lee verstand seine Partei als Verbündete, aber auch Konkurrentin der Kommunistischen Partei; in Anlehnung an das Parteiprogramm der Kommunisten forderte er einen radikalen Nationalismus und eine sozialistische Wirtschaftspolitik. Nach seinem Wahlsieg verbot er die KP. Er ver-

staatlichte die wichtigsten Banken und die größten Industriebetriebe, baute ein Sozialversicherungssystem auf, über das der Staat den größten Teil des individuellen Arbeitseinkommens kontrollierte, und band die Unternehmen in ein enges Korsett von Verordnungen ein. Diese Maßnahmen ermöglichten es der Regierung, die Wirtschaft bis ins kleinste Detail zu lenken. Die exportorientierten Industrien Südkoreas, Taiwans, Singapurs und Hongkongs durchliefen mehr oder minder dieselben Entwicklungsstufen. Anfangs stellten sie vorwiegend Schuhe, Stoffe und Textilien her, dann Spielzeug und andere einfache Konsumgüter, später langlebige Konsumgüter wie Kühlschränke, bis schließlich Autos, Schiffe, Mineralölprodukte und Computer die Produktpalette vervollständigten. Zudem entstand ein modernes Dienstleistungsgewerbe.

Die Ausrichtung auf die Exportmärkte bescherte den drei asiatischen Volkswirtschaften einen immensen Aufschwung. Die zentrale Lenkung der Wirtschaft erwies sich dank der relativ einfachen Wirtschaftsstruktur anfänglich als erfolgreich. Mit der Zeit jedoch erforderte es der wirtschaftliche Fortschritt, immer mehr Bereiche dem freien Spiel der Marktkräfte zu überlassen. Insbesondere seit Anfang der achtziger Jahre ist es kaum noch möglich, die komplexen Volkswirtschaften bis ins Detail zu steuern. Taiwan und Südkorea führten ihre staatlich kontrollierten und durch hohe Zölle geschützten Industrien durch die Einrichtung von Exportwirtschaftszonen vorsichtig an den Weltmarkt heran. In diesen Zonen waren die üblichen Beschränkungen teilweise aufgehoben, so daß ausländische Unternehmer angelockt wurden, die ausschließlich für den Export produzierten. Das Konzept war so erfolgreich, daß die Volkswirtschaften insgesamt ihren halbsozialistischen Charakter mehr und mehr verloren. (Hongkongs Wirtschaft war von Anfang an offen, und in den achtziger Jahren entwickelte sich die Kronkolonie praktisch zu Chinas wichtigster Exportwirtschaftszone.)

Schrittweise wurden die staatlichen Kontrollen über die wichtigsten Industrie- und Dienstleistungsunternehmen abgebaut. Es kam einer kleinen Revolution gleich, als südkoreanische Banken in den achtziger Jahren Kredite nicht mehr aufgrund von Regierungsanweisungen, sondern je nach der Kreditwürdigkeit der Antragsteller gewährten und Zinssätze erhoben, die sich eher an Marktgegebenheiten als an politischen Vorgaben orientierten. Einen weiteren Meilenstein bedeutete es, daß die südkoreanischen Großindustrien für ihre umfangreichen Im- und Exportgeschäfte keine ausdrückliche Genehmigung mehr beantragen mußten. Allerdings: Trotz der Liberalisierungsmaßnahmen und der teilweisen Privatisierung des Bankensektors kontrolliert der Staat in Singapur, Taiwan und Südkorea die Wirtschaft immer noch in einem weit höheren Maß als in den marktwirtschaftlichen Systemen des Westens. Immerhin wurden die ehemals sozialistisch ausgerichteten Länder in den achtziger Jahren von Reagans Republikanern wiederholt als Musterbeispiele für den Erfolg des Kapitalismus gepriesen. Tatsächlich waren die genannten Länder weder sozialistisch noch kapitalistisch, sondern repräsentieren eine neuartige Mischung aus zentralistischer Führung, marktwirtschaftlichen Kräften und staatlichen Ausgleichsmaßnahmen.

Alle asiatischen Aufsteigerländer (NICs) wurden von autoritären Regimen regiert. In Südkorea herrschte eine Militärdiktatur, die Wahlen zuließ, solange die Macht Park Chung Hees ungefährdet blieb und das Aufbauprogramm nicht gestört wurde. Hongkong hatte eine Reihe von Mechanismen entwickelt, die den verschiedenen Gruppen innerhalb der Kolonie Mitspracherecht einräumten, letztlich aber die Entscheidungsgewalt ausschließlich in den Händen des Generalgouverneurs beließ. Das politische Leben in Singapur wurde von Lee Kwan Yew und seiner People's Action Party dominiert. Sobald der eine oder andere Oppositionspolitiker in die Nationalversammlung gewählt wurde, galt die nationale Einheit als gefährdet; die Abgeordneten wurden isoliert und an den Pranger gestellt. Auch Taiwan besaß anfänglich ein totalitäres System, das ebenso strukturiert war wie die Volksrepublik. Die Einheitspartei mit einem allmächtigen Führer an der Spitze war nach den Vorstellungen des Sowjetkommunisten Michail Borodin organisiert, die Kuomintang unter Chiang Kai-shek: mit einem Zentralkomitee, einer von oben gelenkten Legislative und einem Netz von Parteikadern bis ins kleinste Dorf. Gestützt auf Armee und Geheimdienste kontrollierte die Partei das Land mit totalitären Methoden.

Der wirtschaftliche Fortschritt weckte in den Schwellenländern immer vehementere Forderungen nach politischen Freiheiten und einer Beteiligung an der Macht. Die erwähnte Komplexität der Wirtschaft, die sich nicht mehr zentral verwalten ließ, führte zu einer Dezentralisierung und damit automatisch auch zu politischem Machtverlust der Zentrale. Die Bedeutung der Arbeiterschaft wuchs ebenso wie ihre

Bereitschaft, sich ohne Rücksicht auf etwaige Vorbehalte der Regierung zu organisieren. Ende der achtziger Jahre bildeten sich in Südkorea und Taiwan Massengewerkschaften, und sogar die Regierung in Hongkong mußte sich mit den Forderungen der Staatsbediensteten auseinandersetzen. Die durch den Handelsverkehr und Bildungsaustausch vermehrten Auslandskontakte führten dazu, daß die eigene Bevölkerung immer drängender nach jenen Freiheiten verlangte, von denen sie die Ausländer sprechen hörte. Krieg und Hungersnöte wurden nicht länger als aktuelle Bedrohung verstanden und konnten deshalb von der Staatsführung nicht mehr zur Rechtfertigung einer autoritären Herrschaft herangezogen werden. Die Fragen nach der Einhaltung von Menschenrechten und der Teilhabe an der Macht erlangten vorrangige Bedeutung. Bereits Ende der siebziger Jahre hatte es Park Chung Hee für angebracht gehalten, eine bescheidene Opposition zuzulassen. Taiwans totalitärer Einparteienstaat, der lange Zeit jede Opposition (wenn nötig auch blutig) unterdrückt hatte, akzeptierte 1986 eine Oppositionspartei, um – so die offizielle Begründung – Probleme besser identifizieren und Lösungen aushandeln zu können. Gegen Ende der achtziger Jahre vollzogen Taiwan und Südkorea den Schritt von einem autoritären Regime zu einer repräsentativen Demokratie, und Singapur mußte oppositionelle Abgeordnete in der Nationalversammlung tolerieren. Auch in Hongkong regte sich eine erste, vergleichsweise schwache demokratische Opposition.
Die Staatslenker verzichteten nicht aus freien Stücken auf einen Teil ihrer unumschränkten Macht. Park Chung Hee, Chun Doo Hwan und Chiang Kai-shek waren keine Demokraten. Nur die Sorge um die nationale Sicherheit veranlaßte sie dazu, sich auf die Steigerung des Wirtschaftswachstums zu konzentrieren; erst der Zwang zu ökonomischer Leistungsfähigkeit überzeugte sie von der Notwendigkeit marktwirtschaftlicher Steuerung; und erst die sozialen Konsequenzen des wirtschaftlichen Aufschwungs führten zu einer Liberalisierung im politischen Bereich.
Chinas nachrevolutionäre Entwicklung verlief in ähnlicher Art und Weise. Die Bodenreform, die auf Gleichheit ausgerichtete Politik in den Städten, der absolute Vorrang nationaler Einheit und Stabilität nach dem Bürgerkrieg sowie die in den Jahren 1949–1952 angestrengte Kampagne zur Wiederaufnahme der industriellen Produktion und die daran anschließende Kollektivierungspolitik bis 1957 entsprachen

im wesentlichen den politischen und wirtschaftlichen Maßnahmen Südkoreas und Taiwans. In einigen entscheidenden Details jedoch wichen die Strategien voneinander ab. Beijing opferte die Kleinunternehmen einer monopolistischen, konkurrenzfeindlichen Industriepolitik, folgte dem Ideal einer autarken Wirtschaft, statt sich nach außen zu öffnen, und trieb den Ausbau der Schwerindustrie auf Kosten der Konsumgüter- und Leichtindustrie voran. Eine Reform des Bildungssystems wurde versäumt, und das Primat der Politik über die Wirtschaft karikierte die frühen Mißerfolge Südkoreas und Taiwans. Im Gegensatz zu den Nachbarn aber erkannte Beijing seine Fehler nicht und konnte sie deshalb auch nicht korrigieren. Während des Großen Sprungs nach vorne warf Mao Zedong mit einer völlig unangemessenen und kontraproduktiven Wirtschaftspolitik sein Land weit zurück. Wenige Jahre später, bei der gleichfalls von Mao initiierten Kulturrevolution, zerbrach Chinas soziale Struktur: Der Verwaltungsapparat wurde zerschlagen, das Bildungssystem zerstört, und führende Politiker, Wirtschaftler und zahllose Intellektuelle bezahlten den Kurswechsel mit dem Leben.

Viele Fehler, die charakteristisch für die frühe chinesische Wirtschaftspolitik sind, finden wir auch in der Geschichte Taiwans und Südkoreas. Sowohl Seoul als auch Taipeh hatten versucht, mehr Autarkie zu erlangen, sahen sich aber durch den massiven Druck der USA zu einer Kurskorrektur gezwungen. Syngman Rhee, der in Südkorea politische Erfolge und militärische Stärke auf Kosten der wirtschaftlichen Entwicklung favorisierte, scheiterte kläglich. Dasselbe Schicksal ereilte seinen demokratisch gewählten Nachfolger Chang Myon, der glaubte, eine von wirtschaftlichen Sachzwängen losgelöste Politik betreiben zu können. Nach mehrmaligen Mißerfolgen übernahm in beiden Ländern schließlich eine patriotisch gesinnte Elite die Kontrolle und nutzte ihre dominante Rolle im Staat, um nationale Politik dem Ziel größerer wirtschaftlicher Leistungsfähigkeit unterzuordnen. Südkorea und Taiwan lernten ihre Lektion schnell. Sie erhielten Nachhilfe von den USA und dem Internationalen Währungsfond, beobachteten die gegenseitige Entwicklung, registrierten sorgfältig, welche Maßnahmen erfolgreich waren und welche nicht, und setzten ihre Erkenntnisse rücksichtslos in die Praxis um. Länder, die einen anderen Weg beschritten, durchlebten immer wieder Phasen der inneren Auflösung und der äußeren Schwäche. Hier sind etwa die Philippinen zu nennen, in deren von Interessengruppen geprägtem System politische Ziele vor wirtschaftlichem Wohlstand rangierten, oder das ehemalige Burma (heute Myanmar), dessen frühere demokratische Regierung wie später auch das Militärregime unter General Ne Win kulturelle und sicherheitspolitische Aspekte höher bewertete als die wirtschaftliche Entwicklung. Das gilt aber auch für Indonesien unter Präsident Sukarno, der sich mehr als internationaler Staatsmann und politischer Stratege denn als Wirtschaftsreformer verstand. Die Länder hingegen, die der wirtschaftlichen Entwicklung Priorität gaben, haben nach und nach die Fähigkeit erworben, interne politische Konflikte zu schlichten und ihr Land nach außen zu sichern.

Auch China hat diese Lektion gelernt, aber es war ein langsamer und sehr schmerzlichen Prozeß. Heute ist das Primat der Politik dem Primat der Wirtschaft gewichen. Exportorientiertes Wachstum wird forciert, die überkommene Autarkiepolitik hat ausgedient, ausländische Investitionen und Beteiligungen werden mehr gefördert als beispielsweise auf den Philippinen oder in Indonesien. Parteiweisungen werden durch Marktsignale ersetzt, zögerlich und schrittweise zwar, aber nach der Leicht- und Konsumgüterindustrie wurde mit einiger Verspätung inzwischen auch der Bankensektor liberalisiert. Subventionen werden immer häufiger durch verzinsliche Kredite abgelöst, die großen Monopolbetriebe müssen sich der Konkurrenz stellen, und die Bevorzugung der Schwerindustrie wurde zugunsten der Leichtindustrie aufgegeben. Chinas überkommene Gesellschaft hat eine neue Struktur gefunden, die Repressionen zwar immer noch kennt, aber insgesamt sehr viel liberaler geworden ist. Maßnahmen der politischen Führung offen zu diskutieren und sogar zu kritisieren war bis vor kurzem undenkbar. Heute wird den Intellektuellen, wenn auch widerstrebend und nur in sehr begrenztem Umfang, freie Meinungsäußerung zugestanden. Die wirtschaftliche und politische Öffnung geht aber nur so weit, daß sie die institutionelle Stabilität und die Steuerbarkeit des wirtschaftlichen Reformprozesses nicht gefährdet.

Während die wirtschaftliche Öffnung Chinas bereits relativ weit fortgeschritten ist, steht die politische Liberalisierung noch am Anfang. Die ersten Freiheiten gehen nicht auf eine veränderte Regierungspolitik zurück, sondern erklären sich aus einer mit der wirtschaftlichen Liberalisierung verbundenen sozialen Dynamik, die sich der Kontrolle der Regierung weitgehend entzieht. Noch vor zwanzig Jahren war China ein durch und durch totalitäres System, in dem individuelle Freiheiten weniger zählten als selbst im Deutschland Hitlers. Kleidung und Frisur waren der Bevölkerung vorgeschrieben und geschlechtsneutral genormt. Der Alltag war bestimmt durch politische Indoktrination. Andersdenkende wurden bestraft, und jeder unterstand dem Zwang, sich öffentlich zu erklären und seine politischen Gedanken auszubreiten. In Umerziehungskursen wurde politisch korrektes Denken und Handeln regelrecht gelernt, Kinder wurden dazu angehalten, ihre Eltern auszuspionieren, Nachbarschaftskomitees überwachten die Menschen auf Schritt und Tritt. In China zu leben, hieß in absoluter Unfreiheit zu leben. Ezra Vogel beschreibt die Spätfolgen dieser politischen Vergewaltigung, die der Reformära unmittelbar vorausging, folgendermaßen: »Viele der befreiten Kader waren zu alt, um ihre Arbeit wieder aufnehmen zu können, und viele derer, die noch arbeiteten, waren geistig so gebrochen, daß sie ihre Aufgaben kaum mehr zu erledigen vermochten. Noch Jahre später litten viele Chinesen unter Motivationslosigkeit, und selbst nach einem Jahrzehnt war die alte Angst hier und da noch zu spüren.«[11]

Auch heute noch ist China ein autoritär regiertes Land mit weitreichenden politischen Kontrollen und zahlreichen Menschenrechtsverletzungen. Doch die Zeiten ändern sich. Die meisten Chinesen können ihre Ansichten relativ frei äußern, und selbst Regierungsangestellte in Beijing wagen es, auch in Gegenwart von Fremden, die politische Führung heftig zu kritisieren – ein Verhalten, das sie noch vor zehn Jahren leicht den Kopf hätte kosten können. Die totalitären Merkmale verschwinden allmählich. Heute wird mehr Zeit auf die Vergrößerung des Bruttosozialprodukts und weniger auf die politische Erziehung verwandt, Produktivität und Fachwissen sind mehr gefragt als politische Linientreue. Millionen von Ausländern und Taiwanesen leben inzwischen im Land und sorgen für die Verbreitung fremder Wertvorstellungen. Ausländische Zeitschriften und Zeitungen sind erhältlich. Wer die englische Sprache beherrscht, kann in Hotels das *Asian Wall Street Journal* oder die *International Herald Tribune* lesen. Da der amerikanische Nachrichtensender CNN nur in größeren Hotels zu empfangen ist, buchen zahlreiche Chinesen bei wichtigen internationalen Ereignissen einfach ein Hotelzimmer und nutzen es gewissermaßen als Heimkino. So konnten sie etwa während des Golfkriegs am Bildschirm verfolgen, wie die Amerikaner Saddams Stel-

lungen bombardierten. Ganz China war am Tag nach der letzten amerikanischen Präsidentschaftswahl über George Bushs Niederlage informiert – über das Schicksal des China besonders verbundenen US-Präsidenten Richard Nixon nach der Watergate-Affäre hatte man lange Zeit so gut wie nichts erfahren können.
Auch Politiker und Institutionen der Kommunistischen Partei leben nicht mehr im kritikfreien Raum. Immer häufiger klagen Privatleute gegen Einrichtungen der Partei, etwa gegen die amtliche *Volkszeitung,* und Gerichte finden sich tatsächlich bereit, ein Verfahren zu eröffnen. Erst kürzlich haben bei Kommunalwahlen zahlreiche von der Partei sorgfältig ausgewählte Kandidaten deutliche Niederlagen einstecken müssen.
Die Richtungskämpfe innerhalb der politischen Führung haben das Ihre zu dem Liberalisierungsprozeß beigetragen. Hatte sich Beijing bisher stets darum bemüht, nach außen eine einheitliche Linie zu vertreten, und die Öffentlichkeit nach Möglichkeit im unklaren darüber gelassen, welche Themen in der Führungsspitze diskutiert wurden, finden heute politische Auseinandersetzungen nicht mehr ausschließlich hinter verschlossenen Türen statt. So wurde das von Ministerpräsident Li Peng auf dem 14. Parteitag der Kommunistischen Partei vorgelegte Regierungsprogramm in öffentlichen Debatten scharf kritisiert, und Li sah sich schließlich zu Änderungen gezwungen. Vizepremier Tian Jiyun gab in einer berühmt gewordenen Rede die linken Dogmatiker der Lächerlichkeit preis, als er forderte, eine Sonderzone für die Linken einzurichten, in der die Preise zwar niedrig gehalten würden, aber keine Ware erhältlich wäre. Auch wenn solche Debatten noch nicht mit den Auseinandersetzungen etwa im britischen Unterhaus vergleichbar sind, kann sich die Bevölkerung immerhin über die aktuellen Themen und die Ansichten einzelner Politiker informieren. Im Kampf um die Gunst der öffentlichen Meinung sehen sich die Funktionäre immer häufiger dazu gezwungen, klar Stellung zu beziehen.
Auch der Lebensstil hat sich gewandelt. Die Kleidung der Menschen auf den Straßen entspricht internationalem Standard, Studenten sehen sich amerikanische Videofilme an, abstrakte Kunst und die Darstellung nackter Körper sind wieder erlaubt. Es gibt zwar immer noch eine Zensur, doch wird sie heute weniger dogmatisch gehandhabt. Die Schere der Zensoren ist jedenfalls kaum mehr zu merken. An die Stelle des sozialistischen Realismus setzen die jüngeren Künstler und Filme-

macher die Darstellung von Naturlandschaften und einer idealisierten Schönheit, bringen auf verschiedene Weise ihre Ansichten zum Ausdruck und üben ihre Kritik an den herrschenden Zuständen.[12] Religionsfreiheit ist nicht länger ein Fremdwort. Konfuzianische Tempel werden renoviert oder neu errichtet, und das Christentum breitet sich im ganzen Land aus. In sogenannten Karaoke-Bars, die in jeder größeren Stadt gleich mehrfach anzutreffen sind, werden chinesische, japanische und westliche Schlager gespielt, und die Gäste können alte Hits von Frank Sinatra, Elvis Presley oder den Beatles mitsummen. 1991 hat ein Hersteller von Damenunterwäsche aus Guangdong im prüden China eine Modenschau veranstaltet – natürlich mit Models aus Hongkong, denn der gute Ruf der chinesischen Mädchen sollte nicht leiden. (Eine amerikanische Feministin, die für einen Kongreßausschuß arbeitete und der ich bei ihrem Besuch in China davon erzählte, äußerte sich empört: »Das ist kein Fortschritt!« Doch nach einer Generation geschlechtsneutraler blauer Kittel begrüßen die chinesischen Frauen diese Form der Liberalisierung ebenso enthusiastisch wie die Männer.) Der Journalist und Dissident Dai Qing hat kürzlich dem *Asian Wall Street Journal* berichtet: »Die Medien wagen sich heute weiter vor als in den letzten Jahren. Und das verdanken wir der wirtschaftlichen Reform, nicht einer politischen. Heute sagt die Partei: Solange ihr uns nicht vollkommen verdammt oder unseren Rücktritt verlangt, könnt ihr veröffentlichen, was ihr wollt ...«[13] Das entspricht zwar nicht unserem westlichen Freiheitsbegriff, aber es ist ein gewaltiger Fortschritt gegenüber einer Zeit, in der der Staat alles daran setzte, die totale Kontrolle über das Denken der Menschen zu erlangen.

Es ist kein Zufall, daß die Entwicklung in der weltoffenen Reformprovinz Guangdong am weitesten vorangeschritten ist. Guangdong erinnert heute an die Kronkolonie, wie sie sich vor 10 oder 20 Jahren präsentierte. Die Menschen kleiden sich wie damals die Einwohner von Hongkong, hören die dortigen Radiosender und empfangen die Fernsehprogramme der Nachbarn. Fast jeder Haushalt in Guangdong besitzt heute eine Satellitenschüssel, über die er mit subversivem Gedankengut aus Hongkong versorgt wird. Angehörige militärischer Fernmeldeeinheiten in Guangdong verdienen sich heute einen Großteil ihres Lebensunterhaltes mit der Installation und Wartung dieser illegalen Satellitenschüsseln.

Wie in Südkorea bereiten die Universitäten auch dem Regime in Beijing Kopfzerbrechen. Einerseits will die Führung die Studenten unter Kontrolle halten und zwingt sie deshalb zum Militärdienst. Diese Maßnahme droht inzwischen an der Beijing University – in mancherlei Hinsicht die renommierteste Hochschule der Volksrepublik – den Studienbetrieb lahmzulegen. Organisierter Widerstand oder offen vorgetragene Kritik an der Parteiführung ziehen sofortige Sanktionen nach sich. Andererseits braucht das Regime die Kreativität der Intellektuellen, und Kreativität gedeiht nur im geistigen Freiraum. Je klarer das Regime die Notwendigkeit erkennt, Raum für Diskussionen und kritische Gedanken einzuräumen, desto größer wird der intellektuelle Spielraum, ungeachtet aller drohenden Disziplinierungsmaßnahmen. Vor einiger Zeit traf ich mich in Beijing mit einer graduierten Studentin zum Mittagessen. Ich legte ihr eine Liste politisch heikler Themen vor und fragte sie, ob diese Themen an der Universität diskutiert werden dürften. »Natürlich«, antwortete sie. »Wir teilen uns in Gruppen auf und führen Streitgespräche.« Die relative Offenheit, mit der viele Intellektuelle heute das Regime kritisieren, wäre vor Beginn der Reformen ebenso undenkbar gewesen wie die Möglichkeit, Umgang mit Ausländern zu pflegen oder sich aus internationalen Medien zu informieren. Die Intellektuellen erkennen bei der Lektüre ausländischer Zeitungen zwar das ganze Ausmaß ihrer Unfreiheit, gleichzeitig aber lernen sie dabei, den eigenen Aktionsradius zu erweitern.

Wirtschaftlicher Fortschritt setzt die Trennung von Partei und Unternehmenspolitik voraus. Bislang wurden die meisten Staatsbetriebe von Funktionären geführt, und insbesondere in den staatlichen Großbetrieben hat sich die Ablösung der Politkader als zäh und schwierig erwiesen. Wichtiger ist es, daß mit der Gründung zahlloser Privatunternehmen, ausländischer Unternehmen und Kooperativen, die von Gemeinden oder Dörfern getragen werden, die Parteifunktionäre im dynamischsten Sektor der Wirtschaft einfach übergangen werden. Bei großen Joint-ventures werden zwar meist noch Parteisekretäre eingesetzt, aber ihre Aufgabe besteht dann häufig nur noch darin, die Durchführung der beschlossenen Maßnahmen zu überwachen. Es entbehrt nicht einer gewissen Ironie, daß ausgerechnet die Parteisekretäre der Kommunistischen Partei heute in den Staatsunternehmen dafür sorgen müssen, daß von Ausländern importierte kapitalistische Wirtschaftsideen von der Belegschaft getreulich umgesetzt werden.

Es gibt ferner erste Bestrebungen, den öffentlichen Dienst von der Partei unabhängig zu machen. Allein schon die Einsicht, daß auch hier eine Trennung vollzogen werden muß, stellt einen bedeutenden Fortschritt dar.

Einer der amüsanteren Apekte der Wirtschaftsreform ist der Versuch Beijings, ein anderes Problem in den Griff zu bekommen: die hohen Gehälter, die häufig von ausländischen Unternehmen gezahlt werden. Gemäß traditioneller Ideologie müßte kapitalistischen Unternehmen der Zugang zum chinesischen Markt verwehrt werden, um die Ausbeutung der Arbeiterklasse zu verhindern. Doch die heute von den Ausländern bezahlten Löhne und Gehälter liegen so weit über denen der staatlichen Betriebe, daß die meisten Chinesen liebend gerne dort arbeiten würden. Um einen Aderlaß von Arbeitern und Angestellten aus staatlichen Betrieben und der Verwaltung zu verhindern, fühlte sich Beijing gezwungen, eine Höchstgrenze für die von ausländischen Unternehmen bezahlten Löhne festzulegen. Als die Unternehmer ihre Arbeiter daraufhin mit einer ganzen Reihe von Sachleistungen entschädigen wollten, belegte Beijing diese Sachleistungen mit einer empfindlich hohen Steuer. Doch die ausländischen Unternehmer weigerten sich geschlossen nachzugeben, und die zuständigen Behörden in den Provinzen verspürten wenig Lust, sich auf eine Auseinandersetzung mit den Investoren einzulassen. Der gesamte Vorgang hat der traditionellen marxistischen Ideologie großen Schaden zugefügt, und heute bleibt es dem Dachverband der amerikanischen Gewerkschaften, dem AFL-CIO, überlassen, die multinationalen Konzerne wegen Ausbeutung armer asiatischer Arbeiter anzuklagen.

Ein weiterer Konflikt zwischen den Erfordernissen des wirtschaftlichen Fortschritts und dem traditionellen kommunistischen Regierungssystem hat sich im Rechtsbereich aufgetan. Ausländische Investoren bestehen üblicherweise auf vertraglichen Absicherungen, die in einem durchschaubaren Rechts- oder Schiedsgerichtssystem eingeklagt werden können. Diese Forderung hat Chinas Rechtssystem revolutioniert; der Wunsch, über längere Zeit hinweg mit Ausländern Geschäfte zu machen, hat Beijing gezwungen, ein System aufzubauen, das mehr ist als nur ein Instrument zur Durchsetzung willkürlicher staatlicher Vorgaben. Rechtssicherheit besteht zwar nach wie vor nur im wirtschaftlichen Bereich, und örtliche Strafrichter verstehen sich häufig immer noch als verlängerter Arm der Partei. Aber auch hier zeichnen sich Veränderungen ab. Die Zahl unabhängiger Anwälte nimmt zu, und gelegentlich kommt es sogar vor, daß gegen staatliche Maßnahmen gerichtlich vorgegangen wird.

China ist immer noch ein repressives Land, in dem die Menschenrechte mißachtet werden und es um die Rechte der Bürger schlechter bestellt ist als in den meisten Ländern Lateinamerikas, mit Ausnahme vielleicht von El Salvador und Guatemala. Insofern hat das Reich der Mitte noch einen weiten Weg zu gehen, aber in keinem anderen Land hat sich der Lebensstandard in den letzten zehn Jahren so rapide verbessert wie in China. Wir im Westen, die wir es gewohnt sind, über alle Freiheiten zu verfügen, haben Schwierigkeiten, die autoritären Regime der Dritten Welt individuell zu bewerten. Unser Bild von China ist geprägt von einem einzelnen Vorfall, der immer wieder über unsere Bildschirme flimmerte: die Ereignisse auf dem Platz des Himmlischen Friedens im Juni 1989. Was wir nicht sehen, ist die Tatsache, daß China sich heute dort befindet, wo Südkorea vor einer Generation stand. Die Unterdrückung ist real, aber der wirtschaftliche Erfolg, die innere Stabilität und die ersten Anzeichen bürgerlicher Freiheiten sind es nicht minder.

Die Rolle der Kommunistischen Partei ist zwiespältig. Auf der einen Seite stehen die Gerontokraten, die für die Ereignisse auf dem Tiananmen-Platz verantwortlich sind. Auf der anderen Seite darf nicht übersehen werden, daß nacheinander zwei Generalsekretäre der Kommunistischen Partei, Hu Yaobang und Zhao Ziyang, sich so energisch für politische Reformen einsetzten, daß sie ihr Amt verloren. Die Überzeugung, daß Reformen notwendig sind, ist bis in die Parteispitze vorgedrungen. Keiner der Eckpunkte der Wirtschaftsreform kann rückgängig gemacht werden, und das trifft auch auf die meisten der bisher eingeleiteten Reformschritte im politischen Bereich zu.

Westliche Beobachter, die in China einen durchschnittlichen kommunistischen Staat sehen, der sich auf dem Weg der wirtschaftlichen und politischen Öffnung befindet, prophezeien dem Land fälschlicherweise das Schicksal der ehemaligen Sowjetunion oder Osteuropas. Zu verläßlicheren Vorhersagen gelangt man, wenn man China als ein Land begreift, das momentan unter großen Mühen versucht, aus der Geschichte seiner kleineren Nachbarn zu lernen und die Erkenntnisse in die Tat umzusetzen. Um es mit Robert Scalapino zu sagen:

»China wird aller Wahrscheinlichkeit nach bald in eine Phase eintreten, die ich als autoritär-pluralistisch bezeichnet habe. Das politische System ist nach wie vor autoritär ausgerichtet, beherrscht und kontrolliert die Gesellschaft aber nicht mehr in demselben Ausmaß wie der klassische leninistische Staat. Soziale Einrichtungen, darunter auch solche, die das Erziehungswesen, die Religion und das Familienleben betreffen, besitzen eine unterschiedlich stark ausgeprägte Autonomie. Im Wirtschaftsleben spielen marktwirtschaftliche Aspekte eine gewichtige Rolle, auch wenn der Staat seinen Status als zentraler Akteur beibehält. Ein solches System, das in hohem Maße dem Südkoreas oder Taiwans in der jüngeren Vergangenheit gleicht, weist eine höhere Durchlässigkeit der politischen Bereiche auf als ein streng autoritäres System.«[14]

China ist heute weder das China von 1966 noch ein Spiegelbild der ehemaligen Sowjetunion. Es gleicht viel eher dem Südkorea von 1972 – nur daß es eben viel größer ist.

Wachstum des Realeinkommens nach Provinzen, 1985–1991

Quelle: Staatliches Statistisches Jahrbuch 1987 und 1992.

3 Die Entstehung des chinesischen Kapitalmarktes

»Polizisten mit Schlagstöcken versuchten letzte Nacht die Ordnung aufrechtzuerhalten, als Tausende von Chinesen, begierig, am Aktienboom teilzuhaben, nach Shenzhen strömten.
Der Ansturm der Massen auf die Shenzhener Börse markierte einen Höhepunkt der kapitalistischen Revolution in China.
Lange Menschenschlangen bildeten sich vor den Ausgabeschaltern, immer wieder kam es zu Unruhen. Für den Morgen befürchteten die Behörden eine weitere Eskalation der Situation.
Die Nachfrage nach Aktien übertraf das Angebot bei weitem, und die Nachricht, neue Aktien würden ausgegeben, löste ein Chaos aus.«

Kennis Chu und Gary Chan,
»Shenzhen Shares Frenzy: Thousands Queue for Capitalism«,
South China Morning Post,*« S. 1,*
9. August 1992.

Im September 1981 besuchte ich Chengdu, die Hauptstadt der Provinz Sichuan. Ich bat meinen Gastgeber, ein Dorf besichtigen zu dürfen. Das Dorf, das er nach längerem Überlegen schließlich auswählte, lag zwei Autostunden entfernt. Es wurde offensichtlich für wohlhabend genug gehalten, einem Ausländer vorgeführt zu werden. Mehr als 200 Familien lebten dort, denen erlaubt worden war, ihre Arbeit selbst zu wählen und ihre Produkte auf dem freien Markt zu verkaufen. Die Landwirtschaft war praktisch zum Erliegen gekommen, statt dessen wurden in über 30 Kleinunternehmen Ziegelsteine und anderes Baumaterial produziert. Verglichen mit den umliegenden Dörfern war die Gemeinde wohlhabend, worauf die große Zahl neuer zweistöckiger Häuser hindeutete. Bedenkt man, daß ein Haus etwa 3000 Renminbi (damals rund 1700 Dollar) kostete, das durchschnittliche Jahreseinkommen in Sichuan aber nur knapp 90 Renminbi betrug, dann läßt sich ermessen, wie reich die Menschen hier ihren Nachbarn erscheinen mußten.

Das Problem der Dorfbewohner war, daß sie keinerlei Erfahrung damit hatten, wie sie den Gewinn ihrer zahlreichen, ineinander verschachtelten Unternehmen verteilen sollten. Sie hatten ein sozialistisches Konzept der Beteiligungsfinanzierung entworfen, nach dem jeder von ihnen Anteile an jedem Unternehmen erwerben konnte und entsprechend seinen Investitionen am Gewinn beteiligt wurde. Nachdem man mir die Funktionsweise des sozialistischen Beteiligungsmodells zwei Stunden lang erklärt hatte, erwiderte ich, daß sie mir in einigen Jahren die sozialistische Version einer Börse vorstellen würden. Mein Gastgeber und die »Bauern« fanden diesen Scherz überhaupt nicht lustig. Die Börse war für sie das Sinnbild des Kapitalismus, und jede Verbindung, die zwischen ihrem Modell und dem kapitalistischen Aktienmarkt gezogen wurde, konnte für sie fatale Konsequenzen haben.

Neun Jahre später hörte ich in Beijing Chen Yuans Ausführungen über die weitere Reformpolitik. Dem stellvertretenden Vorsitzenden der chinesischen Zentralbank und Sohn des prominenten Reformgegners Chen Yun ging es vor allem um den Ausbau des Anleihe- und des Devisenmarktes und die Entwicklung eines Sekundärmarktes für Anleihen. Die Inflation sollte mit Hilfe einer marktwirtschaftlichen Geldpolitik kontrolliert und die Getreidepreise mit der versuchsweisen Einführung einer Warenterminbörse stabilisiert werden. Chen nannte ferner die Verbesserung des Anteilsystems und den weiteren Ausbau des Aktienmarktes.

Das ist deshalb bemerkenswert, weil diese Reformpläne von derselben orthodoxen Führung stammten, die die Ereignisse auf dem Platz des Himmlischen Friedens zu verantworten hatte, und vom Sohn des entschiedensten Reformgegners in Beijing verkündet wurden. Daran wird einmal mehr deutlich, wie es im Jahr 1990 um den Sozialismus in China bestellt war. Der Ausbau des Aktienmarktes war beschlossene Sache, und die Parteiführung hatte die feste Absicht, die Reform der Wirtschaft mit Hilfe eben jener Steuerungsinstrumente voranzutreiben, die als zentrale Symbole des modernen Kapitalismus gelten. Wirtschaftswissenschaftler von der Hongkonger Börse und zwei der wichtigsten Börsenmakler der Stadt boten sogar eine Erklärung an, wie ein Aktienmarkt in einem sozialistischen Wirtschaftssystem zu rechtfertigen sei.[1]

Die Entwicklung des Marktes

Der Aufbau des Kapitalmarktes hat für die Reformpolitik nach 1979 zentrale Bedeutung. Im Zuge dieser Entwicklung treten die zentralen Konflikte zwischen den verschiedenen ideologischen Haltungen in der Führungsschicht deutlich hervor. Die Fragen lauten: Kommando- oder Marktwirtschaft? Staatliches Eigentum oder Privatisierung? Egalitarismus oder Wachstum? Kontrolle durch die Partei oder durch die Regierung? Die Expansion des Kapitalmarktes wird die Entwicklung in den neunziger Jahren dominieren. Von der Fähigkeit der Regierung, die Marktmechanismen zur Reform des sozialistischen Wirtschaftssystems einzusetzen, wird letztlich ihr wirtschaftlicher Erfolg oder Mißerfolg abhängen.
Beijings Politik beim Aufbau eines Kapitalmarktes entspricht der allgemeinen Linie, weniger mit Prinzipienreiterei als vielmehr mit Flexibilität auf konkrete Bedürfnisse der Reformwirtschaft zu reagieren. Von Anfang an wurde versucht, alternative Wege zu gehen und eine konsequente zeitliche Abfolge der Reformen sicherzustellen. Beijing ermutigte die Regionen, von sich aus die Initiative zu ergreifen, und billigte gelegentlich sogar Maßnahmen, die – wie die vorzeitige Eröffnung der Börse in Shenzhen – gegen ausdrückliche Vorgaben verstießen. Institutionen wie der Anleihemarkt konnten sich sozusagen organisch – mitunter auch chaotisch – entwickeln. Die Behörden griffen erst regelnd ein, wenn sie sich mit den Notwendigkeiten des Marktes und den Steuerungsmechanismen einigermaßen vertraut gemacht hatten. Die Verantwortlichen begriffen erstaunlich schnell die institutionellen Anforderungen eines Finanzmarktes nach westlichem Vorbild. Sie erkannten, daß vor einer vollständigen Deregulierung des Kapitalmarktes diese Institutionen erst wachsen und reifen mußten. Einmal mehr zeigt sich hier, was die chinesische Reformpolitik von der in Osteuropa verfolgten Linie unterscheidet. Dort scheint man häufig erwartet zu haben, daß die neuen Institutionen quasi über Nacht entstehen würden. Und ein Großteil der westlichen Wirtschaftswissenschaftler hat offenbar zu viel Zeit auf die mathematische Aufbereitung von Marktmodellen verwandt und darüber die institutionellen Voraussetzungen, die den Modellen zugrunde liegen, vergessen: ein Rechtssystem nach westlichem Zuschnitt, eine moderne Buchführung, eine »perfekte« Markttransparenz, eine landesweite Infrastruktur zur

Erhebung und Verbreitung marktrelevanter Daten, eine Bevölkerung, die ausreichend gebildet ist, entsprechende Informationen zu interpretieren, und vieles andere mehr. Eine in der Sowjetunion diskutierte (und in Kapitel 1 bereits erwähnte) Privatisierungsvariante ging dahin, allen Bürgern eine gleiche Anzahl an Optionsscheinen auszuhändigen und die staatlichen Industrien auf einen Schlag an die Besitzer von Optionsscheinen zu veräußern. Wie aber hätten die Sowjetbürger, die über keinerlei Erfahrung in der Bewertung von Unternehmen verfügten und keinen Zugang zu entsprechenden Informationen hatten, den Wert »ihrer« Unternehmen schätzen sollen?

Finanzreformen sind niemals problemlos zu verwirklichen, aber sie sind einfacher umzusetzen als die meisten anderen Reformmaßnahmen. So konnte die konservative Führung unter Li Peng die Reform des Kapitalmarktes auch in der Zeit unmittelbar nach den Studentenunruhen in Beijing vorantreiben. Aktien- und Anleihemärkte entstanden, Warenterminbörsen wurden eröffnet, die Reform der Währung in Angriff genommen. Das ermöglichte zwar eine effizientere Nutzung der chinesischen Wirtschaftskraft, beschwor aber auch die Gefahr einer Krise herauf, wenn der Kapitalsektor den anderen Bereichen der Gesellschaft zu weit vorauseilte.

Wie wir gesehen haben, war die Entstehung des chinesischen Kapitalmarktes eine Reaktion auf die Anforderungen der Reformwirtschaft. Ohne ein Anteil- oder Aktiensystem hätten die gewinnorientierten Unternehmen ihre Überschüsse nicht gleichmäßig verteilen können, und ohne den Anleihemarkt hätten die Preisreformen eine massive Inflation nach sich gezogen. Nur über die Auflegung von Staatsanleihen konnte Beijing das Kapital für den dringend notwendigen Ausbau der Infrastruktur (und die Beibehaltung der sozialistischen Subventionspolitik) beschaffen. Die Einführung verzinslicher Bankkredite anstelle von sozialistischen »Darlehen« hat die Regierung außerdem in die Lage versetzt, ihre Investitionen kontrollieren und nutzenmaximierend einsetzen zu können. Und erst die Zeichnung von Aktien ermöglicht es den aufstrebenden chinesischen Privatunternehmen, Kapital zur Wachstumsfinanzierung zu beschaffen.

Staatsanleihen

Staatsanleihen wurden erstmals im Jahr 1981 ausgegeben. Bis 1989 hat Beijing unter dem Druck, Kapital für Entwicklungsprojekte und zur Abdeckung des steigenden Haushaltsdefizites zu beschaffen und zugleich Kaufkraft abzuschöpfen, um die Inflation einzudämmen, Staatsanleihen in Höhe von über 54 Milliarden Renminbi ausgegeben. Anfänglich lauteten sie auf lange Laufzeiten und niedrige Zinssätze und wurden an Unternehmen und Privatpersonen abgegeben. In den späten achtziger Jahren wurden variable Zinssätze eingeführt, die sich der Marktentwicklung anpassen ließen. Die Zinssätze stiegen bis 1988 von 8 auf 14 Prozent. Gleichzeitig wurden verstärkt drei- und fünfjährige Anleihen gezeichnet.

Neben die klassischen Staatsanleihen traten Schatzobligationen, projektgebundene Anleihen und Festwert-Anleihen, deren Verzinsung an die Inflation gekoppelt war.

Der Primärverkauf von Staatsanleihen bereitete in der Praxis wenig Schwierigkeiten. Aufgrund der finanziellen und wirtschaftlichen Veränderungen mußte den Inhabern jedoch bald erlaubt werden, mit ihren Staatspapieren zu handeln, und zwar zu einem Preis, der den tatsächlichen Marktwert der Anleihen wie auch ihren Papierwert berücksichtigte. Auf einem freien Kapitalmarkt fällt der gemeine Wert alter Anleihen, wenn die Zinsen steigen, und er steigt, wenn die Zinsen fallen. Anfang 1988 entschieden die chinesischen Behörden, in sieben größeren Städten die Einrichtung von Sekundärmärkten für Staatsanleihen zu gestatten. Im Juni desselben Jahres wurde diese Genehmigung auf weitere 54 Städte, darunter 8 in Guangdong, ausgeweitet, doch blieb der Handel beschränkt auf Staatsanleihen, handelbare Depositenbriefe und andere von der People's Bank of China (PBOC) anerkannte Papiere. Teilnahmeberechtigt waren nur Wertpapierhändler, Treuhand- und Investitionsgesellschaften sowie andere Inhaber staatlicher Lizenzen.

Die People's Bank of China hat nach eigenen Angaben landesweit 34 Wertpapierhändler und 400 Treuhand- und Investitionsgesellschaften zum Wertpapierhandel zugelassen,[2] von denen, wie Behördenvertreter in Guangdong erklärten, 100 in ihrer Provinz angesiedelt sind.[3]

Auf die Staatsanleihen folgten die Unternehmensanleihen. Drei Jahre

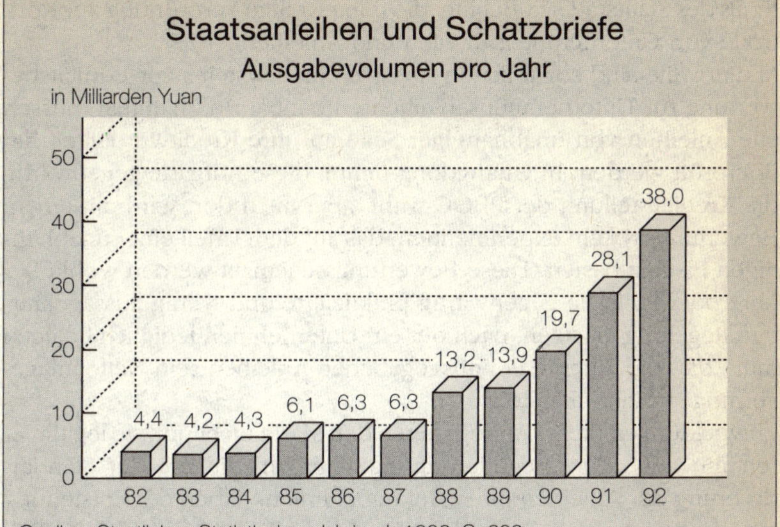

Quellen: Staatliches Statistisches Jahrbuch 1992, S. 200; »China Starts 31 Billion Yuan Issue«, Reuters 1. April 1992.

Abb. III-1

nach der ersten Auflegung von Staatsanleihen straffte Beijing 1984 die Zügel, als das Kreditvolumen explodierte und die Konjunktur überhitzte, und schnitt damit zahlreiche Unternehmen von ihren Finanzquellen ab. Die Reaktion, von Behörden in Guangdong als verhältnismäßig spontane Reaktion auf veränderte Marktbedingungen bezeichnet, ließ nicht lange auf sich warten. Bereits 1985 gaben die ersten Unternehmen eigene Anleihen aus.

Die vielfältigen Angebote an Anleihen führten zu schwerwiegenden Problemen. Viele Anleger kannten den Unterschied zwischen Unternehmensanleihen und -anteilen nicht, zudem waren die Anleihen nicht standardisiert und konnten deswegen auch nicht gehandelt werden. Die Zentralregierung argwöhnte, die Anleihen könnten dazu verwendet werden, im Rahmen staatlicher Planvorgaben nicht vorgesehene Anlageinvestitionen zu finanzieren, und dadurch den Erfolg des Plans gefährden. Die Provinz Guangdong reagierte 1986 mit der »Einstweiligen Verordnung zur Kontrolle von Anleihen und Anteilen in der Provinz Guangdong«. Ein Jahr später folgte ein entsprechender Erlaß des Staatsrates in Beijing, die »Einstweilige Verordnung zur Kontrolle von Unternehmensanteilen und Anleihen«.

Mittlerweile sind sogar schon Ansätze eines Systems zur Bonitätsbewertung für Unternehmensanleihen erkennbar. In Shanghai müssen alle Anleihen von unabhängiger Seite auf ihre Kreditwürdigkeit hin überprüft werden. In Guangdong nimmt diese Aufgabe gegenwärtig die Kreditabteilung der PBOC wahr, aber auch dort wird mit einem Bewertungssystem experimentiert, das auf dem Urteil einer unabhängigen Instanz basiert. Diese Bewertungsschemata werden wohl über kurz oder lang die gegenwärtig praktizierte und wenig aussagekräftige Regelung ersetzen, nach der ein Unternehmen lediglich belegen muß, daß die Summe der ausgegebenen Anleihen sein Nettoanlagevermögen nicht übersteigt.

Entwicklungen dieser Art regulieren den Markt nicht nur, sie legitimieren ihn auch. Die Regulierungsmaßnahmen, die mit der Standardisierung der Anleihen ihren Anfang nahmen, haben der Entstehung eines nationalen Anleihemarktes den Weg geebnet. Von offizieller Seite wird betont, daß die Kontrollen alles andere als umfassend seien, doch in einzelnen Bereichen ist der Markt immer noch überreguliert. So bleibt es untersagt, Anleihen mit Zinssätzen, die die staatlich festgelegten Sätze überschreiten, auszugeben oder über Anleihen Anlageinvestitionen zu finanzieren, die nicht im Rahmen des nationalen Wirtschaftsplans genehmigt worden sind. Darüber hinaus ist es verboten, einen Handel abzuschließen, der einen Sekundärmarktprofit von mehr als 15 Prozent abwirft.

Die Kreditdrosselung in den Jahren 1984 und 1985, die viele Unternehmen zwang, sich über die Ausgabe von Anleihen zu finanzieren, wiederholte sich in einer verschärften Form zwischen 1989 und 1990. Inzwischen aber hatte sich Beijing an die neuartige Finanzierungsmethode gewöhnt und ermutigte, angeregt wie immer von Guangdong, zur Ausgabe von Anleihen. Zwei neue Anleihetypen auf Staatsunternehmen kamen hinzu: Bankobligationen und handelbare Depositenbriefe. Die Laufzeiten von Unternehmensanleihen durften variiert werden, und einige Unternehmen gaben Anleihen an ihre eigenen Arbeiter aus (die aber wenig gemein hatten mit den von manchen Betrieben nach der ersten Kreditdrosselung an Stelle von Löhnen ausgegebenen Unternehmensanleihen).

Wie schnell der Aktienmarkt in China an Bedeutung gewann, wird klar, wenn man sich vor Augen hält, daß 1990 der Gesamtwert der in China in den vorangegangenen neun Jahren insgesamt aufgelegten Wertpapiere 100 Milliarden Renminbi (16,5 Milliarden Dollar) betrug. Davon entfielen 4 Prozent auf Aktien. Bereits Ende 1992 jedoch überstieg allein der Wert der ausgegebenen Aktien diesen Betrag. Die institutionellen Voraussetzungen, diesen Boom verkraften zu können, sind erfüllt. Das im Dezember 1990 eingeführte automatische Notierungssystem für den Wertpapierhandel STAQS (Securities Trading Automated Quotations System) verfügt über ausreichend Kapazität, auch den Aktienmarkt bedienen zu können.

Gleichzeitig wurde das Verfahren der Anleihe-Emission modernisiert. Eine in den achtziger Jahren weit verbreitete Praxis war die zwangsweise Auflegung durch den Staat (administrative flotation), bei der Arbeitern und Angestellten im Ausgleich für Lohnkürzungen Anleihen zugewiesen wurden.[4] Ein Mitarbeiter des Stock Exchange Council (SEEC) erzählte von einem Universitätsprofessor, der sich hartnäckig weigerte, 100 Renminbi für die Staatsanleihen auszugeben, die ihm von der Universitätsverwaltung zugewiesen wurden, aber für 3000 Renminbi gleiche Anleihen durch seine Bank kaufte. Der Professor hatte nichts gegen Staatsanleihen als solche, lehnte aber die staatliche Bevormundung ab.

Anfang 1991 ging die Zentralbank dazu über, Wertpapierhändler als Fest-Übernehmer einzusetzen, die eine bestimmte Anzahl an Anleihen zugeteilt bekamen. Papiere, die sie nicht absetzen konnten, mußten sie selbst erwerben. Mit diesem System ließ sich einerseits die ungeliebte Praxis der zwangsweisen Auflegung umgehen und andererseits freies Kapital binden, das sonst hätte in den Konsum fließen und die Inflation verschärfen können.[5] Der Ausgabekurs wurde in der Regel von der Staatsbürokratie festgelegt. Aufgrund der attraktiven Verzinsung überstieg die Nachfrage das Angebot bei weitem, und die Fest-Übernehmer zeichneten so viele Anleihen wie nur möglich. Wenn die Papiere, was selten genug vorkam, öffentlich aufgelegt wurden, standen die Menschen am Ausgabetag schon frühmorgens in langen Schlangen vor den Schaltern.[6] Später brachte Beijing Anleihen auch über Auktionen am Markt unter. Kurs und Verzinsung unterlagen dabei Markteinflüssen.

Im selben Jahr wurden erstmals umfangreiche Yen-Anleihen aufgelegt, ein Jahr später kamen auf Dollar und Hongkong-Dollar lautende Anleihen hinzu. Emissionäre waren die Bank of China und große Unternehmen, die Devisen für Auslandsgeschäfte benötigten. Damit verfügt Beijing über ein Instrument, um im In- und Ausland Fremdwährung einnehmen und eventuelle Devisenengpässe vermeiden zu können. Es war eine Anerkennung der Entwicklung auf dem chinesischen Kapitalmarkt, daß Standard and Poor's im Februar 1992 begannen, die Auslandsschulden der Volksrepublik nach westlichen Maßstäben zu bewerten.[7]

Steuerung der Gesamtnachfrage

Seit Investitionen vermehrt über Bankkredite und weniger durch staatliche Zuweisungen finanziert werden und ein Wertpapiermarkt vorhanden ist, kann die Zentralregierung die gesamtwirtschaftliche Preisstruktur über die Geldmenge (statt über Preiskontrollen) steuern. Von den 150 Milliarden Renminbi, die Staat und Banken im Jahr 1988 für Investitionen zur Verfügung stellten, entfielen 30 Milliarden Renminbi auf Bankkredite, und dieser Anteil stieg rasch. Gleichzeitig nahm der Einfluß der Banken auf die Unternehmenspolitik zu, und die Planverantwortlichen gewöhnten sich an den Umgang mit Marktinstrumenten.

Das ließ in Zentralbankkreisen die Überzeugung wachsen, daß die Inflationsrate über die gesamtwirtschaftliche Geldmenge (besonders M2)[8] kontrolliert werden kann, sogar zu Zeiten weitreichender Preisfreigabe. Damit war die Grundlage für die folgenden Wirtschaftsreformen gelegt. Die erste Phase der Reformpolitik war Ende der achtziger Jahre wegen der bedrohlichen Preisentwicklung abgebrochen worden. Die inflationäre Entwicklung war durch die Freigabe zahlreicher Preise in Verbindung mit niedrigen Zinssätzen und einem starken Geldmengenwachstum ausgelöst worden. Hinzu kam das Unvermögen der Zentralregierung, die Entwicklung durch Preiskontrollen in den Griff zu bekommen. Die Nachfrage im Konsumbereich verstärkte sich schlagartig. Schließlich brach in den Plankomitees der Regierung Panik aus, und die Preisliberalisierungen wurden teilweise wieder rückgängig gemacht.

Es bleibt nun abzuwarten, ob die Verantwortlichen über die notwendige Disziplin verfügen und im Zinsbereich Zurückhaltung üben. In den Jahren 1991 und 1992 hatte die politische Führungsspitze erneut große Schwierigkeiten, die expansive Kreditvergabe der Banken zu kontrollieren, und prompt schwoll die Geldmenge gefährlich an. Dieses Problem ist typisch für die Übergangsphase von einem sozialistischen zu einem marktwirtschaftlichen System. Die sozialistische Geldwirtschaft wird durch die absolute Weisungsmacht der Zentralbank charakterisiert, die kapitalistische Geldwirtschaft durch das Konkurrenzprinzip: Banken, die eine allzu riskante Kreditpolitik betreiben, gehen bankrott. In der Übergangsphase hat die Zentrale zwar schon einen großen Teil der Kompetenzen an lokale Banken delegiert, diese aber im staatlichen Bankensystem belassen. Im Wissen, für ihr Tun wirtschaftlich nicht zur Rechenschaft gezogen zu werden, betreiben die Banken eine unverantwortliche Kreditpolitik.

Trotz aller praktischen Schwierigkeiten ist der Weg vorgezeichnet, auf dem die Preisreform weitergeführt werden kann, ohne gleichzeitig die Inflation anzuheizen. Auch das monetäre Instrumentarium funktioniert: Die chinesische Geldpolitik war so effektiv, daß 1990 die Grenzsparneigung in ländlichen Gebieten 30 Prozent erreichte und die Bankeinlagen von 68 Milliarden Renminbi 1988 auf 1,2 Billionen 1992 stiegen. Eine Entwicklung, die nur dank neuer, am Markt ausgerichteter Zinssätze möglich war; auf dem Höhepunkt der Inflation stiegen die Sätze für Staatsanleihen nominal auf 25–28 und real auf 5–6 Prozent – das wäre in früheren Jahren undenkbar gewesen.

Der Devisenmarkt

Auch der bislang in hohem Maße regulierte chinesische Devisenmarkt, an dem der Staat die Wechselkurse bestimmte, befindet sich im Wandel. Anfänglich wurde der Import ausländischer Technologien und Produktionsmittel hauptsächlich über den Export von Rohstoffen finanziert. Ein künstlich überhöhter Wechselkurs verbilligte die Importe, während man gleichzeitig über das Kommandosystem verhindern konnte, daß dies zu einem Importüberschuß führte.

Da ausländische Investitionen vor allem Beteiligungen an Joint-ventures betrafen, fielen dank des überbewerteten Renminbi die Investi-

tionen der chinesischen Partner mehr ins Gewicht. Mit Ausnahme einiger Joint-ventures im High-Tech- und Infrastrukturbereich und anderer für wichtig erachteter Projekte mußten alle Joint-ventures die Devisen für den Import der benötigten Rohstoffe und Produktionsmittel über den Export eigener Produkte selbst erwirtschaften.
Mit der Auflegung von Rentenpapieren in Tokyo tauchte China 1986 erstmals auf dem internationalen Bondmarkt auf. Nach der Tragödie auf dem Tiananmen-Platz am 4. Juni 1989 wurde China vorübergehend von den ausländischen Bondmärkten ausgeschlossen, erschien aber bereits 1991 wieder als bedeutender Anbieter auf dem Yen- und ein Jahr später auf dem Dollar-Markt. Die Notwendigkeit für die Zentralbank, ihre gewaltigen Devisenreserven zu investieren (über 40 Milliarden Dollar Ende 1991 aus konsolidierten Handelsbilanzüberschüssen), begünstigte eine kontinuierlich steigende Beteiligung am internationalen Geldmarkt. Beijing investierte den größten Teil seiner Devisenreserven in ausländischen Staatsanleihen, und 1990 deuteten mir Vertreter der Bank of China an, daß sie ihr Devisen-Portfolio über Tagesgeschäfte am Swapmarkt feinsteuerten. Innerhalb weniger Jahre hat sich China damit als wichtiger Akteur am internationalen Rentenmarkt etabliert – als ein Akteur, der im übrigen immer raffinierter wird.
Mit der Beschleunigung des Eingliederungsprozesses stieg der Anteil der direkten Geldaufnahme. Ende 1992 beliefen sich Chinas Auslandsschulden auf 70 Milliarden Dollar. Damit diese Verbindlichkeiten finanziert werden konnten, mußte das Land den Export ankurbeln und die Importe drosseln. Doch der künstlich hochgehaltene Wechselkurs des Renminbi bewirkte das genaue Gegenteil. Der Versuch, die Situation über direkte Importbeschränkungen zu entspannen, führte dazu, daß viele dringend benötigte Güter nicht oder erst nach langwierigen Verhandlungen importiert werden konnten. Diese Situation begünstigte die Ausbreitung der Korruption und verwickelte China in Handelskonflikte mit westlichen Ländern, insbesondere mit den USA, die 1992 mit Sanktionen in Milliardenhöhe drohten, wenn die administrativen Importbeschränkungen nicht aufgehoben würden.
Beijing hat die Lektion verstanden. Um die wirtschaftliche Entwicklung voranzutreiben, muß man mit Hilfe einer billigen Währung den Exportsektor stärken und die Importe drosseln. Zweimal, 1986 und Anfang 1990, wertete Beijing den Renminbi um über 20 Prozent ab

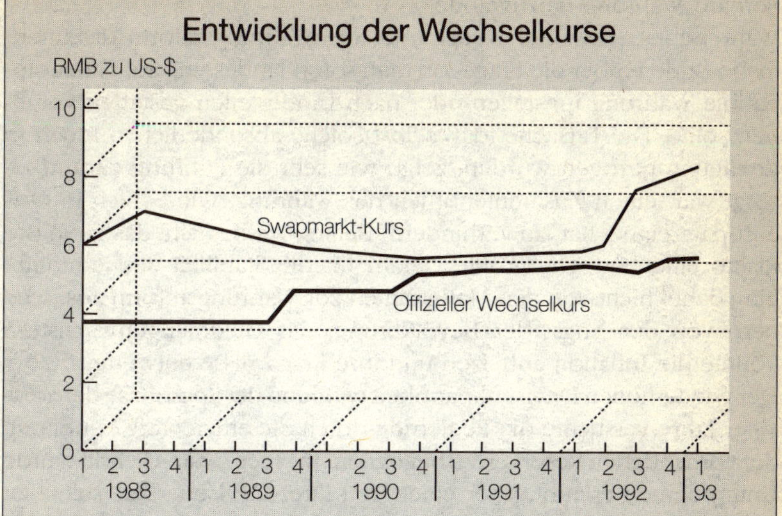

Quellen: Staatliche Administration für Devisenkontrolle, Internationaler Währungsfond, US-Schatzamt und verschiedene Presseberichte.

Abb. III-2

und näherte ihn dem eigentlichen Marktwert an.[9] Nach 1991 wurde im Zuge der Währungsreform ein System gemäßigter Abwertungen eingeführt, mit dessen Hilfe der Renminbi schrittweise dem Marktwert angeglichen werden sollte.

Nicht nur die Androhung von Sanktionen durch die USA, auch die eigenen Exporterfolge, die zu einem starken Anstieg der Devisenreserven geführt hatten, ließen Beijing 1992 die Importrestriktionen lockern. Der nachfolgende Importanstieg zog eine verstärkte Nachfrage nach Devisen nach sich. Der Renminbi geriet so stark unter Druck, daß sein Marktkurs mehr als 20 Prozent unter den offiziellen Kurs sank.[10] Hinzu kam der Umstand, daß 1991 der Devisenbesitz für Privatpersonen freigegeben worden war und die Bevölkerung ausländische Währungen in großem Umfang zu horten begann. Der starke Wertverlust des Renminbi überraschte die Behörden. Sie versäumten es nicht nur, den offiziellen Kurs rasch genug nach unten zu korrigieren, sondern versuchten sogar, den Kurs zu stützen. Dies allerdings widersprach der erklärten Absicht, den Renminbi in eine frei konvertierbare Währung umzuwandeln.

Währenddessen wurde weiter über die Währungsreform diskutiert, insbesondere über die Frage, ob man sofort landesweit auf eine kompatible Währung umstellen oder nach Landesteilen gestaffelt vorgehen sollte. Die Tatsache, daß selbst solche absonderlichen Ideen in Erwägung gezogen wurden, zeigt, wie sehr die Führung darum besorgt war, einen Zusammenbruch der Währung, wie er sich in Osteuropa ereignet hat, zu verhindern. Beijing wollte nicht das geringste Risiko eingehen. Die größte Gefahr für die Stabilität des Renminbi ging dabei nicht von den Maßnahmen zur Währungsreform aus, sondern von der Angst der Bevölkerung, das Geldmengenwachstum könnte die Inflation anheizen und ihre Ersparnisse entwerten.

Der wiederholten Devisenknappheit während der Sparphase der achtziger Jahre versuchte die Regierung durch die effizientere Verteilung der vorhandenen Reserven zu begegnen. In einem ersten Schritt wurde Unternehmen erlaubt, über einen Teil ihrer Devisenerlöse selbst zu verfügen, statt sie wie bisher komplett an den Staat abzuführen. 1986 wurden mehrere Devisentauschmärkte eingerichtet, an denen sich der Wechselkurs frei einpendeln konnte. An den nach und nach in allen größeren Städten eingerichteten Swapmärkten konnten Unternehmen Devisenüberschüsse abstoßen und bei Devisenknappheit ihre Bestände wieder auffüllen. Die Kursfindung blieb zwar dem freien Spiel des Marktes überlassen, aber der Handel wurde von der Zentralregierung streng kontrolliert. Nur Unternehmen, die Devisen zur Finanzierung von Projekten mit hoher Priorität brauchten, durften als Nachfrager auftreten, und der Handel beschränkte sich ausschließlich auf »legale« Dollars, die nicht an die Zentralregierung ausgeschüttet werden mußten. Alle Bankfunktionen an den Swapmärkten wurden von der staatlichen Devisenbehörde wahrgenommen.

Mit der Zeit lockerte die Regierung die Zugangsbeschränkungen. Hatten anfangs nur Unternehmen, die sich wenigstens teilweise in ausländischem Besitz befanden, an den Devisentauschmärkten teilnehmen dürfen, so sind seit 1988 auch Staatsunternehmen und Kooperativen zugelassen. Um die Entstehung eines Schwarzmarktes zu verhindern, wurde 1991 schließlich auch in- und ausländischen Privatpersonen erlaubt, über lizenzierte Banken Devisen an den Swapmärkten zu handeln. Trotz der zahlreichen Beschränkungen wurde stillschweigend die Notwendigkeit anerkannt, Devisen zu Marktpreisen handeln zu können. Der an den Swapmärkten ermittelte Wechselkurs setzte eine Art Richtpreis, der Devisentransaktionen in ganz China beeinflußte.

Anfangs differierten die Kurse in den einzelnen Provinzen erheblich, was einfach daran lag, daß die ersten Swapmärkte relativ weit voneinander entfernt lagen und Angebot und Nachfrage je nach Region variierten. Da Arbitrage als illegitime Form der Spekulation abgelehnt wurde, konnten Wechselkursdifferenzen nicht ausgeglichen werden. Mit der Zahl der Swapmärkte – allein in Guangdong (Shenzhen nicht mitgerechnet) arbeiteten 1990 zehn Devisentauschmärkte – nahm der Umfang der dort abgewickelten Transaktionen rapide zu. Nach Auskunft von Chen Yuan wurden 1990 rund 30 Prozent der gesamten chinesischen Devisentransaktionen an Swapmärkten abgewickelt. Dieser Anteil sollte laut Chen in den folgenden Jahren auf 50 Prozent angehoben werden. Doch die Realität hat den Plan überholt. Bereits 1991 setzten die Swapmärkte 20,4 Milliarden Dollar um. Im August 1992 gab Beijing die Eröffnung eines zentralen, mit modernsten Computern und sechzig Arbeitsplätzen ausgestatteten Swapmarktes bekannt. Damit hoffte man, einen national einheitlichen Wechselkurs durchzusetzen.[11]

Die Tatsache, daß über die Hälfte aller Devisentransaktionen nach dem Marktkurs abgewickelt werden, untergräbt jede Politik, die darauf ausgerichtet ist, an einem künstlichen Wechselkurs festzuhalten. Nicht nur Chen Yuan, auch weitere Mitglieder der Führungsspitze deuteten im Jahr 1992 die Bereitschaft der Regierung an, den Renminbi an den Marktkurs heranzuführen und seine volle Konvertibilität anzustreben. Das würde die Aufnahme Chinas in das GATT, das Allgemeine Zoll- und Handelsabkommen, erleichtern und das Land vor wirtschaftlichen Sanktionen schützen.

Der Fortschritt in der Währungsreform erklärt sich nicht zuletzt aus dem gewaltigen Umfang der Devisentransaktionen und der zunehmenden Verwendung von Devisen im chinesischen Binnenhandel. Ein Außenhandelsvolumen von mehr als 160 Milliarden Dollar verursacht einen Devisenverkehr in derselben Höhe. Eine einzige US-Firma, Continental Grain, zeichnet für Devisentransaktionen mit China in Höhe von jährlich mehreren Milliarden Dollar verantwortlich. Bereits im August 1990 bezifferte die Bank of China das Volumen der

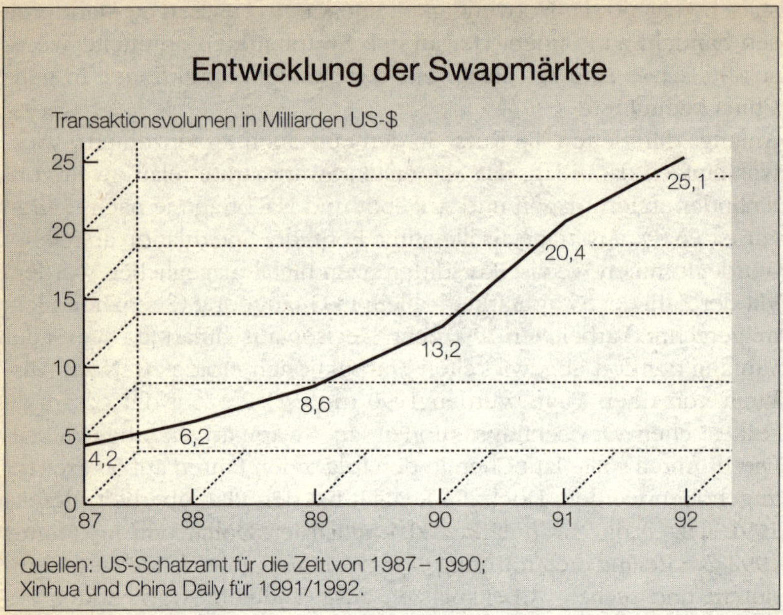

Abb. III-3

privaten Devisentransaktionen auf 2,1 Milliarden Dollar.[12] Zur selben Zeit schätzte die staatliche Devisenbehörde für die Provinz Guangdong, daß Devisentransaktionen rund 25 Prozent des Bruttosozialprodukts der Provinz ausmachten. Berücksichtigte man auch das Kapitalkonto, dann betrug der entsprechende Anteil sogar 40 Prozent.[13] Von Hongkong pendeln täglich über 50000 Angestellte nach Guangdong und bezahlen dort mit Hongkong-Dollars. In Guangzhou hat das Volumen der Transaktionen einen solchen Umfang angenommen, daß täglich ein gepanzerter Geldtransporter vollgepackt mit Hongkong-Dollars in die Kolonie fährt.

Die Zahlen, so eindrucksvoll sie sein mögen, sagen noch lange nicht alles über die tatsächliche Verbreitung ausländischer Devisen in China aus. Bei einer Reise durch das Land im Jahr 1992 sah ich, daß überall mit Devisen gehandelt wurde. Wahrscheinlich ist sehr viel mehr ausländisches Geld im Umlauf, als die offizielle Statistik vermuten läßt. Als ich in Kashgar, einer der entlegensten Städte im moslemischen

Nordwesten, Dollar in Renminbi tauschen wollte, zog der Kassierer des Hotels einen gut zwanzig Zentimeter dicken, von einem Gummiband zusammengehaltenen Stapel Hundertdollarscheine aus der Kasse und legte meine Dollars dazu. Jeder Kassierer in jedem Hotel entlang der Seidenstraße und jeder Händler, der etwas auf sich hielt, schien irgendwo ein Bündel Dollarnoten zu verwahren.

Nach und nach fingen chinesische Banken an, Devisenkonten einzurichten; im August 1990 notierten Banken in Guangzhou Zinssätze für Guthaben nicht mehr nur in den wichtigeren Währungen (US-Dollar, Yen, britisches Pfund, D-Mark, Schweizer Franken, Hongkong-Dollar), sondern auch in anderen Währungen wie schwedische Krone oder belgischer Franc. Die Wechselkurse entsprachen fast genau den internationalen Marktkursen, und die Spanne zwischen Ankaufs- und Verkaufspreis war geringer als im kartellierten Bankgeschäft von Hongkong – Bankkunden machten in Guangzhou das bessere Geschäft.

In weiten Teilen Guangdongs wird wie selbstverständlich mit Hongkong-Dollars gehandelt. Taxifahrer in Guangzhou akzeptieren einen einheitlichen Kurs für Hongkong-Dollars, was das leidige Feilschen überflüssig macht. Anfang 1993 zirkulierten nach einer Studie, die von Hongkonger und Shanghaier Banken in Auftrag gegeben wurde, über 30 Prozent aller Hongkong-Dollars in Guangdong. Hongkongs Währung spielt heute in Guangdong eine viel größere Rolle, als sie der US-Dollar in Polen oder Argentinien jemals gespielt hat. Im Gegensatz zu diesen Ländern haben sich Chinas Wirtschaftslenker (wenn auch mit sichtlichem Unbehagen) mit den neuen Gegebenheiten abgefunden – sehr zum Vorteil von Chinas Finanzmärkten und seiner Wirtschaft.

Wir haben gesehen, daß der Wechselkurs des Renminbi und die Zinssätze rasch an die Marktgegebenheiten angepaßt werden. Und wieder ist es die Provinz Guangdong (mit einer Bevölkerungszahl, die der Thailands oder der Philippinen entspricht), die am weitesten in Richtung auf ein marktgesteuertes Wechselkurssystem fortgeschritten ist. Die Bereitschaft, den Devisenhandel und die Vorschriften für Auslandsinvestitionen zu liberalisieren, wird auch durch andere Faktoren gestützt. So hat sich die allgemeine Einstellung gegenüber ausländischen Investitionen in der jüngsten Vergangenheit positiv entwickelt. Auch von den wirtschaftlichen Rahmenbedingungen her sieht sich

Beijing, das auf ein anhaltend hohes Niveau an Auslandsinvestitionen hofft, gezwungen, die Wirtschaft zu liberalisieren. Joint-ventures, die bis 1989 die dominante Kooperationsform gewesen sind, verlieren an Bedeutung. Vor der Kreditdrosselung in den Jahren 1989 bis 1990 verfügten die chinesischen Unternehmen über ausreichend Kapital, sich als Partner an Gemeinschaftsunternehmen zu beteiligen. Die Politik des knappen Geldes aber beschränkte die Kapitalausstattung potentieller chinesischer Joint-venture-Partner. Entsprechend ist die Zahl der Gesellschaften, die sich zu hundert Prozent in ausländischer Hand befinden, überproportional angestiegen.

Beijing geriet außerdem unter schweren Druck, die Vorschrift zu modifizieren, daß Joint-ventures und Firmen in ausländischem Besitz ein ausgeglichenes Devisenkonto aufweisen müssen. Probleme waren durch eine enge Auslegung dieser Vorschrift in der Praxis entstanden: Ein Unternehmen mußte allein durch den Export seiner Produkte genügend Devisenerlöse erzielen, um den Import benötigter Produktionsmittel und Rohstoffe zu finanzieren und, falls gewünscht, Profite in die Heimat abzuführen. Auch auf indirektem Wege ließ sich diese Vorgabe nicht umgehen, die Mitte der achtziger Jahre zum wichtigsten Hindernis für ausländische Investitionen in China wurde. Heute wird die Vorschrift liberaler ausgelegt, und Unternehmen werden sogar ermuntert, Fremdprodukte zu exportieren, um Devisen zu erwirtschaften. Angenommen, Avon würde sich darauf beschränken, in Guangdong hergestellte Kosmetika nur innerhalb der Provinz zu verkaufen, dann könnte das Unternehmen jetzt chinesische Heilkräuter ins Ausland exportieren und so Devisenerlöse erzielen – oder in die Importsubstitution investieren und dadurch Devisen sparen. Davon abgesehen, sind inzwischen auch die meisten ausländischen Unternehmen an den Swapmärkten zugelassen, wo sie Renminbi gegen Dollar eintauschen können. Die Ausbreitung der Swapmärkte hat den Devisenengpaß beseitigt und die Wechselkursproblematik entschärft, die viele Investoren bislang vor einem Engagement in China zurückschrecken ließ.

Die Tatsache, daß indirekte Methoden des Devisenbilanzausgleichs offiziell ermutigt werden, verstärkt den Konkurrenzdruck auf die chinesische Wirtschaft. In der Vergangenheit konnten die großen Staatsbetriebe ihre Exporte oft mit Hilfe von Subventionen ankurbeln. Die Regierung ermöglichte es den Betrieben, diese kostspieligen Exportbeihilfen zu finanzieren, indem sie ihnen in anderen Bereichen Monopole auf dem inländischen Markt einräumte oder gestattete, andere, profitträchtige Produkte zu exportieren. In Zukunft sind diese Unternehmen auf sich alleine gestellt und müssen im direkten Wettbewerb mit ausländischen Konkurrenten bestehen.

Aktienmärkte

Zwei Jahreszahlen markieren die Entstehung des chinesischen Aktienmarktes: 1984, als die Behörden sieben Staatsunternehmen in Shanghai anwiesen, Unternehmensanteile an die Öffentlichkeit auszugeben; und 1986, als die Industrie- und Handelsbank einen Anteilshandelschalter einrichtete.[14] Zwischen 1984 und 1989 gaben mehrere tausend chinesische Unternehmen Anteile im Wert von 3,8 Milliarden Renminbi aus.[15] Die erste Aktienbörse wurde am 1. Dezember 1990 in Shenzhen, der nördlich von Hongkong gelegenen Sonderwirtschaftszone, eröffnet – zwei Wochen vor Eröffnung der Börse in Shanghai am 19. Dezember. Shenzhen war damit der Zentralregierung zuvorgekommen, die Shanghai als den ersten Börsenplatz des Landes etablieren wollte. Offiziell anerkannt wurde die Shenzhener Börse dann erst im Juli des darauffolgenden Jahres. Die beiden Börsen spezialisierten sich relativ rasch. In Shanghai konzentrierte man sich anfänglich auf das Anleihegeschäft und nutzte es vor allem dazu, den Aktienhandel zu forcieren. In der Folge entwickelte sich die dortige Börse zum Markt für Standardwerte – vor allem von großen Staatsunternehmen, die weitgehend von Regierungsvorgaben abhängig waren. Shenzhen hingegen hat sich von Anfang an auf den Aktienmarkt konzentriert und als Handelsplatz für kleinere und private Gesellschaften etabliert, die vorwiegend auf dem freien Markt tätig sind und konkurrenzorientiert wirtschaften müssen. Auch hat man in Shenzhen, wohl wegen der Nachbarschaft zu Hongkong, sehr schnell die Bedeutung eines modernen Schlichtungssystems und anderer Schutzmaßnahmen für Investoren erkannt.

Bei der Börseneinführung neuer Unternehmen gingen die Behörden bedächtig und sorgfältig vor und beschränkten die Zulassung auf die sichersten und profitabelsten Werte. In Shenzhen wurden bei der offiziellen Börseneröffnung Mitte 1991 nur fünf Unternehmen mit einem

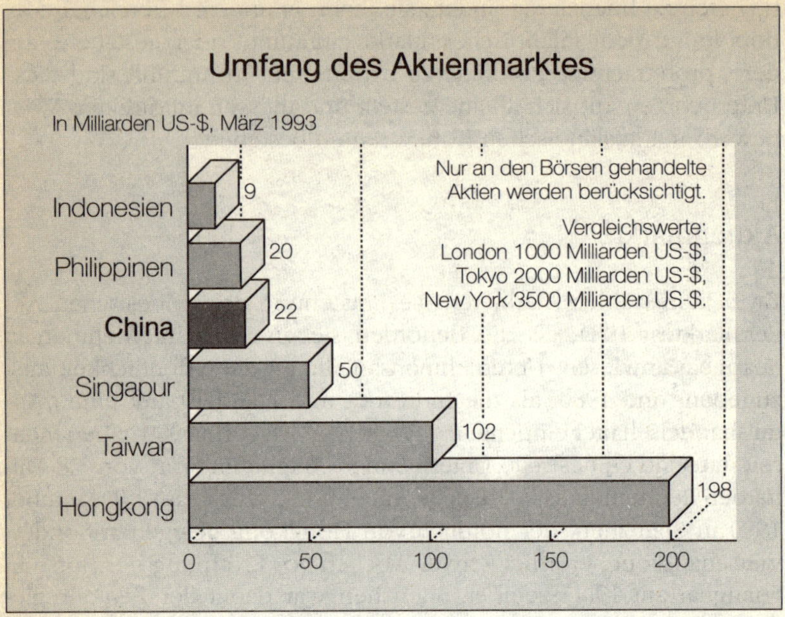

Abb. III-4

Buchwert von 200 Millionen Renminbi und einer Marktkapitalisierung von zusammengenommen 3 Milliarden Renminbi gelistet. Über 200 weitere Unternehmen hofften darauf, bis Ende 1991 zugelassen zu werden. Zu dem Zeitpunkt, als ich dieses Buch schrieb, waren jedoch lediglich 17 Unternehmen mit einer Kapitalisierung von 17 Milliarden Renminbi neu eingeführt. Die Anzahl der in Shanghai gehandelten Unternehmen stieg von 7 Anfang 1991 auf 26 Ende 1992 (bei 103 Brokern, die sich das Geschäft teilten). Die strengen Anforderungen, denen die Bewerber vor einer Börseneinführung genügen müssen, ließen viele Unternehmen vor einem Gang an die Börse zurückschrecken. Sie zogen es vor, Kapital durch die Ausgabe von Anleihen aufzunehmen, die zum Großteil ebenfalls an der Börse gehandelt werden.

Die Kursschwankungen an den Börsen stellten die chinesischen Machthaber immer wieder vor praktische und auch grundsätzliche Probleme. Wie die japanischen und südkoreanischen Aufsichtsbehörden in den achtziger Jahren hat man auch in China rasch erkannt, daß ein ungebremster Höhenflug das Risiko eines Börsencrashs in sich birgt. Trotzdem hat ein hochgestellter Banker in Beijing der Aktienmarktregulierung bereits Anfang 1991 Versagen vorgeworfen. Das beschränkte Angebot an Aktien führte bei starker Nachfrage zu einer ausgeprägten Hausse: Von April bis November 1991 schoß der Shanghaier Jing-An-Index um 300 Prozent in die Höhe. Aber es ist schwierig, Marktentwicklungen zu steuern, wie die Börsenkräche in Japan, Südkorea oder Indonesien gezeigt haben. Die Verantwortlichen in China haben zumindest teilweise ihre Angst vor allzu großen Kursschwankungen verloren. So wurde das anfängliche Verbot von Aktiengeschäften, die den Kurs eines Wertes um mehr als einen bestimmten Prozentsatz steigen oder fallen ließen, im Mai 1992 aufgehoben. Das bedeutet, daß die chinesischen Aufsichtsbehörden mit ihrem Liberalisierungstempo sogar Thailand überholt haben, wo derartige Beschränkungen noch immer in Kraft sind. Bis Ende 1992 hatten die Börsen in Shanghai und Shenzhen ausgeprägte Haussen und Baissen erlebt, ohne daß die Behörden regulierend eingegriffen hätten.

Von Anfang an überstieg die Nachfrage das Angebot an Aktien um ein Vielfaches. Als die Shenzhener Börse ihre Tore öffnete, standen nur fünf gelistete Unternehmen sechzehn Brokern und Kaufaufträgen in Höhe von 900 Millionen Renminbi gegenüber. Mitte 1992 hatte der Run auf die Börse solche Ausmaße angenommen, daß die Behörden Zertifikate an die Öffentlichkeit ausgaben, die zum Kauf von neu aufgelegten Aktien berechtigten. War das Zertifikat fällig, mußte die Aktie gekauft werden, die gerade neu plaziert wurde. Selbst in Shanghai, wo die Begeisterung weniger hohe Wellen schlug, kam es häufig vor, daß die Zertifikate mit einem Aufschlag von 4000 Prozent auf die von der Regierung erhobene Gebühr gehandelt wurden.[16] Am 8. August 1992 strömte über eine Million Menschen nach Shenzhen, um Berechtigungsscheine auf Aktien zu erwerben. Die Polizei setzte Elektroschock-Schlagstöcke ein, um die Massen unter Kontrolle zu halten. Als einige zuständige Beamte der Versuchung erlagen, gegen kräftige Schmiergeldzahlungen den Ausgabemodus der Berechtigungsscheine zu manipulieren, kam es zu tagelangen schweren Unruhen. In der Folge fiel der Aktienindex um 20 Prozent, und die Regierung verfügte die kurzzeitige Schließung der Börse. Im Dezember desselben Jahres wurden mehrere der damals zuständigen Beamten wegen Bestechlichkeit verurteilt.

Dieser Vorfall mag jenen Flügel innerhalb der Führung gestärkt haben, der schon immer dafür plädierte, die Zahl der regionalen Börsen zu beschränken und statt dessen eine einheitliche nationale Börse aufzubauen. Für die Verantwortlichen in Hainan, Shenyang und in anderen Regionen, die bereits in den Aufbau eigener Aktienmärkte investiert hatten, bedeutete diese Entwicklung einen herben Rückschlag. Sie stellte eine radikale Abkehr von der noch 1990 verkündeten Absicht dar, in zahlreichen Städten in den Binnenprovinzen eigenständige Börsen zu eröffnen.

Im Jahr 1992 gaben Tausende von Staatsunternehmen Aktien aus, doch war es den meisten nicht erlaubt, an Privatpersonen zu verkaufen. Die Aufsichtsbehörden standen vor einem Dilemma: Einerseits wollten sie den Verkauf an Privatpersonen verhindern, andererseits brauchten sie aber ein funktionsfähiges System für den Aktienhandel. Sie lösten das Problem, indem sie die Unterscheidung zwischen natürlichen Personen und juristischen Personen, also Behörden und Staatsunternehmen, einführten (in der westlichen Rechtssprechung werden auch Kapitalgesellschaften als juristische Personen betrachtet) und den meisten Staatsunternehmen untersagten, Aktien an natürliche Personen auszugeben. Der Großteil des Aktienhandels wird mit juristischen Personen abgewickelt. Im Mai 1992 erließ die Regierung einheitliche Regelungen (allerdings nach offiziellen Angaben nur versuchsweise) für Unternehmen mit Aktienbesitz.[17] Die möglichen Konsequenzen dieser Entwicklung dürfen nicht unterschätzt werden. Zum einen kann auf dieser Basis ein Marktmechanismus zur Regelung der Besitzstruktur und des Wertes der Staatsunternehmen geschaffen werden. Zum anderen haben ausländische Investoren nun die Möglichkeit, leichter Anteile an chinesischen Gesellschaften zu erwerben und wieder abzustoßen – und damit eine Alternative zu Joint-venture-Abkommen, die sie oft genug in potentiell ruinöse, bei Laufzeiten von fünf bis dreißig Jahren äußerst langfristige Beziehungen zwangen.

Entgegen anderslautenden Aussagen hochrangiger Vertreter der People's Bank of China öffnete im Juli 1992 in Beijing eine neue Börse. Während sich Shanghai und Shenzhen auf den Handel mit Aktien natürlicher Personen konzentrieren, werden an der Beijinger Börse ausschließlich Aktien von juristischen Personen geführt. Das heißt, Behörden und Staatsunternehmen kaufen und verkaufen Aktien von Staatsunternehmen. Der Käufer wird am Gewinn und oft auch am Management des Unternehmens beteiligt, dessen Anteile er erwirbt. Die Börsen in Shanghai und Shenzhen unterscheiden sich auch durch ihre Konzentration auf den lokalen Markt von der Börse in Beijing, die vor allem auf den nationalen Markt ausgerichtet ist.[18] Trotz der bisher gültigen Arbeitsteilung verspricht die neue Börse, die als einzige nicht der Aufsicht der People's Bank of China untersteht, mehr Konkurrenz am Kapitalmarkt. Sie hat bereits angedeutet, daß sie in den Handel mit Anteilen natürlicher Personen, die Domäne der Börsen in Shanghai und Shenzhen, vordringen will, und umgekehrt wollen diese im Bereich der juristischen Personen aktiver werden.

China hat die Öffnung seiner Aktienbörsen für internationale Investoren nachhaltiger betrieben als Taiwan und Südkorea und dadurch seinen Unternehmen Zugang zu dringend benötigten Devisen verschafft. Wie aber konnte verhindert werden, daß sich Ausländer mit ihrer überlegenen Kapitalkraft die Filetstücke sicherten? (In Südkorea, Thailand, Taiwan, Indonesien, auf den Philippinen und in etlichen anderen Ländern gelten Beschränkungen für den Verkauf von Aktien besonders ausgewiesener Unternehmen an Ausländer.) Beijing entschloß sich, nach dem Vorbild Thailands speziell für Ausländer das Instrument der in Dollar gehandelten »B-Aktien« einzuführen, deren Ausgabe von der Zentralbank genehmigt werden muß. Jeder Investor, der über B-Aktien mehr als 5 Prozent einer Gesellschaft kaufen will, muß dafür eine Genehmigung einholen. (Grundsätzlich dürfen Ausländer nur einen geringen Prozentsatz aller Aktien eines Unternehmens erwerben.) Im Februar 1992 nahmen Shanghai und Shenzhen den Handel mit B-Aktien auf, die in US-Dollar oder – in Shenzhen – in Hongkong-Dollar notiert werden. Mitte Dezember waren jeweils neun Gesellschaften zugelassen. Wie die Preissprünge nach jeder Neuzulassung anzeigten, stießen diese Papiere bei Investmentfondverwaltern im westlichen Ausland auf begeisterte Zustimmung. Einer Schätzung zufolge hatten Mitte 1992 »Ausländer und im Ausland lebende Chinesen bereits mehr als 2 Milliarden Dollar für chinesische Aktien zurückgestellt«.[19] Neben amerikanischen und europäischen Investmentfondverwaltern waren auch taiwanesische Investoren für die starke Nachfrage nach B-Aktien verantwortlich.

Während Ausländer auf den chinesischen Markt drängten, entschieden sich einige chinesische Unternehmen, an ausländische Börsen zu gehen. Unternehmen wie CITIC haben an der Hongkonger Börse geführte Tochterunternehmen erworben, CITIC Pacific wird in der Kronkolonie inzwischen als bedeutender chinesischer Wert eingestuft. Die Börsenzulassung der China Travel International Investment Hong Kong Ende Oktober 1992 geriet zu einem herausragenden finanziellen Ereignis. Potentielle Investoren legten so viel Kapital aus, daß sie die gesamte Emission drei- bis fünfhundertmal hätten zeichnen können. So gewaltig war die Gesamtsumme des bereitgestellten Kapitals, daß die Zinssätze in Hongkong um 2,25 Prozent stiegen und mehr als 2,5 Milliarden Dollar an enttäuschte Anleger zurückgegeben werden mußten.[20] Die Emission von Denway International Anfang 1993 wurde um mehr als das 650fache überzeichnet; das Kapital, das für den Erwerb von Aktien aufgenommen und eigentlich nur vorübergehend in Hongkong geparkt werden sollte, belastete das Bankensystem der Stadt bis an seine Grenzen.

Wie selbst schwerfällige chinesische Staatsunternehmen innerhalb kürzester Zeit bis an die Wall Street vordringen können, führt das folgende Beispiel vor: Eine mit der People's Bank of China assoziierte Stiftung gründete auf den Bermuda-Inseln die Brilliance China Automotive als »Mantelgesellschaft« und übertrug ihr 51 Prozent der Anteile an einem Automobilhersteller in Shenyang, die anderen 49 Prozent hielt eine chinesische Montagefirma, die für Toyota Kleintransporter zusammenschraubte. Brilliance ließ sich von führenden westlichen Wirtschaftsprüfungsunternehmen und Investmentbanken (First Boston, Merrill Lynch, Salomon Brothers) vertreten und schaffte es, an der New York Stock Exchange zugelassen zu werden. Trotz eines sehr hoch angesetzten Ausgabekurses wurde die Emission zwölffach überzeichnet. Am 9. Oktober 1992, als die neue Aktie erstmals notiert wurde, war sie das zweitaktivste Papier an der Börse, und ihr Kurs stieg in der Folgezeit um 50 Prozent.

Noch im selben Monat verkündeten die chinesischen Aufsichtsbehörden Pläne, neun größere Staatsunternehmen an der Hong Kong Stock Exchange notieren zu lassen. Die Zulassung zu ausländischen Börsen erleichterte es den jeweiligen Gesellschaften, Zugang zu Devisen zu erhalten und sich in einer marktwirtschaftlichen Umgebung erste Sporen zu verdienen. Während manche Unternehmen die Zulassung an der Hongkonger Börse beantragen, weil dort die Offenlegungsvorschriften weniger streng sind, ziehen andere New York vor, wo die Ausgabe von Aktien mit mehrfachem Stimmrecht erlaubt ist. Dadurch ist es den Gründungsgesellschaftern möglich, die Kontrolle über die Gesellschaft zu behalten.[21]

Das Unternehmen China Venturetech gab seine Absicht bekannt, an die Hong Kong Stock Exchange zu gehen und das aufgenommene Kapital dazu zu verwenden, alle Elektrizitätswerke in Guangdong aufzukaufen und den Bau neuer Werke zu finanzieren. Auf diese Weise würde ein Teil seines chinesischen Kapitals freiwerden, die Kontrolle über die Elektrizitätsindustrie der Provinz aber in chinesischer Hand bleiben. Die neue Gesellschaft – sie wäre das größte an der Hongkonger Börse gehandelte Versorgungsunternehmen – würde der Stromversorgungswirtschaft in Guangdong kapitalistische Spielregeln aufzwingen und obendrein der Reform des staatlichen Sektors neue Impulse geben. Ob sich dieses Vorhaben umsetzen läßt, ist noch unklar. Aber genau diese innovative, kreative Haltung, mit der die neue Unternehmergeneration in den Küstenprovinzen die kapitalistischen Prinzipien umsetzt, treibt die chinesische Wirtschaft zu immer neuen Höhenflügen.

Die Reform des Kapitalmarktes setzt ungeahnte Energien frei. Im Spannungsfeld zwischen den plötzlich freigesetzten unternehmerischen Energien der Küstenbevölkerung und den überkommenen Strukturen gedeihen natürlich auch Korruption und Spekulantentum. Es sollte daher niemanden überraschen, wenn es angesichts des immensen Investitionspotentials und der gewaltigen Leistungsreserven im Verlaufe des Reformprozesses zu spektakulären Skandalen und aufsehenerregenden Zusammenbrüchen kommt.

Noch ist der rechtliche Rahmen für den Aktienmarkt nicht ausgereift. Es wurden zwar bereits zahlreiche Vorschriften erlassen und die Statuten des Hongkonger Aktienmarktes und anderer Börsen aufmerksam studiert, aber aufgrund der zahlreichen Eigenheiten des chinesischen Kapitalmarktes kann das in anderen Ländern gültige Regelwerk nicht einfach übernommen werden. Die Probleme, vor denen Beijing steht, lassen sich anhand der Ende 1992 formulierten Zielsetzung verdeutlichen, international übliche Bilanzierungsverfahren vorzuschreiben. Solche Bilanzierungsverfahren sind unbedingte Voraussetzung für die korrekte Bewertung von Gesellschaften und zum Schutz von

Investoren. Bei einer Konferenz des World Economic Forum in Beijing im Oktober 1992, auf der Chen Yuan über die Einführung solcher Bilanzierungsmethoden sprach, sagte er mit einer ausholenden Geste in Richtung Auditorium: »In China gibt es weniger Buchhalter, die in internationalen Vorschriften bewandert sind, als Zuhörer in diesem Raum.« Im Saal saßen noch nicht einmal 50 Menschen. Anfang 1993 beauftragte das Beijinger Finanzministerium die Wirtschaftsprüfungsgesellschaft Deloitte Touche Tohmatsu mit der Entwicklung von Bilanzierungsgrundsätzen und dem Aufbau eines Ausbildungsprogrammes für Buchhalter.[22]

Diese Bereitschaft, internationale Standards einzuführen und dabei ausländische Beratungsfirmen hinzuzuziehen, verdient besondere Beachtung. Die indonesische Regierung etwa tut sich mit der Einführung internationaler Standards auf dem heimischen Aktienmarkt sehr viel schwerer als Beijing. Entsprechende Initiativen mußten wegen des Widerstands der einheimischen Bilanzexperten Jahr um Jahr verschoben werden. (Dazu sollte man anmerken, daß in China weit mehr Buchhalter arbeiten als in Indonesien und sie ausländische Konkurrenz weit mehr zu fürchten haben, da sich die Buchhaltungs- und Bilanzierungspraktiken in China erheblich stärker von den international üblichen Methoden unterscheiden als in Indonesien.) Der Aufschwung des indonesischen Aktienmarktes Ende der 80er Jahre geriet unter anderem deswegen ins Stocken, weil indonesische Bilanzexperten stark übertriebene Gewinnvorhersagen bestätigt und damit Skandale ausgelöst hatten.

China legt nicht nur bei der Durchsetzung internationaler Bilanzierungsstandards ein hohes Tempo vor. Wie rasch sich der chinesische Kapitalmarkt gerade im Vergleich zu Ländern wie Indonesien entwickelt, wird auch an der schnellen Ausbreitung sekundärer Finanzinstrumente deutlich. So wurden kaum zwei Jahre nach der inoffiziellen Eröffnung der Börse in Shenzhen am 5. November 1992 bereits Optionsscheine auf chinesische Aktien ausgegeben.[23] Mit den Aktienbörsen steht ein Instrument zur Verfügung, die gewaltigen Spargutbaben der Bevölkerung für die Modernisierung der Wirtschaft zu verwenden und die Neuordnung und fortschreitende Privatisierung der Staatsunternehmen zu organisieren. Der Gang an die Börse erleichtert Privatpersonen und Ausländern die Gründung von Unternehmen und erlaubt es Kapitalgebern aus Taiwan, ihre Investitionen in China rechtlich abzusichern. (Taiwanesische Unternehmen werden in Zukunft wohl verstärkt Joint-ventures in Form von Aktiengesellschaften eingehen. Damit bauen sie eventuellen Schwierigkeiten vor, sollte sich das Verhältnis zwischen Taipeh und Beijing wieder abkühlen.) Wie schnell diese Entwicklungen tatsächlich eintreten werden, ist ungewiß. Aber die notwendigen Voraussetzungen sind geschaffen.

Terminmärkte

Mit technischer Unterstützung durch die Handelskammer der Stadt Chicago wurde im Oktober 1990 eine Warenterminbörse für Weizen in Zhengzhou eröffnet. Nach ihrem großen Anfangserfolg wurden weitere Terminmärkte eingerichtet: für Reis in Jiangxi, Wuhan und Anhui, für Mais in Changchun sowie für Erdnüsse und Erdnußöl in Shandong. Die Warenterminmärkte sollen Bauern und Firmen die Möglichkeit geben, sich gegen das Risiko von Preisschwankungen abzusichern. Ferner zielen sie darauf ab, das traditionelle Dilemma der Bauern zu lösen, die ihre Erzeugnisse zur Erntezeit zu Tiefstpreisen auf den Markt bringen – um dann mitansehen zu müssen, wie die Händler das Getreide horten und später mit einem kräftigen Preisaufschlag weiterverkaufen. Warenterminbörsen erlauben es den Bauern, ihre Ernte auf Termin zu verkaufen und einen angemessenen Preis auszuhandeln. Die Regierung hofft außerdem auf eine Reduzierung der saisonalen Preisschwankungen und objektive Daten über die Entwicklung der Marktpreise. Damit ließe sich die Preisliberalisierungspolitik besser auf die Marktbedingungen abstimmen.
Die landwirtschaftlichen Warenterminbörsen stießen auf zahlreiche Probleme. Abgesehen von ideologischen Vorbehalten, wonach Terminmärkte mit Spekulantentum gleichzusetzen seien, erwiesen sich die Gesetze und die Vorschriften zur Konfliktlösung und zur Vollstreckung als unzureichend. Gleiches galt für die Regelungen, die den Geld- und Informationsfluß gewährleisten sollten, und die Infrastruktur für die Lagerung und Verteilung der Rohstoffe ließ zu wünschen übrig. Die Probleme sind zwar noch nicht behoben, aber die zuständigen Stellen haben entsprechende Maßnahmen in Angriff genommen.[24] Die Entwicklung wurde zudem dadurch gehemmt, daß die Regierung über dem Marktpreis liegende Terminpreise garantier-

te, um die Bauern zu Produktionssteigerungen zu ermuntern. Insgesamt gesehen, arbeiten die chinesischen Warenterminbörsen zwar erfolgreich, sind aber noch weit entfernt davon, auf nationaler Ebene eine entscheidende Rolle zu spielen.

Die Fähigkeit der Terminmärkte, Preisschwankungen im landwirtschaftlichen Bereich zu dämpfen, könnte sich in Zukunft als der zentrale Schlüssel zur Lösung eines Dilemmas erweisen, vor dem alle reisanbauenden Länder Asiens stehen. Daß die Bauern wegen der verfügbaren Mengen und der enormen Preisschwankungen stark verunsichert sind, ist eine der wichtigsten Ursachen für gesellschaftliche Instabilität und anhaltenden Widerstand gegen marktwirtschaftliche Reformen. Langfristige Verschiebungen des Reispreises können zahllose Subsistenzbauern an den Rand des Existenzminimums treiben, und selbst saisonale Preisschwankungen erweisen sich schnell als politisch destruktiv. Die traditionelle Abhängigkeit der Reisbauern von den Händlern hat einen tiefsitzenden Haß der einen auf die anderen genährt, weshalb etwa die indonesische Regierung auch heute noch den Reispreis genau kontrolliert. Die Volksrepublik hat mehr Mut gezeigt und Ende 1992 den Reispreis für 200 Millionen Chinesen (mehr als die Gesamtbevölkerung Indonesiens) freigegeben. Wenn es der Regierung gelingt, mit Hilfe von Warenterminbörsen die Bauern abzusichern, dann hat sie eine der größten Gefahren für den Fortgang der Reformpolitik verringert.

Der Erfolg der landwirtschaftlichen Terminbörsen ermutigte die Regierung, 1992 in Shenzhen und Shanghai zwei Terminbörsen für Metalle zu eröffnen. Nanjing bekam einen Terminmarkt für Öl. An der Shenzhen Metals Exchange werden nur Kontrakte über die Lieferung von Aluminium gehandelt, es ist aber vorgesehen, auch Kupfer, Zink, Zinn, Blei, Nickel, Antimon und Magnesium hinzuzunehmen. Die Metallterminbörsen werden sich aller Voraussicht nach schneller entwickeln als die landwirtschaftlichen Warenterminbörsen. Metalle werden in großen Mengen benötigt und von großen, relativ fortschrittlichen Unternehmen in den Wirtschaftszentren der Küstenregionen nachgefragt, wo die Kommunikations- und Finanzinfrastrukturen besser ausgebaut sind als im Inland. Da die Aufsichtsbehörden auch den Handel in Dollars gestattet haben, werden ausländische Investoren, wenn sie zu Metallterminbörsen zugelassen werden, kein Währungsrisiko eingehen müssen.

Noch vor den ersten Metallbörsen handelten chinesische Firmen und Privatpersonen an ausländischen Terminbörsen – größtenteils jedoch aus spekulativen Gründen und weniger zur Absicherung geschäftlicher Transaktionen. Unter der Führung von Gao Kongliang handelte allein die Shanghaier Zweigstelle der CITIC innerhalb von zwei Jahren mit mehr als 110 000 Tonnen »Terminkupfer« – obwohl China im selben Zeitraum insgesamt nur 130 000 bis 150 000 Tonnen importierte.[25] Gao Kongliangs Gehalt beträgt umgerechnet rund 1100 Dollar pro Jahr. Trotzdem stehen in seinem Büro ein Reuter-Nachrichtenticker und mehrere Telefonapparate. Bezahlt werden sie von Kunden, für die Herr Gao Termingeschäfte in anderen Teilen der Welt abwickelt. Spekulationen in dieser Größenordnung sind ein Indiz dafür, daß Chinas Weg, Rohstoffpreisschwankungen über Terminmärkte auszugleichen, nicht ganz unproblematisch ist.

Der wichtigste Terminmarkt aber ist derjenige, der bisher am wenigsten entwickelt ist: der Devisenterminmarkt. Bei einem Handelsvolumen von mehr als 165 Milliarden Dollar im Jahr 1992 ist es unerläßlich, das mit Wechselkursschwankungen einhergehende Verlustrisiko zu begrenzen. Wenn Continental Grain Produkte im Wert von einer Milliarde Dollar in die Volksrepublik exportiert und der Wert des Renminbi nur um ein Prozent fällt, bevor der Verkaufserlös in Dollar zurückgewechselt werden kann, verliert das Unternehmen zehn Millionen Dollar. Ausländische Banken können keine Devisenterminbörsen einrichten, denn nach chinesischem Recht ist es ihnen verboten, mit Renminbi zu handeln. Zwar haben chinesische Banken erste Anstrengungen in dieser Richtung unternommen, und einige Handelshäuser versuchen durch die Ausbalancierung von Import- mit Exportgeschäften einen eigenen Swapmarkt zu organisieren, ein leistungsfähiger Devisenterminmarkt existiert in China aber noch nicht.

Die skizzierten Entwicklungen haben Chinas Finanzsystem revolutioniert und die Wirtschaftsreform insgesamt beschleunigt. Die People's Bank of China verwendet zwar immer noch Kreditrestriktionen als bevorzugtes Mittel der Kreditzuteilung, doch das neue, marktorientierte Bank- und Anleihesystem wird der Politik der Preisliberalisierung Impulse verleihen und gleichzeitig die Stabilität des Finanzsystems garantieren. Die Einführung marktgestützter Anreize in einigen Wirtschaftsbereichen hat einen enormen Druck erzeugt, zusätzliche Bereiche einzubeziehen.

Weniger offensichtlich ist ein weiterer Trend. Die Effizienz eines offenen Kapitalmarktes hat das Denken der chinesischen Beamten und Unternehmer revolutioniert. Die Bankiers und Politiker im Reich der Mitte sprechen heute die Sprache der westlichen Ökonomen und suchen marktwirtschaftliche Lösungen für ihre Probleme. Aktien- und Anleihemärkte werden zwar häufig noch als bloße Verbesserungen des sozialistischen Wirtschaftsmodells bezeichnet, doch innerhalb der nachrückenden Elite hat sich in den letzten Jahren ein grundlegender Wertewandel vollzogen. Junge Bankangestellte können heute an der Schule der Zentralbank Abschlüsse in internationaler Finanzierung erwerben und Sprachkurse in Englisch belegen, in denen fast ausschließlich mit britischen oder amerikanischen Lehrbüchern gearbeitet wird. Vierzehntausend von zwanzigtausend Angestellten der Bank of China arbeiten in Hongkong, der Stadt, in der die Überlegenheit des Kapitalismus deutlicher zu erleben ist als irgendwo sonst auf der Welt. Die praktische Erfahrung beim Umgang mit den Auslandsschulden, bei der Devisenkontrolle und bei inländischen Finanztransaktionen hat zwei Generationen der chinesischen Finanzelite gelehrt, daß und wie der Markt funktioniert. Sie haben die Theorie studiert, verstanden, akzeptiert und fangen jetzt an, sie mit beträchtlichem Enthusiasmus umzusetzen – in einer Umgebung, die ihnen ein gehöriges Maß an Kreativität im Umgang mit dem Markt abverlangt.

Kurzfristig betrachtet, besteht immer noch die Gefahr, daß der Finanzsektor sich im Vergleich zu den anderen Sektoren der Wirtschaft zu schnell entwickelt und die daraus entstehende Diskrepanz ideologisch motivierte Gegenmaßnahmen hervorruft. Daran läßt sich wenig ändern, denn die Finanzreform ist unabdingbare Voraussetzung für den Erfolg anderer Reformen, etwa der Privatisierung von Staatsbetrieben. Auf lange Sicht werden hier die intellektuellen und marktwirtschaftlichen Voraussetzungen geschaffen, auf denen die anderen Reformen aufbauen. Aufgehalten werden kann dieser gefestigte Trend nur noch von einer politischen Katastrophe.

4 Das Goldene Zeitalter von Hongkong und Guangdong

»Hongkong ist das Schaufenster. Wir sind die Werkstatt.«

Übliche Charakterisierung der Beziehung zwischen Hongkong und Guangdong durch höhere Regierungsbeamte in Guangdong.

Lee Kwan Yew, Ex-Premierminister und Vater des modernen Singapur, des großen Rivalen Hongkongs, wurde gefragt, was die Menschen in Hongkong nach 1997 zu erwarten hätten.
Seine Antwort: »1998.«

Thema dieses Buches ist das Wirtschaftswachstum Chinas, das schneller verlief als das jeder anderen großen Wirtschaftsmacht in der Geschichte. China holte dabei nach und nach die kleineren Tiger Asiens ein. Im Zentrum des Interesses liegt Guangdong.

Seit Beginn der chinesischen Wirtschaftsreform im Jahre 1979 erzielte Guangdong dank Hongkonger Management, Kapital, Technologie und Marketing ein jährliches reales Wachstum von durchschnittlich mehr als 12 % (12,3 % von 1978 bis 1990, 13,5 % 1991, 19,5 % 1992).[1] Dies entspricht der Steigerungsrate, die Südkorea, Taiwan und Hongkong in Spitzenzeiten verbuchten (etwa 10 %), zuzüglich der Rate eines verhältnismäßig guten Jahres der US-Wirtschaft. Guangdongs rasanter Aufstieg hat seine Gründe.

Hongkong/China

Das Joint-venture zwischen Guangdong und Hongkong

Das soeben bezifferte spektakuläre Wachstum resultiert nicht allein aus Anstrengungen in Guangdong, sondern ist vielmehr das Ergebnis eines gigantischen Joint-ventures mit Hongkong. Diese Entwicklung war der Provinz nicht vorgezeichnet. Vor der Wirtschaftsreform und der Öffnung nach Hongkong gehörte sie zu den ärmeren Provinzen Chinas, in deren Infrastruktur die Führung in Beijing, ganz auf das Landesinnere konzentriert, kaum investierte. Im Gegenteil, Guangdong mußte sogar einen Teil seiner Infrastruktur abbauen, weil – so lautete die offizielle Begründung – im Interesse der Sicherheit Chinas wichtige nationale Besitztümer im Landesinneren, weit entfernt von der den Imperialisten zugänglichen Küste, geschützt werden mußten.[2] Guangdongs Stärke blieben die zahlreichen chinesischen Geschäftsleute in aller Welt. Viele hatten ihre familiären Wurzeln in den Dörfern Guangdongs und fühlten sich der Heimat ihrer Vorfahren noch verbunden.

Hongkong und Guangdong ergänzten sich hervorragend. Hongkong verfügte zwar über Kapital, Management, Marketing-Erfahrung, weltweite Verbindungen und Technologie. Der Aufschwung aber hatte Löhne und Immobilienpreise so in die Höhe getrieben, daß die meisten traditionellen Industriezweige nicht mehr wettbewerbsfähig waren. In Guangdong dagegen betrugen die Lohnkosten und Bodenpreise nur ungefähr 10 Prozent des Hongkonger Niveaus, dafür herrschte Mangel an Fachkenntnis, Kapital und Technologie, den Stärken Hongkongs. Die Vorzüge beider Regionen zusammenzubringen hatte ein explosives Wirtschaftswachstum zur Folge. Anfänglich waren die Kontakte selten und zaghaft. Kapitalisten und Kommunisten standen sich mißtrauisch gegenüber, beide auf der Suche nach dem eigenen Vorteil. Bei den ersten Geschäften stellten Firmen aus Hongkong Unternehmen in Guangdong kostenlos Maschinen und Material zur Verfügung. Dafür durften sie diese Unternehmen leiten und erhielten einige Jahre lang einen bestimmten Teil der Endproduktion (z. B. Blue jeans, Spielwaren, Plastiktüten).

Die kommunistische Seite verhängte immer neue Beschränkungen, die darauf abzielten, Geld von Hongkong zu nehmen und dafür so

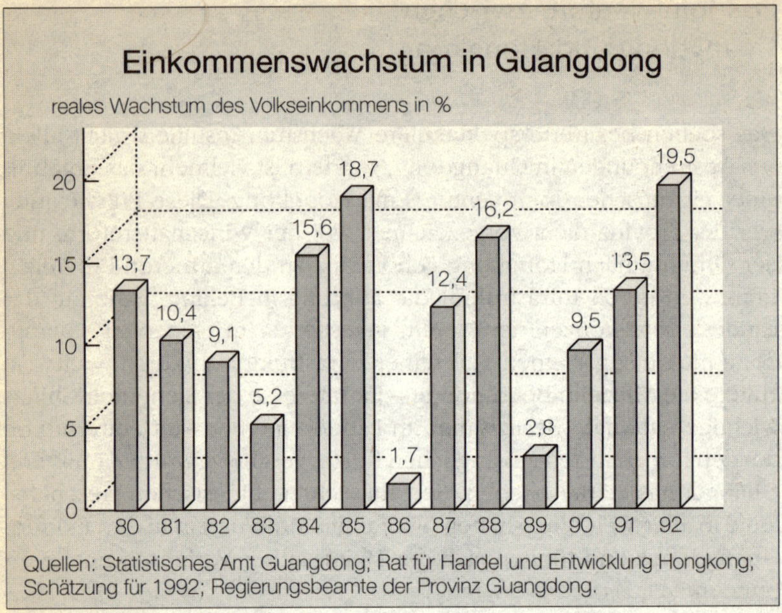

Abb. IV-1

wenig wie möglich zu geben. Die Kapitalisten dagegen handelten schnell und trickreich. So kaufte sich in der ersten Zeit so mancher kommunistische Funktionär in Hongkong ein, um dann schmerzlich feststellen zu müssen, daß ihm außer alten Gebäuden, veralteter Technologie und einigen Zeitungsberichten über das nach Taiwan abgesprungene Führungspersonal nichts geblieben war. Umgekehrt errichteten Fabrikanten aus Hongkong in Guangdong Fabriken und stellten dann fest, daß die von den Behörden zugesagten Infrastrukturmaßnahmen wie der Ausbau der Verkehrswege sowie Wasser- und Elektrizitätsanschlüsse nicht durchgeführt wurden und möglicherweise auch in den nächsten Jahren nicht durchgeführt werden sollten. Viele große Unternehmen aus China wollten an Hongkongs unbeständigen Börsen mit Immobilien und Aktien ein Vermögen verdienen, mußten allerdings bald erkennen, daß sich Gewinne wie Kapital über Nacht in Luft auflösen konnten, wenn das Börsengeschäft seine mitunter rätselhaften Entwicklungen nahm.

Doch weder Kapitalisten noch Kommunisten ließen sich durch solche Rückschläge entmutigen. Kommunistische Funktionäre sprachen von »Lehrgeld«, das sie für den Einblick in das Börsengeschehen hätten zahlen müssen. Hongkonger Geschäftsleute lernten, daß sie die strengen kommunistischen Vorschriften umgehen konnten, wenn sie ihre familiären Beziehungen spielen ließen und mit harten Devisen lockten. Sie brachten ihren Verwandten in Guangdong, die in dem Gedanken »Eigentum ist Diebstahl« erzogen worden waren, allmählich bei, wie wichtig gute und ehrliche Vertragsverhandlungen sind.[3] Selbst zu einer Zeit, als die meisten westlichen Investitionen in China scheiterten, begann sich der lokale Pragmatismus auszuzahlen.

Ich fragte einmal den Bankier eines Hongkonger Unternehmens, das in China in Milliardenhöhe investierte, warum sein Kunde erfolgreich sei, während westliche Investoren so häufig scheiterten. Er antwortete:

»Die Amerikaner versuchen, alles nach Vorschrift zu machen. Sie erscheinen in einer Stadt, sprechen unverzüglich beim Bürgermeister vor und fragen nach den Bestimmungen. Er teilt sie ihnen mit, und sie bringen Monate damit zu, die amtlichen Details zu studieren. Der Bürgermeister weist ihnen einen Bauplatz zu, und sie beginnen mit dem Bau einer Fabrik. Dann liegt plötzlich ein Haufen Backsteine auf der Straße. Wenn sie ihn beseitigen, werden sie von den Einheimischen wegen Sachbeschädigung verklagt. Sind sie die Steine endlich los, kreuzt eine Ziegenherde auf der Straße auf. So geraten sie ständig in Schwierigkeiten. Es gibt immer neue Straßenblockaden oder eine neue staatliche Vorschrift, von der sie noch nie zuvor gehört haben. Wir machen es anders. Wir gehen in die Stadt und sehen uns nach einem geeigneten Gelände um. Haben wir es gefunden, rufen wir die Einheimischen zusammen und fragen sie, ob sie eine neue Fabrik wollen, die viel bessere Löhne bezahlt. Sie sind immer interessiert. Dann fragen wir sie nach ihren Wünschen. Sie wollen immer dasselbe: eine Schule, eine Klinik, manchmal auch einige andere Einrichtungen. Wir versprachen sie zu bauen, denn so etwas ist in China sehr billig. Danach gehen wir mit einer Abordnung Einheimischer zum Bürgermeister, und sie berichten ihm von unserem Vorhaben. Er würde es nicht wagen, sich ihnen in den Weg zu stellen.«

Zu Beginn seiner Wirtschaftsreform versuchte Deng Xiaoping, China durch die Angliederung Hongkongs und Taiwans an das Mutterland wiederzuvereinen. Der wirtschaftliche Zusammenschluß sollte mit dem politischen Hand in Hand gehen. Beijing schlug Taiwan eine formale Wiedereingliederung vor. Dafür sollte die Insel ihre Gesellschaftsordnung, ihre kapitalistische Wirtschaft und sogar ihre Streitkräfte behalten können. Die Regierungsbeamten sollten ihre Posten behalten und gleichzeitig von der Zentralregierung im Amt bestätigt werden. Taiwan lehnte ab, aber Beijing gab die Hoffnung nicht auf, daß Taiwan das Angebot schließlich doch noch akzeptieren würde, sobald es mit der Wirtschaft in der Volksrepublik bergauf ging und Beijing durch eine erfolgreiche Verfolgung derselben Politik in Hongkong seine Aufrichtigkeit unter Beweis stellte. Es wird allgemein angenommen, obwohl es nie endgültig bewiesen werden konnte, daß Deng Xiaopings nachfolgendes Angebot an Hongkong, das freiheitliche System nach 1997 weitere 50 Jahre beizubehalten, auf der Annahme beruhte, China könnte Taiwan auf wirtschaftlichem Gebiet in 50 Jahren einholen.
Bei den Verhandlungen um die Rückgabe Hongkongs ging Beijing davon aus, daß das in der Kronkolonie existierende System bis zum Ablauf des Pachtvertrages der New Territories im Jahr 1997 und zusätzliche 50 Jahre fortbestehen sollte. (Großbritannien willigte schließlich ein.) Um die Wirtschaftsreform und den Außenhandel an der Nahtstelle zwischen den Systemen schneller in Gang zu bringen als im übrigen China, wurden Guangdong besondere Privilegien gewährt. Darüber hinaus erteilte Beijing der Provinz flexible Vollmachten, die den Funktionären ein pragmatisches Vorgehen ermöglichten. Damit war der Einstieg in das große Joint-venture zwischen Guangdong und Hongkong vollzogen.
Um den Reformprozeß und die Öffnung der Provinz weiter zu fördern, wurde an Guangdongs Grenze zu Hongkong die Wirtschaftssonderzone Shenzhen eingerichtet. Dreimal größer als Hongkong und mit der Vollmacht ausgestattet, die Liberalisierung noch schneller voranzutreiben als das übrige Guangdong, sollte Shenzhen im Eiltempo von einer Anhäufung rückständiger Dörfer mit Reisfeldern in eine leistungsfähige Industrieregion verwandelt werden. Dabei betonten chinesische Führer und Diplomaten gegenüber dem Westen beharrlich, daß der Erfolg der »Ein Staat, zwei Systeme«-Taktik in

Hongkong eine Möglichkeit sei, Taiwans Zustimmung zu einer friedlichen Wiedervereinigung zu erlangen. Die andere Möglichkeit bestehe darin, Taiwan auf wirtschaftlichem Gebiet einzuholen.

Guangdong sollte also ein Fenster werden, durch das China mit der Welt verkehrte. Shenzhen wiederum sollte Guangdongs Fenster zu Hongkong und Hongkong das unmittelbare Tor zum Westen werden. Der Erfolg in Hongkong sollte Taiwan umstimmen. All diese außenpolitischen Überlegungen standen im Dienst des großen wirtschaftlichen Aufbruchs, der Chinas inneren Zusammenhalt und sein Ansehen im Ausland wiederherstellen sollte. Die Strategie schien in ihrer Komplexität kühn bis zum Übermut. Aber sie hatte einen entscheidenden Vorteil: Sie funktionierte. Ihr Erfolg übertraf sogar die höchsten Erwartungen.

Anfang der neunziger Jahre war die wirtschaftliche Integration des sozialistischen Guangdong und des kapitalistischen Hongkong weitgehend abgeschlossen. Shenzhen hat sich zu einem Klein-Hongkong entwickelt mit Hochhäusern, Fabriken, die Kleidung, Schuhe und Spielwaren für den US-Markt produzieren, Straßen, über die vorzugsweise Autos der Marken Audi und Mercedes rollen (einige wurden sogar käuflich erworben und nicht in Hongkong gestohlen), Menschen mit Designeretiketten an der Kleidung (manche sind sogar echt) und zahlreichen Anlageberatern aus London und New York. 80 Prozent der Investitionen flossen aus Hongkong nach Guangdong. Die Hälfte der Industriearbeiter Guangdongs (über drei von sechs Millionen) war bei Hongkonger Firmen beschäftigt. Drei von vier Hongkonger Unternehmen unterhielten Geschäftsbeziehungen mit China, es gab allein 23 000 Joint-ventures. Zählt man Firmen in rein chinesischem Besitz dazu, die in erster Linie von Aufträgen aus Hongkong leben, dann gab es in Guangdong insgesamt 80 000 mit Hongkong verbundene Betriebe.[4] Fünf von sechs Beschäftigten der Hongkonger Unternehmen (über 3 von 3,65 Millionen) waren Bürger der Volksrepublik. Noch eine Generation zuvor war das Verhältnis zwischen beiden Gesellschaften von Mißtrauen und Ressentiments geprägt gewesen.

Guangdongs Bauern machten sozusagen einen Sprung in die moderne Konsumgesellschaft. Eine bislang unterbeschäftigte Bevölkerung mit geringer Mobilität fand bei den Hongkonger Firmen ein reiches Stellenangebot, und dem Ehrgeizigen boten sich nahezu unbegrenzte Möglichkeiten. Der Lebensstandard stieg rapide. Fast jeder konnte sich

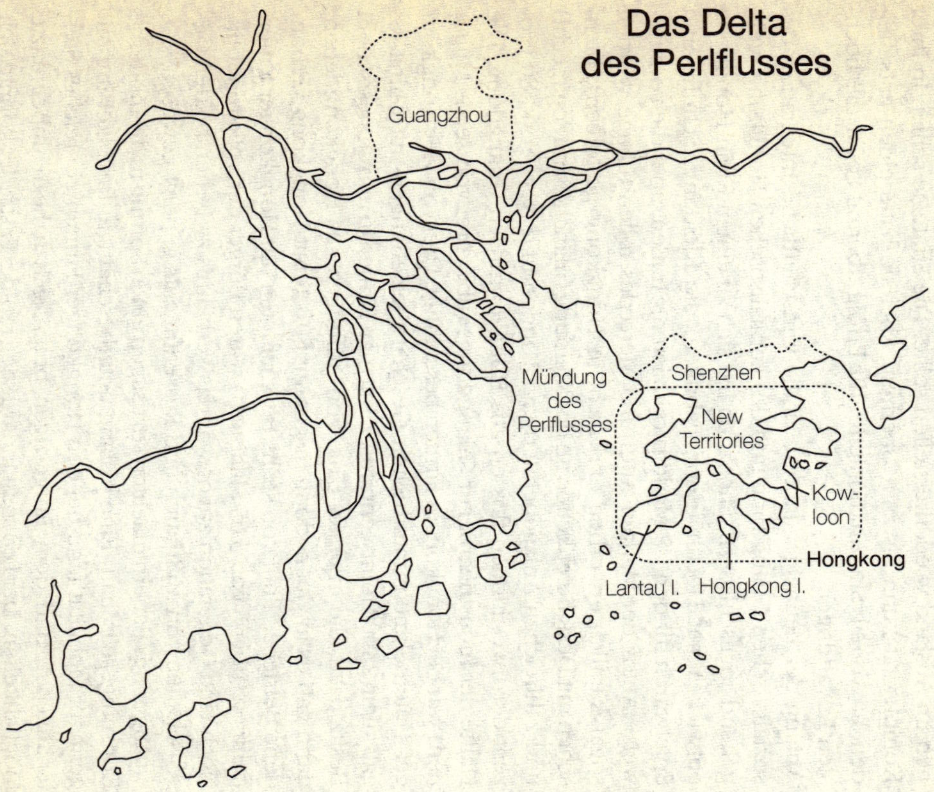
Das Delta
des Perlflusses
Guangzhou
Mündung
des
Perlflusses
Shenzhen
New
Territories
Kow-
loon
Hongkong
Lantau I.
Hongkong I.

jetzt gutes Essen, eine annehmbare Wohnung, ein Fernsehgerät, ein Moped und Kosmetika leisten. Hunger, Kindesaussetzung und andere soziale Probleme waren kein Thema mehr. Während der Kulturrevolution hatten die Grenzen Hongkongs noch vor hungernden Bauern aus Guangdong geschützt werden müssen. Ezra Vogel beschreibt in seiner bahnbrechenden Studie über Guangdong das Leben vor der Wirtschaftsreform wie folgt:

> »Anfang der siebziger Jahre wurde in den ländlichen Gebieten eine behutsame Politik betrieben: Reis wurde in ausreichender Menge angebaut, um Hungerkatastrophen zu vermeiden ... Schweine- und Hühnerfleisch, Fisch und Zucker waren rationiert, und jeder Bürger erhielt nur wenige Gramm pro Monat ... Die Konzentration auf den Reisanbau garantierte, daß anders als in den Jahren des Großen Sprungs nach vorn niemand hungern mußte ... Nach der Kulturrevolution stieg die Menge der Konsumgüter, doch die Qualität selbst der einfachsten Produkte war unzureichend: Glühbirnen flackerten, Kleidungsstücke hatten Risse, Teller waren angeschlagen und Thermosflaschen undicht.«[5]

Obwohl die bäuerliche Bevölkerung viel ärmer war als die städtische, besaß 1990 jeder zweite Haushalt auf dem Land ein Radio, ein Fernsehgerät und einen Kassettenrecorder.[6] Ende 1992 verkaufte Proctor & Gamble so viel von seinem Shampoo der Marke Rejoice, wie nur geliefert werden konnte; Guangdong wurde zum zweitgrößten Markt nach den USA. Auch McDonalds profitierte von dem neuen Wohlstand. Während das durchschnittliche McDonalds-Restaurant in Amerika täglich ungefähr 1400 Kunden zählt, stellte eine Filiale in Guangdong mit 14123 Kunden an einem einzigen Tag den Weltrekord auf. Als 1992 Seven-Eleven-Kaufhäuser eröffnet wurden, war der Kundenansturm so groß, daß die Bereitschaftspolizei die Ordnung wiederherstellen mußte.

Anfang 1993 traf ich einen Freund, der für ein großes amerikanisches Unternehmen arbeitete. Vergnügt erzählte er mir von einem ehemaligen Bauern aus Shenzhen, der ihn um Rat gefragt hatte. Zehn Jahre zuvor hatte der Mann noch einige Reisfelder bewirtschaftet. Dann verkaufte er seinen Anteil an einen Industriellen und erhielt dafür

einen Anteil an der neuen Firma, die auf dem Gelände errichtet wurde. Nun hatte er auch diesen Firmenanteil weiterveräußert und meinen Freund gefragt, wie er 200 Millionen Dollar investieren könne.
Auch die Fischer in Guangdong machten glänzende Geschäfte. Der Handel zwischen Guangdong und Hongkong hat ein Paradies für Schmuggler geschaffen. Eine besonders lukrative Schmuggelware sind Autos der Marken Mercedes und BMW sowie der Lexus von Toyota. Auch in diesem anrüchigen Gewerbe bewiesen die Chinesen, daß sie dank ihrer Fähigkeiten Weltniveau erreichen können, wenn sie nur ausreichend motiviert sind. Sie schmuggeln Autos in ungewöhnlich schnellen Booten, die von der Volksbefreiungsarmee hergestellt wurden, benutzen aber auch sehr langsame Kähne: Sie stülpen eine Gummihülle, die aussieht wie ein riesiges Kondom, über den Mercedes und schleppen ihn knapp unter der Wasseroberfläche hinter sich her. Dank der entsprechenden Sachkenntnis haben es viele Fischer, die auch die Anlegestellen kontrollieren, zu Millionen gebracht.
Das Wirtschaftswachstum in China hat den rund 5,8 Millionen Einwohnern von Hongkong einen Lebensstandard beschert, der höher ist als in einigen Staaten Südeuropas. In keinem anderen Land der Welt besitzen die Einwohner so viele Rolls Royce und Mercedes-Benz 500 wie in Hongkong.[7] Einzelhändler müssen für ihre Läden höhere Mieten bezahlen als irgendwo sonst auf der Welt – 1992 sogar mehr als ihre Kollegen auf Tokyos Ginza. Das Schaubild IV-2 zeigt, daß die Einkommen in der Kronkolonie 1992 ungefähr doppelt so hoch waren wie in Griechenland und Portugal und nur unwesentlich niedriger als in Spanien. Der reale Lebensstandard ist noch höher, denn die Einkommenssteuer beträgt nur 16 Prozent des Einkommens, die Preise sind niedriger als in den meisten Ländern Europas, und der Hongkong-Dollar ist unterbewertet. Berücksichtigt man das hohe Preisniveau in Großbritannien und die Überbewertung des Pfund Sterling im Jahr 1991, so war der durchschnittliche Lebensstandard in Hongkong wahrscheinlich mit dem britischen vergleichbar. 1993, als der Wechselkurs des britischen Pfunds auf Marktniveau fiel, hatten Hongkongs Bürger die Nase sogar vorn. Cognac-Hersteller erzeugten außergewöhnlich teure Marken vornehmlich für den Hongkonger Markt. Wegen der starken Nachfrage nach Luxusartikeln erwarb das Hongkonger Unternehmen Dickson Concepts systematisch die asiatischen Rechte an den berühmtesten und edelsten Handelsmarken

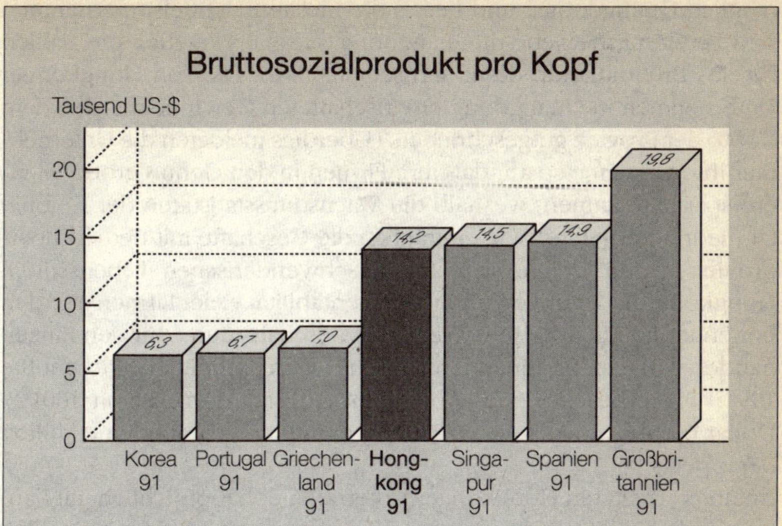

Die Abbildung bezieht sich auf die Zeit einer unnatürlichen Überbewertung des Pfund Sterling. Legt man den Wechselkurs von 1993 zugrunde, wäre das Einkommen in Hongkong höher als in Großbritannien.

Abb. IV-2

der Welt, darunter S. T. Dupont, Harvey Nichols (das elegante Warenhaus in London), Polo Ralph Lauren und Bulgari (Uhren). Innerhalb einer halben Generation stieg Hongkong vom Hersteller billiger Konsumgüter zur Dienstleistungshauptstadt des pazifischen Asien auf. Bis 1991 hatte sich der größte Teil des produzierenden Gewerbes über die Grenze nach Norden verlagert, während Hongkongs Unternehmen zu 83 Prozent im Dienstleistungssektor tätig waren. Guangdong steigerte sein Bruttoinlandprodukt um über 12 Prozent, während Hongkong mit ungefähr 5 Prozent in den letzten Jahren hinter den asiatischen Wirtschaftswunderländern zurückblieb. (Dennoch wuchs Hongkongs Wirtschaft zwei- bis dreimal schneller als die der westlichen Industrienationen im selben Zeitraum.) Die Statistiken sind wegen der Verzahnung der beiden Wirtschaftssysteme sicherlich irreführend.[8] Hongkong war in den Bereichen Marketing, Design, Management, Technologie und Finanzwesen gewissermaßen die Hauptstadt des am schnellsten wachsenden Teiles der Weltwirtschaft, nämlich Guangdongs, und besaß die meisten Handelsunternehmen und Fertigungsbetriebe in Guangdong. Deshalb ergeben die Zahlen für das Bruttoinlandprodukt ein schiefes Bild. Die von Hongkonger Unternehmen in Guangdong erwirtschafteten Gewinne wurden dem Konto der Provinz gutgeschrieben. (Überdies meldeten die Unternehmer ihre Gewinne so an, daß ihre Firmen in den Genuß großer Steuerersparnisse kamen, weshalb die Wachstumsstatistiken der Kolonie zu niedrig ausfielen.) Wie einträglich die Geschäfte mit der Nachbarprovinz waren, zeigte sich am verschwenderischen Lebensstil in Hongkong, an der ungewöhnlichen Rentabilität vieler Firmen und den hohen Immobilienpreisen. (Nicht nur Geschäftsräume für den Einzelhandel waren teuer. Ein amerikanischer Durchschnittsbankier mußte 1991 für ein bescheidenes Apartment eine Jahresmiete von 100 000 Dollar bezahlen; wollte er es kaufen, mußte er weit über eine Million berappen.)

Anfangs arbeiteten Hongkonger Unternehmer hauptsächlich mit kantonesischen Partnern in Guangdong zusammen. Doch mit der Zeit weiteten sich ihre Geschäftsbeziehungen auf die ganze Volksrepublik aus. Zwei Drittel der gewaltigen ausländischen Investitionsströme, die seit 1979 in alle Teile Chinas flossen, kamen aus Hongkong. Ein Teil davon stammte aus Taiwan oder anderen südostasiatischen Staaten und wurde aus politischen Gründen über Hongkong gelenkt – auch das beweist wieder, wie wichtig dieses Tor zur Welt für China ist. Der überwiegende Teil der Investitionen jedoch kam direkt aus Hongkong.

Anfang der 90er Jahre war Hongkongs Einfluß bereits in ganz China zu spüren. In Xian, der ehemaligen Hauptstadt im Innern des Landes, wohnten ausländische Touristen im allgemeinen in einem der sechs führenden Hotels, allesamt Joint-ventures mit Hongkong. Die Touristen genossen das Nachtleben im Luxus-Club Tang Palace, ebenfalls ein Joint-venture. Wenn sie ihre Souvenirs per Schiff nach Hause schickten, versicherten ihnen vorgedruckte Frachtbriefe, daß die Verladung in Hongkong mit größerer Sorgfalt vorgenommen werde als in den nähergelegenen Häfen Tianjin oder Shanghai. Auch im fernen Nordwesten Chinas ist die Situation ähnlich: Die beiden Spitzenhotels in Ürümqi, der Hauptstadt der Autonomen Region von Xinjiang Uygur, sind das Holiday Inn und das Universal Hotel, beide Joint-ventures mit Hongkong. Der Aufschwung in ganz China wird in erster Linie

von der Landwirtschaft und den dynamischen, von Hongkong geführten Industrie- und Dienstleistungsunternehmen getragen.
Der Erfolg der Joint-ventures ermutigte die chinesischen Behörden, Hongkong noch stärker in ihre Wirtschaftspläne einzubeziehen. Das Unternehmen Hopewell baute eine Autobahn durch Guangdong. Derzeit errichten Hongkonger Baufirmen große Wohnviertel entlang der chinesischen Küste, und Beijing läßt eine zweigleisige Bahnlinie von der Hauptstadt nach Hongkong legen, die zum Rückgrat des Güterverkehrs über Land in Nord-Süd-Richtung werden wird. Die riesige Industriestadt Wuhan beauftragte Wharf, eines der größten Unternehmen Hongkongs, mit dem Wiederaufbau ihres Hafens. Die Hafenbehörde von Shanghai verkaufte ihren Hafen zur Hälfte an die Hongkonger Firma Hutchison, die das größte Container-Terminal der Welt leitet. Die Hafenbehörde brachte ihre bereits bestehenden Terminals in das Joint-venture ein, und als Gegenleistung verpflichtete sich Hutchison, drei weitere Terminals zu bauen und die gesamte Anlage zu modernisieren. Mit anderen Worten, das Management des größten Hafens im sozialistischen China liegt nun in den Händen eines Hongkonger Unternehmens.[9] Im November 1992 stellten Hongkonger Firmen für die Modernisierung von Beijings Randbezirken 1,4 Milliarden Dollar zur Verfügung. Die Zusammenarbeit zwischen China und Hongkong beschränkt sich also nicht mehr nur auf die Hotelbranche, Spielwarenfirmen oder Finanzierungen, sondern wird momentan auf einige der größten und sensibelsten Projekte Chinas im Bereich der Infrastrukturentwicklung ausgeweitet.
Der schnelle Erfolg des Joint-venture ist im wesentlichen das Verdienst Hongkongs. Jede andere Provinz hätte bei gleichen geographischen Bedingungen ein ebenso rasantes Wirtschaftswachstum wie Guangdong erreichen können. (Guangdongs Wettbewerbsvorteil besteht darin, daß ein Großteil der Millionen Chinesen, die in anderen Teilen der Erde leben, aus dieser Provinz stammt. Damit eng zusammen hängt auch Hongkongs bedeutende Rolle als Umschlagplatz.) Hongkong wiederum verdankt seinen Wohlstand den Briten. Der britische Verwaltungsapparat war eine unabdingbare Voraussetzung für den gelungenen Start des Joint-venture. Aber sein durchschlagender Erfolg Ende der achtziger Jahre basiert hauptsächlich auf der Idee Deng Xiaopings, Hongkonger Sachkenntnis für die Wirtschaftsreformen zu nutzen. Neben anderen politischen Maßnahmen wie der Liberalisierung

der chinesischen Gesellschaft, der Rückgabe von Land an die Bauern, der Annäherung an Marktpreise und der Anerkennung freier Geldmärkte war die pragmatische Einbindung des kapitalistischen Hongkong in die chinesische Wirtschaft eine der entscheidenden Strategien für den Erfolg der Reform. Hongkong wurde zum Motor für den Aufschwung der chinesischen Wirtschaft. Von allen Beispielen für Deng Xiaopings Pragmatismus ist dies vielleicht das beeindruckendste.
Dengs Leistung ist um so höher zu bewerten, als sich die Briten seinen Plänen beharrlich widersetzten. Führende britische Unternehmer nahmen hohe Kosten in Kauf, um sich aus Hongkong zurückzuziehen. Die westliche Presse schadete Hongkong, indem sie die Entwicklung trotz positiver Statistiken beharrlich negativ kommentierte. Und London versuchte wiederholt, die grundlegenden Absprachen in Frage zu stellen, die den Erfolg Hongkongs trugen.

Hongkongs Dilemma

Das ungewöhnliche Auseinanderklaffen von tatsächlicher Entwicklung und westlicher Wahrnehmung erklärt sich aus den unterschiedlichen Einschätzungen der Rolle Hongkongs. Großbritannien und andere westliche Länder sehen in der Kronkolonie heute in erster Linie ein politisches Gebilde und fragen nach ihrer politischen Zukunft im Spannungsfeld zwischen Demokratie und Kommunismus. Britische Beobachter glauben fälschlicherweise, daß China der Beibehaltung des bestehenden Systems in den kommenden 50 Jahren nur zugestimmt hat, weil Großbritannien am Verhandlungstisch Druck ausgeübt hat. Tatsächlich aber war die Entscheidung ein wichtiger Teil von Deng Xiaopings Strategie. Angesichts der westlichen Bedenken und der Größe der Volksrepublik im Vergleich zu der winzigen Kolonie schien ein unbefriedigender Ausgang der Verhandlungen vorprogrammiert. Um das Unvermeidbare wenigstens hinauszuzögern, sollte Hongkong deshalb von China weitgehend unabhängig bleiben und möglichst viele westlich geprägte Institutionen behalten.
Ganz anders stellt sich die Lage aus Sicht der Chinesen dar. Für sie ist Hongkong weniger politisch, als vielmehr wirtschaftlich interessant. Das war es lange auch für die Briten – bis der Tag ihres Abzugs immer näher rückte und sie plötzlich der Politik die höchste Priorität einräum-

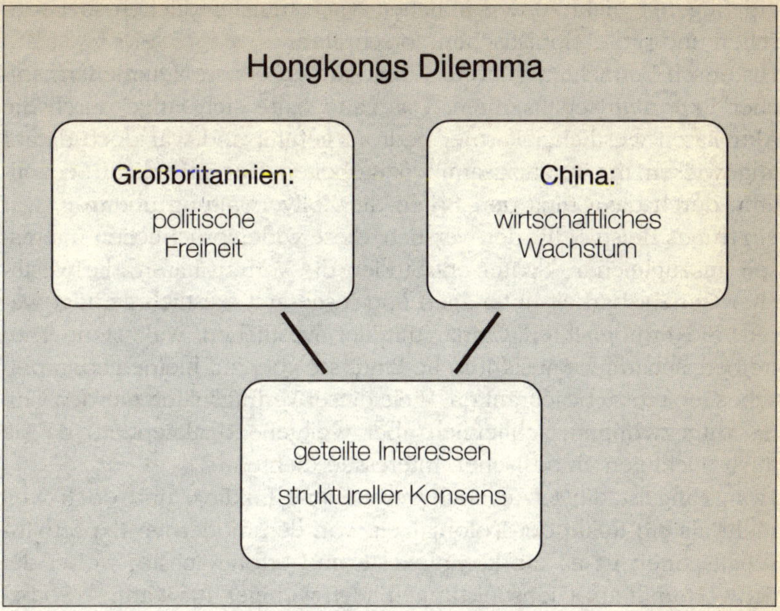

Abb. IV-3

ten. Im pazifisch-asiatischen Entwicklungsprozeß kommt Hongkong die Rolle einer außergewöhnlich komplexen Exportwirtschaftszone zu. Solche Zonen wurden erstmals von Südkorea und Taiwan eingerichtet. In der Regel handelt es sich dabei um kleine Gebiete, in denen bestimmte Vorschriften, die im übrigen Land gelten, aufgehoben werden, um die wirtschaftliche Betätigung zu erleichtern. In einer Zeit, in der die kleinen asiatischen Staaten protektionistisch ausgerichtet und sozialistisch orientiert waren und nicht über die nötige Infrastruktur verfügten, um für ausländische Investitoren attraktiv zu sein, waren solche Exportwirtschaftszonen für ein rasches Wachstum unverzichtbar. Im Grunde sind sie nichts anderes als Freihandelszonen, in denen die üblichen Im- und Exportbeschränkungen aufgehoben werden, der Kapitalzufluß erleichtert und eine dichte Infrastruktur bereitgestellt wird. Darüber hinaus werden häufig allgemein geltende Arbeitsschutzbestimmungen außer Kraft gesetzt. Exportzonen erfreuen sich heute auch in Sri Lanka und Indien großer Beliebtheit und bilden dort ein Gegengewicht zu den üblichen wachstumsfeindlichen sozialistischen und protektionistischen Vorschriften.

Historisch betrachtet, gehörte China zu den ersten Nutznießern solcher Exportwirtschaftszonen. Das Land hatte sich lange durch die Aktivitäten westlicher Partner bedroht gefühlt und war doch darauf angewiesen, mit ihnen zusammenzuarbeiten. Das Kaiserliche Seezollamt, durch das China den Briten die Zollverwaltung übertrug, war ein frühes Beispiel für den Versuch, diese widersprüchlichen Interessen auszugleichen. Später entstanden die Vertragshäfen, die westlicher Gerichtsbarkeit unterlagen und insgesamt westlich geprägt waren. Sie ermöglichten China, mit der westlichen Welt Handel zu treiben, schädliche ausländische Einflüsse aber auf kleine geographische Gebiete zu beschränken. Viele dieser Vertragshäfen wurden China aufgezwungen, schließlich aber weitgehend akzeptiert, da sie auch wichtigen chinesischen Interessen dienten.

Hongkong ist die letzte noch verbliebene Enklave und doch weit mehr als ein Relikt der Kolonialzeit. Von den modernen Exportwirtschaftszonen ist es die komplexeste und erfolgreichste, wobei der Schwerpunkt auf Dienstleistungen liegt, weniger auf Waren.[10] So beschränkt es sich nicht darauf, die Vorschriften für den Im- und Export zu modifizieren, um die Warenproduktion zu fördern, sondern stellt sich vor allem auf die Erfordernisse einer modernen Dienstleistungsgesellschaft ein. Hongkong will zu einer internationalen Finanzmetropole werden, zu einem regionalen Sitz von Industrieunternehmen aus aller Welt und zu einem regionalen Dienstleistungszentrum vor allem für das Rechnungs- und Steuerwesen. Es will als Chinas Fenster zum Welthandel fungieren, als Tor für den Technologietransfer, als Chinas internationale Finanzhauptstadt und als Zentrum für Unternehmensberatung und Planung in Südchina.

Will Hongkong diese Funktionen wahrnehmen, braucht es andere Regeln als die Volksrepublik: Es muß den freien Zu- und Abfluß von Kapital ebenso garantieren wie eine ungehinderte Ein- und Ausreise, die Konvertibilität seiner Währung und einen ungehinderten Informationsaustausch (was auch für politische Informationen gelten muß, die die Geldmärkte beeinflussen). Ferner braucht es ein unabhängiges Rechtssystem nach westlichem Vorbild. China hat zugesagt, diesen besonderen Status Hongkongs auch nach 1997 beizubehalten. Das Zugeständnis fiel Beijing leicht, weil es für die wirtschaftliche

Entwicklung der Volksrepublik von Vorteil ist – und ein Signal an die Adresse Taiwans.
Die wirtschaftlichen Bedürfnisse Chinas deckten sich teilweise mit den politischen Zielen der Briten, die ihr freiheitliches System bewahren wollten. Diesem Umstand ist es zu verdanken, daß die Gemeinsame Erklärung (Joint Declaration) vom 26. September 1984 überhaupt zustande kam. (Der britisch-chinesische Vertrag regelt die Zukunft Hongkongs; die Kronkolonie wird an China zurückgegeben, behält aber ihr freiheitliches, kapitalistisches System bis ins Jahr 2047.) In anderer Hinsicht gehen die britischen und chinesischen Interessen auseinander. So setzten sich die Briten mehrfach für die vollständige Einführung einer Demokratie nach englischem Vorbild ein (Westminster-Demokratie). Dies aber wäre den Wirtschaftsinteressen der Chinesen in keiner Weise dienlich und könnte ihnen im Gegenteil politisch sogar gefährlich werden. Entsprechend waren sie nie bereit, mehr als langsame und behutsame Schritte in Richtung Demokratie zu dulden. Die Gemeinsame Erklärung schweigt zu dieser Frage. Als beide Seiten übereinkamen, das bestehende System weitere 50 Jahre aufrechtzuerhalten, dachte China vor allem an das Wirtschaftssystem und an dessen soziale und politische Voraussetzungen, die zufällig westlichen Werten entsprechen und den Bürgern von Hongkong ein hohes Maß an Freiheit und mehr demokratische Rechte garantieren, als sie jemals unter den Briten genossen. Das hieß aber nicht unbedingt, daß Hongkong eine parlamentarische Demokratie werden sollte. Die britischen Unterhändler erkannten das damals durchaus und akzeptierten es. Doch die meisten britischen Beobachter konzentrierten sich auf die Frage nach dem politischen System und erhoben die Verwirklichung einer lupenreinen Demokratie nach westlichem Muster zum einzigen Kriterium für Erfolg oder Mißerfolg der Verhandlungen.
Es ist bemerkenswert, auf welch hohem Niveau beide Seiten sich schließlich einigten. Hätte China nicht aus wirtschaftlichen Gründen Konzessionen gemacht, wären Hongkongs führende Unternehmer, Bankiers, Rechtsanwälte und Wirtschaftsprüfer abgewandert. So sind heute neben der Freizügigkeit für Waren, Personen und Kapital die Konvertibilität der Währung, die Beibehaltung des englischen Rechtssystems und eine Reihe persönlicher Freiheiten garantiert, die dem Geist der amerikanischen Menschenrechtserklärung (Bill of Rights) entsprechen. Hongkong kann seine Stärken nur in einer Umgebung

ausspielen, die stabil und liberal genug ist, um auch künftig erfolgreiche Firmen sowie hochqualifizierte und motivierte Fachkräfte anzuziehen und zu halten. Die chinesischen Zusagen garantieren die Aufrechterhaltung des bestehenden Systems, auch wenn gewisse politische Unsicherheiten bleiben. Die Gemeinsame Erklärung ist in diesem Punkt sehr deutlich (Artikel 5): Das bisherige Gesellschafts- und Wirtschaftssystem Hongkongs wird unverändert fortbestehen; dasselbe gilt für den Lebensstil. Kraft Gesetz werden in der besonderen Verwaltungsregion Hongkong folgende Rechte garantiert: Freiheit der Person, Meinungsfreiheit, Pressefreiheit, Versammlungsfreiheit, Vereinigungsfreiheit, Reisefreiheit, Freizügigkeit im Land, Briefgeheimnis, Streikrecht, freie Berufswahl, Freiheit der Forschung und Religionsfreiheit. Auch Privatbesitz, Eigentum an Unternehmen, das Erbrecht und ausländisches Anlagekapital werden ausdrücklich geschützt.

Daneben gab es ernste politische Auseinandersetzungen zwischen den beiden Seiten. Aus Sicht Beijings kann der Aufschwung Hongkongs nur durch engere wirtschaftliche Zusammenarbeit mit China gesichert werden. Die Integration soll Hongkong möglichst hohen Wohlstand und China maximale Gewinne aus seiner Exportwirtschaftszone garantieren; ein Erfolg würde die chinesischen Führer endgültig davon überzeugen, daß Hongkong für Chinas Wirtschaft lebenswichtig ist und daß ihre Zugeständnisse an Hongkong eine lohnende Investition gewesen sind. Schon jetzt ist ihre Politik erfolgreicher, als sie je zu träumen wagten: Hongkong hat sich als Goldgrube erwiesen, ohne daß eine nennenswerte politische Bedrohung von ihm ausgeht. Deng Xiaoping hat deshalb wiederholt geäußert, daß das kapitalistische und freiheitliche Hongkong eher 100 als 50 Jahre fortbestehen solle und daß China weitere Hongkongs brauche. Aus Sicht Beijings kann Hongkong aber dann zu einer Gefahr werden, wenn von ihm eine politische Herausforderung ausgeht. Solche Überlegungen bereiten der KP-Führung ernsthafte Sorgen. Hongkong und die angrenzenden Gebiete sind in der Geschichte bereits häufiger Ausgangspunkt ausländischer Einflußnahme und subversiver Bewegungen im Inland gewesen. Um ein Beispiel zu nennen: Mitte des 19. Jahrhunderts bereitete Großbritannien von der Kronkolonie aus den Sturz der Qing-Dynastie vor, der schließlich von Sun Yat-sens republikanischer Bewegung 1911 vollzogen wurde. Es ist die größte Sorge Beijings, daß seine Exportwirtschaftszone zur Basis für eine systematische Unterwanderung Chinas werden könnte. Tatsächlich nähren einige Verantwortliche in Hongkong solche Befürchtungen, indem sie offen erklären, daß sie die Kolonie zu einer lupenreinen Demokratie westlicher Prägung machen wollen. An der Spitze dieser Kampagne steht ein Mann, der sich offen für den Sturz der Führung in Beijing ausspricht.

Die Diplomatie gemeinsamer Interessen und unterschiedlicher Prioritäten

Am Anfang der britischen Herrschaft über Hongkong stand die diplomatische Demütigung Chinas. Die Briten waren entschlossen, den Opiumverkauf nach China in vollem Umfang fortzusetzen, um andere Vorhaben zu finanzieren. Die Chinesen dagegen wollten den Drogenhandel unbedingt unterbinden. Als sie im Jahr 1839 die Häfen sperrten und große Mengen britischen Opiums beschlagnahmten, griff Großbritannien an. Es kam zum Ersten Opium-Krieg. Als Verlierer dieses Krieges wurde China 1842 gezwungen, die Souveränität über die Insel Hongkong für unbegrenzte Zeit an die Briten abzutreten. Im Jahre 1860 verzichtete es auf die nahegelegene Halbinsel Kowloon, und 1898 verpachtete es die New Territories, die den größten Teil des kolonialen Territoriums ausmachen, für 99 Jahre, also bis 1997, an Großbritannien. Übertragen auf heutige Verhältnisse, hieße das etwa, daß General Noriega von Panama als Reaktion auf George Bushs Versuch, panamaische Drogenverkäufe in die USA zu stoppen, Long Island in Besitz nehmen und diese Inbesitznahme einige Jahrzehnte später dazu benutzen würde, einem Teil des Staates New York eine fremde Ideologie aufzuzwingen.

Im Jahre 1949 riß in China die Kommunistische Partei, eine fremdenfeindliche, nationalistisch-revolutionäre Bewegung, die Macht an sich. Eines ihrer Ziele war, Chinas Demütigung durch das Ausland zu beenden und die erzwungenen Teilungen des Landes rückgängig zu machen. Die Kommunistische Partei war vor allem deshalb erfolgreicher als ihre Rivalinnen, weil sie ihr Ziel allem Anschein nach mit mehr Nachdruck verfolgte. So beabsichtigte sie unter anderem, Taiwan zu befreien, und hätte es wohl auch getan, wenn die durch den Koreakrieg veränderte Lage die USA nicht dazu bewogen hätte, Taiwan zu verteidigen. Auch die sofortige Befreiung der Kronkolonie Hongkong vom Joch der Fremdherrschaft wäre naheliegend gewesen. Dazu kam es jedoch nicht. Mao Zedong, der von Zhou Enlai beraten wurde, vertrat die Ansicht, daß Hongkong als britische Kolonie für China nützlicher sei. An dieser Politik hielt Beijing trotz der Umwälzungen in der chinesischen Politik in den folgenden drei Jahrzehnten unverändert fest. Die Stabilität Hongkongs verdankte sich in dieser Zeit nicht einer militärischen Überlegenheit der Briten, sondern dem Pragmatismus der Chinesen. China hätte die Souveränität über die Kolonie fast jederzeit wiedererlangen können; seine Armee hätte nur einzumarschieren brauchen. Die britische Garnison war lächerlich klein, und die Briten waren weder in der Lage noch überhaupt willens, sie so zu verstärken, daß sie eine Invasion aufhalten konnte. China brauchte nur die Wasserversorgung zu unterbrechen, um Hongkong zu unterwerfen. Hongkong ist weder in geographischer noch in strategischer, demographischer oder psychologischer Hinsicht mit den Falklandinseln vergleichbar.

Darüber hinaus hat sich China selbst in seinen schwierigsten Zeiten aktiv für den Erhalt des Status quo in Hongkong eingesetzt. Im Jahr 1967, als die Kulturrevolution ihren Höhepunkt erreichte, übertraf das Ausmaß der Wirren, der sinnlosen Willkür und der Fremdenfeindlichkeit alles, was sich während der iranischen Revolution ereignen sollte. Im 20. Jahrhundert hat nur die Revolution in Kambodscha einen schlimmeren Fanatismus hervorgebracht. Als die Roten Garden jedoch auf die Grenze zu Hongkong vorrückten, befahl Zhou Enlai dem regionalen Militärbefehlshaber, sie zu vertreiben. Noch überraschender war, daß China es ablehnte, die Souveränität über Macao anzunehmen, als Portugal die Kolonie zurückgeben wollte – in China fürchtete man unter anderem die Folgen, die das für Hongkong haben konnte. Ein anderes wichtiges Ereignis zeigt, daß China sogar in Zeiten innerer Unruhen bereit war, im Sinne der Kronkolonie zu handeln: Die Fertigstellung der dringend benötigten Wasserleitung, über die Hongkong aus der Volksrepublik mit Wasser versorgt werden sollte, fiel in die schlimmste Phase der Kulturrevolution. Dennoch kamen die Chinesen gut voran und beschleunigten sogar die Bauarbeiten, um den Termin einzuhalten.[11]

Ende der siebziger Jahre mußte sich Beijing der Frage nach der Zukunft der Kronkolonie stellen. Die Parteiführung zog drei Möglichkeiten in Erwägung. Einmal konnte man die damals bestehende Situation beibehalten; doch damit hätte man das Ergebnis des Opium-Krieges nachträglich gebilligt, und das war politisch undenkbar. Zweitens konnte man sich Hongkong 1997 einfach einverleiben, auf welche Weise auch immer; das wäre der übliche Weg gewesen, mit dem eine ehemalige Kolonialmacht rechnen mußte. Indien etwa war 1961 plötzlich in Goa einmarschiert, eine portugiesische Kolonie an der indischen Küste und von der Lage her Hongkong vergleichbar; die anderen Länder hatten sich nicht eingemischt. Indonesien hatte überraschend und blutig den östlichen Teil der früheren portugiesischen Kolonie Timor erobert. Timor gehörte geographisch zwar zu Indonesien, hatte aber nie unter niederländischer Herrschaft gestanden. Da der Guerillakrieg im Osten von Timor anhielt, konnten sich die anderen Länder freilich nicht ganz so zurückhalten wie im Fall Goas. Unter normalen Umständen hätte Hongkong damit rechnen müssen, wie Goa und Timor eingenommen zu werden, doch für die chinesischen Führer war eine solche Strategie weder in politischer noch in wirtschaftlicher Hinsicht sinnvoll.[12]

Drittens konnte man die Souveränität über Hongkong übernehmen, gleichzeitig aber das bestehende kapitalistische, freiheitliche System der Kronkolonie mit all seinen Vorteilen für China und andere Länder beibehalten.[13] Dies galt in Beijing als die einzig akzeptable Lösung, wobei die Verwaltung des Systems allerdings von den Briten auf die Einwohner Hongkongs übergehen sollte. Historiker werden feststellen, daß China für diese großzügige und pragmatische Entscheidung mehr Kritik aus dem Westen erntete als etwa Indien, Indonesien und andere Länder zusammen.

In der angespannten Lage zwischen 1981 und 1984, als Chinesen und Briten über die Zukunft Hongkongs verhandelten, trug China erheblich zur finanziellen Stabilität der Kronkolonie bei. Seitdem hat es riesige Summen in Immobilien und Unternehmen investiert und sich zum größten Einzelinvestor der Kolonie entwickelt. Die Chinesen besitzen große Aktienpakete von Hongkonger Unternehmen, darunter 20 Prozent der HK Telecom und 22,5 Prozent der Fluggesellschaft Cathay Pacific. Chinesische Firmen wie CITIC drängen darauf, Tochtergesellschaften an der Börse in Hongkong einzuführen. Symbol für die Investitionsfreudigkeit ist das Hochhaus der Bank of China, Asiens höchstes Bauwerk, in dem viele der 14000 Angestellten der Bank in

Hongkong arbeiten. Daß das kapitalschwache Regime so große Investitionen tätigt, widerspricht allen Befürchtungen, China könnte die Wirtschaft Hongkongs durch Willkürmaßnahmen ernsthaft schädigen, denn dadurch würde es den Wert der eigenen Investitionen schmälern. Beijing würde Hongkong das Wohlwollen nur dann entziehen, wenn die Kolonie zu einem Sicherheitsrisiko für das Regime werden sollte. So aber ist das Gegenteil der Fall. Je mehr die Spannung zwischen Chinas innerer Schwäche und den expandierenden Kontakten mit der Außenwelt zunimmt, desto mehr wertet Beijing die Rolle Hongkongs weiter auf. Eine Reihe neuer Wirtschaftssonderzonen entsteht, die allesamt von Hongkong abhängig sind. (Es gibt Anzeichen, daß künftig Japan, Südkorea und Taiwan einzelne Gebiete in China dominieren werden.)

Kann man China vertrauen?

Die weitverbreitete Sorge, daß die Chinesen ihre Versprechen in bezug auf Hongkong nicht einhalten könnten, resultiert aus einer falschen Auslegung ihrer Beweggründe. Das Bild vom radikalen kommunistischen Land, das bestrebt ist, Hongkong sein eigenes System aufzuzwingen, ist falsch. Es hat seinen Ursprung in der Annahme, daß Chinas Hauptinteresse an der Kronkolonie ideologischer Natur sei, einer Annahme, die durch das Verhalten der Volksrepublik seit 1949 widerlegt wird. Zwei Generationen lang hat China die Kronkolonie beschützt und von ihr profitiert, während weltweit alle anderen Kolonien einfach »befreit« wurden.

Drei Gründe sprechen dafür, daß China die Vereinbarungen in bezug auf Hongkong einhalten wird. Zunächst einmal genießt das Land als Vertragspartner einen ausgezeichneten Ruf, da es internationale Abkommen stets eingehalten hat.[14] Dennoch ist dieser Aspekt, für sich betrachtet, noch nicht aussagekräftig genug, berücksichtigt man die große Bedeutung der Kolonie (und das hohe Risiko für China, wenn in Hongkong etwas schiefläuft), die Mehrdeutigkeit des Abkommens und die Tatsache, daß die Kolonie für China vor allem ein innenpolitisches Problem ist.

Zweitens erwies sich Chinas Strategie, auf der Grundlage des Konzepts »Ein Staat, zwei Systeme« die Wiedervereinigung mit Taiwan anzustreben, als konsequent und erfolgreich. Zwar bedeuteten die Ereignisse auf dem Tiananmen-Platz in dieser Hinsicht einen psychologischen Rückschlag, doch hielt China unter liberaler wie reaktionärer Führung unbeirrt an seinem Kurs fest. Und wenn man »Wiedervereinigung« in einem weiten Sinne auslegt, so trägt die Strategie durchaus schon Früchte: Ungeachtet der Ereignisse auf dem Tiananmen-Platz, fließen mittlerweile Investitionen und Handelsgüter im Wert mehrerer Milliarden Dollar von Taiwan in die Volksrepublik. Zudem reisten Millionen taiwanesischer Touristen auf das Festland, darunter sogar offizielle Besucher. Taiwan ist bestrebt, die über Handel und Tourismus zur Volksrepublik geknüpften Beziehungen weiter auszubauen und rechtlich abzusichern.

Der dritte und wichtigste Grund ist Chinas wirtschaftliches Eigeninteresse. Zwei Drittel (65,7 Prozent) der direkten Investitionen aus dem Ausland kommen aus Hongkong, und 25 bis 30 Prozent aller Devisen nimmt China über Hongkong ein. Auch beim Technologieimport und in Fragen des Managements ist die Volksrepublik auf Hongkong angewiesen. Allgemeiner ausgedrückt heißt dies, daß die Chinesen bei der Erneuerung des Landes ganz und gar auf Wirtschaftswachstum setzen. Das Ergebnis von Deng Xiaopings »Ein Staat, zwei Systeme«-Politik übertraf alle Erwartungen der frühen achtziger Jahre. Allein das Wachstum in Guangdong rechtfertigt die Fortsetzung dieser Politik, und alle Fraktionen in Beijing stimmen darin überein. Die Gemeinsame Erklärung liefert China die nötigsten rechtlichen Rahmenbedingungen, um Hongkong zu einer leistungsfähigen Enklave und einer Drehscheibe für Kapital, Technologie, Handel und Tourismus zu machen.

In der Zeit nach den Ereignissen auf dem Tiananmen-Platz wurden Chinas Zusagen in bezug auf Hongkong ernsthaft auf die Probe gestellt. Die chinesische Führung war besorgt um die Stabilität im Land und entschlossen, die Exzesse (als die sie die Ereignisse betrachtete) ihrer liberalen Vorgänger zu unterbinden. Sie mißbilligte aufs schärfste die Art und Weise, wie die Bewohner der Kolonie gegen ihre Politik demonstrierten, und unternahm entschlossene Schritte, ihre eigenen Organisationen schärfer zu überwachen und jedem Umsturzversuch vorzubeugen. Gleichzeitig sicherten Regierungssprecher jedoch auch zu, daß Demonstranten, die in Hongkong gegen die chinesische Politik protestierten, keine Sanktionen zu befürchten hätten. (China nahm in das Grundgesetz für Hongkong eine Nichteinmischungsklausel auf, aber das war von Anfang an eine Grundvoraussetzung für das Konzept »Ein Staat, zwei Systeme« gewesen. Unter Berufung auf diese Klausel wurden Martin Lee und Szeto Wah vom Exekutivrat ausgeschlossen, und zwar nicht wegen ihrer Aktivitäten in Hongkong, sondern weil sie versucht hatten, Dissidentengruppen in der Volksrepublik zu unterstützen.) Am 4. April 1990, nur knapp ein Jahr nach den Ereignissen auf dem Tiananmen-Platz, beteuerte Chinas konservativer Staatspräsident Yang Shangkun in der Präambel des Grundgesetzes für Hongkong, daß »das sozialistische System und die sozialistische Politik in Hongkong keine Anwendung finden werden«. Solche Aussagen, zumal von dieser Führung und in dieser besonderen Zeit, lassen ein beachtliches Maß an Zurückhaltung erkennen.

Hongkongs wirtschaftliche Verwundbarkeit

China hat großes Interesse daran, daß die Zusammenarbeit mit Hongkong reibungslos funktioniert, und es hat ein System eingerichtet, das gut funktionieren könnte. Jedes noch so gute System kann jedoch schlecht verwaltet werden. China nimmt zwar großen Einfluß auf Hongkong, doch fehlt ihm die Erfahrung, die die Kolonialmacht Großbritannien nach 1945 hat sammeln können. (Die britische Kolonialverwaltung früherer Zeiten kann kaum als intelligent und umsichtig bezeichnet werden.) Die in Hongkong lebenden Chinesen fürchten, daß China in einer gespannten Situation umschwenken und sie unter Berufung auf die öffentliche Sicherheit ihrer gewohnter Rechte berauben könnte. Die Unternehmen fürchten, daß beispielsweise Streitigkeiten mit chinesischen Firmen bis vor den Nationalen Volkskongreß getragen und nach chinesischem Recht beigelegt werden könnten, und sie haben Sorge, daß die Verwaltung der Kronkolonie unter direkten politischen Einfluß geraten könnte. Hongkonger Banken wiederum fürchten, daß die Bank of China mit unfairen Methoden ihre Position verbessern könnte. Und sie alle fürchten die massiv ansteigende Korruption und Kriminalität in China, die Gefahr wachsender Instabilität der Volksrepublik und die Möglichkeit eines verhängnisvollen Machtwechsels.

Solche Ängste haben der Wirtschaft bisher nicht geschadet, aber sie haben zu den wiederholten Versuchen geführt, der chinesischen Rechtsprechung zu entkommen. Die meisten größeren Unternehmen sind in Länder mit einem zuverlässigeren Rechtssystem abgewandert – Jardines etwa auf die Bermudas und die Hongkong and Shanghai Bank nach London. Ein nicht unerheblicher Teil der gebildeten Bevölkerung spielt mit dem Gedanken an Auswanderung. In welchem Umfang gefährdet dies die Zukunft Hongkongs als prosperierende, stabile und freie Enklave?

Die Verlegung des Rechtssitzes Hongkonger Unternehmen hat keine wirtschaftlichen oder politischen Konsequenzen, weil mit den Firmenschildern nicht gleichzeitig auch die Geschäfte verlegt wurden. Aber es gibt auch andere Fälle. So haben sich viele Unternehmen in einem Ausmaß geographisch diversifiziert, das mit rein geschäftlichen Kalkulationen nicht mehr zu rechtfertigen ist. Die Hongkong and Shanghai Bank beispielsweise zahlte hohe Summen an die Midland Bank in Großbritannien und die Marine Midland in den USA (beide gemessen an ihrem Gewinnpotential relativ unbedeutend), um durch eine britische Identität und einen britischen gesetzlichen Status international abgesichert zu sein. Viele Hongkonger Unternehmen nehmen hohe Kredite für Investitionen in Hongkong auf, investieren die Gelder dann aber in anderen Teilen der Welt. Deutet die Kapitalflucht eher auf ein sterbendes Hongkong hin oder auf die aggressive Expansion eines dynamischen Hongkong?

In den achtziger Jahren berichtete die westliche Presse permanent über eine starke Kapitalflucht aus Hongkong. In Wirklichkeit aber wurden mit einem Großteil des Geldes umfangreiche Käufe getätigt: Hongkongs New World erwarb Ramada Inn und Regal Hotels über 200 Hotels in den USA. Der Hongkonger Hersteller Semi-Tech kaufte Singer, Amerikas berühmtesten Hersteller von Nähmaschinen und anderen elektrischen Haushaltsgeräten. Hongkonger Uhrenfabriken, die erheblich rentabler arbeiten als die Schweizer Konkurrenz, kauften eidgenössische Uhrenfabriken mit der Absicht, berühmte Handelsmarken unter ihre Kontrolle zu bringen. Als japanische und südkoreanische Firmen dasselbe taten, wurde dies in der Presse als Erfolg gewertet und nicht als Kapitalflucht. Alles in allem war es auch für Hongkong ein Erfolg, denn trotz dieser Käufe konnte es einen beträchtlichen Zufluß an Nettokapital verbuchen.[15]

In ähnlicher Weise legen auch Einzelpersonen Geld im Ausland an, und oftmals vermutlich sogar einen größeren Teil ihres Vermögens. Diese Trends sind nicht zu leugnen, aber man sollte sich vor Übertreibungen hüten. Hongkonger Bürger und Unternehmer haben ihr Geld schon immer gern im Ausland angelegt. Gewiß, sie tun es heute mehr als früher, aber würde es sich tatsächlich um eine regelrechte Kapitalflucht handeln, so müßten die realen Zinssätze steigen und der Kurs des Hongkong-Dollar fallen. Doch das ist nicht der Fall. Der Druck auf den Hongkong-Dollar hat stets zu einer Aufwertung geführt, nie zu einer Abwertung. Ebenso hätten die Immobilienpreise sinken müssen, doch in Wirklichkeit sind sie in die Höhe geschnellt.

Das entscheidende Problem ist nicht Kapitalflucht, sondern der Verlust an Arbeitskräften. Vor allem hochqualifizierte Facharbeiter verlassen Hongkong in großer Zahl: Von 1987 bis 1989 wanderten jährlich ungefähr 45 000 Menschen ab, fast doppelt so viele wie 1984. Zwischen 1990 und 1992, nach den Ereignissen auf dem Tiananmen-Platz, stieg ihre Zahl weiter auf etwa 60 000. Die hohe Auswanderungsrate führt zur Schließung ganzer Niederlassungen, schafft einen Mangel an qualifizierten Facharbeitern und heizt die ohnehin schon hohe Inflation an. Für Pessimisten kündigt sich der Untergang Hongkongs an.

Ein Vergleich zwischen Hongkong und Singapur verdeutlicht dieses ernste Problem. Die Presse ist sich in bezug auf Singapurs wirtschaftlichen Erfolg und seine glänzenden Zukunftsaussichten ebenso einig wie in bezug auf die angebliche Morbidität Hongkongs. Um so bemerkenswerter ist jedoch, daß Ministerpräsident Lee Kwan Yew 1989 in seiner Rede zum Nationaltag den Verlust von 4707 Familien aus der Oberschicht (25 Prozent der Bevölkerung) beklagte, nachdem zu Beginn des Jahrzehnts nur 1000 Familien ausgewandert waren. Singapur hat nur halb so viel Einwohner wie Hongkong, und die Zahl der gebildeten Auswanderer ist viel schneller gestiegen. Es sind die gleichen Menschen wie in Hongkong, und sie streben aus ähnlichen Gründen in dieselben Länder (vornehmlich nach Kanada, Australien und in die USA). Aus Singapur fliehen die Menschen allerdings wegen aktueller politischer Zwänge, und nicht, weil sie Repressionen in der Zukunft fürchten. Die Zahl der gebildeten Auswanderer ist in Singapur und Hongkong etwa gleich hoch. Dennoch ist die Situation in Singapur viel ernster, denn die dortige Regierung hat früher eine strenge Hochschulpolitik verfolgt und besonders die Zahl der Doktoranden stark eingeschränkt. Das hat dazu geführt, daß das Angebot an Spitzenkräften heute viel beschränkter ist als in Hongkong.

Die Abwanderungsbewegung wird Hongkong ebensowenig zum Verhängnis werden, wie sie allzu optimistische Prognosen für Singapur rechtfertigt. Tatsächlich haben wir es hier mit einem ernsten, aber für beide Staaten durchaus lösbaren Problem zu tun. Hongkong erlebt gerade den Beginn einer Rückkehrwelle – 10 bis 15 Prozent der Emigranten, mittlerweile australische oder kanadische Staatsbürger, sind bereits wieder in der Stadt, darunter viele sehr talentierte und ehrgeizige Menschen. Zudem strömen hochbegabte Menschen aus Japan, Nordamerika, Westeuropa und Südostasien in die Kolonie. Auch viele gut ausgebildete Chinesen wandern ein – ältere Menschen, die aufgrund ihrer Position die Erlaubnis erhalten, mit ihren Familien nach Hongkong zu ziehen, und jüngere Menschen, die die Chance eines Studien- oder Arbeitsaufenthaltes im Ausland ergreifen. Den 60 000 Menschen, die Hongkong jährlich verlassen, stehen rund 80 000 Einwanderer gegenüber, darunter eine große Zahl hochbegabter Unternehmer, Manager und Akademiker. Kaum eine westliche Zeitung, die in den letzten zehn Jahren über Hongkong berichtete, versäumte es, auf die 60 000 Auswanderer hinzuweisen. Ich persönlich fand aber keinen einzigen Artikel, der die gleichzeitige Einwanderung auch nur erwähnt hätte. Dies festzustellen ist ausgesprochen wichtig für das Verständnis des nächsten Kapitels, in dem die diplomatischen Folgen behandelt werden. Trotz energischer Anstrengungen der einheimischen Geschäftswelt, sich mit legalen Wohnsitzen im Ausland abzusichern, lähmen Kapitalflucht und Abwanderung die Wirtschaft Hongkongs keineswegs.

Hongkong ist nicht mehr nur ein Lieferant Chinas. Seine Wirtschaft kann auch dann florieren, wenn die Volksrepublik ernste politische und wirtschaftliche Krisen erlebt. Die Lehre aus den Ereignissen auf dem Platz des Himmlischen Friedens lautet nicht, daß die Hongkonger Firmen in China einem ständigen Risiko ausgesetzt sind. Im Gegenteil, selbst auf dem Höhepunkt der Krise in Beijing verzeichnete keine einzige Hongkonger Fabrik in Südchina (wo die meisten ansässig sind) auch nur die geringsten Produktionseinbußen. Im Jahr 1992 waren bemerkenswert wenige dieser Firmen von der Nachfrage in China abhängig, da das Land heute wie früher sein Hauptaugenmerk auf den Export richtet. Die meisten produzieren Waren für den

japanischen, europäischen oder amerikanischen Markt. China könnte schwere politische Konflikte mit empfindlichen wirtschaftlichen Rückschlägen wie in den Jahren 1958–1961 und 1966–68 erleben, ohne daß Hongkongs Wachstum davon betroffen wäre.
Selbst wenn Hongkongs Probleme zu lösen sind, so könnten sie doch seine Wettbewerbsfähigkeit schwächen – was in Anbetracht der scharfen Konkurrenz in der Region fatale Auswirkungen haben könnte. Um diesen Gedanken zu überprüfen, müssen wir zunächst die acht wesentlichen Funktionen Hongkongs untersuchen.

Hongkongs wichtigste Funktionen

1. Tor zum Westen
Hongkong ist für China an erster Stelle das Tor zum Westen. Von hier bezieht die Volksrepublik Technologie und Kapital, wirtschaftliches Know-how und Ideen. Hongkong hat sich zu einem wichtigen Handelsplatz für China entwickelt, zu einem Bindeglied zwischen dem chinesischen System und der kapitalistischen Welt. Kein Land kann in dieser Hinsicht mit Hongkong konkurrieren. Theoretisch könnten die Wirtschaftssonderzonen zu Rivalen werden, praktisch sind sie wie Kolonien von Hongkong und dessen Investitionen abhängig; im Grunde gehören sie zu Hongkong. Mit dem Aufstieg Chinas trat Hongkongs Funktion als Tor zum Westen immer mehr in den Vordergrund. Auch wenn seit der Öffnung Chinas so manches Geschäft direkt und nicht über den Mittler Hongkong abgewickelt wird, wachsen Chinas Auslandsbeziehungen doch in einem solchen Maße, daß Hongkong solche Ausfälle mehr als kompensieren kann. So wollen etwa die meisten chinesischen Exporteure ihre Waren über Hongkong ausführen, selbst wenn andere Häfen näher gelegen sind, und zugleich bekleiden Manager aus Hongkong zahlreiche Leitungspositionen in großen chinesischen Häfen. Eines Tages könnte aus Shanghai oder Taiwan Konkurrenz erwachsen, aber das dürfte noch Jahrzehnte dauern.

2. Handelsstützpunkt
Hongkong und Singapur besitzen deshalb die größten Häfen der Welt, weil sie wichtige Handelsstützpunkte sind. In den achtziger Jahren glaubte man allgemein, daß sie in dieser Funktion unvermeidlich

an Wert verlieren würden, je mehr andere Länder ihren Handel liberalisierten. Ihre Bedeutung sah man vor allem darin, daß sie freien Handel auch in einer Zeit zuließen, in der andere Länder den Handel strikt einschränkten oder besteuerten. Folgt man dieser Einschätzung, so müßte die allgemeine Liberalisierungswelle den besonderen Status von Hongkong und Singapur bedrohen. Eine solche Analyse verkennt jedoch, was den Kern eines Handelsstützpunktes ausmacht, nämlich die geballte Konzentration hochspezialisierter Fähigkeiten, und die ist nötig, um Verkäufer und Käufer zusammenzubringen. Früher war dies relativ einfach. Es gab wenige Verkäufer, wenige Käufer und wenige Produkte. Um ein Beispiel zu nennen: China wollte Wolfram verkaufen, und die USA wollten Wolfram kaufen, und so sahen beide Länder in Hongkong den geeigneten Zwischenhändler.[16] Heute stellt sich die Situation komplexer dar. Viele Länder sind Verkäufer, und eigentlich alle sind Käufer. Die Produktpalette reicht von Rohstoffen über Spielwaren bis hin zu Petrochemikalien und anspruchsvoller Software. So kann Hongkong die Aufgabe zufallen, einen in China hergestellten Kassettenrecorder von Hitachi nach Peru zu verkaufen. Verkäufer, Produkte und Käufer, Versandarten und Finanzierungsmodalitäten – all das ist so vielschichtig geworden, daß hochspezialisierte Fachkenntnisse erforderlich sind, um den ganzen Prozeß zu steuern. Die Rolle eines Handelsstützpunktes ist heute wichtiger denn je, und nur Hongkong und Singapur verfügen über notwendige Voraussetzungen, um diese Funktion zeitgemäß zu erfüllen.[17]

3. Finanzzentrum

Hongkong ist das drittgrößte Finanzzentrum der Welt, an der Zahl der hier ansässigen Banken gemessen, oder das viertgrößte, legt man den Umfang der ausgegebenen Übersee-Anleihen zugrunde. Hongkong ist ferner ein bedeutendes Zentrum der Fond-Verwaltungen. Im Jahr 1989 betrug das verwaltete Fondvermögen 114 Milliarden Dollar im Vergleich zu 15 Milliarden Dollar in Singapur. Die meisten potentiellen Konkurrenten kämpfen mit Standortnachteilen: In Bangkok sind Telefonnetz und Infrastruktur insgesamt mangelhaft, dasselbe und vieles andere trifft auf Manila und Jakarta zu, in Kuala Lumpur sind die Wirtschaftsbeziehungen politisiert, und Taipeh leidet unter seinem unsicheren sicherheitspolitischen Umfeld. Tokyo ist zwar die Metropole der Region für die Verteilung von Krediten, aber es kann Hongkongs

Rolle aus mehreren Gründen nicht übernehmen. Als Geschäftsstadt ist Tokyo einfach viel zu teuer, die japanische Sprache verschließt sich den meisten Ausländern, die Kultur ist esoterisch und fremdenfeindlich, und die Finanzmärkte sind so groß und unübersichtlich geworden, daß bereits ihre Verwaltung die Fachleute in der Stadt vollständig in Anspruch nimmt.

Bliebe also nur Singapur. Als ernsthafter Konkurrent ohne die Probleme der anderen hat es Hongkong, was den Umfang der Devisengeschäfte angeht, bereits übertroffen. Aber solange Singapur an seiner strengen Reglementierung der meisten Märkte und der Presse festhält – und eine Veränderung ist nicht in Sicht –, werden seine Möglichkeiten beschränkt bleiben. Die meisten Unternehmen sind auf Presseerzeugnisse wie *Asian Wall Street Journal, Asia Week, Far Eastern Economic Review,* die CNN-Fernsehnachrichten und andere Informationsquellen angewiesen, die in Singapur offiziell verboten sind. In einem Klima drückender Kontrolle und Reglementierung kann kein Wettbewerb gedeihen. Nach den Ereignissen auf dem Tiananmen-Platz zogen einige Finanzunternehmen nach Singapur, machten diesen Schritt aber wegen der als repressiv empfundenen Vorschriften in vielen Fällen wieder rückgängig. Ohne Zweifel hat Singapurs Wirtschaft einen bemerkenswerten Aufschwung erlebt, aber für die meisten Firmen, die im informationsintensiven Finanzdienstleistungsgewerbe tätig sind und spontan und eigenverantwortlich entscheiden müssen, ist das Land nicht attraktiv.

Obwohl Singapur in einer regelrechten Kampagne Arbeitskräfte aus Hongkong abwarb, zogen zwischen 1985 und 1988 gerade einmal 35 Personen um. Ich selbst erhielt in diesem Jahr fast ebenso viele Anfragen von Menschen aus Singapur, die nach Hongkong übersiedeln wollen, wie insgesamt Emigrationen von Hongkong nach Singapur gemeldet sind. Hongkonger Bürger schätzen eine Aufenthaltsgenehmigung für Singapur als Versicherung für unsichere Zeiten, aber sie wollen nicht wirklich dort leben. Nach inoffiziellen Berichten nahmen nach dem Tiananmen-Zwischenfall 500 bis 600 Personen das Angebot aus Singapur für eine unbeschränkte Aufenthaltsgenehmigung an; selbst wenn dies stimmen sollte, sind in einem Zeitraum von vier Jahren mehr Menschen (873) von Singapur nach Hongkong emigriert als in fünf Jahren von Hongkong nach Singapur. Inoffiziell bestätigen Beamte aus Singapur, daß dieser Trend anhält. Singapurs Versuche in den achtziger

Jahren, Hongkong herauszufordern und in einen Standortwettbewerb einzutreten, sind eindeutig gescheitert. Nicht von ungefähr hat Singapur seine Strategie in den neunziger Jahren geändert. Es konzentriert sich nicht länger auf den Konkurrenzkampf, sondern sucht nach Möglichkeiten der Zusammenarbeit und investiert in Hongkong.

Singapur hat im Wettstreit mit Hongkong möglicherweise ein grundsätzliches Problem. Während das marktwirtschaftliche Hongkong seine Ressourcen mit steigender Effizienz zu nutzen verstand, deutet eine neuere Untersuchung darauf hin, daß Singapurs stark regulierte Wirtschaft in erster Linie deshalb boomte, weil die Regierung immer mehr Kapital in Investitionen mit stetig abnehmender Produktivität pumpte. Da Kapital aber nicht unbegrenzt zur Verfügung steht, bekommt gerade ein Staat Probleme, in dem die Regierung die Sparquote auf nahezu 40 Prozent getrieben hat – die höchste Sparquote der Welt.[18]

Obwohl Hongkong keinen echten Konkurrenten hat, geht man in Bankkreisen allgemein davon aus, daß es seine Rolle als bedeutendes Finanzzentrum verlieren wird. Schließlich habe es seinen Aufstieg der Rückführung von Ölprofiten aus dem Mittleren Osten und japanischen Gewinnen aus Drittweltgeschäften zu verdanken. Und seit dem Ende des Ölbooms habe das Petrodollargeschäft stark an Bedeutung verloren. Überdies habe Hongkong lange davon profitiert, daß sein für internationale Finanzströme offenes System in einer Region strenger Kapitalmarktkontrollen einzigartig gewesen sei.[19] Nun aber, seit Taipeh und Bangkok ihre Systeme liberalisierten und sich zu bedeutenden Finanzzentren entwickelten, verliere Hongkong seine Sonderstellung.

Doch man sollte den Niedergang des Petrodollargeschäftes nicht überbewerten. Asien hat eine Bevölkerung von fast zwei Milliarden Menschen, die jährlich um 7 Prozent wächst, und dieses Wachstum muß finanziert werden. Das ist die schwierigste Finanzierungsaufgabe in der Geschichte. Und wenn die Petrodollars ausbleiben, dann müssen eben differenziertere Finanzierungsmethoden entwickelt werden. Ohne Petrodollars wird das Kapital knapper und (außer während einer Rezession) teurer. Deshalb wird man kühne Anstrengungen unternehmen, um die Kosten mit Hilfe neuer Finanzierungsmethoden zu reduzieren. Für diese schwierige Aufgabe benötigt man zahlreiche international erfahrene Bankiers, Betriebswirte, Anwälte und Computerfachleute, wie es sie nur in Hongkong gibt. Singapur verfügt ganz sicher nicht über solche Fachleute. Japan hätte sie, ist aber ganz mit seinem eigenen Markt beschäftigt. Ebenso wie Hongkong als Handelsstützpunkt von der Konzentration hochspezialisierter Fähigkeiten auf engstem Raum profitiert, so kann es auch im Bereich der Finanz- und anderer Dienstleistungen seine Stärken ausspielen. Daß New York, London und Tokyo als globale Finanzzentren prosperieren, liegt nicht an dem Protektionismus in ihrer jeweiligen Region, sondern an ihrer ausgeprägten Kompetenz auf diesem Gebiet. New York wird seine Rolle als globales Finanzzentrum nicht verlieren, nur weil Minneapolis liberale Richtlinien hat und eine wichtigere Rolle spielen will, und dasselbe gilt für Hongkong und Bangkok.

4. Regionales Dienstleistungszentrum

Die späten achtziger und die neunziger Jahre sind von der Expansion des Dienstleistungssektors im pazifisch-asiatischen Raum geprägt. Komplexer grenzüberschreitender Handel und Investitionsgeschäfte, die Entschlossenheit der Regierungen, moderne Steuersysteme einzuführen, die zunehmende Bedeutung der Börse und der damit verbundene Bedarf an Informationen und Analysen sowie viele andere Entwicklungen haben den Bedarf an hochqualifizierten, international erfahrenen, aber dennoch regional interessierten Betriebswirten, Rechtsanwälten, Informatikern und EDV-Beratern in die Höhe schnellen lassen. Hongkong und Singapur sind die Dienstleistungshauptstädte der Region, wobei Hongkong eine wesentlich größere Rolle spielt – mit weiterhin stark aufstrebender Tendenz.

5. Hersteller

Hongkong zieht sich – bis auf bestimmte spezialisierte Bereiche – aus dem produzierenden Gewerbe zurück. Gleichzeitig aber wächst es in die Rolle eines »Produktionsmanagers« für Südchina und Asien insgesamt hinein. Wie New York hat es sich von der eigentlichen Fertigung auf das begleitende Management verlegt, Planung und Finanzierung inbegriffen. Die über drei Millionen Arbeiter, die bei Hongkonger Unternehmen in der Volksrepublik beschäftigt sind, übertreffen die Gesamtzahl der Industriearbeiter in Hongkong selbst um das Fünffache. Vor der Öffnung nach China beschäftigten Hongkonger Firmen niemals mehr als 900 000 Industriearbeiter, gegenwärtig sind es 3,65 Millionen. Entsprechend wuchs der Produktionsbereich nahezu um das Vierfache, doch immer weniger Bürger Hongkongs arbeiten selbst in

der Fertigung. Obwohl sich Hongkong aus der Produktion zurückgezogen hat, ist seine Rolle in der Fertigungsbranche immer bedeutender geworden; die Gewinne aus der Produktion sind sogar gestiegen, weil nun höherwertige Aufgaben abgerechnet werden.
Hongkong hat in dieser neuen Rolle viele Konkurrenten, doch es gibt auch eine große Nachfrage. Hongkong orientiert sich zunehmend regional: mit Fabriken etwa in Thailand, Malaysia, Indonesien, aber auch in so entfernten Ländern wie der Schweiz, den USA und Sri Lanka. In Anbetracht der Tatsache, daß die Produktion in China schneller wächst als irgendwo sonst auf der Welt und daß Chinas Exportindustrie hauptsächlich in den Händen Hongkongs ruht, steigt der Marktanteil von Hongkonger Firmen an der weltweiten Produktion rapide.
Die Öffnung Chinas hat Hongkongs Ausgangsposition entscheidend verändert. Zum ersten Mal ist es imstande, die besten Unternehmen der Region, potentielle Weltklassefirmen, zu unterstützen. Bis vor kurzem waren die Märkte Hongkongs und Taiwans ganz einfach zu klein, um mit Konzernen zusammenzuarbeiten, wie sie Japan (Mitsubishi, Sony) und Südkorea (Hyundai, Lucky-Goldstar) kennzeichnen. Hongkong wird im Gegensatz zu seinen größeren Nachbarn wahrscheinlich immer eine fragmentarisch strukturierte Wirtschaft sein, aber Cheung Kong ist auf dem besten Weg, auf dem Immobiliensektor ein Unternehmen von Weltniveau zu werden; gleiches gilt für Hutchison in den Bereichen Satellitenfernsehen, Häfen und mobile Telefonsysteme; und Hopewell wird die Rolle eines führenden regionalen Bauunternehmens spielen. Da chinesische Firmen Hongkong zu ihrer Ausgangsbasis für internationale Geschäfte machen und es als Zentrum für die Kommerzialisierung ihrer breitangelegten wissenschaftlichen Forschung zu nutzen gedenken, könnte Hongkong sich durchaus, und zum ersten Mal, zu einem Zentrum für anerkannte Unternehmen und Handelsmarken entwickeln.

6. Regionalzentralen

Die meisten größeren Unternehmen brauchen eine Regionalzentrale in Tokyo und eine weitere für das übrige Asien. Und in dieser Hinsicht sind Hongkong und Singapur erste Wahl: einmal als Finanzzentren, zum anderen weil sie neben steuerlichen auch andere Anreize zu bieten haben. An Hongkong wird das Kultur- und Unterhaltungsangebot geschätzt, Singapur hat ein ruhigeres soziales Ambiente. Beide scheinen in dieser Hinsicht festgelegte Rollen zu haben, und die Unternehmen entscheiden je nach Branche und geographischer Orientierung. Es gibt keinen Beweis dafür, daß Firmen in größerem Umfang ihre Zentralen von Hongkong nach Singapur verlegen oder umgekehrt. Zwar ist die Zahl der US-Vertretungen in Singapur in die Höhe geschnellt, weil viele Unternehmen dort kleine Stützpunkte errichten, um von den Vergünstigungen aus den Siedlungsprogrammen zu profitieren, dennoch bleibt Hongkong weit voraus. (Es ist bezeichnend, daß die Repräsentanten in Singapur meist ihren Kollegen in Hongkong unterstehen.) Dem jüngsten Länderüberblick ist zu entnehmen, daß 51 Prozent der Regionalzentralen im pazifischen Asien in Hongkong angesiedelt sind, 29 Prozent in Singapur und 20 Prozent in Tokyo.[20]

7. Vermarkter chinesischer Forschung
Trotz der verheerenden Auswirkungen der Kulturrevolution auf die chinesischen Bildungseinrichtungen besitzt China noch immer ein großes wissenschaftliches Potential, das bisher kaum für kommerzielle Zwecke genutzt worden ist. Hongkong dagegen hat kaum Wissenschaftler ausgebildet oder ins Land geholt, dafür verstehen es seine Unternehmer, nahezu alles zu vermarkten. Beide Komponenten zusammen ergeben ein lukratives Ganzes.
Ein Pionier in dieser Hinsicht war das Hongkonger Unternehmen Videotech, das an der Börse gelistet und der weltweit größte Produzent von Computer-Lernspielen ist. Der in Amerika ausgebildete und in Hongkong lebende Chinese Allen Wong leitet das Unternehmen. Er legt Wert darauf, daß in der großen Fabrik in China nur hervorragend ausgebildete Wissenschaftler aus allen Landesteilen beschäftigt sind, bei bisher allerdings schlechter Bezahlung. Zunächst konzentrieren sich solche von Hongkong und dem Festland gemeinsam vorgenommenen Anstrengungen auf hochspezialisierte Bereiche wie etwa die Entwicklung von chinesischsprachiger Computer-Software, aber eine Erweiterung der Produktion ist in naher Zukunft zu erwarten. Rechnet man Taiwan hinzu, verfügen die Chinesen über enorme wissenschaftliche und kommerzielle Fähigkeiten.

8. Pressezentrum
Hongkong ist Asiens Pressezentrum. Kein anderes Land hat ein vergleichbares Presseangebot bei ausdrücklich garantierter Pressefrei-

heit. Singapur kann die besseren Druckkapazitäten anbieten, hat aber die Pressefreiheit stark eingeschränkt. In naher Zukunft wird niemand ernsthaft mit Hongkong konkurrieren können. Langfristig jedoch könnten Fortschritte in Bangkok oder Singapur die Anziehungskraft der Kolonie beeinträchtigen. China könnte außerdem versuchen, seinen Einfluß geltend zu machen, um »Verleumdungen« und »Gerüchten« über das eigene Land entgegenzuwirken. Allerdings sind, wie wir bereits gesehen haben, selbst unter Li Pengs konservativer Regierung das *Asian Wall Street Journal* und die *Far Eastern Economic Review* durchaus erhältlich, und auch andere wichtige Nachrichtensender wie CNN können empfangen werden. In Singapur dagegen sind die genannten Zeitungen meist verboten oder werden nur in streng limitierter Auflage vertrieben.
Zusammengefaßt sind die wichtigsten Funktionen Hongkongs also – trotz der Abwanderung qualifizierter Fachkräfte – gesichert, es sei denn, es träte eine ganz unerwartete Verschlechterung der Rahmenbedingungen ein: China könnte eine kritische Berichterstattung der Presse unterbinden, die Bürokratie könnte übermächtig werden, die Abwanderung besorgniserregend zunehmen, Verbrechen und Korruption blühen, und China nach dem Tod Deng Xiaopings durch schwere politische Kämpfe erschüttert werden. Die Vergangenheit hat aber gezeigt, daß Hongkong auch in schwierigen Zeiten in der Lage ist, seine Wirtschaft stabil zu halten. Die Kronkolonie ist heute das Bindeglied zwischen drei der mächtigsten wirtschaftlichen Kräfte in der Weltgeschichte: des wirtschaftlichen Aufschwungs in China, des Aufschwungs der asiatischen Region insgesamt und des Aufschwungs speziell im asiatischen Dienstleistungssektor.

Hongkongs Konkurrenten

Auf dem Festland ist man der Meinung, daß Shanghai Hongkong um seinen Erfolg beneidet und sich selbst auf Kosten Hongkongs entwickeln will. Zum Beweis wird gerne darauf hingewiesen, daß die chinesische Bürokratie, soweit sie für Hongkong und Macao zuständig ist, von Beamten aus Shanghai beherrscht wird.
Ich habe versucht, die These von der Shanghaier Krankheit der roten Augen (die chinesische Redewendung für Eifersucht) durch Inter-

views in Guangzhou und Beijing sowie durch Gespräche mit Unternehmern und Beamten aus Shanghai zu erhärten. Die Ergebnisse zeigen genau das Gegenteil. Shanghai führt seine Probleme nicht auf die Hongkonger Konkurrenz zurück, sondern auf die überhöhte Besteuerung durch Beijing. Mehr als die Hälfte der Gesamteinkünfte der Zentralregierung werden aus Shanghai herausgepreßt. Shanghai scheint mehr danach zu trachten, mit der Kronkolonie zu wetteifern, als sie zu bekämpfen. Beamte und Wissenschaftler in Guangdong zeigen sich wegen Shanghai nicht besorgt. Sie glauben nicht, daß die Wirtschaftssonderzone Pudong außerhalb von Shanghai ihr Modell kopieren wird. Außerdem sind sie davon überzeugt, daß ihre Nähe zu Hongkong und ihre besseren Kontakte zu Chinesen in aller Welt einen dauerhaften Erfolg Guangdongs garantieren.

Objektiv betrachtet, gibt es für Hongkong und Guangdong wie auch für Shanghai genügend Entfaltungsmöglichkeiten. Der Vertrag zwischen der Hafenbehörde von Shanghai und dem Hongkonger Unternehmen Hutchison Whampoa aus dem Jahr 1992 deutet darauf hin, daß man eher an einer Zusammenarbeit interessiert ist als an einem Konflikt. Zwar wird es etwa an den Aktienmärkten und im Bankensektor zu einem Konkurrenzkampf kommen. Doch insgesamt scheinen die zukünftigen Beziehungen von gemeinsamen Interessen und einer von beiden Seiten akzeptierten Arbeitsteilung geprägt zu sein: Shanghai soll die Hauptstadt der Schwerindustrie sein, Hongkong die Hauptstadt des Dienstleistungsgewerbes und der Leichtindustrie.

Der einzige Anhaltspunkt für die These von der Shanghaier Krankheit findet sich im steuerlichen Bereich. Die Fehlentwicklungen in der chinesischen Steuerpolitik, die in einer übermäßig hohen Belastung Shanghais und rückläufigen Einkünften der Zentralregierung in einer Zeit außerordentlichen Wirtschaftswachstums zum Ausdruck kommen, lassen eine baldige Reform des Steuersystems erwarten. Die Verfasser des achten Fünfjahresplanes haben einer Gruppe von Ökonomen (ich war selbst mit dabei) berichtet, daß das nationale Steuersystem überarbeitet werden soll und daß die Küstengebiete voraussichtlich einige Steuerprivilegien verlieren werden. Dahinter steht aber ganz sicher keine Verschwörung Shanghais, und die Provinz Guangdong wird ihre besonderen kulturellen und geographischen Vorteile behalten, die ihr bei dem rasanten Start in ein modernes Wirtschaftssystem zugute kamen.

Ist Chinas Aufstieg ein Machtverlust für Hongkong?

Allgemein heißt es, daß die regionale Bedeutung Hongkongs in dem Maße schrumpft, wie seine Bedeutung für China wächst. Dazu muß es aber nicht kommen. Die starke Zunahme des regionalen Handels in Asien und die Expansion der regionalen Dienstleistungsbranche, in der Hongkong eine dominante Rolle spielt, eröffnen der Kronkolonie ein wichtiges zweites Betätigungsfeld. Eine Umfrage unter amerikanischen Firmen, die repräsentativ für multinationale Unternehmen in Hongkong sind, ergab, daß nur knapp die Hälfte (47 Prozent) von ihnen Geschäftsbeziehungen mit China unterhält.[21] Eine von mir selbst durchgeführte Telefonbefragung der größeren Dienstleistungsunternehmen (also der Unternehmen aus dem am schnellsten wachsenden Sektor Hongkongs) zeigte ebenfalls, daß die regionalen Geschäftsbeziehungen die mit China bei weitem überwiegen. Hongkong hat also zwei Standbeine, das chinesische und das asiatisch-regionale – wenn es sich auf letzteres überhaupt stützen will. Die Schlüsselfrage lautet, ob die Kolonie sich aktiv um den Erhalt und den Ausbau der weltwirtschaftlichen Kenntnisse und der Wettbewerbsfähigkeit bemühen wird, die sie für die Wahrnehmung ihrer Chancen in der Region benötigt.

Hongkongs zentrale Zukunftsprobleme

Will Hongkong seine Möglichkeiten vollständig nutzen, muß es einige schwierige Balanceakte vollführen.

Sofortige Demokratie versus Freiheitserhaltung

Hongkong ist die freieste stabile Gesellschaft in Asien. In Malaysia und Singapur ist die Pressefreiheit stark eingeschränkt, und die nationale Sicherheit wird streng kontrolliert. Malaysia befindet sich seit seiner Unabhängigkeit im Ausnahmezustand. Auch in Japan gibt es versteckte Kontrollen der Presse. In der Kronkolonie dagegen sind neben vollständiger Rede-, Religions-, Presse- und Versammlungsfreiheit nahezu alle vom britischen Common Law garantierten Freiheiten verwirklicht. Wenn die USA auf einer Freiheitsskala von 1 bis 100 mit 100 Punkten an der Spitze rangiert, so erhält Großbritannien (wegen der Einschränkungen bei der Veröffentlichung von Regierungsinformationen) 97 Punkte und Hongkong vielleicht 94 Punkte, weil der Unabhängigen Kommission gegen Korruption, der Internal Commission Against Corruption (ICAC), vieles erlaubt ist, was in den USA verboten wäre. Kein geordnetes Staatswesen der Dritten Welt rangiert auf der Skala vor Hongkong.

Unter demokratischen Gesichtspunkten steht die Kronkolonie zwar nicht auf einer Stufe mit den wichtigen Industrienationen, liegt aber eindeutig vor allen anderen Ländern der Dritten Welt. Im Jahre 1995 werden 20 Mitglieder des Legislativrates direkt vom Volk gewählt werden, 30 von Wirtschafts- und Interessenverbänden wie Wirtschaftsprüfern und Rechtsanwälten und 10 indirekt von einem Wahlmännergremium. Bei der Wahl der obersten Verwaltungsspitze hat Beijing nach 1997 Vetorecht. Ein ausgeklügeltes System beratender Körperschaften garantiert eine umfassende, einflußreiche Vertretung der verschiedenen Interessengruppen. Die freie Presse bietet eine solche Meinungsvielfalt, daß allen gesellschaftlichen Gruppen Aufmerksamkeit geschenkt wird. Damit verfügt Hongkong über ein System, das zwar nicht ganz an das Niveau der westlichen Demokratien heranreicht, aber auf alle Fälle repräsentativer ist als in den meisten Staaten der Dritten Welt. Außerdem hat es eine gewisse Widerstandskraft gegen Manipulationsversuche der Chinesen bewiesen. So unternahm Xinhua (die Nachrichtenagentur Neues China, die chinesische Interessen in Hongkong vertritt) bei der Wahl 1991 den energischen Versuch, eine beijingfreundliche, aber nichtsozialistische Gruppierung zu unterstützen. Kein einziger Kandidat wurde gewählt.

Das System birgt Risiken und Chancen. Das größte Risiko besteht darin, daß in Beijing eine skrupellose Regierung an die Macht kommen und Hongkong unter Druck setzen könnte. Doch gilt es zu berücksichtigen, daß eine skrupellose Regierung in Beijing jedes System manipulieren könnte und daß Beijing bisher kein Interesse daran gezeigt hat, steuernd einzugreifen und damit unter Umständen strukturellen Schaden anzurichten. (Daß es bereit ist, mit energischen Maßnahmen einseitigen Strukturveränderungen durch die Briten entgegenzuwirken, ist ein anderes Problem, wie wir im nächsten Kapitel sehen werden.) Hongkong hat, wie andere asiatische Wirtschaftswunderländer auch, einen Weg gefunden, eine direkte Beteiligung der Bürger mit dem Sachverstand der Experten zu verbinden. Dazu dienen die in der Verfassung verankerten Wahlen ebenso wie die Beratungsgremien. In anderen Staaten Asiens erreichte man dasselbe Ziel auf anderem Weg, etwa indem man den Beamten im Vergleich zu den Politikern enorme Macht verlieh (Japan, Südkorea, Taiwan, Singapur und Thailand) und die Herrschaft einer tonangebenden Partei zementierte (Japan, Taiwan, Singapur und Malaysia). Die beschriebene Kombination dämmt einige der populistischen Tendenzen ein, die viele Staaten Afrikas und Lateinamerikas in den Bankrott getrieben haben – und in den USA zu einem horrenden Haushaltsdefizit geführt haben. Sie kann der Regierung dabei helfen, auf rasche Veränderungen des wirtschaftlichen Umfelds entschlossener zu reagieren.

Das Hongkonger System ist auf jeden Fall sehr freiheitlich und, an den Maßstäben der Dritten Welt gemessen, relativ demokratisch, ja sogar viel demokratischer als vor der Entscheidung Chinas, die Kolonie von den Briten zurückzunehmen. China hat sich mit der Demokratisierung abgefunden, was sich daran zeigt, daß die Zahl der direkt gewählten Mitglieder des Legislativrates im Vergleich zu den indirekt gewählten langsam zunimmt. China hat sich verpflichtet, längerfristig eine Legislative zuzulassen, die wie im Westen ausschließlich vom Volk gewählt wird. Doch es legt Wert auf Kontinuität und eine durchsetzungsfähige Führung und ist nicht bereit, einen plötzlichen radikalen Wechsel zu dulden. Dies entspricht ganz und gar seiner wirtschaftlichen Strategie der kleinen Schritte, die sich als sehr viel klüger erwiesen hat, als im Westen immer behauptet wird. Demgegenüber bezeichnen einflußreiche Politiker in London und Washington und einige Kritiker in Hongkong selbst alle bisherigen Fortschritte als bedeutungslos und fordern von Großbritannien die sofortige Einführung der Demokratie. Sie stellen die unhaltbare Behauptung auf, daß der chinesische Widerstand gegen eine solche Veränderung einen Bruch der Gemeinsamen Erklärung darstelle.

Hongkong steht somit vor der Frage, ob es sich lohnt, auf schnellstem Wege eine vollständige Demokratie einzuführen und dabei eines der freiheitlichsten und erfolgreichsten Systeme der Welt aufs Spiel zu setzen. Die Entscheidung liegt beim britischen Gouverneur, der von einflußreichen Politikern und Interessengruppen in London ebenso beeinflußt wird wie von Leuten in Washington, die »alles oder nichts« forderten. Die Chinesen fühlen sich durch solche Forderungen an die verhängnisvollen Ratschläge erinnert, die dieselben Leute Osteuropa erteilt haben.

Gegenseitige Nichteinmischung versus Freiheit

Die Strategie »Ein Staat, zwei Systeme« kann nur Erfolg haben, wenn China und Hongkong keine Versuche unternehmen, sich gegenseitig zu destabilisieren. Dies verlangt von beiden Seiten Zurückhaltung, insbesondere auch von jenen Hongkonger Organisationen, die Dissidentengruppen in China finanziell unterstützen, organisieren oder ihre Interessen nach außen vertreten. Solche Aktivitäten mögen moralisch gerechtfertigt sein (ich selbst habe mich in entsprechender Weise für eine Demokratisierung in anderen Ländern engagiert), aber sie gefährden die Grundlage für die Freiheit der Kronkolonie, wenn sie von offizieller Seite gefördert oder geduldet werden.
Allerdings gerät die Freiheit auch dann in Gefahr, wenn Beijing überempfindlich reagiert und beispielsweise kritische Presseartikel und Reden über chinesische Spitzenpolitiker als subversiv empfindet. Fondsverwalter und Broker werden abwandern, wenn sie nicht mehr die benötigten Informationen erhalten. Intellektuelle und viele andere, für die Freiheitsrechte unverzichtbar sind, werden Hongkong verlassen, und die Kolonie wird verarmen.
Bislang haben sich beide Seiten kompromißbereit gezeigt. Großbritannien hat einige Maßnahmen zur Eindämmung subversiver Aktivitäten ergriffen, allerdings recht halbherzig und mit Hilfe rechtlicher Spitzfindigkeiten (vergleiche dazu das fünfte Kapitel); ein solcher Kompromiß kann das Problem jedoch nicht lösen, der Konflikt schwelt weiter. China selbst verhält sich ambivalent. So sprach sich die Nachrichtenagentur Xinhua unter der Führung von Xu Jiatun zunächst für das Recht der Hongkonger Bürger aus, große Demonstrationen gegen die chinesische Politik durchzuführen, solange sie auf Hongkong beschränkt blieben. Später, unter der Führung von Zhou Nan (1990–1993), übte die Agentur scharfe Kritik am Gouverneur, weil er nicht gegen antichinesische Pressekommentare vorging. Gleichzeitig aber sind das *Asian Wall Street Journal* und die *South China Morning Post* (Hongkongs führende englischsprachige Zeitung, die wie das *Asian Wall Street Journal* gegen Beijing eingestellt ist) in jeder größeren chinesischen Stadt erhältlich, selbst wenn sie sehr kritische Artikel veröffentlichen.

Beijing hat gesellschaftliche Veränderungen in Guangdong unter dem Einfluß der zahlreichen Besucher aus Hongkong sowie der Berichte in Rundfunk und Fernsehen zugelassen. Da der Prozeß schrittweise verlief und untrennbar mit dem wirtschaftlichen Aufschwung verbunden war, duldete China ihn als unvermeidbar, aber kontrollierbar.
Die Lösung könnte in einem Vertrag bestehen, in dem einerseits Hongkong die Strategie »Ein Staat, zwei Systeme« mit allen Konsequenzen anerkennt und andererseits Beijing eine tolerante Haltung gegenüber allen schriftlichen und mündlichen Meinungsäußerungen, also auch gegenüber Demonstrationen in der Kronkolonie, einnimmt. Es ist ausgesprochen wichtig, daß die Vereinbarungen klar und unmißverständlich gefaßt sind. Das bisherige Verhalten beider Seiten läßt darauf schließen, daß sie bereit sind, entsprechende Regeln einzuhalten. Eine ausdrückliche Vereinbarung scheint im Augenblick jedoch unmöglich, denn einerseits haben die Ereignisse auf dem Tiananmen-Platz in Großbritannien großes Mißtrauen geweckt, andererseits haben die harte Linie der Briten in der Demokratisierungsfrage und ihre Verstöße gegen die Gemeinsame Erklärung in Sachen Flughafen und politischer Wandel (siehe folgendes Kapitel) Chinas Argwohn geweckt.

Gegenseitige Nichteinmischung versus Demokratie

Hongkongs neue Verfassung, das Grundgesetz, enthält eine Nichteinmischungsklausel. Wenn aber weder Beijing noch Hongkong das jeweils andere System destabilisieren dürfen, so heißt das auch, daß keine der beiden Regierungen Personen an die Spitze berufen sollten, die für den Sturz der anderen Regierung eingetreten sind oder gar aktiv an solchen Versuchen teilgenommen haben. Ein Wahlsieg solcher Leute würde zu einem Dilemma führen. Wenn Hongkong von einem Gouverneur oder einer Gruppe regiert wird, die den Sturz der chinesischen Führung betreibt, wird Beijing natürlich reagieren – und sich durchsetzen.
Im Jahr 1991 gewannen die Vereinigten Demokraten unter der Führung Martin Lees 12 von 18 in direkter Wahl vergebenen Sitze im Legislativrat (bei 60 Sitzen insgesamt). Martin Lee ist dafür bekannt, daß er einen Umsturz in Beijing befürwortet und Dissidenten in China aktiv unterstützt. Alle gewählten Kandidaten, selbst Martin Lee, durften in den Legislativrat einziehen. Viele seiner Anhänger verlangten

jedoch einen Sitz für ihn im Exekutivrat, also in der Regierung der Kolonie. Für Beijing war dies nicht akzeptabel. Lee, ein hervorragender Rechtsanwalt, verwies darauf, daß es ein Unterschied sei, ob man den Sturz der Regierung befürworte oder staatsgefährdenden Umtrieben nachgehe. Doch eine solche Unterscheidung war Beijing zu subtil. Als Christopher Patten 1992 das Amt des Gouverneurs übernahm, beschloß er, dieses Problem mit List zu lösen, indem er allen Mitgliedern des Legislativrates (einschließlich Martin Lee) einen Sitz im Exekutivrat verwehrte. Befürworter einer reinen Demokratie halten solche Entscheidungen für undemokratisch. Doch die meisten Bürger Hongkongs wollen eine Provokation des Drachens vermeiden. Der Verzicht auf gegenseitige Einmischung bleibt die wesentlichste Voraussetzung für den Erfolg des Konzeptes »Ein Staat, zwei Systeme«. In der hitzigen politischen Diskussion kommt es gelegentlich vor, daß dieser Punkt mit anderen Fragen verwechselt wird, etwa ob man Martin Lee schätzt oder nicht, ob man prochinesisch ist oder nicht, ob man wirklich für Demokratie ist oder nicht. Darum geht es nicht. Es ist eine unbestrittene Tatsache, daß Hongkong zwei grundlegende Optionen hat. Die erste lautet »Ein Staat, zwei Systeme«: Hongkongs Freiheit soll bewahrt werden, aber um den Preis gegenseitiger Respektierung der bestehenden politischen Systeme. Die zweite lautet »Ein Staat, ein System«, und damit kann nur ein kommunistisches System gemeint sein – das einzig realistische Ergebnis gegenseitiger Subversion. Nur Beijing kann dabei gewinnen. Wer also für die Freiheit ist, muß sich gegen die zweite Option entscheiden. Gemäß dieser Logik darf an der Spitze der Hongkonger Führung niemand stehen, der den Sturz der Regierung in Beijing befürwortet – es sei denn, er änderte vorher öffentlich seine Meinung.

Freiheit versus Korruption

Obwohl Hongkong eine ausgesprochen freie Gesellschaft ist, hat man in der Kronkolonie bisher eine wesentliche Freiheitsbeschränkung akzeptiert – das Recht der Unabhängigen Kommission gegen Korruption (ICAC), Post zu öffnen, in Häuser und Büros einzudringen und Unternehmen gezielt von einer Zusammenarbeit mit Firmen abzuraten, die unter Korruptionsverdacht stehen. Solche und viele andere Aktionen werden in Hongkong routinemäßig ohne die Kontrollen durchgeführt,

die in Großbritannien als selbstverständlich gelten und in den USA sogar noch strenger angewandt werden. Anhänger der Demokratiebewegung haben sich deshalb für verfassungsmäßig garantierte Grundrechte eingesetzt, die die Befugnisse der ICAC beschneiden sollen. Die ICAC wurde 1974 gegründet, um die überhandnehmende Korruption mit energischen, aber der normalen »demokratischen« Kontrolle entzogenen Maßnahmen zu bekämpfen. Sie beendete eine Krise, die durch die Korruption in Regierung und Polizeiapparat verursacht worden war. Zum Zeitpunkt ihrer Einsetzung war die Kommission unbedingt notwendig, und nicht von ungefähr nahmen sie andere asiatische Länder bei der Bekämpfung der Korruption zum Vorbild. Möglicherweise kann die ICAC nun, da sie ihre Aufgabe erfüllt hat, aufgelöst werden. Andererseits ist die Integration mit China in vollem Gang, und das bedeutet auch, daß die Korruption wieder auf dem Vormarsch ist. Die Macht chinesischer Verbrecherbanden, die Bündnisse zwischen diesen Banden und Polizeieinheiten in Guangdong sowie die geringe Bereitschaft vieler chinesischer Unternehmen in Hongkong, sich an westliche Anti-Korruptionsvorschriften zu halten, stellen eine große Bedrohung für die Integrität der Verwaltung und des Wirtschaftssystems der Kronkolonie dar.
Alles in allem war die Existenz der ICAC bisher nur zu rechtfertigen, weil sie von der britischen Verwaltung, die sich der Freiheit verpflichtet fühlt, kontrolliert wurde. Wenn sie aber unter die Kontrolle repressiver Kräfte gerät oder einfach nur nachlässig beaufsichtigt wird, könnte sie zu einem Instrument politischer Willkür werden und freiheitszerstörend wirken. Noch ist unklar, wie die institutionellen Mechanismen zur Sicherung eines stabilen Gleichgewichts aussehen sollen.

Unabhängigkeit der Justiz

Nichts ist für den Erhalt der Freiheit und der wirtschaftlichen Leistungsfähigkeit Hongkongs so wichtig wie die Unabhängigkeit der Justiz. In China kontrolliert der Staat die Gerichte und erwartet die von ihm gewünschten Ergebnisse. In der Kronkolonie macht der Staat die Gesetze, doch unabhängige Gerichte legen sie aus und wenden sie an. Vor Gericht vertreten Rechtsanwälte die Interessen ihrer Mandanten, nicht der Staat. Die Wirtschaft der Kolonie könnte keine größere Veränderung im Sinne des chinesischen Rechtssystems verkraften. Internationale Unternehmen erwarten es als selbstverständlich, daß sie den Staat ebenso verklagen können wie staatseigene Betriebe und daß ihnen in Streitfällen ein komplexes Schlichtungsverfahren und unabhängige Gerichte zur Verfügung stehen, an die sie sich wenden können. Je weiter sich China auf die Anerkennung eines solchen Systems auch in den Einzelheiten festlegt – mit Ausnahme der Bereiche Staatssicherheit und Außenpolitik –, desto erfolgreicher wird Hongkong sein. Die Verzahnung der beiden Rechtssysteme wird durch ein zweites Problem erschwert: Kann ein System wie das britische Common Law, das auf zahllosen Präzedenzfällen aus mehreren Jahrhunderten beruht, auch in einer Umgebung von Nutzen sein, in der die Sprache des Gesetzes und die allgemeinen sozialen Umgangsformen immer stärker chinesisch geprägt sein werden?

Weder die britische noch die chinesische Regierung hat bisher eine Strategie zur Lösung dieses Problems formuliert. Beijing fordert nicht nur die Kontrolle über die Außenpolitik und die Sicherheitspolitik im Innern, sondern auch einen beträchtlichen Einfluß auf den Obersten Gerichtshof. Und die Chinesen wollen auch bei der Berufung von Richtern ein gewichtigeres Wort mitsprechen, als unter dem britischen System möglich ist. Die Angst vor Mißbrauch ist unter diesen Umständen durchaus verständlich.

Regierungsbeamte und Juristen in der Kronkolonie reagierten abwehrend und kritisierten jede Veränderung aufs schärfste. Der Hongkonger Anwaltsverband (die Law Society) trat für einen strengen Schutz der richterlichen Unabhängigkeit ein. Unglücklicherweise schwächte er seine Position durch heuchlerische Argumente gegen jede Öffnung des Systems für Nichtbriten auch dann, wenn sie dem Schutz der Rechtsordnung dienlich wäre. Konkret wollte er allen Ausländern, insbesondere Amerikanern, die Ausübung des Anwaltsberufes in der Kronkolonie untersagen. Die in Großbritannien ausgebildeten Rechtsanwälte der Kolonie fürchten, daß China jede Liberalisierungsmaßnahme dazu benutzen wird, Hongkong mit seinen Rechtsanwälten zu überschwemmen, und sie benutzen dieses Argument, um sich lästige Konkurrenten vom Hals zu halten. Obwohl die Regierung erkannte, daß der Anwaltsverband in erster Linie die finanziellen Interessen seiner Mitglieder im Auge hatte, beugte sie sich weitgehend seinem Druck und beließ es bei kleinen Schritten in Richtung auf ein offeneres System.

Die Juristen der Kronkolonie waren besonders über die Frage der Berufung von Ausländern an das höchste Berufungsgericht verärgert. In der Gemeinsamen Erklärung hieß es dazu, daß Richter aus anderen Commonwealth-Staaten eingeladen werden sollten, einen Sitz an diesem Gericht anzunehmen. Großbritannien und China einigten sich auf die Interpretation, daß nur ein einziger Richter berufen werden sollte. Dagegen verwies die Hongkonger Barrister-Vereinigung darauf, daß es zu wenige einheimische Richter gebe und daß es daher wichtig sei, mehrere Berufungen ins Auge zu fassen. (Wie sich der angebliche Mangel mit der von derselben Gruppe befürworteten restriktiven Zulassungspolitik vertrug, wurde nie angesprochen.) Einige ortsansässige Anwälte behaupteten sogar, daß eine Beschränkung für ausländische Richter gegen die Gemeinsame Erklärung verstoße. Der Legislativrat beschloß, die Übereinkunft zwischen Chinesen und Briten zu mißbilligen: Auch wenn die Absprache keinen Bruch, sondern nur eine besonders enge Auslegung der Gemeinsamen Erklärung darstellte, war es von den Briten vermutlich unklug, in dieser Frage den chinesischen Standpunkt zu übernehmen.

Der Ausgang dieses Streits ist wichtig. Die im Verlauf der Diskussion deutlich gewordenen Unklarheiten rechtfertigen die zunehmende Neigung von Unternehmen, ihren Rechtssitz zu verlegen. Zugegebenermaßen würde wahrscheinlich keine wie auch immer geartete Alternativlösung bis 1997 die großen Firmen dazu veranlassen, ihren Rechtssitz in Hongkong zu behalten. Aber es besteht doch die Gefahr, daß sich immer mehr Unternehmen sowohl rechtlich als auch wirtschaftlich von Hongkong abwenden, wenn die Unsicherheiten nicht abgebaut werden. Mehr Rechtssicherheit kann aber nur dann erreicht werden, wenn Hongkonger Juristen ihr Festungsdenken ablegen und wenn hilfreiche Kontakte zu westlichen Systemen und gleichgesinnten Gruppen in China geknüpft werden.

Drei Entwicklungen sind unvermeidbar. Erstens werden viele Anwälte der Kronkolonie auswandern oder nach Großbritannien heimkehren; Umfragen bestätigen dies. Zweitens wird Chinesisch als Rechtssprache immer wichtiger werden; je weniger Briten im Land weilen, desto nachdrücklicher wird die Bevölkerung von Hongkong darauf bestehen. Drittens werden chinesische Rechtsanwälte eine immer größere Rolle spielen. Mit ihrer gegenwärtigen Politik versucht die Kolonie, diese Entwicklungen aufzuhalten. Vernünftiger wäre es, sie

aufzugreifen und in eine positivere Richtung zu lenken. Ein protektionistisches Rechtssystem wie das in Hongkong wird unausweichlich geschwächt und am Ende erdrückt werden. Dies aber würde die Rolle Hongkongs als regionales Zentrum des produzierenden Gewerbes und der Dienstleistungsbranche entscheidend schmälern.
Eine vorurteilsfreiere Politik könnte die Zuwanderung begabter Anwälte aus dem Ausland fördern und einen Ausgleich für die augenblickliche Abwanderung schaffen (wie es in anderen Bereichen durchaus der Fall ist). Hongkong könnte z. B. chinesische Anwälte willkommen heißen und gleichzeitig die Zulassungskriterien sehr hoch ansetzen. Und warum sollte man den vielversprechendsten chinesischen Bewerbern nicht eine bescheidene finanzielle Unterstützung gewähren, damit sie den Anforderungen auch gerecht werden können? Auf diese Weise könnte man die Grundlage für ein erstklassiges Rechtssystem schaffen, das von chinesischen Juristen aus Hongkong und China beherrscht wird, die in westlichem Recht bewandert sind. Die systematische Ausbildung einer Gruppe fähiger Rechtsanwälte aus China würde auch die Verhandlungen mit China erleichtern, und die westliche Seite hätte ihre Redlichkeit bewiesen. Gerade jetzt aber verquicken ortsansässige Anwälte ihre berechtigten Sorgen um geordnete Rechtsverhältnisse mit individuellen Interessen und halten die Kollegen vom Festland mit allen Tricks davon ab, effektiv in diesem System mitzuwirken. Weder die Regierung noch der Anwaltsverband haben bisher sichtbare Anstrengungen unternommen, die Rechtsordnung auf eine Zeit vorzubereiten, in der chinesische Juristen den Ton angeben werden. Kein Wunder, daß China berechtigte Zweifel an den lauteren Motiven der Kronkolonie hat.

Laisser-faire versus Anpassung

Hongkong hat ein ideologisches Problem, das der Anpassung an neue wirtschaftliche Realitäten im Weg steht. Die Kolonie litt jahrelang unter einer Inflationsrate von etwa zehn Prozent, während die asiatischen Nachbarn ihre Inflationsrate bereits auf die Hälfte dieses Niveaus gedrückt hatten, und sie verzeichnete ein geringeres Wachstum als die meisten Nachbarn. Obwohl man das Wachstum der Kolonie stark unterschätzte, da die Beziehung zu Guangdong in den Statistiken nur teilweise berücksichtigt wurde, ließ die wirtschaftliche

Lage sehr zu wünschen übrig. Ein unter den eigentlichen Möglichkeiten liegendes Wachstum und, wichtiger noch, eine hohe Inflation können eine Volkswirtschaft auf die Dauer ernsthaft schädigen.
Die Inflation in Hongkong hatte mehrere Ursachen. Teils wurde sie aus China importiert, teils durch die Bindung des Hongkong-Dollars an den US-Dollar verursacht. Der wichtigste Grund war jedoch der Mangel an Grundstücken und Arbeitskräften. Dieser Mangel erklärt sich aus der relativ langsamen Verlagerung arbeits- und landintensiver Industrien über die Grenze nach China. An westlichen Maßstäben gemessen, verließen »sterbende« Industriezweige Hongkong jedoch rasch. Im Vergleich zur amerikanischen Textilindustrie, die der Staat mit vielen Milliarden Dollar subventionierte, um die längst überfällige Verlegung der Produktion ins Ausland zu verhindern, paßte sich Hongkong sogar sehr schnell an die geänderten wirtschaftlichen Bedingungen an. Im Vergleich zu anderen asiatischen Ländern aber ging alles sehr langsam vonstatten. Der größte Teil der Schuhindustrie Taiwans siedelte beispielsweise innerhalb von ungefähr zwei Jahren auf das chinesische Festland über – sehr zum Vorteil der taiwanesischen Wirtschaft. Die Regierung in Hongkong dagegen war nicht bereit, konkrete Maßnahmen zur beschleunigten Anpassung zu ergreifen. Im Gegenteil, sie unterstützt strukturell gefährdete Industrieunternehmen, indem sie beispielsweise versucht, Fabriken, die um das Überleben kämpfen, von Umweltverschmutzungsabgaben auszunehmen. Dadurch bürdet sie die finanzielle Last für die Reinhaltung der Umwelt High-Tech-Firmen auf, die häufig überhaupt keine Umweltverschmutzung verursachen.
Andere asiatische Länder gehen einen anderen Weg. Sie berechnen Umweltschutzmaßnahmen in voller Höhe, verbessern angemessen die Infrastruktur, bieten Umschulungsprogramme an, leisten Anpassungshilfe und beraten bei der Organisation einer Standortverlegung. Die rückwärtsgewandte Politik in Hongkong wird von der Regierung im allgemeinen damit gerechtfertigt, daß Anpassungshilfen im Widerspruch zur traditionellen Laisser-faire-Politik der Kolonie stünden – als sei jede Form der Planung gleichbedeutend mit Sozialismus. Die Tradition des Laisser-faire war in Wirklichkeit jedoch nie so verbreitet, wie heute behauptet wird. Als in Hongkong eine große Wohnungsnot herrschte, baute die Regierung am meisten Häuser. Noch heute befinden sich 40 Prozent der Wohnungen im Besitz des Staates. Die Regle-

mentierung des öffentlichen Verkehrs- und Versorgungswesens (Strom, Gas, Wasser) geht sehr weit und ist in vielerlei Hinsicht strenger als in den USA. Die Aussicht auf eine nahezu zweistellige Inflationsrate in den kommenden zehn Jahren ist eine ebenso große Bedrohung wie früher die Wohnungsnot und sollte entsprechend ernst genommen werden. Außerdem ist staatliche Hilfe bei einer Standortverlagerung nicht sozialistischer als die langfristige Planung von Straßen oder Flughäfen. Nein, hinter dem Versäumnis der Regierung, industrielle Anpassungen zu erleichtern, steckt etwas ganz anderes: Sie will, daß Hongkong von China möglichst unabhängig bleibt.
Dieser Wunsch, ein »Klein-Hongkong« zu erhalten, führt zu verschiedenen irrationalen Handlungen. So bauen die Chinesen eine Autobahn durch die Provinz Guangdong, doch an der Grenze zur Kronkolonie, wo der Verkehr am stärksten wird, geht sie in eine normale Straße über. Die Hongkonger Industrieregion ist das am dichtesten besiedelte Gebiet der Welt, und jenseits der Grenze in Shenzhen ist eine ähnliche Industrieregion entstanden. Dennoch bestehen die Briten darauf, daß das an Shenzhen angrenzende Gebiet auf ihrer Seite in Ackerland aufgeteilt wird. Ein Blick aus dem Flugzeug macht deutlich, wie absurd dieses Ansinnen ist. Auch in diesem Fall stemmen sich die Briten gegen die Entwicklung, anstatt sie aufzugreifen und in ihrem Sinne zu gestalten. Die Kosten für die Kolonie sind gewaltig.

Internationaler Wettbewerb versus Protektionismus

Das Ende der britischen Ära ist geprägt vom Ringen um den Erhalt alter und die Schaffung neuer Monopole. Der geplante Großflughafen soll kein zentraler Luftverkehrsknotenpunkt für die Region werden, obwohl Hongkong damit Gefahr läuft, seine Rolle als bedeutender Transitflughafen für Luftfracht und Passagiere zu verlieren. Aber eine Aufwertung des Airports würde die geschützte Position der lokalen Fluglinie gefährden. Die monopolähnliche Stellung, die Commonwealth-Anwälte im Rechtssystem innehaben, schmälert Hongkongs Aussichten, Dienstleistungszentrum des pazifischen Asien zu werden. Ortsansässige Ärzte verbieten hochqualifizierten französischen Kollegen und Krankenpflegern die kostenlose Behandlung notleidender vietnamesischer Flüchtlinge. Wenn ein Arzt keine Qualifikationen nachweisen kann, die den Vorschriften des britischen Commonwealth entsprechen, darf er nicht praktizieren. Das Bankwesen, der Hafen und viele andere Bereiche werden von Kartellen beherrscht, die noch aus britischer Zeit stammen. Lehrer unterliefen die Bemühungen, die schlechten Englischkenntnisse in der Kolonie zu verbessern, durch allerlei Tricks: Sie vergraulten Englischlehrer aus dem Ausland und verhinderten die Einführung höherer Leistungsanforderungen für ihre Berufsgruppe. Beamte vom Erziehungsministerium störten die Arbeit eines Clubs, dessen Mitglieder sich trafen, um ihr Englisch zu verbessern. Das mangelhafte Bildungsniveau ist die größte Bedrohung für Hongkongs Zukunft als regionales Wirtschaftszentrum.

Die Monopolisierungstendenzen werden von China heftig bekämpft. So forderte die Bank of China die Gleichstellung mit den zwei größten britischen Banken. Amerikanische Unternehmen und Fluggesellschaften bestehen darauf, daß Hongkong seine Rolle als internationales Geschäftszentrum annimmt und sich in gleichem Maße öffnet wie Taiwan und Singapur. Doch alles in allem ist Hongkong nach wie vor konkurrenzfähig und weltoffen im Vergleich zu seinen wichtigsten Nachbarn. Gleichwohl schafft der Versuch, sich abzuschotten, einen gefährlichen Präzedenzfall für die Zeit, wenn die größten Unternehmen auf dem Festland angesiedelt sein werden.

Klein-Hongkong versus wirtschaftliche Integration

Die Gemeinsame Erklärung spricht von einem Hongkong, das zwar autonom, gleichzeitig aber auch ein wesentlicher Bestandteil Chinas ist. Bisher hat sich ein Hongkong präsentiert, das über ein freiheitliches System nach britischem Vorbild verfügt, zugleich aber auch als ein wichtiger Motor für den wirtschaftlichen Aufschwung in China dient. Auch hier geht es wieder darum, das schwierige Gleichgewicht zwischen Autonomie und Integration zu finden. China hat offiziell zwar nie zugegeben, welche Faszination Hongkong auf den Süden Chinas ausübt, doch hat die Kronkolonie die Wirtschaft des Landes in einem solchen Maße befruchtet, daß konservative Kommunisten schnell an den Rand des politischen Geschehens gedrängt wurden. Das im Norden der Kronkolonie auf chinesischem Gebiet gelegene Shenzhen ist Hongkong viel ähnlicher als dem übrigen China. Die Menschen dort kleiden sich wie die Bürger von Hongkong, üben ebenso freimütig Kritik an ihrer Regierung, sehen dieselben Fernsehprogramme und benutzen mobile Telefone, um ihre Wetten im Hongkong Jockey Club abzuschließen. Sie haben die freizügige Sexualmoral und die physische Mobilität ihrer Nachbarn im Süden und besuchen wie sie leidenschaftlich gerne Karaoke-Bars. Die gesamte Provinz Guangdong macht diese Entwicklung durch.

Die Verbürgerlichung Südchinas ist weit über die Erwartungen Beijings hinausgegangen und hat die chinesische Führung zu einer schmerzlichen ideologischen Anpassung gezwungen. Gelegentlich reagierte Beijing mit Kampagnen gegen »bürgerliche Liberalisierung« und »geistige Verschmutzung«, fand sich letztlich aber mit der sozialen Liberalisierung ab. Sie war der Preis für den alle Erwartungen übertreffenden wirtschaftlichen Erfolg. Die heutigen Kampagnen zielen vor allem auf Korruption und Prostitution. (Westliche Feministinnen würden die jüngsten Vorschriften begrüßen, wonach Männer aus Hongkong, die mit Prostituierten verkehren, mit Gefängnis bis zu sechs Monaten bestraft werden. Eine Zeitlang führte man bei Leuten, die mehr als ein dutzendmal pro Jahr die Grenze passierten, stichprobenartig Aids-Tests durch – offensichtlich in der Annahme, daß häufiger Grenzwechsel auf ein größeres Interesse an den Mädchen als an den Geschäften in Südchina schließen ließ – inzwischen hat man davon wieder Abstand genommen.)

Der britischen Regierung in Hongkong fällt es wesentlich schwerer, einen Mittelweg zwischen Autonomie und Integration zu finden. Die Einwanderungsvorschriften verweigern chinesischen Managern, die in aller Welt frei ein- und ausreisen können, im allgemeinen mehrmalige Einreisevisa. Amerikanische Unternehmen mit Sitz in Hongkong müssen deshalb ihre Schulungseinrichtungen für chinesische Führungskräfte nach Singapur verlegen. Hongkonger Regierungsbeamte sehen in der Verlagerung von arbeitsintensiven Firmen auf das Festland eher einen Verlust als eine Chance. Viele Spitzenbeamte haben noch nie eine Dienstreise nach China unternommen, und nur wenige bemühen sich um einen engen Kontakt zu ihren Amtskollegen in Guangzhou (der Hauptstadt der Provinz Guangdong). Nur zögernd hat die Regierung die Verkehrsverbindungen bis zur Grenze ausgebaut, um dem enormen Verkehrsaufkommen gerecht zu werden. (Ebenso lange brauchte die chinesische Regierung, bis sie einer Öffnung der Grenze rund um die Uhr zustimmte.) Noch ablehnender im Umgang mit China waren die Führer der lokalen Demokratiebewegung. Als Hongkong unter einer Welle der Kriminalität zu leiden hatte, weil Banden über die Grenze kamen und der Waffenschmuggel anstieg, rügte die Politikerin Emily Lau öffentlich die Regierung, weil sie eine Gruppe chinesischer Polizisten nach Hongkong eingeladen hatte, um die Verbrechensbekämpfung besser zu koordinieren.

Die vielsagendste politische Maßnahme der britischen Regierung bestand in ihrer Weigerung, der Kantonesisch sprechenden Bevölkerung der Kronkolonie das Erlernen des Mandarin zu erleichtern. Der Grund war nicht etwa ein Mangel an Nachfrage: So berichtet der frühere Präsident der Security Pacific Asian Bank, daß die Angestellten seiner Bank Unterricht in Mandarin verlangten. Nichts wäre für einen sanften Übergang zur chinesischen Herrschaft sinnvoller als die Einrichtung von Sprachschulen für Mandarin. Doch die britische Regierung unternimmt nichts.

Die Aufzählung all dieser Probleme könnte auf den ersten Blick entmutigen. Doch dazu besteht kein Grund, denn Hongkong hat durchaus vielversprechende Alternativen. Erstens: Wird Hongkong bereit sein, die offene und organisierte Einmischung in die politischen Angelegenheiten Chinas zu verbieten? Wenn ja, wird es seine gewohnten Freiheiten fast unverändert behalten und seinen Wohlstand weiter mehren. Der Preis dafür lautet: Zwei bis fünf Persönlichkeiten des aktuellen politischen Lebens können sich keine Hoffnung auf einflußreiche Spitzenämter machen, es sei denn, sie distanzieren sich öffentlich von ihren früheren Äußerungen. Ferner müssen die Hongkonger Bürger aufhören, Regimekritiker in der Volksrepublik finanziell zu unterstützen, Dissidentengruppen zu organisieren, per Telefax Feldzüge über die Grenze zu führen und ähnliches mehr. Da diese Aktionen bereits in der Vergangenheit nicht von Erfolg gekrönt waren, büßt die Kronkolonie nichts von ihrer Freiheit ein. Sie bleibt die freieste stabile und wohlhabende Gesellschaft in Asien, mit allen Rechten, die in der amerikanischen Bill of Rights verankert sind.[22] Wenn Hongkong nicht bereit ist, China sich selbst zu überlassen, wird es eines Tages dem kommunistischen System einverleibt werden.

Die zweite grundlegende Alternative lautet: Wird Hongkong sich zu einer vollständigen Demokratie nach westlichem Vorbild weiterentwikkeln, und zwar mit allen negativen Begleiterscheinungen: Wohlfahrtsstaat, langsamerem Wachstum und einer Regierung, die ein allzu offenes Ohr für die Forderungen einflußreicher Lobbies hat? Oder wird es ein System erhalten, in dem die Verantwortlichen für die Forderungen der Bürger zwar aufgeschlossen sind, aber nach ihrer wirtschaftlichen Sachkenntnis entscheiden und eine langfristige Perspektive entwickeln? Verschiedene Gründe lassen erwarten, daß Hongkong sich für die zweite Alternative entscheiden wird. Einmal ist es eine unbeständige Gesellschaft mit einer hohen Ein- und Auswanderungsrate; kurzfristige Perspektiven würden klare Entscheidungen erschweren. In den USA haben die Befürworter hoher Staatsausgaben bei sinkenden Staatseinnahmen eingeräumt, daß letztlich ihre Kinder für das Defizit werden aufkommen müssen. Die Menschen in Hongkong haben allen Grund zu glauben, daß ihre Kinder einmal woanders leben werden. Zweitens ist die Kronkolonie für politische Krisen anfällig, wie die Reaktionen auf die Ereignisse vom Tiananmen-Platz gezeigt haben. Drittens verdankt Hongkong seine interne Stabilität im wesentlichen seiner wirtschaftlichen Dynamik und insbesondere seiner Fähigkeit, neue Chancen auf dem Weltmarkt rasch zu erkennen. Im Gegensatz zu weniger gut geführten Volkswirtschaften im Westen hat Hongkong eine niedrige Arbeitslosenquote und ein beruhigendes Wachstumspotential. Und viertens erklärt sich Chinas Bereitschaft, an seinem südlichen Zipfel eine kleine Bastion mit gegensätzlicher Ideologie zu dulden, nur aus der Tatsache, daß das außergewöhnliche Wirtschaftswachstum der Kronkolonie der chinesischen Gesellschaft entscheidende Vorteile bringt. Die wirkliche Alternative, um es noch einmal zu wiederholen, besteht zwischen der systematischen Organisation einer leistungsfähigen Wirtschaft – oder der Einverleibung in das kommunistische System. An dieser Stelle mag ein volkswirtschaftlicher Vergleich hilfreich sein. Im Westen wäre es bekanntlich ein schwerwiegender Fehler, den Kurs der eigenen Währung an den einer anderen zu binden. Das Verhältnis würde sich entweder als instabil erweisen oder der Wirtschaft gewaltige Kosten aufbürden. Hongkong jedoch stützt, im Unterschied zu Großbritannien oder Deutschland, den Wechselkurs aus einem wichtigen Grund. Es muß nämlich immer wieder mit Panikreaktionen an den Devisenmärkten rechnen, wie etwa im September 1983, als bekannt wurde, daß Großbritannien und China über die Rückgabe der Kolonie an China verhandelten, oder nach den Ereignissen auf dem Platz des Himmlischen Friedens im Juni 1989. In beiden Situationen hätte die politische Panik das Vertrauen in die Währung erschüttern und der anschließende Kurseinbruch ins soziale Chaos führen können. Glücklicherweise ist der Hongkong-Dollar im September 1983 auf 7,80 pro US-Dollar festgelegt worden. Die wirtschaftlichen Kosten dieser Maßnahme sind so groß, daß sie anderswo nicht akzeptiert worden wären. Als 1985 der hohe Kurs des US-Dollar die Exporte der Kolonie stark verteuerte, schlitterte Hongkong in seine einzige Rezession nach dem Zweiten Weltkrieg. Später ermöglichte ein schwacher US-Dollar ein Wachstum von 13 Prozent. Solche Wechselbäder sind nicht wünschenswert und wurden von westlichen Ökonomen denn auch heftig kritisiert. Ich selbst beteiligte mich an einer Diskussion über dieses Thema mit dem führenden Wirtschaftsfachmann der Administration in Hongkong, Alan McLean. Heute habe ich meine Meinung in dieser Frage geändert. Nach den Ereignissen auf dem Tiananmen-Platz aber erwies sich die Währungspolitik der Kolonie als sehr klug, mag sie auch westlichen Theorien widersprechen und viel Geld kosten.

Die wirtschaftlichen und politischen Institutionen der Kronkolonie wurden innerhalb von eineinhalb Jahrhunderten aufgebaut. Jede größere institutionelle Neuerung war die Antwort auf eine ernste lokale Krise.[23] Hongkong diente in erster Linie britischen Wirtschaftsinteressen, und für die britische Regierung hatten Fragen der Rentabilität stets Vorrang vor politischen Erwägungen. Dennoch genossen die Bürger Hongkongs in der jüngeren Geschichte fast immer die grundlegenden Freiheiten einer westlichen Gesellschaft. Eine Reihe von Konflikten zwischen größeren sozialen Gruppen führten zur Errichtung eines politischen Systems, das für die Anliegen der Bürger ziemlich aufgeschlossen ist. Während die letzte Autorität in den Händen des britischen Gouverneurs blieb, entwickelte sich darunter eine Vielzahl beratender Körperschaften. Dem Exekutivrat, dem Regierungsfunktion zukommt, gehören Vertreter der mächtigsten Interessengruppen der Kolonie und renommierte Persönlichkeiten an. Der Legislativrat entspricht in etwa einem Parlament und repräsentiert breite Bevölkerungsschichten. Die beratenden Körperschaften bringen die Sachkenntnis der Experten ein. Bevor ein wichtiges Gesetz beschlossen wird, erfolgt eine erste eingehende Beratung mit den verschiedenen gesellschaftlichen Gruppen. Dann legt die Regierung ein Diskussionspapier (Green Paper) vor, das öffentlich diskutiert wird, anschließend ein Weißbuch (White Paper), bis das Gesetz schließlich in einem formalen Akt verabschiedet wird. Durch dieses komplexe Verfahren gelang es, bei wesentlichen Fragen einen breiten Konsens zu erzielen. Das Verfahren unterscheidet sich grundlegend von der Gesetzgebung in westlichen Parteiendemokratien, aber es ermöglichte eine breite und intensive Berücksichtigung von Interessen und Sachkenntnis.

Die Stabilität Hongkongs ruhte bislang auf drei Pfeilern. An erster Stelle wäre hier die effiziente Wirtschaftsordnung zu nennen. Sie garantierte ein überdurchschnittliches Wachstum, umfassende Möglichkeiten unternehmerischen Handelns und nahezu Vollbeschäftigung. Zweitens hat sich die britische Justiz mit ihrer auf Ausgleich und Gerechtigkeit bedachten Rechtsprechung allgemeinen Respekt erworben. Schließlich berücksichtigte das gemischte System von Beratung und Repräsentation die Interessen der meisten sozialen Gruppen. Dieses System unterschied sich von den westlichen Demokratien ebenso sehr wie Hongkongs Währungspolitik von der Währungspolitik der westlichen Staaten. Dennoch hat es den Interessen der Menschen gedient und eine bemerkenswerte Kombination von Wirtschaftswachstum und sozialer Stabilität hervorgebracht.

In den Jahren von 1949 bis 1979 stand die Kronkolonie immer wieder vor dem Problem, daß sie ihr System gegen Wellen des ideologischen Fanatismus vom Festland verteidigen mußte. Vor allem während der Kulturrevolution, als in der Volksrepublik die Parole umging, die »Roten« müßten die »Experten« ausschalten, drohte sich die Ideologie gegenüber dem Sachverstand durchzusetzen und Hongkongs einzigartige Erfolge zunichte zu machen. Als in den frühen achtziger Jahren über die Rückgabe der Kolonie an China verhandelt werden mußte, stellte sich zwangsläufig die Frage, wie ein System gestaltet werden könnte, das auch unter chinesischer Souveränität in der Lage war, seinem Erfolgskurs zu folgen. Sowohl die britischen als auch die chinesischen Unterhändler waren bei diesen Gesprächen überaus pragmatisch. Hätten sie versucht, das System von Grund auf neu zu gestalten, so hätte dies unüberwindliche Probleme aufgeworfen. Aber sie taten es nicht.

China beschloß, sein in mehrere Phasen eingeteiltes Wirtschaftsprojekt »Hongkong-Shenzhen-Guangdong« auf den von den Briten geschaffenen Realitäten aufzubauen. Dies erwies sich, was die wirtschaftlichen Konsequenzen und das Verhältnis der Volksrepublik zu

Taiwan angeht, als eine überaus kluge politische Entscheidung. Deng Xiaopings einfache Formel »Ein Staat, zwei Systeme« bescherte sehr vielen Menschen innerhalb kürzester Zeit einen enormen Wohlstand. Das ist beispiellos in der Geschichte. Aber die Komplexität von Dengs Vision und das ideologische Vermächtnis des Kalten Krieges führten wiederholt zu Krisen im Verhältnis zwischen China und Großbritannien. Chinas Entschlossenheit, alle Vorteile der wirtschaftlichen Kooperation mit der Kronkolonie zu nutzen, kollidierte immer wieder mit der Entschlossenheit Großbritanniens, ein möglichst autarkes »Klein-Hongkong« zu erhalten. Die Niedergeschlagenheit in Großbritannien über den endgültigen Verlust des Empires nährte eine Reihe von Mythen, die das Bild Hongkongs im Westen prägen und bis heute nichts von ihrer Kraft eingebüßt haben, auch wenn sie mit der Erfolgsbilanz Hongkongs völlig unvereinbar sind. Die Geschichte dieser Ängste, Mythen und Kontroversen, aber auch der gemeinsamen Interessen, die von Zeit zu Zeit die Oberhand gewinnen, prägt seit 1982 die Beziehungen zwischen Briten und Chinesen. Sie wird im nächsten Kapitel zusammengefaßt, das einen passenden Übergang bilden soll zur Rolle Chinas in der Weltpolitik, der wir uns in den beiden abschließenden Kapiteln zuwenden werden: Kap. 6 Der Wandel in den internationalen Beziehungen und Kap. 7 China und die USA.

5 Die Rückgabe von Hongkong

»Aus der Sicht Chinas sollten in Hongkong selbstverständlich demokratische Verhältnisse herrschen ... Unsere Diskussionen mit den Briten gehen nicht darum, ob in Hongkong demokratische Verhältnisse bestehen oder nicht, sondern vielmehr darum, ob die von den beiden Regierungen getroffenen Abmachungen und Vereinbarungen eingehalten werden sollen, ob es eine Annäherung und ob es behutsame Veränderungen geben soll.«

Zhang Junshen,
Vizedirektor der chinesischen diplomatischen Vertretung in Hongkong,
Meldung der Nachrichtenagentur Xinhua,
zitiert in Newsweek, *18. Januar 1993, S. 52.*

Die Entwicklung von Hongkong war in unserer Zeit stets von zwei gegensätzlichen Triebkräften bestimmt: Auf der einen Seite hatten China und Großbritannien ein gemeinsames Interesse daran, daß Hongkong stabil blieb und weiterhin wirtschaftlich florierte. Auf der anderen Seite hatten Chinesen und Briten unterschiedliche Vorstellungen, welches Ziel Hongkong in Zukunft ansteuern und wie es verwaltet werden sollte. Berichte in der internationalen Presse haben im allgemeinen nahezu ausschließlich den britischen Standpunkt dargestellt, während in Wirklichkeit die beiden Sichtweisen sehr eng miteinander verwoben sind und keine Seite für sich beanspruchen kann, allein im Recht zu sein und guten Willen zu zeigen.
Die gemeinsamen Interessen fallen stark ins Gewicht. Für Großbritannien ist Hongkong nach wie vor das Kronjuwel der britischen Kolonialverwaltung: das letzte bedeutende britische Kolonialgebiet. Außerdem ist Hongkong ein wirtschaftlich prosperierendes Land und ein wichtiger internationaler Finanzplatz. Bei jeder Entscheidung über den künftigen Status von Hongkong geht es für Großbritannien um Prestige und um handfeste wirtschaftliche Interessen. Der Prestigewert ist

deshalb so hoch, weil die britischen Diplomaten und Geschäftsleute beim Aufbau von Hongkong hervorragende Arbeit geleistet und einen unfruchtbaren Felsen in ein Zentrum der Weltwirtschaft verwandelt haben. Für China ist Hongkong der Energiespender, der die chinesische Wirtschaft in Gang hält, ein Kernstück nationaler Souveränität und der Angelpunkt einer Politik, die die friedliche Wiedervereinigung mit Taiwan zum Ziel hat.

Weil die gemeinsamen Interessen so gewichtig sind, wurden bislang auch ernste Krisen stets befriedigend gemeistert, selbst wenn eine Lösung die Investoren in Hongkong vorübergehend finanziell belastete. Ungeachtet der gemeinsamen Interessen und Chinas Engagement für Hongkong, hatten die unterschiedlichen Ansichten von Briten und Chinesen über Hongkong jedoch ein nervöses diplomatisches Tauziehen zur Folge.

Wichtige Streitpunkte zwischen Briten und Chinesen

Der rechtliche Status von Hongkong

Zunächst einmal wenden wir uns der Frage zu, wie die Verträge über die Verpachtung und die Rückgabe von Hongkong rechtlich einzuordnen sind. Großbritannien betrachtete sie stets als normale, in allen Aspekten bindende Verträge. China hielt sie für »ungleiche Verträge«, die dem Land auf ungerechte Weise und zu verwerflichen Zwecken von Imperialisten aufoktroyiert worden waren – hauptsächlich um es zu zwingen, daß es Opium von britischen Drogenhändlern kaufte. Die kommunistische Führung in China hat die Verträge nie als rechtsgültig anerkannt.

Unter anderen Umständen hätten solche Differenzen zu einem bewaffneten Konflikt führen können. Doch die gemeinsamen Interessen setzten sich auch in diesem Fall durch – wenngleich mit Schwierigkeiten. Auf erste, durch und durch pragmatische Gespräche von Diplomaten beider Länder folgte ein wahres Feuerwerk diplomatischer Aktivitäten, als Premierministerin Margaret Thatcher versuchte, den Grundsatz zu verteidigen, daß der formale Vertrag uneingeschränkt bindend sei. Aber auch in diesem Fall wurde ein Kompromiß gefunden. Großbritannien wollte über den im Juli 1997 auslaufenden

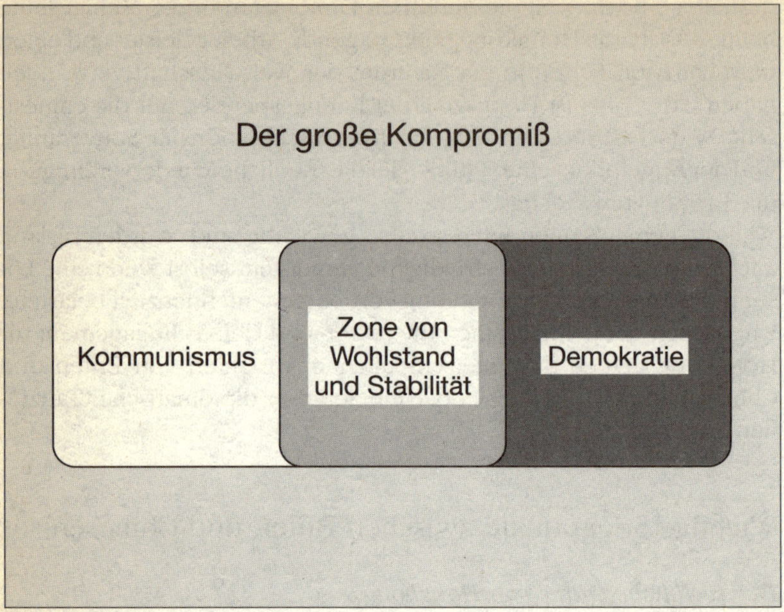

Abb. V-1

Pachtvertrag neu verhandeln. China wollte wieder die volle Souveränität über Hongkong erlangen. Großbritannien fiel auf die alte Position zurück und verlangte administrative Kontrolle über Hongkong auch nach 1997, während China darauf beharrte, die Kolonialherrschaft über Hongkong zu beenden, sich aber bereit erklärte, den Ablauf des nach wie vor nicht anerkannten Pachtvertrags abzuwarten. Im Jahr 1984 einigten sich beide Länder in einer Gemeinsamen Erklärung darauf, daß jede Form der britischen Kolonialherrschaft im Juli 1997 erlöschen wird, daß aber die bestehende (kapitalistische) Wirtschafts- und Gesellschaftsordnung über weitere 50 Jahre erhalten bleiben soll.

Im Hinblick auf die späteren Ereignisse ist es wichtig, an dieser Stelle die Verhandlungen in den historischen Rahmen einzuordnen. Die ursprüngliche Position von Margaret Thatcher und führenden britischen Politikern, wonach in Hongkong alles so weitergehen sollte, als habe es weder den weltweiten Prozeß der Entkolonialisierung gegeben noch die Entwicklung eines chinesischen Nationalismus, entrückte sie in eine vollkommen irreale Sphäre politischer Mutmaßungen. Die Verhandlungen in den nächsten zwei Jahren brachten sie allmählich wieder auf den Boden der postkolonialen Tatsachen zurück. Aus den verfügbaren Dokumenten geht hervor, daß die britischen Diplomaten nicht grundsätzlich anders dachten als ihre politischen Dienstherrn und deshalb die Realitäten der nachkolonialen Epoche genausowenig berücksichtigten. Doch in jeder Phase der Wiederannäherung an die Realität waren die Diplomaten den Politikern einen Schritt voraus und halfen ihnen, die Notwendigkeit der Anpassung an die Realität zu erkennen. Die 1984 als Frucht der Verhandlungen verabschiedete Gemeinsame Erklärung fand allgemeinen Beifall – in Hongkong, in Großbritannien und in der ganzen Welt. Inhaltlich war der Vertrag eine detaillierte Ausarbeitung des Zwölf-Punkte-Programms, mit dem China in die Verhandlungen gegangen war. Von Anfang an war es das Ziel der Chinesen gewesen, daß Hongkong auch unter chinesischer Oberhoheit ein freies, kapitalistisches Gebiet bleiben sollte; keineswegs hatten die britischen Unterhändler diese Lösung widerstrebenden Verhandlungspartnern abgerungen.

Daß die Briten sich so verzweifelt gegen die Entkolonialisierung sträubten, hatte unterschiedliche Konsequenzen. Positiv schlug zu Buche, daß die chinesischen Politiker bei den Verhandlungen Einblick in die Politik und Wirtschaft Hongkongs erhielten und daß sich in Hongkong selbst ein breiter Konsens für die Anbindung an China entwickelte; man war sich einig, daß die in der Gemeinsamen Erklärung vereinbarten Regeln das beste erreichbare Ergebnis darstellten. Für die Bewohner von Hongkong war es von greifbarem Wert, daß die Briten den von den Chinesen vorgegebenen Rahmen »Ein Staat, zwei Systeme« um wichtige Einzelheiten ergänzt hatten, denn das schützte sie vor künftigen willkürlichen Interpretationen durch die chinesische Führung. Aber das zähe Festhalten der Briten an der Kolonialherrschaft hatte auch schwerwiegende negative Folgen. Völlig unnötig hatte Margaret Thatcher die Chinesen zunächst vor den Kopf gestoßen. Dies belastete die Atmosphäre der Verhandlungen und schürte die Ängste in Hongkong bis zum Extrem. Angesichts der bevorstehenden politischen Umwälzungen und der weltwirtschaftlichen Flaute im Jahr 1982 waren in Hongkong Probleme in der Wirtschaft und auf dem Aktienmarkt zu erwarten. Margaret Thatchers unrealistische Verhandlungsposition kostete die Aktionäre Milliarden von Dollar und führte zu einer Welle von Firmenpleiten und Konkursen in Hongkong. Im September 1983 stand die Kolonie am Rande des Zusammenbruchs. Die Finanzkrise hatte die Währung fast entwertet, die Menschen wußten nicht mehr, wie es weitergehen sollte. Hätte die Währungskrise noch länger gedauert, dann hätte Hongkong in jenem September als freie, unabhängige Gesellschaft zu existieren aufgehört. Hongkong wurde durch einen Trick gerettet: Man band die Währung an den Dollar. In Großbritannien führte die Krise zu politischer Ernüchterung. Für die Bevölkerung von Hongkong waren die Bemühungen der Politiker, die Kolonialzeit noch ein wenig zu verlängern, teuer und gefährlich. Acht Jahre später versuchte eine Gruppe von Politikern, die Anerkennung der nachkolonialen Realitäten in Frage zu stellen, und warf den britischen Diplomaten vor, sie hätten ihre nationalen Werte verraten.

Demokratie versus konsultative Kolonialherrschaft

Auf die Gemeinsame Erklärung folgte zunächst eine Phase der Euphorie, dann eine Phase erhöhter Spannung. Die Erklärung besagt, daß Großbritannien bis 1997 in Hongkong regieren und das bestehende System bis ins Jahr 2047 erhalten bleiben soll. Die britische Presse interpretierte das so, als hätte Großbritannien bis 1997 eine Blankovollmacht in Hongkong, die auch die Errichtung einer Demokratie nach westlichem Muster mit einschloß; China wäre demnach bis 2047 an diese Regelungen gebunden. Mit dieser Interpretation ging die britische Presse weit über das hinaus, was sich die britischen Diplomaten als Verhandlungsziel gesetzt hatten. Ihnen war es in erster Linie wichtig, das bestehende System zu bewahren und ausreichend demokratische Elemente hinzuzufügen, damit nach dem Rückzug der Briten kein politisches Vakuum entstünde. Allerdings hieß es in einem anderen Abschnitt der Gemeinsamen Erklärung, daß China vor 1997 eine Verfassung (das Grundgesetz) für Hongkong ausarbeiten werde. Die Chinesen verstanden dies so, daß sie die Regeln niederschreiben sollten, nach denen die Verpflichtung, das bestehende Gesellschaftssystem zu bewahren, interpretiert würde. Die Bürger von Hongkong sollten Hongkong regieren, und die Regeln würden bis zum Jahr 2047 gelten.

Großbritannien plante unterdessen weiter die Umwandlung von Hongkong in eine Demokratie nach westlichem Muster. Unterschiedliche Gruppierungen vor Ort bereiteten die Gründung politischer Parteien vor. Im Oktober und November 1985 wies China darauf hin, daß dieses Vorgehen nicht mit der Gemeinsamen Erklärung vereinbar sei. Es werde zu einem Chaos in Hongkong kommen, wenn die Briten das Regierungssystem grundlegend verändern sollten. Die britische Presse verkündete daraufhin eilends – zu Unrecht –, China mißachte den in der Gemeinsamen Erklärung vereinbarten Zeitplan. Und so ging es weiter.

Aus dem Tauziehen der Jahre 1985 und 1986 ging China als Sieger hervor. Die chinesische Regierung brauchte nur sachlich ihre Ablehnung vorzutragen, und nach einigen Monaten mußten die Briten unter dem Druck der öffentlichen Meinung in Hongkong zugeben, daß sie in der schwächeren Position waren. Daß die Chinesen ihre Macht ausnutzten, stand nicht im Widerspruch zur Gemeinsamen Erklärung. Dem Geist der Vereinbarung, wonach das bestehende Gesellschaftssystem in Hongkong erhalten bleiben sollte, lief vielmehr zuwider, daß die Briten versuchten, aus der hierarchisch regierten Kolonie (wenn auch mit ausgeprägten Konsultationsmechanismen) etwas vollkommen anderes zu machen – ein ganz und gar demokratisches Staatswesen. Alle Diskussionen drehten sich nun um die »Vereinbarkeit« mit dem noch ungeschriebenen Grundgesetz. Der ursprüngliche Vorschlag, die gesamte legislative Körperschaft direkt zu wählen, wurde schließlich auf eine Minderheit (achtzehn von sechzig) der Mitglieder beschränkt; die Pläne, demokratische politische Parteien zu gründen, wurden aufgegeben; und die Preise auf dem Aktien- und Grundstücksmarkt kletterten wieder.

Im Kern besagte die Gemeinsame Erklärung, daß das bestehende System erhalten bleiben sollte. Die einzelnen Regelungen konnten freilich nicht verhindern, daß bestimmte Gruppen eine stärkere Kontrolle der Regierung über die Wirtschaft verlangten, weniger Konsultationen und weniger Freiheit, während zugleich andere Gruppen dafür plädierten, das System der konsultativen Kolonialherrschaft ganz aufzugeben zugunsten einer Demokratie nach westlichem Vorbild. Nach chinesischer Interpretation war die Erklärung vom Prinzip der Kontinuität geprägt, und das schloß Extreme dieser Art aus (wie das Schaubild auf Seite 202 zeigt).

Die Chinesen betrachteten die Extreme »Kommunismus« und »Demokratie« als unzulässige Abweichungen vom Ideal der Kontinuität. Allerdings waren sie bereit, Demokratisierung innerhalb eines gewissen Rahmens zuzulassen (mehr direkte Wahlen, mehr Ämterbesetzung durch Wahlen, Wahl des Gouverneurs, weniger Ernennungen bei wichtigen politischen Positionen). Der breite Bereich zwischen den Extremen stand in ihren Augen im Einklang mit dem Geist der Vereinbarung.

Das 1990 fertiggestellte Grundgesetz faßten die Chinesen von vornherein so ab, daß jedem Versuch, den Zwischenbereich zu verlassen und in Richtung Kommunismus zu rücken, von vornherein der Boden entzogen war. Der erste Satz des Grundgesetzes besagt, daß es in Hongkong kein sozialistisches Gesellschaftssystem geben wird. Auf der anderen Seite haben britische und an Großbritannien orientierte Interessenverbände immer wieder dafür plädiert, die gemeinsame Basis des Kompromisses aufzugeben und eine westliche Demokratie zu errichten. Sie rechtfertigen ihre Haltung oft nicht nur mit ihren eigenen Überzeugungen, sondern mit dem Argument, entsprechende Veränderungen in Hongkong seien unerläßlich, wenn man die Chinesen daran hindern wolle, ins andere, kommunistische Extrem zu verfallen. China betrachtet solche Bemühungen mit einigem Recht als Verstoß gegen den der Gemeinsamen Erklärung zugrundeliegenden Kompromiß. Das Argument, nur eine demokratische Veränderung könne die Chinesen davon abhalten, in Hongkong ein kommunistisches System zu errichten, ist zumindest unehrlich, wenn man bedenkt, wie sehr sich China bemüht hat, solchen Bestrebungen von vornherein die legale Grundlage zu entziehen.

Im Rückblick wird erkennbar, daß die Gemeinsame Erklärung durch das Zusammentreffen zweier glücklicher Umstände möglich wurde. Der erste Umstand wurde in Kapitel 4 ausführlich behandelt: Die Voraussetzungen dafür, daß Hongkong wirtschaftlich leistungsfähig blieb – worauf Beijing Wert legte –, und die Voraussetzungen dafür, daß Hongkong ein freiheitliches System blieb – worauf London Wert legte –, deckten sich weitgehend. Der zweite glückliche Umstand waren die strukturellen Übereinstimmungen zwischen der konsultativen Kolonialherrschaft der Briten und dem demokratischen Zentralismus der Chinesen.

Bei der konsultativen Kolonialherrschaft wird der Gouverneur der Kolonie von einem ausgedehnten Netz formeller und informeller Strukturen unterstützt. Der Exekutivrat spielt die Rolle der Regierung, der Legislativrat die Rolle der gesetzgebenden Körperschaft, Regionalräte und Stadträte vertreten unterschiedliche lokale Interessen, eine Vielzahl beratender Körperschaften gewährleistet, daß die politische Spitze über die Interessen und Einstellungen aller wichtigen Gruppen der Kolonialgesellschaft informiert ist. Eine solche Struktur zeichnet sich dadurch aus, daß die Bevölkerung in den beratenden Einrichtungen ausführlich zu Wort kommt, während die Entscheidungsgewalt fest in der Hand der Gouverneurs liegt. In einem solchen System wird den Auffassungen der kolonialen Eliten große Bedeutung beigemessen, denn sie haben ein Interesse an raschem wirtschaftlichem Fortschritt; die westlichen Demokratien müssen im Vergleich dazu in der Formulierung ihrer Wirtschaftspolitik sehr viel mehr Rücksicht auf den politischen Druck der breiten Masse nehmen. Die konsultative Kolonialherrschaft hat zwei große Vorzüge: Wirtschaftlicher Sachverstand zählt wie in allen asiatischen Wirtschaftswunderländern sehr viel, und die Repräsentation der Interessen unterschiedlicher Bevölkerungsgruppen ist sichergestellt. Auf der anderen Seite ist ein solches System keine Demokratie im Sinne einer Herrschaft des Volkes.

Die institutionellen Strukturen der konsultativen Kolonialherrschaft ähneln erstaunlich dem System, das bei der chinesischen Führung »demokratischer Zentralismus« heißt (das chinesische Volk sagt dazu »viel Zentralismus, wenig Demokratie«). Zum demokratischen Zentralismus gehören Wahlen auf lokaler Ebene und auf eine breite Basis gegründete konsultative Körperschaften (der Nationale Volkskongreß und die Politische Konsultativkonferenz des chinesischen Volkes oder PKKVC). Politische Willensbildungs- und Entscheidungsprozesse finden im Zentralkomitee, im Politbüro und im Ständigen Ausschuß des Politbüros statt. Die letzte Entscheidungsgewalt liegt im allgemeinen in der Hand eines mächtigen Mannes an der Spitze des Staates (dem Gouverneur von Hongkong vergleichbar). Aber selbst er würde davor zurückschrecken, es mit der geballten Opposition von Politbüro (vergleichbar dem Exekutivrat in Hongkong) und Zentralkomitee (vergleichbar dem Legislativrat) aufzunehmen.

Allerdings darf man die Unterschiede nicht übersehen. So herrschen die chinesischen Führer beispielsweise durch eine politische Partei, und sie dulden keine unabhängige Rechtsprechung. Die Briten legen nicht so großen Wert auf Parteien, aber großen Wert auf die Unabhängigkeit der Gerichte. Hinter der britischen Kolonialverwaltung stehen ein wohlwollendes Parlament in Westminster und das britische Common Law, während die chinesischen beratenden Körperschaften auf dem Hintergrund des harten Regiments im Volkskongreß agieren, im Rahmen eines Systems, das Menschen- und Grundrechte nicht schützt. Der »demokratische Zentralismus« war stets ein Instrument der Unterdrückung, während die konsultative Kolonialherrschaft ein hohes Maß individueller Freiheit gesichert hat.

Aber es wäre umgekehrt kurzsichtig, den hohen Grad an Übereinstimmung zu übersehen. Beide Herrschaftsformen besitzen hinreichend strukturelle Ähnlichkeiten, um eine wirksame Zusammenarbeit zu ermöglichen. China hat zugestanden, daß die in Hongkong verfolgten Ziele (die Sicherung des Zuflusses von ausländischem Kapital, ausländischer Technologie und ausländischem Managementwissen nach China, während der Zustrom von Ausländern weiterhin eingeschränkt bleibt) nur erreicht werden können, wenn weiterhin liberale, kapitalistische Verhältnisse bestehen.

Die beiden äußerlich ähnlichen Systeme wurden in Hongkong und in China selbstverständlich in radikal unterschiedlichem Geist ausgestaltet. Zur konsultativen Kolonialherrschaft gehört, daß viele Gruppen einbezogen und ihre Auffassungen ernst genommen werden. Der demokratische Zentralismus hingegen war bisher stets ein Instrument zur Manipulation. Nennenswerter Widerspruch regte sich in der PKKVC erstmals im Jahr 1992, als dieses Gremium auf Betreiben von Deng Xiaoping weitreichende Änderungen an Li Pengs Haushalts- und Planungsbericht durchsetzte.

Die konsultative Kolonialherrschaft könnte ein Entwicklungsmodell für ein reformiertes China sein. Der demokratische Zentralismus zeigt, was aus der konsultativen Kolonialherrschaft werden könnte, wenn sie mißbraucht wird. Das in unserem Zusammenhang entscheidende Argument besagt, daß die strukturelle Übereinstimmung der beiden Systeme die Gemeinsame Erklärung möglich machte. Diese Erkenntnis ist der Schlüssel zum Verständnis dessen, was in Hongkong in Zukunft möglich sein wird und was nicht. Wenn die Veränderungen in Hongkong schrittweise erfolgen und die chinesische Führung den Eindruck gewinnt, daß die ausschlaggebenden Vorzüge des Systems erhalten bleiben, dann sind Reformen möglich.

Bestimmte Dinge wird Beijing nicht dulden: (1) plötzliche Veränderungen, die ein grundlegend anderes System schaffen; (2) Veränderungen, durch die die wirtschaftliche Leistungsfähigkeit von Hongkong in Frage gestellt scheint; und (3) Veränderungen, die Kräfte stärken könnten, die eine Gefahr für Chinas territoriale Unversehrtheit oder politische Stabilität darstellen. Verfechtern der reinen Demokratie nach dem Vorbild von Westminster sind solche Einschränkungen ein Greuel. Viele Mitglieder der britischen Gemeinschaft in Hongkong, bestimmte probritische Gruppen unter den in Hongkong lebenden Chinesen und ein großer Teil der Verantwortlichen in Washington denken genauso. Auf der anderen Seite steht die Mehrheit der Hongkong-Chinesen[1], die einen konservativen Standpunkt vertritt: Ihrer Meinung nach wären die Verbesserung des Lebensstandards in Hongkong, die Bewahrung der individuellen Freiheitsrechte und eine schrittweise Ausweitung demokratischer, auf Wahlen gegründeter Entscheidungsprozesse bedeutsame Fortschritte. Diese für das Leben in Hongkong so wichtigen Errungenschaften dürften nicht dadurch aufs Spiel gesetzt werden, daß man versuche, über den in der Gemeinsamen Erklärung niedergelegten Kompromiß hinauszugehen.
Anders als die britische Presse glauben machen möchte, bedeutet die chinesische Auffassung von Wesen und Bedeutung von Wahlen keinen Bruch mit der Gemeinsamen Erklärung. Der Vertrag äußert sich zu diesem Punkt absichtlich unbestimmt. Die britischen und chinesischen Unterhändler brachten 1983 kontroverse Standpunkte vor und einigten sich schließlich auf diese vage Formulierung, die es beiden Seiten erlaubte, zu Hause von einem Sieg zu sprechen. Als es darum ging, die genaue Formulierung zu finden, behalfen sie sich mit »drei kleinen Verlegenheitswörtern«, wie die Briten sagten: »Wahlen«, »Konsultation« und »ein hoher Grad von Autonomie«. Die gesetzgebende Körperschaft von Hongkong sollte durch Wahlen besetzt werden, aber es blieb offen, durch was für eine Art von Wahlen; zwischen Wahlen im chinesischen Sinn und Wahlen im britischen Sinn besteht ein erheblicher Unterschied. Entscheidungen mit schwerwiegenden Folgewirkungen über 1997 hinaus sollten die Briten nur nach Konsultation mit China treffen dürfen, aber wie die Konsultationen aussehen sollten, wurde nicht näher ausgeführt. Es lag auf der Hand, daß Hongkong unabhängiger sein würde als jede andere chinesische Provinz, nur einen Schritt von völliger Autono-

mie entfernt, aber der verbleibende Rahmen konnte sehr unterschiedlich ausgefüllt werden. Alle wichtigen Konflikte nach 1984 drehten sich um diese »drei kleinen Verlegenheitswörter«. Im Gespräch mit mir betonten die britischen Unterhändler, daß es ihr Hauptziel sei, das bestehende System zu erhalten, einschließlich der konsultativen Institutionen, die als Puffer dienen zwischen dem Druck aus der Bevölkerung und den Gremien, in denen letztlich die Entscheidungen fallen. Von einem radikal neuen, demokratischen System in Hongkong war keine Rede.

Die Folgen der Wahl im Jahr 1991

Im September 1991 fanden in Hongkong Wahlen zum Legislativrat statt. Achtzehn von sechzig Sitzen wurden durch direkte Wahl besetzt. Zwölf dieser achtzehn Sitze fielen an Liberale um den Anwalt Martin Lee, der 1989 bekannt geworden war, als er bei den Ereignissen auf dem Platz des Himmlischen Friedens vehement für die chinesischen Dissidenten Partei ergriffen hatte. Lee trat London und Washington gegenüber als der rechtmäßig gewählte politische Führer von Hongkong auf und erreichte es, daß die Parlamentarier in den Hauptstädten ihn tatsächlich als die politische Stimme Hongkongs betrachteten. Martin Lee erweckte geschickt den Eindruck als ergehe es ihm ebenso wie Aung San Suu Kyi in Myanmar, die mit ihrer Partei einen überwältigenden Wahlsieg errungen hatte, dann aber von jeglicher Mitsprache in der Regierung ausgeschlossen worden war.
Diesmal bestand die Meinungsverschiedenheit nicht zwischen Großbritannien und China, sondern zwischen den Menschen in Hongkong und den Politikern im Westen, die die Wahl genauso interpretierten wie eine Parlamentswahl in ihren Heimatländern. Die Menschen in Hongkong waren Realisten. Sie gaben ihre Stimme nicht dem künftigen Regierungschef. Sie wußten, daß die Führung und der britische Gouverneur unabhängig vom Ausgang der Wahl unangefochten weiterregieren würden. Ein großer Teil der wahlberechtigten Bevölkerung interessierte sich darum überhaupt nicht für die Abstimmung, und die politische Führung bereitete die Wahl nicht ernsthaft vor. Die Menschen, die wählen gegangen waren, wußten, daß sie einen »Quälgeist« brauchten, der gelegentlich unmißverständliche Botschaften an die politische Führung und nach China sandte. Folglich wählten sie

eine Gruppe, die sich als »Quälgeist« gegenüber den Briten und gegenüber Beijing profiliert hatte. Die Wähler gaben Martin Lee ihre Stimme aus ähnlichen Gründen, wie viele Japaner aus der Mittelschicht sozialistische Kandidaten wählen: Es ist von vornherein klar, daß das politische Establishment gewinnen wird (in Japan die Liberaldemokratische Partei), und niemand rechnet ernsthaft mit einer sozialistischen Regierung. Aber sie brauchen jemanden, der die Regierung ein wenig unter Druck setzt.

Die Absicht der Wähler wurde schon bald auf die Probe gestellt. Lee verlangte, daß die ihm nahestehenden Gewählten in den Exekutivrat aufgenommen werden sollten. Chinesischsprachige Zeitungen und Radiostationen in Hongkong warfen ihm daraufhin Unverschämtheit vor. Lee mußte schließlich einen Rückzieher machen, und er berief sich vor Hongkonger Bürgern nie wieder auf ein angebliches Regierungsmandat. Doch die Politiker in London und Washington interpretierten seine Wahl nach wie vor als Auftrag, eine Regierung zu bilden. Besonders großen Erfolg hatte Lee beim amerikanischen Kongreß, und Gesetzentwürfe wie der 1992 eingebrachte US-Hong Kong Policy Act waren stark von seinen Ansichten beeinflußt.

Bald schon zeigte sich, daß die Unterstützung der Wähler für Lees antichinesische Position Grenzen hatte. 1991 hatten die Wähler keine Kandidaten gewählt, die von chinesischen Agenten in Hongkong unterstützt wurden. Damit gaben sie Beijing deutlich zu verstehen, daß sie über die Tiananmen-Ereignisse empört waren und daß sie das Vorgehen der chinesischen Agenten mißbilligten, die über die Nachrichtenagentur für prochinesische Kandidaten geworben hatten. 1992 jedoch wurde Martin Lee durch den Druck der öffentlichen Meinung gezwungen, sich aus seiner antichinesischen Gruppierung, der Assoziation zur Unterstützung der patriotisch-demokratischen Bewegung in China, zurückzuziehen. Die Wähler waren sich darin einig gewesen, eine deutliche Botschaft nach Beijing zu senden, aber sie waren sich genauso einig in der Entschlossenheit, keine subversiven Umtriebe zu dulden, die den Drachen im Norden reizen konnten.

Interpretationen der Tiananmen-Ereignisse: Demokratie versus »Ein Staat, zwei Systeme«

Die Ereignisse auf dem Platz des Himmlischen Friedens waren in zweierlei Hinsicht schwerwiegend für Hongkong. Zum einen nährten sie Zweifel, ob China fähig und willens war, sensibel mit demokratischen Bewegungen umzugehen. Zum zweiten politisierten sie Hongkong und schufen eine Spannung zwischen den demokratischen Überzeugungen der Bevölkerungsmehrheit und den Erfordernissen des Grundsatzes »Ein Staat, zwei Systeme«.

Es waren zwei gegensätzliche Einschätzungen denkbar: Auf der einen Seite untergrub die brutale Niederschlagung der Demokratiebewegung in China das Vertrauen in das chinesische Versprechen, in Hongkong kapitalistische Verhältnisse zu erhalten. Nach dieser Logik war die Schlußfolgerung naheliegend, daß ein Regime, das in Beijing auf Demokraten schießen ließ, dies möglicherweise auch in Hongkong tun würde. Auf der anderen Seite war China mit Dissidenten immer schon brutal verfahren und hatte Hongkong stets geschützt. Diese beiden Aspekte chinesischer Politik stehen nicht notwendigerweise im Widerspruch. Darüber hinaus verhielt sich China gegenüber Hongkong während und nach der Krise bemerkenswert tolerant. Letztendlich hatten die Ereignisse keine schwerwiegenden Auswirkungen auf die weitere politische Entwicklung in Hongkong.

Als wichtigste Regel ist aus dem Prinzip »Ein Staat, zwei Systeme« abzuleiten, daß weder China noch Hongkong versuchen darf, das jeweils andere System zu stürzen. Doch während der Krise unterstützte die Bevölkerung von Hongkong die Dissidenten vom Tiananmen-Platz finanziell, verbreitete ihre Ideen, schmuggelte Führer der Demokratiebewegung nach China hinein und wieder heraus und schleuste Nachrichten über das Massaker nach Südchina (dabei wurde unterschlagen, daß Beijing die Vorfälle bestritt). Bei Demonstrationen in Hongkong gingen bis zu einer Million Menschen auf die Straße und bekundeten ihre Unterstützung für die Dissidenten, eine Gruppe um Martin Lee verlangte einmal sogar den Sturz der chinesischen Führung. China reagierte nicht weiter auf das Verhalten Hongkongs; es beklagte sich lediglich darüber und schrieb in das Grundgesetz die Regel, daß keine Versuche zur Untergrabung der Regierung in Beijing unternommen werden dürften. China drohte nicht, verhängte keine Sanktionen und entsandte keine Geheimagenten mit dem Auftrag, Oppositionelle zu bestrafen. Mit anderen Worten: Während Hongkong die Implikationen des Grundsatzes »Ein Staat, zwei Systeme« ignorierte, respektierte Beijing sie in untadeliger Weise. So gesehen hatte China den Glaubwürdigkeitstest bestanden.

Die Aufnahme der Nichteinmischungsklausel in das Grundgesetz verletzte viele Empfindlichkeiten bei Briten und probritischen Gruppierungen. In diesen Kreisen argumentierte man gern nach dem Muster: »Wir sind eine Demokratie, und wir dürfen mit unserem Geld machen, was wir wollen, wir können es auch über die Grenze nach China zu den Dissidenten schicken.« Diese Auffassung stand auf tönernen Füßen: Hongkong war niemals eine Demokratie und verdankte seine Stabilität zu einem großen Teil Institutionen wie der Unabhängigen Kommission gegen Korruption (ICAC), die schlecht zu einer Demokratie paßten.

Im Westen war man bereits mißtrauisch gewesen, was China wohl letztlich mit Hongkong vorhatte, und nach den Ereignissen auf dem Tiananmen-Platz wuchs das Mißtrauen noch. Die Menschen im Westen konnten offensichtlich nicht begreifen, daß China das Nichteinmischungsgebot respektiert hatte, Hongkong hingegen nicht. Letztlich standen die starken Sympathien des Westens für Hongkong der Erkenntnis im Wege, daß Hongkong – aus welch respektablen Motiven auch immer – selbstmörderisch gehandelt hatte. Die britische Presse attackierte China scharf, weil es auf dem Einmischungsverbot bestand; die Regierung in Hongkong tat nichts dergleichen. Weder führte sie eine öffentliche Diskussion über die Ereignisse herbei, noch versuchte sie einen öffentlichen Konsens darüber zu erzielen, welches Verhalten geduldet werden konnte und welches nicht, noch wurde Entsprechendes in ein Gesetz geschrieben. Statt dessen setzte sie ohne Aufsehen einige Einschränkungen durch und erfüllte damit implizit die Wünsche der Chinesen. Zum Beispiel grub sie ein bis dahin kaum beachtetes Gesetz aus, das den Einsatz von Megaphonen ohne Erlaubnis der Regierung untersagte, und wandte es auf die Gruppe um Martin Lee an, die Spenden für die Dissidenten gesammelt hatte. Und sie sperrte den Statue Square, den bevorzugten Platz für Demonstrationen, mit Schildern ab, die jedem harte Strafe androhten, der den Rasen betrat und damit gegen ein anderes Gesetz verstieß.

Auf diese Weise ging die Regierung der schwierigen Debatte aus dem

Weg, die sich unvermeidlich entsponnen hätte, wenn sie die Dinge offen beim Namen genannt hätte. Diese Politik forderte einen hohen Preis, denn sie verhinderte, daß sich in der Öffentlichkeit Verständnis oder ein Konsens entwickelte. Für die britischen Zeitungen in Hongkong war es ein gefundenes Fressen. Sie prangerten routinemäßig alle Bemühungen der Regierung, eine Politik der Nichteinmischung zu verfolgen, als Nachgiebigkeit gegenüber China an und warfen den Verantwortlichen vor, ihnen sei mehr an guten Handelsbeziehungen zwischen Großbritannien und China gelegen als an der Erhaltung demokratischer Rechte für die Menschen in Hongkong. In den Anschuldigungen wurden den Briten vollkommen falsche Motive unterstellt, aber die Regierung hatte durch ihre mangelnde Bereitschaft, das Problem öffentlich zu diskutieren, die negative Darstellung ihrer Entscheidungen zumindest begünstigt.

Die Ereignisse hatten auch zur Folge, daß die Stimmen lauter wurden, die mehr Entschlossenheit und politische Klugheit von der Regierung verlangten – gefordert wurden sowohl entschiedenere politische Führung als auch mehr Aktivitäten in den Hinterzimmern der Macht. Die britischen Geschäftsleute reagierten verärgert, daß die Regierung über die vitalen Interessen von Hongkong mit nichtssagenden Worten hinwegging. Ärger weckte auch der einseitige Vorstoß beim Flughafenprojekt, und beide Anlässe zusammen gaben den Ausschlag, daß einflußreiche britische Geschäftsleute um die Ablösung von Gouverneur David Wilson durch einen versierten Politiker baten. Wilson war Diplomat und ein hervorragender China-Kenner, aber er hatte keinerlei politische Erfahrung. Der Druck aus der Geschäfts- und Finanzwelt trug wesentlich mit dazu bei, daß als neuer Gouverneur Christopher Patten ernannt wurde, ein Politiker von Format, der allerdings keine Erfahrung mit Hongkong oder China besaß. Das Engagement der britischen Geschäftsleute für einen Wechsel an der Spitze sollte Konsequenzen haben, mit denen niemand gerechnet hatte.

Nach 1997 wird Hongkong möglicherweise einen Preis dafür zu zahlen haben, daß die Regierung ihre Politik der Nichteinmischung so beharrlich hinter verschlossenen Türen verhandelte. Nachdem sich die Erregung über die Ereignisse auf dem Tiananmen-Platz gelegt hatte, war es den Chinesen in Hongkong vor allem wichtig, bald wieder Konsens darüber herzustellen, daß eine öffentliche Konfrontation mit Beijing Hongkong nur schaden konnte.

Im Jahr 1992 gab es die nächste Auseinandersetzung. China warnte den neuen Gouverneur von Hongkong davor, Martin Lee ins Kabinett zu holen. Gouverneur Patten erwiderte verärgert, er habe das Recht zu ernennen, wen er wolle. Er ließ nicht erkennen, daß man sich Gedanken darüber machte, wie das Prinzip »Ein Staat, zwei Systeme« praktiziert werden sollte, wenn führende Politiker von Hongkong zum Sturz der chinesischen Führung aufriefen; genauso gut war es dann möglich, daß die chinesische Führung zum Sturz der Regierung von Hongkong aufrief. Kein hochrangiger britischer Politiker sprach über dieses Thema anders als im Zusammenhang mit britischer Autonomie und demokratischen Rechten. Zuletzt wurde Martin Lee dann doch kein Posten mit Kabinettsrang angeboten, und Gouverneur Patten kündigte an, Exekutivrat und Legislativrat (das Gremium, in das Lee gewählt worden war) würden in Zukunft strikt getrennt bleiben. Das erschien ihm als eine Möglichkeit, dieses und andere Probleme einzugrenzen.[2] Erneut zahlte Großbritannien einen hohen Preis für seine mangelnde Bereitschaft, öffentlich und unumwunden die Regeln wechselseitiger Nichteinmischung anzuerkennen, die sich aus dem Grundsatz »Ein Staat, zwei Systeme« ergaben. Pattens Entscheidung schnitt die legislative Körperschaft vom politischen Entscheidungsprozeß ab und könnte zur Folge haben, daß die Regierungspolitik nach 1997 in einer Weise zentralisiert sein wird, die eher den chinesischen politischen Gepflogenheiten entspricht als den britischen.

Der Flughafen: Unabhängigkeit versus wirtschaftliche Integration

Die Kontroverse des Jahres 1985 über die politische Bedeutung der Gemeinsamen Erklärung wurde zu einem großen Teil dadurch entschieden, daß Großbritannien kapitulierte. Aber parallel dazu schob sich schrittweise eine wirtschaftliche Kontroverse in den Vordergrund. Nach den Ereignissen auf dem Tiananmen-Platz machte Hongkong eine Vertrauenskrise durch, und die britische Regierung vertrat die Auffassung, das Vertrauen könne am besten durch eine überzeugende Demonstration der Briten wiederhergestellt werden, daß sie nach wie vor zu einseitigem, entschlossenem Handeln fähig waren. Vertrauensbildung bestand nach diesem Verständnis hauptsächlich darin, den Chinesen zu zeigen, daß man keine »Einmischung« in Hongkong dulden würde.

Von dieser Prämisse ausgehend, plante Großbritannien eine gigantische vertrauensbildende Maßnahme – das Hafen- und Flughafen-Entwicklungsprojekt (Port and Airport Development Scheme, PADS), das weltweit größte zivile Bauprojekt der neunziger Jahre (mit ursprünglich veranschlagten Kosten in Höhe von 16 Milliarden Dollar, inzwischen belaufen sich die Kosten auf 23 Milliarden Dollar). Zu dem Projekt gehört der Bau einer der längsten Brücken der Welt, die Hongkong mit einer Insel vor der Küste verbinden soll. Die gesamte Insel soll planiert und durch Auffüllung von Material, das durch aufwendige Baggerarbeiten gewonnen wird, vergrößert werden, bis der richtige Untergrund für den Flughafenbau geschaffen ist. Im nächsten Schritt soll die nötige Infrastruktur für eine gute Verkehrsanbindung errichtet werden, damit die Menschen in vernünftiger Zeit zu diesem eher entlegenen Ort gelangen können. Alle großen Bauvorhaben (vor allem Hafen und Flughafen) wurden in diesem Projekt zusammengefaßt, um ein eindrucksvolles Beispiel für Entscheidungsfreude und Unabhängigkeit der britischen Kolonialregierung zu geben.
Dem Hafen- und Flughafenprojekt lag ein echter Bedarf zugrunde. Die britische Regierung wußte seit Anfang der achtziger Jahre, daß Hongkong über kurz oder lang einen neuen Flughafen brauchte, hatte zunächst aber wegen der rückläufigen Wirtschaftsentwicklung gezögert. Dann, Mitte der achtziger Jahre, war sie vorrangig mit politischen Problemen beschäftigt. Gegen Ende des Jahrzehnts tauchte das Thema mit einiger Verspätung erneut auf. Einigkeit bestand darüber, daß bedeutende Infrastrukturmaßnahmen erforderlich waren, uneins war man indes über die Größenordnung des Projekts und die Zusammenlegung unterschiedlicher Vorhaben.
Nachdem das Projekt angekündigt worden war, gab es fast vom ersten Tag an Ärger. Die meisten Geschäftsleute meldeten Zweifel an, ob es klug war, alle Vorhaben zu einem einzigen, sehr teuren Unternehmen zusammenzufassen. Mit geballtem Sachverstand meldeten die Ingenieure die gleichen Bedenken an: Es sei immer besser, jedes einzelne Bauvorhaben getrennt vorzustellen und die Kosten nach unten zu korrigieren; sonst erschrecke man diejenigen, die später die Rechnung zu bezahlen haben würden. Das Projekt geriet zum ersten Mal in die Krise, als die Banken nicht mitspielen wollten. Die Regierung hatte ursprünglich geplant, das PADS durch Bankdarlehen zu finanzieren. Doch die internationalen Banken wandten ein, daß sämt-

liche Kredite nach 1997 fällig werden würden, und da dann China den Nutzen aus dem Besitz ziehen werde, sei es ausgeschlossen, das Projekt ohne deutliche Unterstützung und einen finanziellen Beitrag der Chinesen abzuwickeln. Und so scheiterten die britischen Vorstellungen von vollkommen unabhängigen Entscheidungen zunächst einmal nicht an chinesischem Einspruch, sondern an den einfachsten Vorsichtsmaßregeln des Bankgeschäfts.

Eine weitere finanzielle Komplikation erwies sich als verhängnisvoll. Es stellte sich heraus, daß die Schätzungen über die Kosten des Flughafenbaus, die Gouverneur Wilson der Öffentlichkeit vorgelegt hatte, viel zu niedrig waren. Die Folge war eine endlose Reihe peinlicher Korrekturen, die obendrein die Verhandlungen mit Beijing belasteten. Die chinesische Führung konnte zu den Plänen natürlich nicht schweigen. Ihr Fenster zur Welt sollte verändert werden, ohne daß sie daran beteiligt war. Zu Anfang brachten die Chinesen fast klagend vor, bei diesem Projekt werde darüber entschieden, wie das südchinesische Verkehrswesen in den nächsten Jahrzehnten aussehen solle, und darum scheine eine Abstimmung mit der chinesischen Infrastruktur angebracht. Darüber hinaus entschied das Projekt in den Augen der internationalen Banken darüber, wie China in den nächsten fünfundzwanzig Jahren finanziell dastehen würde, und da der Einsatz so hoch war, pochten die Chinesen auf Mitsprache. Zufälligerweise kam das Projekt genau zu dem Zeitpunkt auf den Tisch, als die westlichen Staaten finanzielle Sanktionen gegen China verhängten und Beijing daher gezwungen war, durch Notmaßnahmen die finanziellen Reserven zu erhöhen und die Kreditaufnahme herunterzufahren. Überdies hieß es in der Gemeinsamen Erklärung, daß bei jeder Entscheidung, die Konsequenzen über das Jahr 1997 hinaus haben würde, Konsultationen mit China erforderlich seien. Die Erklärung hob besonders auf Entscheidungen in der zweiten Hälfte des Zeitraums 1984–1997 ab, und diese Phase brach nun an. Der neue Flughafen soll erst 1997 eröffnet werden, die Rückzahlung der Kredite wird sich über viele Jahre nach diesem Zeitpunkt erstrecken.

Ein Vorschlag der chinesischen Regierung lautete, den Flughafen in Shenzhen zu bauen, der an Hongkong angrenzenden Sonderwirtschaftszone, und zwar zu einem Bruchteil der veranschlagten Kosten. Großbritannien wandte dagegen ein, daß in diesem Fall China die Lufthoheit besitzen und Hongkongs Unabhängigkeit beeinträchtigt sein würde. China bot daraufhin an, die Überflugrechte an Hongkong abzutreten – ein weitgehender Souveränitätsverzicht, in etwa vergleichbar einer Entscheidung der Briten, für fünfzig Jahre den Amerikanern die Kontrolle über den Flughafen Heathrow und alle damit verbundenen Rechte zu überlassen. Die Briten lehnten es ab, über diesen Vorschlag ernsthaft zu diskutieren, obwohl die Meinungen der Experten zu den Vorzügen dieser Lösung zumindest gespalten waren.[3]

Bei der Entscheidung der Briten, den Flughafen auf einer fernen Insel zu bauen und nicht in Shenzhen, ging es um mehr als um den Flughafen. Für die Gesellschaft und die Verwaltung in Hongkong war sie die wichtigste Entscheidung der Briten seit Unterzeichnung der Gemeinsamen Erklärung. Die immense Verschuldung durch den Flughafenbau schloß größere Initiativen in anderen Bereichen aus. Als die Verantwortlichen sich des vollen Umfangs der Kosten bewußt wurden, unternahmen sie vielfältige Anstrengungen, Ausgaben in nahezu allen anderen Bereichen zu kürzen. Unter anderem stand das Flughafenprojekt der dringend erforderlichen Modernisierung des maroden Bildungssystems und ebenso dringlichen Verbesserungen im Umweltschutz im Wege. Eine Reform des allgemeinen und beruflichen Bildungswesens wäre wohl wichtiger gewesen als ein neuer Flughafen, aber Ende 1992 plante die Regierung, die Schülerzahlen in den ohnehin schon großen Klassen noch weiter zu erhöhen, um auf diese Weise Personalkosten für Lehrer zu sparen. Die Summen, die auf diese Weise einbehalten werden konnten, waren verschwindend gering im Vergleich zu den Summen, die bereits die kleinen der zahlreichen Hafen- und Flughafenprojekte verschlangen. Aber die Finanzplanung für den neuen Flughafen hatte die Regierung so sehr in Bedrängnis gebracht, daß sie jede Einsparungsmöglichkeit ergriff. Auch mit diesen Einsparungen sah der erste Haushalt, der ganz unter der Regie von Patten entstand (und Anfang 1993 vorgelegt wurde), alljährliche Defizite bis zu dem Zeitpunkt vor, an dem China die Souveränität über Hongkong übernehmen würde. Doch offensichtlich waren die Briten der Meinung, daß es für einen Alleingang ohne die Chinesen kein zu hoher Preis war, den Sozialetat auszutrocknen.[4]

Das Verhalten der Briten bei der Entscheidung über das Flughafenprojekt stand in eklatantem Widerspruch zu der in der Gemeinsamen Erklärung formulierten Konsultationspflicht, die einen behutsamen Übergang ermöglichen sollte: Die Briten fällten die Entscheidung einseitig, und gerade zwei Tage, bevor der Gouverneur sie in einer Rede öffentlich bekanntgeben sollte, schickten sie der chinesischen Regierung einen in Englisch abgefaßten Brief. Einige britische Kommentatoren argumentierten, die Briten hätten der Konsultationspflicht dadurch Genüge getan, daß sie die Chinesen von der bevorstehenden Entscheidung informierten und ihnen erläuterten, welcher Art diese Entscheidung sei. Doch im allgemeinen wie im diplomatischen Sprachgebrauch wird seit jeher unterschieden zwischen »informieren« – was bedeutet, daß man der Gegenseite mitteilt, was man beschlossen hat – und »konsultieren« – was bedeutet, daß die Gegenseite bei der Entscheidungsfindung mitwirken kann. Nach der Ankündigung verweigerten die Briten hartnäckig jede Form von Konsultation, weil sie der selektiven (nebenbei bemerkt ausführlichen) Information entgegenstehe. In einer frühen Phase reagierten die Briten auf das chinesische Konsultationsersuchen, indem sie drei umfängliche Bände mit Informationsmaterial in englischer Sprache nach China schickten. Die englischen Kommentatoren erwähnten in ihren Artikeln nicht, daß sich die Chinesen unter »Konsultation« etwas anderes vorgestellt hatten.

Im Laufe des Entscheidungsprozesses erläuterte Gouverneur Wilson, warum man so viele Projekte zu einem gigantischen Unternehmen zusammengelegt und alles auf einen Schlag angekündigt hatte: Damit wolle die britische Regierung den Hongkonger Bürgern demonstrieren, daß sie nach wie vor in der Lage sei, entschlossen und einseitig zu handeln. Doch anstatt das Vertrauen der Menschen zu stärken, wie es beabsichtigt war, hatte das Projekt genau den gegenteiligen Effekt. Die Unsicherheit wuchs, und die Aktienkurse gingen von dem Tag an, als der Gouverneur seine Rede gehalten hatte, stetig zurück bis zu dem Tag, als die Briten schließlich doch ankündigten, daß sie detaillierte Konsultationen mit den Chinesen aufnehmen würden.

Als Briten und Chinesen endlich übereingekommen waren, daß China Unterhändler zu Gesprächen nach Hongkong entsenden würde, tauchte das Problem mit den Banken auf. Im Oktober 1990, einen Tag bevor die Chinesen eintreffen sollten, teilte die Regierung von Hongkong einseitig mit, daß sie den größten Teil des Projekts selbst finanzieren werde. Der Gouverneur und sein wichtigster Berater erklärten in öffentlichen Stellungnahmen, die auf den Titelseiten der größten Tageszeitungen abgedruckt wurden, daß sie in keiner Weise verpflichtet seien, China zu diesen bedeutenden finanziellen Entscheidungen zu konsultieren, und dies auch nicht tun würden. Beide Entscheidungen – über den Flughafenbau und über die Finanzierung – verstießen klar und eindeutig gegen die in der Gemeinsamen Erklärung verankerte Konsultationspflicht. Es waren die ersten Verstöße dieser Art von einer der beiden Parteien. Der Begriff »Konsultation« läßt vielen Interpretationen Raum, aber er ist auch nicht beliebig interpretierbar, besonders wenn man bedenkt, daß der Gouverneur im selben Atemzug davon sprach, daß seine Regierung in dieser Frage keine Verpflichtung sehe, China zu konsultieren.

Das britische Vorgehen weckte bei den Chinesen größte Befürchtungen, daß der Umfang des Projekts die chinesischen Finanzierungsmöglichkeiten überfordern könnte. Darüber hinaus fügte es dem öffentlichen Vertrauen in die Kompetenz der Regierung von Hongkong denkbar großen Schaden zu. Schließlich zerstörte es die Hoffnung, daß Großbritannien in der Lage sein würde, vernünftige Beziehungen zu China aufzubauen, und China konnte mit guten Gründen argumentieren, vitale chinesische Interessen und der Nationalstolz verlangten, daß es in das Flughafenprojekt mit einbezogen werde. Die britisch-chinesischen Beziehungen gerieten in eine Sackgasse, das Vertrauen öffentlicher und privater Investoren in Hongkong sank – bis London und Beijing im Juli 1991 ein Memorandum über den Flughafenbau unterzeichneten. Darin vereinbarten beide Seiten, daß Beijing in Konsultationen einbezogen und im Gegenzug das Flughafenprojekt unterstützen werde, umgekehrt erklärten sich die Briten bereit, bei der Aufnahme von Krediten für die Zeit nach 1997 bestimmte Grenzen einzuhalten. Diese Grenzen lagen niedrig, sehr viel niedriger, als man sie wahrscheinlich ohne Gouverneur Wilsons Alleingang hätte festlegen können; doch die Geschäftsleute in Hongkong stießen einen Seufzer der Erleichterung aus, und am Aktienmarkt begann ein neuer Höhenflug.

Beijing hatte scheinbar nachgegeben, doch das Memorandum ließen die Chinesen sich teuer bezahlen: Sie verlangten, daß der britische Premierminister John Major zu einem Besuch nach Beijing kam; damit war er der erste westliche Regierungschef, der Beijing besuchte, seit die westlichen Staaten wegen der Ereignisse auf dem Tiananmen-Platz einen politischen Boykott über China verhängt hatten. Der Besuch brachte Major gegenüber anderen westlichen Regierungschefs in eine schwierige Position, und Gouverneur Wilson ging aus der Angelegenheit schwer angeschlagen hervor. Major verzieh Wilson nicht, daß er ihn zu dem Besuch in Beijing gezwungen hatte.

Die Chinesen waren gewarnt und überprüften jedes Detail des Finanzierungsplans, bevor sie Fortschritten beim Flughafenprojekt zustimmten. Nach Ansicht der Briten dauerte das viel zu lange. In ihren Augen verstießen die Chinesen damit gegen die Vereinbarung in dem Memorandum, daß sie umgehend und kooperativ auf britische Vorschläge reagieren würden. Die Briten behaupteten, das Verhalten der Chinesen habe politische Gründe.[5] Tatsächlich wurde die scheinbare Obstruktionspolitik der Chinesen durch das heillose Durcheinander begünstigt, das die Regierung von Gouverneur Wilson in der Frage der Flughafenfinanzierung zurückließ. Die Chinesen beharrten darauf, ihre Bedenken seien rein finanzieller Natur: Es ging um das weltweit größte Bauprojekt des Jahrzehnts, die veranschlagten Kosten hatten sich seit Abschluß des Memorandums nahezu verdoppelt, und die Briten nahmen immer wieder bedeutende Veränderungen vor; so wollten sie beispielsweise einen Großteil des Projekts »widerruflich« finanzieren.[6] Die betagten kommunistischen Bürokraten, die einem schwerfälligen Kommandoapparat über finanzielle Fragen in einer für China einmaligen finanziellen Größenordnung berichten mußten, hatten Mühe, angesichts der verwirrenden Vielfalt der britischen Vorschläge die Übersicht zu behalten. Es waren keine vorgeschobenen, sondern echte Probleme.

Ganz abgesehen von der Finanzierungsfrage zeichnete sich ab, daß mehr als 70 Prozent der Aufträge für den Bau des neuen Flughafens an britische Konsortien gehen würden. Bestimmte Teile der Anlage wurden nach britischen Entwürfen gebaut und mußten aus Großbritannien beschafft werden. Die Chinesen betrachteten dies als Versuch der Briten, in letzter Minute noch maximalen wirtschaftlichen Nutzen aus Hongkong zu ziehen und durch eine Hintertür ihren Einfluß bis weit über das Jahr 1997 hinaus zu sichern. (Das Argument der Briten, zufälligerweise hätten im Wettbewerb die britischen Unternehmen am besten abgeschnitten, überzeugte Geschäftsleute aus anderen Ländern nicht, denn nirgendwo sonst auf der Welt waren britische Unternehmen durch besondere Wettbewerbsfähigkeit aufgefallen.) Die Chinesen kamen sich sehr großzügig und tolerant vor, daß sie solche Tricks der Briten duldeten.

Sprecher der Chinesen gaben in Hongkong darüber hinaus zu bedenken, Gouverneur Patten sei derart hohe finanzielle Verpflichtungen eingegangen, daß die Briten ihr im Memorandum niedergelegtes Versprechen, der nach 1997 amtierenden Regierung bestimmte Reserven zu hinterlassen, nicht einhalten könnten. Aus westlicher Sicht sollten solche Berechnungen nur die von China geäußerte Vermutung untermauern, daß die Briten durch gigantische Projekte versuchten, Hongkongs Ressourcen nach Großbritannien umzulenken. (Bei einem Gespräch mit führenden Repräsentanten der amerikanischen Handelskammer sagte Zhou Nan, Chinas hochrangigster Repräsentant in Hongkong: »Wir haben gewußt, daß die Briten versuchen würden, Hongkong zu schröpfen, aber wir haben nicht geahnt, daß sie es auf so üble Weise machen würden.«) Das war ungerecht. Obgleich Hongkong für weniger Geld einen besseren Flughafen hätte bekommen können und obgleich ein großer Teil der Entscheidungen über Infrastrukturmaßnahmen zum Nachteil der Chinesen gefällt wurden, hätte Hongkong besser dagestanden, wenn Beijing die Briten einfach den Flughafen hätte bauen lassen.

Der neue Gouverneur Christopher Patten traf im Juli 1992 in Hongkong ein. Er hatte sehr stark den Eindruck, daß die Chinesen das Projekt verschleppten, und meinte, dies stehe im Widerspruch zu den Vereinbarungen im Memorandum. Sein Vorgesetzter und enger Freund, Premierminister John Major, hatte sich in eine höchst unangenehme Situation begeben, und als Dank erntete er nichts als Widerstand. Gouverneur Patten hatte wenig Erfahrung mit Hongkong und China, wenig Verständnis für die Klagen der Chinesen über das selbstherrliche Vorgehen seines Vorgängers beim Flughafenprojekt, und er hatte keine Vorstellungen, in welche Schwierigkeiten die chinesische Bürokratie durch die verwirrende Komplexität immer neuer Finanzierungskonzepte geriet. Patten machte sich an die Arbeit, wie er es für richtig hielt, und dabei ging er von der Überzeugung aus, daß man mit den Chinesen nicht offen und ehrlich verhandeln könne.

Im Herbst 1992 vermischte sich der Streit um das Flughafenprojekt mit den Bestrebungen des neuen Gouverneurs, in Hongkong politische Veränderungen durchzusetzen.

Hongkongs geographische Lage und Rolle in der Region rückten in den Vordergrund. China betrachtet Hongkong in erster Linie unter wirtschaftlichen Gesichtspunkten und stellt sich darum vor, daß Hongkong seinen Einflußbereich kontinuierlich erweitert und ausdehnt. Reformbefürworter in China begrüßen dieses Szenario, die Ultrakonservativen fürchten es, aber beide sind sich einig, daß Hongkong dadurch gestärkt wird. Großbritannien betrachtet Hongkong politisch, aus der Sicht der Kolonialmacht, und sieht es durch dieses Szenario bedroht.

Hongkong ist Chinas wichtigstes Fenster zum Westen, und darum hat es naturgemäß immer mehr an Bedeutung gewonnen. Investitionen aus Hongkong haben den chinesischen Handel angetrieben. In Hongkong ansässige Firmen beherrschen die Sonderwirtschaftszonen in China. Der Hongkong-Dollar ist die inoffizielle Währung im größten Teil von Guangdong (man kann mit Hongkong-Dollar einen Busfahrschein kaufen und erhält Hongkong-Dollar als Wechselgeld). Auf der Insel Hainan erwägt man, den Hongkong-Dollar als offizielle Währung einzuführen. Die Börse von Shenzhen wurde nach dem Vorbild der Hongkonger Börse errichtet und zählt auf die Unterstützung Hongkongs. Guangdong hofft darauf, sein überlegenes Wissen mit Hongkongs Finanzkraft und überlegenem Marketing zu verbinden und gemeinsam eine machtvolle exportorientierte Produktionsfirma zu gründen, wozu die Provinz allein nicht in der Lage wäre.

Da Hongkongs Aufgaben in der Region größer werden, planen einige Verantwortliche in China, auch das Territorium von Hongkong zu vergrößern. Guangdong ist gerade dabei, die Visa-Bestimmungen für Hongkonger Bürger aufzuheben, die nach Shenzhen einreisen möchten.[7] Die politischen Führer von Guangdong hoffen, daß Shenzhen in den darauf folgenden zehn Jahren wirtschaftlich und politisch immer näher an Hongkong heranrücken wird, so daß Hongkong die für Shenzhen geltenden Einreisebestimmungen aufheben könnte. Die Einreise aus anderen Teilen Chinas nach Shenzhen würde weiterhin streng kontrolliert, um eine unkontrollierte Armutswanderung in die Region zu verhindern. Auf diese Weise könnte man die Grenze von Hongkong weiter ins Land hinausschieben und Hongkong um ein Vielfaches vergrößern.

Es ist typisch für die Sicht der chinesischen Politiker, daß sie dies als Vorteil für Hongkong betrachten, als eine Ausweitung seiner Rolle. Britische Politiker sehen darin eine Bedrohung; die meisten sagen offen, daß sich hinter den Plänen mit Shenzhen die Absicht verbirgt, die Autonomie von Hongkong zu untergraben. Die chinesischen Politiker wiederum betrachten die britischen Bemühungen, Hongkong ein Höchstmaß an Autonomie zu sichern, als eine gegen China gerichtete Politik. In dieser Auseinandersetzung kommt die ganze Enttäuschung der Chinesen darüber zum Ausdruck, daß Großbritannien so vehement die »kleine Lösung« für Hongkong verficht.

Irrtümer über Hongkong

In den Jahren nach der Unterzeichnung der Gemeinsamen Erklärung erlebte Hongkong einen wirtschaftlichen Boom. Gemessen am Lebensstandard hatte die Kronkolonie bis dahin weit hinter Großbritannien zurückgelegen, nun überholte sie das Mutterland. Trotzdem nahm die britische Presse – genauso wie die Presse im überwiegenden Teil der westlichen Welt – die Realität in Hongkong nicht zur Kenntnis und berichtete weiterhin, Hongkongs Wirtschaft werde von China zugrunde gerichtet.
Nach den chinesisch-britischen Verhandlungen stieg der Aktienindex in Hongkong von 700 auf über 7500 Punkte (oder von 1400 auf 3500 Punkte, wenn man vom Höchststand vor Beginn der Rezessionsphase ausgeht). Während die westliche Presse lautstark verkündete, ausländische Firmen würden Hongkong fluchtartig verlassen, verdoppelte sich die Zahl ausländischer Niederlassungen. Die Zahl der in Hongkong lebenden Amerikaner wuchs um mehr als das Doppelte. Zur selben Zeit, als die amerikanische Presse über den angeblichen Rückzug zahlreicher US-Firmen schrieb, ließen die Amerikaner in Hongkong in aller Eile eine zweite amerikanische Schule (die Hong Kong International School) bauen, weil die Zahl der Schulkinder durch die Ansiedlung immer neuer US-Firmen stark anstieg. Obwohl die neue Schule sehr groß war, reichte der Raum nicht aus, als sie im August 1989 ihre Tore öffnete – und 1989 war die Stimmung in Hongkong auf dem absoluten Tiefpunkt. Im Schuljahr 1992/93 mußten wir Ausweichräume auf der anderen Seite der Insel beziehen, sonst hätten wir die Schüler nicht mehr untergebracht. Doch trotz der Ausweich-

Die »schlechten Jahre« von Hongkong

	1979	1991
Bruttoinlandsprodukt	21,6 Mrd. $	81,6 Mrd. $
Exporte insgesamt	15,3 Mrd. $	98,6 Mrd. $
Wiederausfuhr	4,0 Mrd. $	68,8 Mrd. $
Rangplatz im Welthandel	20.	10.
Ausländische Unternehmen	1261	2828
US-Staatsangehörige	10880 (1980)	24600
Frachtaufkommen	1,3 Mio. TEU	6,1 Mio. TEU

Quelle: Statistik der Regierung von Hongkong.

Abb. V-2

räume waren die Klassen der zwölf Jahrgangsstufen und der Kindergarten im Sommer 1993 schon wieder überfüllt. Angehörige anderer Nationalitäten (ausgenommen die Briten) standen vor dem gleichen Problem.

Über die westlichen Presseberichte von einem gewaltigen Exodus gut ausgebildeter Menschen aus Hongkong, der sich jedoch nicht belegen läßt, sprach ich bereits im letzten Kapitel.[8] Nachdem ich über mehrere Jahre hinweg immer wieder Berichte über eine angeblich beträchtliche Abwanderung nach Singapur gelesen hatte, beschloß ich, mir hieb- und stichfeste Zahlen zu besorgen. Die Zahlen waren allerdings nicht leicht zu bekommen, weil sowohl die Regierung von Hongkong wie die Regierung von Singapur sie unter Verschluß hielten. Schließlich spielten mir Politiker aus beiden Ländern ein paar Statistiken über Wanderungsbewegungen zu. In dem Zeitraum, den die Statistiken abdeckten, waren über 800 Menschen aus Singapur nach Hongkong gekommen, und nicht einmal 40 Menschen waren von Hongkong nach

Singapur gegangen. Ich benutzte diese und einige andere Angaben als zentrale Argumente in einem längeren Vortrag und erregte damit unerwartet großes Aufsehen. Zahlreich strömten Zuhörer herbei, verschiedene Organisationen druckten den Text in Zehntausenden von Exemplaren nach, und in mehreren Büchern wurde er als ein Kapitel aufgenommen. Doch die britisch orientierten Zeitungen ignorierten die Zahlen fast einhellig und schrieben weiter über den Exodus nach Singapur.

Die westliche Presse übernahm solche Mythen meist unhinterfragt. Aus Presseschauen, die von der amerikanischen Handelskammer in Hongkong in Auftrag gegeben wurden, geht hervor, daß die meisten amerikanischen Zeitungen in diesem langen wirtschaftlich überaus erfolgreichen Zeitabschnitt das Bild einer Stadt malten, die im Niedergang begriffen war und kurz vor dem endgültigen Zusammenbruch stand. Nachdem die britische Presse zehn Jahre lang unbeirrt berichtet hatte, daß die Menschen in Scharen nach Singapur flohen, lebten 6500 Bürger Singapurs in Hongkong und knapp 6000 Bürger Hongkongs in Singapur. Da Hongkong doppelt so viel Einwohner hat wie Singapur, bedeutet dies in relativen Zahlen, daß die Wanderungsbewegung von Singapur nach Hongkong doppelt so stark ist wie in umgekehrter Richtung. Tatsächlich sah sich die Regierung von Singapur durch die hohe Zahl von Umsiedlern im Jahr 1992 veranlaßt, den Bau einer zweiten Schule für die Kinder ihrer in Hongkong lebenden Staatsangehörigen zu beschließen.[9]

Die britischen und amerikanischen Journalisten schilderten den Niedergang oft mit geradezu herzzerreißender Inbrunst:

> »Während ich mich auf die Abreise vorbereite, kommt mir immer wieder ein Bild vor Augen, das die ganze Schwermut dieser langsam zusammenbrechenden Stadt einfängt. Ich habe diese Szene von fast surrealer Intensität in den Fernsehnachrichten gesehen: Ein großer Bulldozer zermalmt einen Berg unechter goldener Uhren, alle in Hongkong hergestellt, und am Schluß bleibt nur Staub übrig.«[10]

Das Fernsehen leistete einen eigenen bedeutenden Beitrag zur Mythenbildung und sendete mehrere Interviews mit Emily Lau, einer höchst schillernden politischen Figur. Emily Lau berichtete für die *Far*

Eastern Economic Review aus Hongkong, und über viele Jahre nutzte sie ihre Position dazu, einen Kreuzzug für die volle Demokratie nach westlichem Muster und für die Unabhängigkeit von China zu führen. 1991 ging sie in die Politik und kandidierte bei den Wahlen. Emily Lau ist in mehrfacher Hinsicht nicht repräsentativ für Hongkong: Sie gehört keiner politischen Partei oder Gruppierung an. Sie ist die einzige mir bekannte politische Persönlichkeit, die die Gemeinsame Erklärung als Verrat an Hongkong abgelehnt hat. Sie plädiert für einen Wohlfahrtsstaat nach westlichem Muster, der nach Auffassung aller anderen prominenten Politiker schädlich für Hongkong wäre. Doch mit ihrem geschliffenen britischen Englisch, ihrer schlichten Botschaft und ihren fanatisch gegen China gerichteten Überzeugungen ist sie die ideale Interviewpartnerin. In Hongkong selbst wird sie nicht ganz ernst genommen, weil sie einen vollkommen überzogenen Standpunkt vertritt und manchmal Schwierigkeiten hat, Fakten richtig zu verstehen. Aber die Berichterstatter von CNN und BBC haben sie ungeachtet dessen zu einer der drei wichtigsten Stimmen Hongkongs (neben Gouverneur Patten und Martin Lee) gemacht.

So ist es nicht verwunderlich, daß die Zuschauer der beiden Nachrichtensender in Großbritannien (und den USA) allmählich zu der Ansicht gelangten, Großbritannien habe die Menschen in Hongkong betrogen und müsse irgend etwas Entscheidendes tun. Eine Ansicht, die auch Paddy Ashdown, der Vorsitzende der britischen Liberaldemokraten und einst ein exzellenter Hongkong-Kenner, vertrat und 1992, kurz bevor Chris Patten im Oktober in seiner berühmten Rede politische Reformen ankündigte, vor einer Gruppe führender Geschäftsleute aus Hongkong leidenschaftlich zum Ausdruck brachte. Auch führende Vertreter der Labour Party sagten oft ähnliches. Unterdessen brach der Aktienmarkt in Hongkong regelrecht alle Rekorde, und der Lebensstandard stieg rasant. Als Gouverneur Patten kam, um die Dinge in Ordnung zu bringen, herrschte in Hongkong ein Hochgefühl. Die Ängste nach den Ereignissen auf dem Tiananmen-Platz hatten sich endlich beruhigt, und man feierte begeistert den Sieg der Reformer auf dem 14. Parteitag in Beijing. Die Stimmung schlug rasch um.

Parallel zum Mythos vom Niedergang entstand der Mythos vom Verrat. Verfechter des neuen Mythos waren vom Niedergang Hongkongs überzeugt und suchten nach Sündenböcken. Und so wurden die britischen Diplomaten zu Bösewichten. Man warf ihnen vor, sie hätten kein Rückgrat und beugten sich allen Wünschen Chinas ohne Rücksicht auf die Menschen in Hongkong. Die Gemeinsame Erklärung wurde nicht als eine Sternstunde der Diplomatie gefeiert, sondern als Ausverkauf Hongkongs an China gebrandmarkt, und alles, was danach kam, galt als Verrat. Die Diplomaten hießen künftig »Sinologen«. Nach der extremsten Variante dieses Mythos waren nicht nur die Abmachungen mit China ein Ausverkauf, sondern daß die Kronkolonie überhaupt an China zurückgegeben werden sollte; und Schuld an dieser vermeidbaren Entwicklung waren allein die unfähigen Sinologen.[11] Die britische Ehre erforderte, daß die Rückgratlosigkeit der Sinologen dadurch wettgemacht wurde, daß man den Chinesen gegenüber hart auftrat und die Werte der englischen Demokratie hochhielt.

Der Mythos vom Verrat stand wie der Mythos vom Niedergang so eindeutig im Widerspruch zur historischen Realität, daß er nur als Ausdruck tiefer Gefühle und nicht als politische Analyse zu verstehen war. Selbst bei einem oberflächlichen Blick auf die moderne chinesische Geschichte wird hinter der Entschlossenheit der chinesischen Führer, die Wiedervereinigung ihres Landes zu erreichen, die mächtige Triebkraft des Nationalismus erkennbar. Die Verhandlungen in den Jahren 1982–1984 waren alles andere als ein Fehlschlag, sondern wurden seinerzeit vollkommen zu Recht als ein triumphaler Erfolg der Briten angesehen, der ihnen mehr einbrachte, als eine Kolonialmacht auf dem Rückzug jemals hatte erreichen können. Der Mythos von den rückgratlosen Sinologisten läßt völlig außer acht, daß Gouverneur David Wilson im Zusammenhang mit dem Flughafenprojekt die Chinesen düpierte. Doch ungeachtet all dessen, wurde der Mythos vom Verrat der Motor der britischen Politik unter Gouverneur Patten.

Schnelle Demokratisierung versus Sachverstand und Entschlossenheit

Für China zählt in Hongkong in erster Linie die Wirtschaft – genau wie sie für Großbritannien zählte, solange Hongkong noch fest in britischer Hand war. Inzwischen beurteilt Großbritannien Hongkong danach, inwieweit es gelungen ist, demokratische Institutionen zu verankern. Das hat zu heftigen Konflikten geführt. Die ersten britischen Unterhändler faßten eine Ausweitung der bestehenden Konsultationsmechanismen ins Auge. Doch im Laufe der Zeit gingen die Briten immer mehr dazu über, demokratische Verfahrensweisen ohne Rücksicht auf Effizienz und Expertenmeinungen durchzusetzen.[12] Nachdem bei der Wahl 1991 nur 18 (von 60) Angehörige der gesetzgebenden Körperschaft direkt gewählt worden waren, dauerte es dreimal so lange, bis ein gewöhnlicher Gesetzentwurf verabschiedet wurde. Noch stärker fiel ins Gewicht, daß höherrangige Regierungsmitglieder sich in vielen politischen Fragen nicht mehr festzulegen wagten. In nahezu jedem Bereich der Gesellschaft spürte man die Folgen der Verunsicherung und der zeitlichen Verzögerungen.[13] Auf drängendes Nachfragen bestritt die Regierung diese Entwicklung rundweg, obgleich die Statistik eine eindeutige Sprache spricht und in der Geschäftswelt einhellige Besorgnis herrscht.

China und die Geschäftswelt von Hongkong betrachteten es mit zunehmender Sorge, daß die britische Kolonialverwaltung in dem Maße, wie sie die Demokratisierung vorantrieb, die wirtschaftliche Effizienz vernachlässigte. Viele Menschen wiesen auf das Beispiel der Philippinen hin. Man bewunderte, daß Cory Aquino so entschieden für die Demokratie eintrat, aber es war zugleich nicht zu übersehen, daß das ineffektive Patronagesystem die ausgelaugte Wirtschaft weiter schädigte. Die Philippinen zeigten, welchen Weg Hongkong unbedingt vermeiden mußte. Den Briten war nur daran gelegen, ihren Civil service unbeschadet zu erhalten, weiter interessierte sie das Problem nicht. Für China stand der Nutzen Hongkongs als Wirtschaftsmacht auf dem Spiel. Amerikanern erscheint die Vorstellung, daß Hongkong sich genauso entwickeln könnte wie die Philippinen, abstrakt und unwahrscheinlich, aber für viele Asiaten ist es eine greifbare Möglichkeit. Ich habe Anfang der sechziger Jahre auf den Philippinen gelebt. Damals lag der Lebensstandard dort knapp hinter dem von Japan, und besonders reiche Familien hatten Hongkong-Chinesen als Hausangestellte. Doch auf den Philippinen gelang es nicht, wie in anderen asiatischen Ländern dafür zu sorgen, daß wirtschaftlicher Sachverstand bei allen Entscheidungen Vorrang erhält, und heute gehören sie zu den ärmsten Ländern der Region. Viele Mittelschichtfamilien in Hongkong haben mittlerweile Hausangestellte von den Philippinen. Rund 100 000 Filipinas leben als Hausangestellte in Hongkong, und es ist mittlerweile üblich geworden, »Filipina« als Synonym für »Hausmädchen« zu verwenden. Der Niedergang der Philippinen ist nicht allein eine Folge der Ausbeutung durch die

Familie Marcos, denn er setzte sich unter Cory Aquinos demokratischer Regierung fort und wurde durch ihre Politik noch beschleunigt. Ausschlaggebend ist indes nicht, ob diese Befürchtungen in bezug auf Hongkong berechtigt waren oder nicht, sondern daß sie von der chinesischen Führung geteilt wurden und daß man auf sie eingehen mußte.

Ein wichtiges Merkmal des asiatischen Wirtschaftswunders war es, daß Institutionen geschaffen wurden, in denen ökonomischer Sachverstand mehr zählte als der politische Druck der Masse. In Japan, Südkorea, Taiwan, Singapur und Thailand hat die staatliche Verwaltung durchweg sehr viel mehr Entscheidungsbefugnisse als in den Vereinigten Staaten oder in Großbritannien. Hohe Verwaltungsbeamte sind angesehener als hohe Politiker in den meisten westlichen Ländern. Die Finanz- und Handelsministerien genießen etwa soviel unabhängige Autorität und Prestige wie die Notenbank in Washington. Im Westen wird die Macht der Verwaltung in diesen Ländern oft als Mangel an Demokratie verunglimpft, doch zugleich blickt man neidvoll auf die eindrucksvollen wirtschaftlichen Leistungen, die damit erzielt werden.

In Hongkong haben manche Universitätslehrer eine spezielle Bezeichnung für Systeme, die wirtschaftlicher Effizienz den Vorrang vor den Forderungen der Masse geben: »Ökonomismus« wird definiert als »Paradigma oder Lehre, wonach wirtschaftliche Leistungskraft und wirtschaftlicher Erfolg als wichtigste Ziele einer Gesellschaft gelten«. Li Kui Wai gibt eine weitverbreitete Auffassung wieder, wenn er sagt, daß Ökonomismus der Schlüssel zum Erfolg in Hongkong, Singapur, Taiwan und Südkorea gewesen ist, den vier Staaten, die als herausragende Beispiele für – nicht nur wirtschaftlichen – Erfolg in der Dritten Welt anerkannt sind. Er schreibt:

> »Das Paradigma des Ökonomismus hat sich in Hongkong entschieden bewährt. Nun sehen wir uns der Frage gegenüber, ob wir an dem Paradigma festhalten sollen, das uns bislang Erfolge beschert hat, und durch welche Mittel wir unseren wirtschaftlichen Erfolg aufrechterhalten und festigen können … Ausschlaggebend wird sein, daß das politische System, das ab 1997 auf die britische Kolonialverwaltung folgt, sich weiter am Paradigma des Ökonomismus orientiert und daran festhält, daß wirtschaft-

licher Wohlstand die entscheidende Voraussetzung für den Fortbestand von Hongkong ist.«[14]

Hongkong ist eine Gesellschaft im Übergang, in Hongkong denkt man in kurzen Zeiteinheiten. Über Jahrzehnte hinweg lebte die Kronkolonie in nervöser Angst vor dem Kommunismus, und darum schlägt die Stimmung oft rasch um. Aus Furcht, daß plötzlich eine Panik ausbrechen könnte, war die Regierung bereit, wie wir gesehen haben, einen hohen Preis zu bezahlen und die Währung an den Dollar zu binden. Auf diese Weise wollte man das Risiko eines Währungszusammenbruchs und nachfolgendem sozialen Chaos vermeiden.[15] Aus der Situation von Hongkong ist zu erklären, daß man strukturellen Maßnahmen hohe Bedeutung zumißt, die wirtschaftliche Stabilität sichern und gewährleisten, daß langfristige Gesichtspunkte und wirtschaftlicher Sachverstand berücksichtigt werden.

Blickt man weiter in die Vergangenheit zurück, so stellt man fest, daß die Briten wie China und Hongkong vor allem an wirtschaftlicher Leistungsfähigkeit interessiert waren. Sie setzten dieses Interesse sehr viel rigoroser gegen die Interessen der breiten Masse durch als beispielsweise Japan oder Singapur. Als Kolonialmacht mußten sie sich nicht so direkt mit den politischen Kräften im Land abgeben. Forderungen der Masse konnten unterdrückt werden, indem die Kolonialregierung nur mit den beratenden Körperschaften zusammenarbeitete, lokale Politiker blieben fast vollkommen ausgeschlossen. Die wichtigsten beratenden Gremien wurden durch Ernennungen oder indirekte Wahlen besetzt. Auf diese Weise wurde Druck aus der Bevölkerung abgefangen, bevor er die Entscheidungsprozesse auf höherer Ebene beeinflussen konnte. Die Entscheidungsgewalt lag stets in den Händen eines Gouverneurs. Er war für die Wirtschaft politisch zuständig und beriet sich mit Juristen, Finanzexperten und Wirtschaftsführern. Die Berater brachten den nötigen Sachverstand ein und hatten ein Interesse daran, daß die Wirtschaft florierte.

Diese Politik war der Schlüssel zum Erfolg der Briten in Hongkong, das unter allen britischen Kolonien am besten dastand. Die öffentliche Wohlfahrt wurde dabei keineswegs vernachlässigt: Eine Krise auf dem Wohnungsmarkt legte die Regierung dadurch bei, daß sie 40 Prozent des Wohnungsbaus in der Kolonie übernahm; die Pro-Kopf-Einkommen sind sehr viel stärker gestiegen als in Großbritannien; die Arbeitslosenquote liegt in Hongkong gewöhnlich unter 2 Prozent, also weit unter der Arbeitslosenquote in Großbritannien. Die Legitimität und die Stabilität des Systems gründeten vor allem darauf, daß es fähig war, möglichst viele Wünsche zu befriedigen. Die Chinesen waren damit einverstanden. Wie wir gesehen haben, stimmten sie auch einer schrittweisen Demokratisierung zu, ja sie haben sogar zugelassen, daß alle Mitglieder des Legislativrates in direkter demokratischer Wahl, wie die Briten sie sich vorstellen, gewählt werden. Doch das Grundgesetz sieht einen allmählichen Übergang vor. 1991 wurden 18 von 60 Mitgliedern direkt gewählt; 1995 sollen 20 Mitglieder direkt gewählt werden, 30 Mitglieder sollen juristische und steuerberatende Berufe vertreten, und zehn Mitglieder sollen indirekt durch Wahlmänner gewählt werden. Im Laufe der Zeit sollen die bestimmten Gruppen vorbehaltenen Sitze ebenfalls durch allgemeine Wahlen nach westlichem Vorbild besetzt werden. China, Großbritannien und die Bevölkerung von Hongkong wußten sehr genau, daß ständische Organisationen mit Experten vertreten sein mußten und daß das Wahlmännergremium aus prominenten Bürgern bestehen würde, die über besondere Sachkenntnis verfügten und sich dauerhaft für Hongkong engagierten.

Dieses System sollte beide Funktionen erfüllen, die repräsentative Funktion des Unterhauses in Großbritannien oder des Repräsentantenhauses in den USA und die eher beratende Funktion des britischen Oberhauses oder des Senats in den USA, aber beide Funktionen sollten in einer Kammer zusammengefaßt werden. Ein System mit nur einer Kammer ist effizienter, weil über ein Vorhaben nur einmal abgestimmt werden muß und weil es keine langwierigen Verhandlungen zwischen zwei Kammern über die Feinheiten einer Vorlage gibt. Dieses an asiatischen Vorbildern ausgerichtete System sollte auf der einen Seite Beijings Anliegen Rechnung tragen und sicherstellen, daß ökonomischer Sachverstand und langfristige Perspektiven hinreichend Gewicht erhielten. Und es berücksichtigte auf der anderen Seite die Auffassung britischer Experten, daß indirekte demokratische Verfahrensweisen für Hongkong besser geeignet seien als direkte. Die Briten erachteten es damals als wichtig, das in Hongkong bestehende System so weit wie möglich zu erhalten: Die Entscheidungsgewalt sollte weiterhin bei der Regierung liegen, der in beratenden Gremien Expertenwissen zugänglich war. Zugleich wollte man durch die begrenzte Einführung demokratischer Elemente verhindern, daß nach dem Rückzug der Briten ein politisches Vakuum entstünde.[16]

Ein Beobachter aus dem Westen wird dieses System am besten verstehen, wenn man es mit dem amerikanischen Senat oder mit dem britischen Oberhaus vergleicht. Diese beiden eigenständigen Kammern verdanken ihre Entstehung besonderen historischen Bedingungen, aber heute ist ihre Existenzberechtigung anerkannt, weil sie ein notwendiges Gegengewicht – mehr Reflexion, mehr Sachkenntnis, mehr Erfahrung – zu der stärker populistisch orientierten ersten Kammer bilden. Die Angehörigen von Senat und Oberhaus werden auf einer weniger »demokratischen« Basis gewählt als die Abgeordneten der ersten Kammer; in Amerika hat beispielsweise der Riese Texas im Senat genauso viele Sitze wie der Zwerg Rhode Island. Für Hongkong gelten ebenfalls besondere historische Bedingungen, und Hongkong steht und fällt mit seiner Wirtschaftskraft. Weder die Briten noch die Chinesen glaubten, ein Zwei-Kammer-System wäre der wirtschaftlichen Leistungsfähigkeit förderlich, und so kombinierten sie beide Funktionen in einer Kammer. Anders als im amerikanischen Senat und im britischen Oberhaus wird die Vergabe von Sitzen an bestimmte Gruppen nach chinesisch-britischer Vereinbarung irgendwann auslaufen, so daß das Parlament von Hongkong am Ende demokratischer sein wird als das britische Parlament.

Nach den Ereignissen auf dem Tiananmen-Platz entwickelte Hongkong mehr politisches Selbstbewußtsein und, damit notwendigerweise einhergehend, ein größeres Interesse an Demokratie. Die Veränderung war greifbar. Vor den Ereignissen waren die Menschen in Hongkong entschieden unpolitisch gewesen; Politik wurde in Form von Geschäften gemacht. Danach beobachteten sie die Politik sehr genau und mit großer emotionaler Beteiligung, aber in ihrem eigenen politischen Verhalten waren sie äußerst vorsichtig. In Hongkong lebt es sich sehr angenehm, und niemand verspürt die Neigung, Freiheit und Wohlstand aufs Spiel zu setzen. Anders als in Osteuropa oder in Lateinamerika gab es nie größere Demonstrationen für mehr Demokratie. Wenn in Umfragen erkundet wurde, ob die Menschen mehr Demokratie wünschten, war das Ergebnis positiv; wenn gefragt wurde, ob es wichtig sei, daß die Regierung von Hongkong die Beziehungen zu China verbessere, bejahte dies ebenfalls eine Mehrheit. Mit anderen Worten: Die Menschen wollen mehr Demokratie, aber nicht um jeden Preis. Die traditionelle Freiheit und der Wohlstand in Hongkong sollen nicht gefährdet werden. Auf die Frage, ob sie eine begrenzte Demokratisierung wünschten, wie von Gouverneur Patten vorgeschlagen, und dafür auch eine Konfrontation mit China in Kauf nehmen würden, erteilte eine große Mehrheit der Demokratie eine Absage.[17] Das rechte Mittelmaß zu finden hätte sehr viel Fingerspitzengefühl und eine breite öffentliche Diskussion erfordert.

Das Patten-Programm

Der neue Gouverneur Chris Patten trat sein Amt im Juli 1992 an. Er schlug einen radikal neuen Kurs ein. Seine Vorgänger hatten breite Kenntnisse über China und Hongkong besessen und waren überzeugt gewesen, daß man die besondere Geschichte und die institutionellen Strukturen Hongkongs begreifen mußte, wenn man die Ziele Chinas verstehen und unter den gegebenen Umständen in Verhandlungen das Beste erreichen wollte. Ihnen war klar, daß jeder, der über die Zukunft Hongkongs nachdachte, die zentralen Interessen und die Übermacht Chinas berücksichtigen und sich vor Augen halten mußte, daß es für Hongkong in der Konfrontation mit China keine Zukunft geben konnte. Premierminister John Major gab dem neuen Gouverneur eine ganz neue Marschrichtung vor, und Patten selbst betrachtete Hongkong aus einem anderen Blickwinkel als seine Vorgänger. Er hatte weder Erfahrungen mit Hongkong noch mit China und betonte in öffentlichen Erklärungen immer wieder, daß er nicht versuchen wolle, ein Experte zu werden. In seinen Erklärungen ließ er für den Erfolg oder Mißerfolg Großbritanniens in Hongkong nur ein Kriterium gelten: Inwieweit würde es ihm gelingen, die gesetzgebende Körperschaft von Hongkong in ein Parlament nach westlichem Vorbild, mit direkt gewählten Abgeordneten und der entsprechenden politischen Rolle, zu verwandeln?
Patten war Politiker und kein Experte für den Fernen Osten; seine Domäne war die Innenpolitik, und nicht die Außenpolitik, obgleich er maßgeblich an der Umsetzung des britischen Entwicklungshilfeprogramms mitgewirkt hatte; er war Parteimann, kein Verwaltungsexperte. Er besaß Charme und die Anziehungskraft des erfolgreichen Politikers, und mit diesen für Hongkong neuen Qualitäten machte er am Anfang einen hervorragenden Eindruck. In Nordirland und beim Ent-

wicklungshilfeprogramm hatte er sich mit bewundernswertem Gespür auf die Seite der Unterprivilegierten geschlagen – er war zum Beispiel entschlossen, die Brasilianer im Kampf gegen ihre Bürokratie zu unterstützen. Ich traf ihn zum ersten Mal knapp drei Monate nach seiner Amtsübernahme in Hongkong. Er beeindruckte mich durch detaillierte wirtschaftspolitische Kenntnisse und bestechende Einsichten in komplexe wirtschaftliche Zusammenhänge. Aber er besaß auch die für führende Politiker der britischen Konservativen Partei typische Dickfelligkeit.

In London stand Patten im Ruf, zäh und wenig sensibel zu sein, und galt gewissermaßen als John Majors Mann fürs Grobe. Als er nach Hongkong kam, waren noch Verleumdungsklagen gegen ihn anhängig, die mit einem Vergleich endeten. (Die Partei zahlte die Prozeßkosten, schließlich hatte er nur seine Arbeit getan.) Patten hatte maßgeblichen Anteil an Majors überraschendem Wahlsieg im Jahr 1992 gehabt und besaß dessen volle Unterstützung. In Hongkong und Beijing erzählte er immer wieder, er sei Majors engster politischer und persönlicher Freund. Zwar hatte er Major zum Wahlsieg verholfen, doch seinen eigenen Wahlkreis hatte er verloren, was nach den britischen Spielregeln bedeutete, daß der Premierminister ihm keinen Posten in seinem Kabinett geben konnte. Nun hatte aber die Geschäftswelt von Hongkong darauf gedrängt, einen Politiker von Format als Gouverneur zu bekommen, und Major war wütend auf Wilson und das Außenministerium, weil sie ihn im Zusammenhang mit dem Flughafenprojekt zum Kotau vor den Chinesen gezwungen hatten. Sah man einmal von der fehlenden Sachkenntnis ab, war Patten in jeder Hinsicht der richtige Mann für den Posten des Gouverneurs von Hongkong.

Neunzig Tage nach Amtsantritt präsentierte Gouverneur Patten einen neuen Plan, der einen radikalen Bruch mit der von den China-Experten verfolgten Politik der vorsichtigen Annäherung an China in der Hongkong-Frage bedeutete. Pattens Plan enthielt mehrere unterschiedliche Elemente:

- Verzicht auf die traditionellen Konsultationsverfahren, Grünbücher und Weißbücher, statt dessen Ausarbeitung der politischen Linie mit einer kleinen Gruppe von Beratern und Geheimhaltung bis zur dramatischen öffentlichen Ankündigung.

- Trennung von Legislative und Exekutive durch Einführung der Regel, daß Mitglieder des Legislativrates keine Positionen im Exekutivrat innehaben dürfen. Auf diese Weise wurden Martin Lee und die führenden Vertreter der chinesischen Geschäftswelt von direkter Einflußnahme auf den Entscheidungsprozeß ausgeschlossen.
- Berufung weniger bekannter und weniger mächtiger Personen in den Exekutivrat, Ernennung junger liberaler Rechtsanwälte und Journalisten in den Legislativrat anstatt der auf wirtschaftliche Aspekte konzentrierten Geschäftsleute, die bisher in den Gremien gesessen hatten.
- Umwidmung von neun Sitzen für ständische Organisationen im Legislativrat dergestalt, daß die Inhaber dieser Sitze künftig von allen Arbeitnehmern (knapp der Hälfte der Bevölkerung) und nicht mehr von begrenzten Gruppen mit einem bestimmten Expertenwissen gewählt werden können.
- Direkte Wahl der Mitglieder des Wahlmännergremiums, das die Inhaber von zehn Sitzen im Legislativrat bestimmt, anstelle der ursprünglich beabsichtigten Besetzung mit Notabeln.
- Übertragung der politischen Richtlinienkompetenz auf den Legislativrat anstelle eines wie bisher »von der Exekutive gelenkten« Systems.
- Schaffung eines Wirtschaftsrates mit dem Auftrag, den Wettbewerb zu überwachen (das heißt Monopole im Auge zu behalten), als Ausgleich für die Verdrängung von Wirtschaftsvertretern aus dem Entscheidungsprozeß.
- Profilierung des Gouverneurs als Kämpfer für Hongkongs Interessen und für Demokratie durch Konfrontation mit China. Im Rahmen dieses Programmpunktes rückte Patten vom Kurs seiner Vorgänger ab, die einen behutsamen Übergang im Jahr 1997 angestrebt hatten.
- Propagierung der neuen Ziele, die als »demokratische Reform« definiert werden, über die Medien.

Das Kernstück von Pattens »Reformen« war es, die gesamte Bevölkerung in direkter Wahl über die Besetzung der Sitze entscheiden zu lassen, die bisher ständischen Organisationen vorbehalten waren. Bei der Begründung seiner Abkehr von der bisherigen Konzeption der funktionalen Wahlkreise bezog Patten eine legalistische Position: Die

Ausweitung auf die Gesamtbevölkerung sei mit dem Wortlaut des Grundgesetzes vereinbar. Viele Kommentatoren sagten, Patten habe eine Lücke im Gesetz gefunden. Die Chinesen vertraten, was nicht verwunderlich war, die Auffassung, Patten verstoße gegen die Gemeinsame Erklärung und gegen das Grundgesetz: Die ständischen Sitze und das Wahlmännergremium seien eingerichtet worden, um Kontinuität zu sichern und wirtschaftlichen Sachverstand in den Entscheidungsprozeß einzubringen, Gouverneur Pattens Plan richte sich genau gegen den Einfluß der wirtschaftlichen Eliten. Nach Ansicht der Chinesen hatte man den Zuschnitt der funktionalen Wahlkreise deshalb nicht genauer definiert, weil man sich über Wesen und Ziel einig war. Patten hatte ohne Zweifel die Lücke benutzt, um den Geist und die zentrale Absicht der Vereinbarung mit China auszuhöhlen. Darüber hinaus hatte er nach britischem Rechtsverständnis einen schweren Fehler begangen. Höchstwahrscheinlich gab es gar keine Lücke im Gesetz.

Ein britisches Gericht hätte Gouverneur Pattens Pläne möglicherweise als rechtswidrig verworfen. Patten überzeugte zwar fast alle britischen und amerikanischen Kommentatoren von seiner Sicht, daß er durchaus ständische in allgemeine Parlamentssitze umwandeln könne, da letztere nicht eindeutig im Grundgesetz definiert seien, doch diese Auffassung steht im Widerspruch dazu, wie in Großbritannien Verfassungsrecht interpretiert wird. Wenn zwei Vertragspartner miteinander streiten, zählt nur der Wortlaut ihrer Vereinbarung; frühere Abmachungen in der betreffenden Frage fallen nicht ins Gewicht. Hätte es sich um eine solche Auseinandersetzung gehandelt, wäre Patten im Recht gewesen. Doch in einer verfassungsrechtlichen Auseinandersetzung – und eine solche war es, denn es ging um das Grundgesetz – ist die ursprüngliche Absicht der Beteiligten der rechtliche Kern. Ich befragte die führende juristische Autorität in Hongkong zu diesem Problem und erhielt folgende Antwort:

> »Bei einem Vertrag zwischen zwei Personen zählt nur der Wortlaut. Verhandlungen, die vor dem Vertragsschluß geführt wurden, können im Rechtsstreit nicht geltend gemacht werden. Bei einer verfassungsrechtlichen Auseinandersetzung liegen die Dinge anders. Wenn der Justizausschuß des englischen Staatsrates über Gouverneur Pattens Vorschläge zu urteilen hätte,

müßte er von einer breiteren, umfassenderen Sicht der Situation ausgehen und die Absichten beider Parteien berücksichtigen, die in dieser Frage sehr viel näher an der chinesischen Position liegen als an der Position, die Gouverneur Patten eingenommen hat. Diese Unterscheidung ist wichtig.«[18]

Mein Gesprächspartner sagte weiterhin, rechtlich gesehen hätten die Chinesen einen Trumpf in der Hand, denn für die Interpretation des Grundgesetzes sei letztlich der Volkskongreß nach Beratung mit dem Staatsrat zuständig.

Politisch gesehen, bedeutet dies freilich, daß Gouverneur Patten den Trumpf besitzt, denn der Justizausschuß hat keine Rechtsprechungsbefugnis und wird darum in der Angelegenheit niemals urteilen. So konnte Patten trotz der wackligen juristischen Basis seine Pläne weiterverfolgen und den Chinesen vorwerfen, ihre Einwände spiegelten lediglich ihre Furcht vor der Demokratie wider. Es gelang Patten, nahezu alle britischen und amerikanischen Beobachter von seiner Sicht zu überzeugen.

Hongkongs beliebtester Karikaturist hat sich mit dem Unterschied zwischen Orientierung am Wortlaut und Orientierung am Geist der Gemeinsamen Erklärung befaßt: Wenn China am Wortlaut festhielte, aber nicht am Geist, könnte es die Mitglieder der Vereinigten Demokratischen Partei als Zwangsarbeiter beim Flughafenbau einsetzen.[19]

Der Kern des Patten-Programms waren »demokratische Reformen«. Darum ist die entscheidende Frage, wie sich das Programm konkret auf die Demokratie in Hongkong auswirken wird. Durch Pattens Vorschläge zum Wahlverfahren sollen künftig 19 der insgesamt 60 Angehörigen der Legislative auf einer demokratischeren Basis gewählt werden. Das war eine bescheidene Reform, wie Patten selbst immer wieder betonte, besonders wenn man bedenkt, daß sogar Beijing in Aussicht gestellt hatte, daß schließlich alle Mitglieder der Legislative in allgemeiner, direkter Wahl gewählt würden. Patten beschleunigte lediglich, was sowieso kommen würde. Die wichtigste Veränderung für Hongkong seit der Verabschiedung der Gemeinsamen Erklärung lag indes darin, daß Patten mit einem Federstrich alle Konsultationsmechanismen beseitigte: keine umfassenden Konsultationsgespräche mehr, bevor nicht der Gouverneur Position bezogen hatte, keine Grünbücher mehr, keine Weißbücher, nur vertrauliche Treffen mit

Wir bewundern Ihre Vorschläge für politische Veränderungen, Mr. Patten.
Wir haben unsererseits ein wenig »einseitiges Nachdenken« betrieben und unsere Gegenvorschläge formuliert.
Endlich.
Wir haben einen einfachen Plan, wie wir die Kosten des Flughafens reduzieren und mit dem Grundgesetz in Einklang bleiben können.
Setzen Sie die Vereinigten Demokraten beim Flughafenbau als Zwangsarbeiter ein!
FEIGN

engen Beratern aus London und dann eine aufsehenerregende öffentliche Ankündigung. Dieser neue Regierungsstil führte zu einer politischen Spaltung, wie Hongkong sie seit den Anfängen der Kulturrevolution in den sechziger Jahren nicht mehr erlebt hatte. Unterdessen schwächte Patten den Exekutivrat und überlastete den Legislativrat, um zu verhindern, daß sich größerer Widerstand gegen seine Pläne artikulieren konnte.

Darüber hinaus bestand die Gefahr, daß Patten mit seinen Reformen ideale Rahmenbedingungen für einen Diktator schaffen würde. Die Trennung von Legislativrat und Exekutivrat versetzte jeden künftigen chinesischen Regierungschef in die Lage, daß er alle wichtigen Entscheidungen im Kabinett ohne Beteiligung der Legislative treffen konnte. Das war der Preis dafür, daß Patten das Problem Martin Lee umgangen hatte, anstatt sich damit auseinanderzusetzen, und daß er die führenden Vertreter der chinesischen Geschäftswelt aus dem Exekutivrat gedrängt hatte. Patten lieferte überdies ein möglicherweise verhängnisvolles Beispiel dafür, wie die Bedeutung zweier Begriffe vermischt werden kann: Wenn er ständische Sitze in allgemeine umwandeln konnte, dann konnte ein diktatorisch gesinnter künftiger Chef der Exekutive das Spiel weitertreiben und sie in Sitze verwandeln, die durch Ernennung besetzt wurden. Folgte er weiter Pattens Beispiel, konnte ihn nichts daran hindern zu definieren, daß ein funktionaler Wahlkreis aus ihm und seinem Sekretär bestand. Bei einem Frühstücksgespräch fragte ich Gouverneur Patten, ob dies nicht ein problematischer Punkt sei. Er wich der Frage aus und antwortete mit weitschweifigen Ausführungen über die politische Reife der Menschen in Hongkong und ihre Bereitschaft für die Demokratie.

Mit seinem profilierungssüchtigen Konfrontationskurs verhinderte Patten die Entfaltung lokaler politischer Persönlichkeiten. Er machte sich selbst zu einem internationalen Medienstar und eroberte die Titelseite von *Newsweek*. In Hongkong drehte sich politisch alles um Patten, andere Personen und Gruppierungen drängte er in den Hintergrund. Es bestand die Gefahr, daß er auf diese Weise das wichtigste Ziel, das die britischen Diplomaten mit ihren Bemühungen um mehr Demokratie in Hongkong verfolgt hatten, zunichte machen würde: Sie hatten die Entstehung eines politischen Vakuums verhindern wollen, weil China es ausfüllen würde. Doch nun füllte Patten den gesamten politischen Raum aus, und nach seinem Abtritt würde sich

genau dieses Vakuum auftun. Die Entwicklung konnte durchaus anders verlaufen. Der ehemalige Vorsitzende der Konservativen Partei kannte die Macht der Medien ganz genau und hätte die Medienpräsenz einheimischer politischer Gruppierungen fördern können.[20]
Wenn, wie Patten behauptete, seine Vorschläge tatsächlich in erster Linie dem Ziel dienen sollten, die Demokratie in Hongkong zu verankern, dann lag das greifbare Ergebnis irgendwo zwischen verschwindend gering und sehr negativ. Bestenfalls konnte er ungefähr das erreichen, was geschehen würde, wenn die Chinesen Kanonenboote nach Washington schickten und verlangten, der amerikanische Senat solle künftig auf einer ähnlich demokratischen Basis gewählt werden wie das Repräsentantenhaus.
Wenn Patten jedoch das Ziel verfolgte, den Einfluß der Geschäftsleute im Exekutiv- und im Legislativrat weitgehend zurückzudrängen und den besonderen Stellenwert zu beseitigen, den der Sachverstand bestimmter Gruppen bislang in den Entscheidungsprozessen in Hongkong besessen hatte, dann muß man ihm einen großen Erfolg bescheinigen. Patten sprach die Balance von Ausrichtung auf die Masse und Sachverstand von Eliten nie direkt an. Doch genau darum ging es. Auf der einen Seite stand der alte Konsens der Chinesen, der britischen Hongkong-Experten und der Geschäftsleute in Hongkong (wie überdies der meisten Menschen, die sich mit Hongkong beschäftigt hatten), daß die herausragende wirtschaftliche Leistungsfähigkeit die einzige Überlebensgrundlage war, weil nur sie innere Stabilität gewährleistete und weil die Chinesen nur mit Rücksicht darauf das kapitalistische System bewahren würden. Auf der anderen Seite wollten die Menschen in Hongkong wirklich mehr Verantwortung für ihr Schicksal übernehmen. Die Erfordernisse von Demokratie und Sachverstand zu formulieren, beides im Hinblick auf die besondere Situation von Hongkong zusammenzufügen und maßvolle Schritte zu mehr Demokratie auszuhandeln: Dies waren Aufgaben, zu deren Lösung es eines großen Staatsmannes bedurft hätte. Es waren die zentralen Aufgaben, die Hongkongs politische Zukunft prägen würden. Gouverneur Patten ließ nicht erkennen, daß er sich dieser Aufgaben bewußt war. Er behandelte jeden, der anderer Meinung war als er, als einen Feind der Demokratie und brachte damit viele Menschen gegen sich auf.
Für Patten sah die Welt einfach aus: Es ging um Demokratie oder Diktatur, Gut oder Böse. In seinen Augen standen die Chinesen ein-

deutig nicht auf der Seite des Guten, und unter seinen Vorgängern hatte es der britischen Politik an der Entschlossenheit gefehlt, brutalen chinesischen Machthabern Widerstand zu leisten. Bevor Patten nach Hongkong kam, erschienen eine Fülle von Zeitungsartikeln darüber, wie wenig Rückgrat seine Vorgänger bewiesen hätten und wie nun endlich ein britischer Gouverneur hart gegenüber China auftreten würde. Kurz nach seiner Ankunft sagte Patten zu Diplomaten, wenn die Konfrontation mit China unausweichlich sei, dann sei es wichtig, daß sie bald stattfinde.[21]

Vor seiner Rede am 7. Oktober wiesen einflußreiche chinesische Geschäftsleute Patten darauf hin (bei einer Begegnung, bei der ich ebenfalls anwesend war), er müsse unbedingt signalisieren, daß ihm daran gelegen sei, mit China zusammenzuarbeiten. Es sei üblich, daß ein neuer Partner in einem Gemeinschaftsunternehmen sein Interesse an einer fruchtbaren Zusammenarbeit bekunde. In seiner Rede vermied Patten jeden Hinweis auf die Zusammenarbeit mit China. Zwar ließ er sich in epischer Breite über Details wie den Bau neuer Brunnen aus, doch auf die großen, für Hongkong lebenswichtigen Infrastrukturprojekte ging er mit keinem Wort ein. Vor den Mitgliedern der Legislative prahlte er damit, daß er China vor seiner Rede nicht konsultiert hatte. Das war eine stillschweigende Kriegserklärung. In den nachfolgenden Auseinandersetzungen übergoß Patten die Chinesen mit höhnischem Sarkasmus – im britischen Unterhaus nahm man das vielleicht hin, nicht aber im chinesischen Kulturkreis. Selbst Pattens Anhänger fanden es peinlich. Auf öffentlichen Druck schwächte er zwar den Sarkasmus ab, aber er ließ keine Gelegenheit aus, davon zu sprechen, daß Großbritannien »der derzeitige Souverän« in Hongkong sei. Auf diese Weise machte er deutlich, daß er über den Rechtsstatus der fast zehn Jahre zuvor geschlossenen Verträge anders dachte als seine Vorgänger.

Kurz nach Pattens Rede planten die britischen Streitkräfte eine Übung, »Operation geflügelter Drache«. Das Szenario sah vor, Hongkong gegen eine chinesische Invasion zu verteidigen. »Das Szenario sollte den Invasionskräften demonstrieren, daß das Territorium nach wie vor unter britischer Oberhoheit stand.«[22] Es war eine kuriose Übung, denn Hongkong ist nicht zu verteidigen. Wenn China angreifen wollte, würde es keine Waffen einsetzen, sondern einfach den Wasserhahn zudrehen, und innerhalb weniger Tage hätte es einen kompletten Sieg errungen. Und sollte ein irregeleiteter chinesischer General auf die Idee kommen, in Hongkong einzumarschieren, dann würde Großbritannien gewiß keinerlei Verteidigungsanstrengungen unternehmen und unschuldige Menschenleben für eine von vornherein aussichtslose Sache aufs Spiel setzen. In den Augen der meisten Menschen war die Übung nichts als eine feindselige Geste gegenüber China. Ihre öffentliche Ankündigung schuf eine peinliche Situation (die chinesische Armee hätte auf jeden Fall davon erfahren), und schließlich wurde sie mit der Begründung verschoben, man wolle diplomatische Verwicklungen mit China vermeiden. Hochrangige Militärs wurden zitiert mit der Einschätzung, man werde mit ziemlicher Sicherheit ganz auf die Übung verzichten, weil es sehr schwierig und undiplomatisch wäre, einen zweiten Termin für sie anzusetzen.

Politisch betrachtet, trug Patten den Krieg nach China hinein. Ein Mitarbeiter des Gouverneurs sagte einem Reporter, viele Chinesen schrieben Briefe zur Unterstützung der Reformpläne, und schlug vor, die Zeitung könne einen Blick auf die Korrespondenz werfen. (Wer glaubte, daß Einwohner von Guangdong solche Briefe schreiben und damit den Zorn ihrer Regierung riskieren würden, mußte mehr Vertrauen in die chinesischen Liberalisierungsbestrebungen haben als jeder Geschäftsmann in Hongkong.) Passenderweise führte die *South China Morning Post* eine Umfrage in Guangdong durch und meldete in großen Schlagzeilen, daß die Menschen in China zu einem großen Teil Pattens Demokratisierungspläne unterstützten. Solche Ereignisse ermöglichten es dem Gouverneur, die Pose des mächtigen britischen Löwen einzunehmen, der die Chinesen auf ihren Platz verweist.

Wie Gouverneur Wilson beim Flughafenprojekt informierte Gouverneur Patten die Chinesen über seine Pläne. Er konsultierte sie nicht. (Der chinesische Außenminister bekam, bevor Patten seine Rede hielt, einen Brief, in dem die Vorschläge in groben Umrissen skizziert waren.) Überdies bemühte sich Patten, die öffentliche Meinung in Hongkong und in aller Welt gegen China zu mobilisieren und Beijing damit vor vollendete Tatsachen zu stellen. Das Versprechen, nach der Ankündigung mit den Chinesen über die Demokratisierungspläne zu diskutieren, zeigte deutlich, daß Patten wie sein Amtsvorgänger in eklatanter Weise die Konsultationsverpflichtung in der Gemeinsamen Erklärung verletzt hatte. Darüber hinaus machte Patten klar, daß er seine Pläne einseitig umsetzen werde, wenn Beijing keine Gegenvorschläge unterbreiten sollte, die seinen Kriterien von freien und gerechten Wahlen genügten. Nach diesen Kriterien sollten Sitze der Elite in allgemein zu vergebende Sitze umgewandelt werden. Da die Chinesen genau dabei nicht mitmachen würden, konnte er sich vor der Presse als flexibler Verhandlungspartner gebärden, obwohl er in Wahrheit keinerlei Entgegenkommen zeigte.

Gouverneur Patten setzte den eingeschlagenen Kurs fort und kündigte an, daß er das Flughafenprojekt auch gegen den Widerstand der Chinesen vorantreiben werde. Seiner Ansicht nach leisteten die Chinesen nur deshalb Widerstand, um ihn bei seinem Reformprojekt zu behindern. Aus Sicht der Chinesen verknüpfte Patten zwei Dinge, bei denen Großbritannien gegen die Gemeinsame Erklärung verstoßen hatte. Swire Pacific, eine der angesehensten britischen Firmen in Hongkong und als Inhaberin von Cathay Pacific Airways die Firma, die das größte Interesse an dem neuen Flughafen hatte, kämpfte bis zur letzten Minute gegen die Entscheidung, das Flughafenprojekt ohne Chinas Einwilligung voranzutreiben. Als ich in einer Unterredung mit dem für den Flughafen zuständigen Regierungssprecher darauf hinwies, erwiderte er, CITIC, eine chinesische Firma, besitze eine Minderheitsbeteiligung an Cathay Pacific. »Swire ist nur der verlängerte Arm [von China]«, sagte er.

Für Gouverneur Wilsons Selbstherrlichkeit hatten sich die Chinesen gerächt, indem sie Großbritannien beim Flughafenprojekt demütigten, und Gouverneur Patten rächte sich für die Demütigung durch Selbstherrlichkeit und Sarkasmus. Die Chinesen reagierten darauf mit übersteigertem Nationalismus. Am 20. November 1992 kündigte China an, daß Verträge mit der britischen Regierung nach 1997 nicht mehr als gültig betrachtet würden. Genau wie Gouverneur Pattens Pläne war dies mit dem Wortlaut der Gemeinsamen Erklärung und des Grundgesetzes vereinbar, widersprach jedoch dem Geist der Vereinbarungen. Nun hatte China seinerseits gegen die klaren, unbestreitbaren Absichten der Gemeinsamen Erklärung verstoßen. Hongkong geriet in einen Teufelskreis, aus dem kein Ausweg zu erkennen war.

Die Chinesen sagten, Großbritannien breche die in der Gemeinsamen Erklärung und in der Korrespondenz beider Regierungen niedergelegten Vereinbarungen und verstoße gegen den Geist des Grundgesetzes. Diese Argumentation wurde von hochrangigen Politikern gestützt – praktisch von allen Vertretern Großbritanniens, die aktiv an den Verhandlungen mitgewirkt hatten. Einer nach dem anderen drückte sein Unbehagen aus: Lord McLehose, der damalige Gouverneur, Sir Percy Cradock, im Jahr 1984 außenpolitischer Berater der Premierministerin, Sir Jack Cater, ein wichtiger Diplomat und später Chief secretary der Regierung von Hongkong, und viele andere kritisierten, daß Patten frühere Vereinbarungen mißachte – nicht nur Verträge, sondern auch den Konsens in bezug auf die ständischen Sitze im Legislativrat, die Bedeutung eines behutsamen Übergangs im Jahr 1997 und anderes mehr. (Die Briten hatten auf eine Vereinbarung gedrängt, daß der im Juni 1997 bestehende Legislativrat auch im Juli weiterexistieren sollte; man sprach von einem »durchgehenden Zug«). Auch hochrangige Beamte, die noch im Amt waren, machten Freunden gegenüber keinen Hehl daraus, daß sie Pattens Kurs strikt ablehnten. Sir David Akers-Jones, ein in Großbritannien hochangesehener Beamter in Hongkong, gab seinen Rücktritt bekannt und nahm einige Tage später eine Berufung in Chinas Beratenden Ausschuß für Hongkong an. In der Geschichte des britischen Foreign Office, wo sehr viel mehr Disziplin herrscht als im amerikanischen Außenministerium, war es ein nahezu einmaliger Vorgang, daß auf diese Weise Meinungsverschiedenheiten nach außen drangen. (In Amerika sind offene Differenzen und undichte Stellen sehr viel häufiger.) Seit der Suezkrise im Jahr 1956 hatten britische Diplomaten nicht mehr so massiv gegen die Politik ihrer eigenen Regierung opponiert.

Seit Pattens Ankunft wunderten sich die diplomatischen Vertreter anderer Länder über die »offene Verachtung, mit der er seinen China-Experten begegnet«. Patten stand an der Spitze einer Gruppe von Politikern in Hongkong, die an irgendeine Version des Verratsmythos glaubten. Er war überzeugt, daß die Meinungsverschiedenheiten daher rührten, daß er den britischen Werten so bedingungslos ergeben war, während die »Sinologen« ihrerseits glaubten, sie verteidigten die britischen Werte angesichts komplizierter Machtverhältnisse und institutioneller Besonderheiten, die Patten nicht begreife. Patten arbeitete für John Major und besaß dessen volle Unterstützung – zumindest solange er keine zu harte Gangart einschlug. Und der Großteil der britischen Presse pflegte den Mythos vom Verrat. Die *Times* kritisierte Sir Percy Cradock in bitteren Worten. Die *Daily Mail* schrieb: »Bei einem Thema verzieht Gouverneur Chris Patten voller Abscheu das Gesicht … Bei welchem Thema? Wenn von den rücksichtslosen, kaltblütigen Machenschaften der politischen Führer Chinas die Rede ist? Nein. Er wird so wütend, wenn man das britische Foreign Office erwähnt …« Weiter hieß es in dem Artikel, die beste Lösung wäre es, das Foreign and Commonwealth Office abzuschaffen und durch ein Faxgerät zu ersetzen. Die meisten amerikanischen Journalisten stimmten in den Chor ihrer britischen Kollegen mit ein.[23] Die Krise in Hongkong in den Jahren 1992/93 wurde nicht von Differenzen zwischen Hongkong und China verursacht, sondern von einem Machtkampf in Großbritannien.

In Hongkong blies Patten immer mehr der Wind ins Gesicht. Pauschale Umfragen zu seinen Demokratisierungsplänen fielen zwar immer noch günstig für ihn aus, aber wenn genauer nachgefragt wurde, zeigte sich rasch, daß die Menschen in Hongkong ihn nicht unterstützten, wenn er mit seinen Plänen den Widerstand Chinas heraufbeschwor. Da zählten für Gouverneur Patten die Umfragen als Hinweis auf den Willen der Bevölkerung auf einmal nicht mehr. Er stützte sich hauptsächlich auf die erste vorsichtige Zustimmung des Legislativrates, aber dieses Gremium war wenig repräsentativ. Ein Referendum lehnten beide Seiten ab. Patten sagte, ein Referendum würde »spalten«, aber Skeptiker meinten, seine Ablehnung rühre viel eher daher, daß die Umfragen ihm eine Niederlage prophezeiten. Beijing fürchtete, einen Präzedenzfall zu schaffen, wenn eine Verfassungsfrage durch Volksabstimmung entschieden würde.

Führende chinesische Geschäftsleute wandten sich gegen Gouverneur Patten – wenige öffentlich, die meisten privat. Der Verband der Geschäftsleute und Selbständigen, der Chinesische Handwerkerverband und die Chinesische Handelskammer kritisierten die geplanten Veränderungen ebenso wie verschiedene Arbeitnehmerorganisationen. Angesichts der geringen Unterstützung in Hongkong machte sich Patten daran, politisch Gleichgesinnte auf der anderen Seite des Ozeans zu mobilisieren. Die Außenminister von Australien und Kanada und das amerikanische State Department stellten sich hinter seine Demokratisierungspläne. Doch er mußte gute Miene dazu machen, daß Japan eisern schwieg. Nicht ein einziger Diplomat aus einem asiatischen Land signalisierte Unterstützung. China warnte ihn nachdrücklich davor, eine nach chinesischer Auffassung innenpolitische Frage in ein internationales Problem zu verwandeln.[24]

In den Augen der Chinesen gefährdete Patten den ökonomischen Wert von Hongkong, und das Risiko schien groß, daß die Briten versuchen würden, eine gegen China gerichtete Ordnung in Hongkong zu etablieren. Als größte Bedrohung der Souveränität Chinas betrachteten sie Pattens Bemühungen, andere Länder in den Konflikt hineinzuziehen. Beijing brachte dies in Verbindung mit der Entscheidung von Präsident George Bush, ein Jahrzehnt amerikanischer Chinapolitik zu ignorieren und F-16-Bomber an Taiwan zu verkaufen – Taiwan war der andere wunde Punkt chinesischer Souveränitätsansprüche. Besondere Beachtung fand in China eine Artikelserie von Gerald Segal, Großbritanniens bekanntestem China-Spezialisten, der in der Denkfabrik der NATO arbeitete, dem Internationalen Institut für Strategische Studien. Segal schrieb, Hongkong sei Chinas empfindlicher Bauch, und der Westen solle dort zuschlagen, wenn er China schwächen und etwas für die Menschenrechte erreichen wolle. Die Chinesen nahmen Segals Ausführungen zu wörtlich. Für sie reichte es aus, daß der frühere Premierminister von Singapur, Lee Kwan Yew, diesen Gedanken in seiner öffentlichen Kritik an Gouverneur Patten immer wieder aufgriff und besonders hervorhob.[25] Allmählich waren die Chinesen überzeugt, daß über ihre nationale Souveränität verhandelt wurde.

Der Konflikt spitzte sich noch weiter zu, bis beide Seiten die Bremse zogen. Der Generalsekretär der Kommunistischen Partei, Jiang Zemin, erklärte höchstpersönlich, er rechne nicht damit, daß die Verträge für ungültig erklärt würden, und Lu Ping, der höchstrangige mit Hongkong befaßte Funktionär, sagte das gleiche.[26] Führende Manager der Firmen, die in die heikelsten Verträge einbezogen waren, erhielten Zusicherungen von Lu Ping persönlich.[27] Gouverneur Patten sagte, er hoffe, die Legislative werde ein Gesetz verabschieden, mit dem Großbritannien, die Menschen in Hongkong und Beijing zufrieden sein könnten; daß er Beijing mit einbezog, war ein bemerkenswertes Novum. Beide Seiten sprachen davon, daß man direkt über die Angelegenheit verhandeln solle. Patten verschob die Bekanntgabe des Gesetzentwurfs, über den die Legislative beraten sollte. In den Gesprächen näherten sich beide Seiten so weit an, daß ein Berater öffentlich ankündigte, Gouverneur Patten werde am nächsten Tag gute Neuigkeiten haben. (Ein anderer Berater sagte mir, die Positionen beider Seiten seien »nicht unterscheidbar« gewesen, ein dritter sagte, sie seien »nur in Nuancen« voneinander abgewichen.) Da teilte Patten auf einmal mit, es habe keine Fortschritte gegeben. Ohne Rücksprache

mit dem Exekutivrat ließ er seinen Entwurf veröffentlichen und warf den Chinesen vor, sie hätten einen Rückzieher gemacht.
Stein des Anstoßes war die Frage, wie die Verhandlungsdelegation für die Gespräche mit den Chinesen zusammengesetzt sein sollte. Nach Pattens Wunsch sollte die Regierung von Hongkong durch chinesische und britische Regierungsmitglieder vertreten werden. Er wollte die chinesische Regierung zwingen, die Regierung von Hongkong als offiziellen Verhandlungspartner anzuerkennen. Die chinesische Regierung vertrat die Auffassung, daß es um eine verfassungsrechtliche Frage ging, die zwischen der britischen und der chinesischen Regierung auszuhandeln war. Die Regierung von Hongkong habe das Recht, über die Politik von Hongkong zu entscheiden, doch über alle Angelegenheiten, die mit der Rückkehr Hongkongs unter chinesische Souveränität und mit der verfassungsmäßigen Ordnung nach 1997 zu tun hätten, dürften nur Großbritannien und China direkt verhandeln. Beijing war vollkommen damit einverstanden, daß die Vertreter der Regierung von Hongkong der britischen Delegation als Berater angehörten, aber Patten verlangte die Anerkennung Hongkongs als gleichberechtigter Verhandlungspartner. Als Beijing dies ablehnte, brach er die Gespräche ab.
Warum war das so wichtig? China hatte immer wieder betont, es gehe um die Souveränität und den Bruch der Vereinbarungen, nicht um die Demokratie. Dutzende von Malen hatten hochrangige chinesische Funktionäre wiederholt, daß sie sich einer schrittweisen Demokratisierung nicht widersetzen würden, daß aber Großbritannien seine Verpflichtungen einhalten und die chinesische Souveränität respektieren müsse.[28] Für China bedeutete das Jahr 1997 die Rückgewinnung der Souveränität – eine Wiedervereinigung Chinas. Die Gemeinsame Erklärung war der friedliche Weg, die Demütigung im Opiumkrieg zu überwinden. Umgekehrt wäre es eine Festschreibung der Folgen des Opiumkriegs, wenn Großbritannien Hongkong ohne Absprache mit China eine verfassungsmäßige Ordnung aufzwänge und Washington Druck auf China ausübte, dieser Ordnung zuzustimmen. Es wäre eine Bestätigung, daß Ausländer das Recht haben, China vorzuschreiben, wie es einen Teil seines eigenen Territoriums zu regieren hat. China wollte, daß Hongkong kapitalistisch und frei blieb, und ging sogar noch weiter als Patten mit dem Versprechen, daß eines Tages die ganze Legislative auf die Weise ge-

wählt werden würde, die Patten vorgeschlagen hatte. Aber China wollte auf keinen Fall, daß Hongkong eine neue Ordnung aufgezwungen wurde. Wenn man die Entscheidungsbefugnis der Regierung und der Legislative von Hongkong über die verfassungsmäßige Ordnung anerkannte, bedeutete dies in den Augen Chinas, daß die Souveränität von Großbritannien auf Hongkong übertragen wurde anstatt von Großbritannien auf China. Hongkong sollte in Zukunft autonom unter chinesischer Oberhoheit sein, aber kein eigener souveräner Staat.

Das Scheitern dieser Verhandlungsrunde zeigte, daß der entscheidende Punkt tatsächlich die Souveränität war und nicht die Demokratie, und das nicht nur für China, sondern auch für Patten. Pattens Anhänger sagten später, er habe versucht, »einen hohen Grad von Autonomie« durchzusetzen. Aber diese Formulierung bezog sich immer auf Politik und Lebensweise innerhalb des vorgegebenen Rahmens, zum Beispiel auf die Wirtschaftspolitik und die persönliche Freiheit, nie auf die verfassungsmäßige Ordnung.

Hätte Patten sich mehr um die Demokratie gekümmert und hätte er anerkannt, daß es den Chinesen in erster Linie um die Souveränität ging, dann wäre reichlich Spielraum für Verhandlungen gewesen. Im Laufe der Kontroverse wagten sich die Chinesen weit vor und erklärten, daß sie bereit seien, eine demokratische Ordnung in Hongkong zuzulassen – sofern die Demokratisierung schrittweise und kontrolliert erfolge. Und sie hatten sich dazu verpflichtet, in Zukunft allgemeine direkte Wahlen durchzuführen. Patten verhandelte über die einzelnen Schritte, nicht über das Prinzip.

Falls Patten das Ziel verfolgte, eine möglichst breite Auslegung der Formulierung »ein hoher Grad von Autonomie« zu erreichen, verspielte er das durch seine Verhandlungstaktik ebenfalls. Von Anfang an hatte er deutlich gemacht, daß ihn der »durchgehende Zug«, der seinen Vorgängern so wichtig gewesen war, nicht interessierte. Der »durchgehende Zug« sollte gewährleisten, daß die im Juni 1997 amtierende Kolonialregierung im Juli reibungslos und ohne größere personelle oder strukturelle Veränderungen unter chinesische Oberhoheit übergeht.[29] Da Beijing in seiner Hongkong-Politik bislang so erfolgreich bei der Durchsetzung der chinesischen Ziele war, kann man mit gutem Grund vermuten, daß es 1997 angesichts eines florierenden Unternehmens Hongkong den Zug weiterfahren lassen würde. Doch als Patten seinen Entwurf bekanntmachte, reagierte Beijing damit, daß es durch den Nationalen Volkskongreß die Einrichtung einer eigenen Planungsgruppe für die Zeit nach 1997 absegnen ließ. Pattens Abkehr von der Politik des »durchgehenden Zuges« bedeutet, daß China 1997 eine Reihe von wichtigen Sach- und Personalentscheidungen in Hongkong treffen muß. Diese Entscheidungen werden natürlich die zu diesem Zeitpunkt in China herrschende Ideologie widerspiegeln und von eventuellen Auseinandersetzungen und Machtkämpfen geprägt sein. Auf diese Weise wird Beijing in die Gestaltung der inneren Angelegenheiten von Hongkong verwickelt, genau wie Gouverneur Wilsons einseitiges Vorgehen beim Flughafenbau bewirkte, daß Beijing in dieses Projekt verwickelt wurde. Immer wenn London sich kooperativ verhalten hat, hat Beijing großen Spielraum gewährt; und immer dann, wenn London offen einseitig gehandelt hat, hat Beijing es sich bezahlen lassen.

Pattens Vorschläge veränderten die politische Stimmungslage in Hongkong grundlegend. Als er sie bekanntgab, fielen die Aktienkurse um 8,1 Prozent, und Pattens Popularität stürzte in Umfragen ins Bodenlose. Diesmal gaben sogar die Zeitungen in London zu, daß die Bevölkerung von Hongkong Pattens Entscheidung ablehnte. Unmittelbar danach berief Lu Ping eine Pressekonferenz ein, man erwartete scharfe Kritik an Patten. An der Börse stellte man sich auf einen weiteren Kursverfall ein; scharfe Kritik aus China hatte bisher immer einen Rückgang der Kurse zur Folge gehabt. Doch während Lu Ping sprach, stieg der Aktienindex um rund 200 Punkte. Lu Ping äußerte sich sehr hart, aber die Hongkong-Chinesen merkten sofort, daß China entschieden hatte, Großbritannien verbal scharf zu attackieren, aber nichts zu unternehmen, was Hongkong schaden könnte. Die Börse verzeichnete neue Rekorde – einzelne Notierungen spiegelten die Fortschritte bei den Verhandlungen wider, aber die allgemeine Tendenz zeigte an, daß sich die Stimmung in der Geschäftswelt verändert hatte und dieser Wandel immer weitere Teile der Bevölkerung erfaßte. Die Menschen in Hongkong vertrauten China nun mehr und sahen im Jahr 1997 in erster Linie eine Chance und keine Gefahr mehr.[30]

Schließlich gelangten beide Seiten wieder zu der Erkenntnis, daß sie verhandeln mußten. China nahm seine Entscheidung zurück, keine Gespräche zu führen, solange Patten an den Vorschlägen zur Neuregelung des Wahlrechts festhielt, weil die fortdauernde Unsicherheit über die Zukunft Hongkongs nicht im chinesischen Interesse lag. Patten mußte an den Verhandlungstisch zurückkehren, weil die katastrophalen Umfrageergebnisse signalisierten, daß seine Position gefährdet war. Er pochte nicht mehr auf den Status der aus Hongkong stammenden Mitglieder der Delegation. China verhandelte zweigleisig: kooperativ in ökonomischen Fragen, unnachgiebig beim Thema Souveränität. Beijing stimmte einer wichtigen Entscheidung über Landnutzung zu, zeigte Entgegenkommen beim Containerhafen, stimmte einer Vereinbarung über Kabelfernsehen zu und willigte in neue Verhandlungen über den Flughafen ein. Auf der anderen Seite kündigte Beijing an, daß bei der Übergabe Hongkongs 1997 eine Truppenparade stattfinden werde und daß 10000 Mann anstelle der ursprünglich vorgesehenen 5000 in Hongkong stationiert würden. Zu einem früheren Zeitpunkt hätte eine solche Ankündigung Hongkong in Aufruhr versetzt; nun war die Stimmung so, daß die Aktienkurse ihren Höhenflug fortsetzten.

Während das vorliegende Buch in Druck geht, laufen die Verhandlungen noch. Aber der entscheidende Punkt ist nicht das Ergebnis. Nirgendwo reiben sich die chinesische und die westliche Zivilisation so stark aneinander wie in Hongkong. Insofern ist Hongkong ein Mikrokosmos der allgemeinen Beziehungen. Die Vertreter Großbritanniens sind mit einem verzerrten Bild von China in die Verhandlungen gegangen, sie haben Chinas Macht unterschätzt und ihre eigene moralische Position in Hongkong überschätzt. Die westliche Presse hat das Bild noch weiter verzerrt. Führende westliche Politiker, besonders die Amerikaner, orientierten sich an diesem Bild und standen vor einem Rätsel, wenn die Öffentlichkeit in Hongkong und Politiker überall in Asien sich anders verhielten als erwartet. Die Chinesen wiederum handelten in den wichtigsten praktischen Fragen so zögerlich und unentschlossen, daß vernünftige Leute an ihrem guten Willen zweifelten. Die chinesische Diplomatie war so schwerfällig und unklar, daß selbst in den Fällen, wo China unbestreitbar im Recht war, viele davor zurückschreckten, sich auf die Seite des zornigen Drachens zu stellen.

Bei all diesen Kontroversen verhielten sich die ausschlaggebenden Probleme von Briten und Chinesen komplementär zueinander. Wilson und Patten weigerten sich gleichermaßen, zentrale Fragen anzugehen – vor allem lehnten sie es ab, den Grundsatz der wechselseitigen Nichteinmischung zu akzeptieren –, weil sie im heimischen britischen Wahlkreis sehr schwer zu vermitteln waren. Die Patten- wie die Wilson-Administration glaubten, es wäre für Hongkongs Zukunft gut, wenn die wirtschaftlichen Bande zu China gelockert würden – zum Beispiel indem man Infrastrukturprojekte nicht über die Grenzen hinaus weiterführte und den Unterricht in Mandarin an den Schulen nicht förderte. Tatsächlich jedoch ist es der Schlüssel zum Erfolg, dafür zu sorgen, daß Beijing möglichst großen ökonomischen Nutzen aus einem freien Hongkong ziehen kann. Patten wie Wilson meinten, sie könnten Sicherheit für Hongkong durch drastische einseitige Schritte erreichen – Wilson mit dem Flughafenprojekt, Patten mit dem Flughafen und seinen politischen Vorschlägen –, die im Widerspruch zu britischen Versprechen standen. Dieses Vorgehen konnte die Konfrontation mit China nur verschärfen.

Auf diese Weise brachten beide die Menschen in Hongkong gegen sich auf und schadeten ihren eigenen zentralen Zielen. Wilson hätte einen besseren Flughafen bekommen können, in kürzerer Zeit und zu geringeren Kosten, wenn er die Konsultationsverpflichtung der Gemeinsamen Erklärung beachtet hätte. Patten hätte ein ganzes Stück mehr Demokratie für Hongkong aushandeln können, wenn er den elementaren Grundsatz anerkannt hätte, daß die Frage der Souveränität in einem Entkolonialisierungsprozeß ein sensibles Thema ist. Wilson war sich immerhin des Laufs der Geschichte bewußt, der besonderen Bedeutung von Hongkongs politischen Institutionen und der Erfordernisse des Prinzips »Ein Staat, zwei Systeme«. Aber er wagte das anscheinend nicht offen auszusprechen. Patten besaß keinerlei Gespür dafür, wie sich eine Kolonialmacht beim Rückzug zu verhalten hat. Für ihn gab es nur die britischen Institutionen und die britische Kultur, alles andere hatte keinen Wert.

Letztlich waren die Briten mit guten Absichten angetreten, aber sie besaßen nicht mehr die kosmopolitische Ausrichtung des Empire und waren nicht mehr in der Lage, ihre Inselmentalität zu überwinden. Einige britische Journalisten verbreiteten verschiedene Mythen, die nur wenig mit der Realität zu tun hatten und das Wenige verzerrt widerspiegelten. Die beteiligten Politiker hatten offensichtlich weder das nötige Wissen, um die Mythen zu durchschauen, noch schienen sie entschlossen, sich auf Realitäten einzustellen, die nicht mit den

Kategorien der heimischen Politik erfaßt werden konnten. Daß John Major sich über den Sachverstand hinwegsetzte, der Hongkong zu dem gemacht hatte, was es war, und der Kronkolonie das Schicksal von Goa erspart hatte, war kein Schlag in letzter Minute, kurz vor dem Rückzug. Es war vielmehr die letzte Konsequenz aus dem Verlust des Empire, eine Folge des Umstands, daß der einstmals größte diplomatische Dienst der Welt seine politische Basis endgültig verloren hatte. In Zukunft wird Großbritannien nur noch eine begrenzte Rolle innerhalb der Europäischen Gemeinschaft spielen.

Die chinesischen Führer profitierten vom Lauf der Geschichte, aber es fehlte ihnen das Geschick, den größtmöglichen Nutzen daraus zu ziehen. Eine Politikergeneration, die von einer autoritären Bürokratie vollkommen an die Wand gedrückt worden war, besaß keinerlei Gespür, wie sie die öffentliche Meinung für sich gewinnen konnte. Eine durch die Kulturrevolution verhärtete Generation konnte die politische Flexibilität nicht aufbringen, die es ermöglicht hätte, die chinesischen Wünsche (die äußerlichen Zeichen der Souveränität) und die britischen Wünsche (etwas mehr Demokratie und ein paar positive Schlagzeilen im Hinblick auf die Wähler zu Hause) gleichermaßen zu erfüllen. Die ältere Generation hatte in Zhou Enlai einen der geschicktesten Diplomaten seiner Zeit. Unter den jüngeren Diplomaten sind einige vielversprechende Persönlichkeiten, aber die Männer, die derzeit das Sagen haben, reden wie russische Techniker. Tag für Tag spielte China den gestrengen Gegner, und das Fernsehen übertrug die monotonen Drohgebärden der Bürokraten in alle Welt. Der Fehler des Westens war, daß Politiker und Journalisten sich weigerten, eine klare, hundertfach wiederholte Botschaft zur Kenntnis zu nehmen. (»Wir stehen zur Gemeinsamen Erklärung, schrittweise Demokratisierung ist möglich, aber unsere Souveränität über Hongkong muß respektiert werden.«) Der Fehler Chinas war, daß die Botschaft so stur, drohend, phantasie- und humorlos vorgebracht wurde, daß der Tonfall den Inhalt überdeckte. Die meisten Schwellenländer im asiatisch-pazifischen Raum hatten ähnliche Probleme. Park Chung Hee, Chiang Kai-shek, Chiang Ching-kuo in Taiwan und Suharto: Sie alle haben sich so ausschließlich auf die wirtschaftliche Entwicklung ihrer Länder konzentriert, daß keine Zeit blieb, die auf dem internationalen diplomatischen Parkett erforderlichen Fähigkeiten zu kultivieren. Deng Xiaoping ist wie Park ein schroffer, aber kluger Mann mit genauen

Vorstellungen, was wichtig ist und was nicht. Die Diplomatie steht auf seiner Prioritätenliste nicht weit oben.
Persönlichkeitsfaktoren komplizierten das Zusammenspiel zusätzlich. Zhou Nan, Chinas höchster Repräsentant in Hongkong, war ein Zuchtmeister von der alten Garde. Sein Auftrag in Hongkong lautete, Furcht unter Chinas Vertretern zu verbreiten, nachdem sie sich zur Zeit der Ereignisse auf dem Tiananmen-Platz auf die Seite der Dissidenten gestellt hatten. Zhou Nan hatte in jungen Jahren während des Koreakriegs amerikanische Kriegsgefangene verhört, und diese Arbeit hatte ihn geprägt. Diplomatische Gespräche führte er noch immer so wie einst seine Verhöre. Nur ein Gott mit einem wahrhaft sardonischen Humor hätte es sich einfallen lassen können, Chris Patten, der so wenig über China und Hongkong wußte, daß er unbeirrt am Stereotyp des brutalen kommunistischen Bürokraten festhielt, ausgerechnet mit dem Mann zusammenzubringen, der dieses Stereotyp verkörperte wie kein anderer. Patten und Zhou Nan schaukelten sich wechselseitig hoch. Als Patten nach Hongkong kam, war Zhou Nan alt, ernstlich krank und stand kurz vor dem Rücktritt. Die Geschäftsleute in Hongkong hatten den Wink bekommen, seine Tiraden nicht allzu wörtlich zu nehmen. Er sollte abtreten, aber er hatte sein Leben lang der Partei gedient, und »manchmal weiß man nicht so recht, was man mit den Altkommunisten anfangen soll«. Nachdem Patten im Oktober 1992 seine Reformpläne verkündet hatte, war von Rücktritt keine Rede mehr. Großbritannien hatte den letzten selbstgerechten Imperialisten ausgeschickt, um China ein letztes Mal zu demütigen, und so mußte der letzte Maoist ein letztes Mal seine Verhörmethoden praktizieren.
Die Wortwechsel, die daraus entstanden, kann man in der normalen Sprache von Sozialwissenschaften oder Journalismus nicht wiedergeben, weil sie dadurch viel zuviel Gewicht erhalten. Die Lektüre von Evelyn Waughs Buch *Schwarzes Unheil* vermittelt einen Eindruck davon. Zhou Nans Schreckensgemälde, wie die Briten Hongkong aussaugen, und die britischen Alpträume vom Betrug und Niedergang der guten alten Kronkolonie hatten mit der Realität nichts zu tun.
Im Gegensatz zu den Phantasiegebilden beider Seiten überholte die freieste stabile Gesellschaft in Asien unterdessen Großbritannien in punkto Lebensstandard, verzeichneten die angrenzenden Regionen Chinas die höchsten Zuzugsraten, die es jemals gegeben hatte, und

demonstrierten die politischen Führer Chinas Einigkeit darüber, daß die Prosperität von Hongkong untrennbar mit Freiheit und kapitalistischen Strukturen verbunden war. Hinter Zhou Nan stand Lu Ping, ein überaus kluger Mann, der mehrere Fremdsprachen spricht und Hongkong aus so vielen unterschiedlichen Blickwinkeln betrachtete, daß Patten die Differenziertheit seiner Gedanken nicht einmal erkannte. Hinter Lu Ping wiederum stand der viele Stufen umfassende Plan von Deng Xiaoping, der China die längste Phase wirtschaftlichen Wachstums mit Hongkong als Motor beschert hatte. Dengs Xiaopings Besuch in der Region um Hongkong Anfang 1992 war ein symbolischer Akt, das Signal, die Kräfte zur letzten, entscheidenden Reformanstrengung zu sammeln, die im Oktober 1992 vom 14. Parteitag abgesegnet wurde. Vieles verlief so erfolgreich, daß man sich gar keine anderen als positive Auswirkungen für China, für Hongkong und sogar für die Briten vorstellen kann. Die Ideologen auf beiden Seiten werden ihr möglichstes tun, den Sieg doch noch in eine Niederlage zu verwandeln; aber das ist eine schwierige Aufgabe.

Die Illusionen und Posen der Briten in Hongkong, die Unsicherheit, die finanziellen Verluste und die Sorgen der Menschen, die durch den Zusammenprall der Kulturen verursacht wurden, liefern einen Vorgeschmack auf das, was den Westen, der über die Sowjetunion triumphiert hat, in der Begegnung mit einem China erwartet, das gerade dabei ist, über die Armut zu triumphieren. Der Aufstieg Chinas zum Schiedsrichter über das Schicksal eines beträchtlichen Teils der Menschheit ist eine große historische Chance – birgt aber auch sehr große Gefahren. Im folgenden Kapitel geht es darum, welche Folgen der Aufstieg Chinas für die internationalen Beziehungen hat.

6 Der Wandel in den internationalen Beziehungen

»Taiwan kann sich im Ausland keine Botschaften mehr kaufen. Dafür kann es jetzt China kaufen.«

Arthur Hummel,
ehemaliger Botschafter der USA in China,
am 9. November 1992.

Die internationalen Beziehungen werden heute von zwei ökonomischen Trends bestimmt: dem Kollaps der kommunistischen Volkswirtschaften Osteuropas, der ehemaligen Sowjetunion und Südostasiens einerseits und dem Boom der Marktwirtschaften im pazifischen Asien andererseits. Beide Trends, der eine in seinen Auswirkungen so dramatisch wie der andere, haben sich über Jahrzehnte hinweg entwickelt. Der im pazifischen Asien gegenwärtig zu beobachtende Aufschwung, von dem ein Viertel der Menschheit profitiert, wird die politischen Machtverhältnisse rund um den Erdball beeinflussen.

Das asiatische Wirtschaftswunder und die Annäherung an den Westen nach dem Zweiten Weltkrieg

Nach dem Zweiten Weltkrieg hatten die USA in den asiatischen Staaten wieder für Recht und Ordnung gesorgt. Japan, so glaubten damals viele, würde nie wieder die Industriemacht werden, die es einmal gewesen war. Andere waren der Ansicht, daß nur ein starkes Japan dem pazifischen Raum Stabilität geben könnte, und sie sollten recht behalten. Bereits Anfang der sechziger Jahre zählte Japan wieder zum Kreis der Industriemächte. In den folgenden Jahren stabilisierte der anhaltende wirtschaftliche Aufschwung die innenpolitische Lage des

Landes und festigte seine Bindung an die westliche Allianz. 1970 waren Unruhen wie jene, die noch ein knappes Jahrzehnt zuvor Eisenhower von einem Besuch in Tokyo abgehalten hatten, undenkbar, und das Ziel der Sowjetunion, Japan zu teilen oder zu unterwandern, war in unerreichbare Ferne gerückt.

Eine zweite Welle wirtschaftlichen Fortschritts festigte in den sechziger und siebziger Jahren die Staaten an der Peripherie des pazifisch-asiatischen Raumes. Die politischen Veränderungen waren dramatisch. Noch im Jahr 1960 hatte Südkorea am Rande des Chaos und des Bürgerkriegs gestanden, und in Singapur hatte selbst Lee Kwan Yew die Kommunistische Partei für die bedeutendste politische Macht gehalten.[1] Auch Indonesien, das Land mit der weltweit drittgrößten Kommunistischen Partei, stand Moskau näher als Washington. In Malaysia und auf den Philippinen drohten in den fünfziger Jahren kommunistische Rebellen die Regierung zu stürzen. Später geriet Thailand so sehr durch die linke Rebellenbewegung unter Druck, daß die Weltöffentlichkeit nach dem Zusammenbruch Vietnams, Laos' und Kambodschas in den siebziger Jahren auch den Fall Thailands für unvermeidlich hielt. Anfang der achtziger Jahre bot sich dem Beobachter ein völlig anderes Bild. Die wirtschaftliche Entwicklung hatte die Position der nichtkommunistischen Länder in der Region und insbesondere die Thailands gestärkt. Die kommunistischen Nachbarn dagegen, Vietnam im Osten und das rückständige Myanmar (Burma) im Westen, kämpften mit großen wirtschaftlichen Problemen.

In den fünfziger und sechziger Jahren gab es in nahezu allen Staaten im pazifisch-asiatischen Raum starke separatistische Bewegungen, und es wurden Gebietsansprüche gegenüber den Nachbarstaaten geltend gemacht: Indonesien etwa forderte Gebiete von Malaysia und den Philippinen zurück, und Malaysia von den Philippinen, Indonesien und Thailand. Im Süden Thailands operierten muslimische Separatisten, im malaysischen Sabah formierte sich eine radikale Unabhängigkeitsbewegung, und Indonesien wurde von mehreren separatistischen Aufständen erschüttert. Heute haben die Länder mit anhaltendem Wirtschaftswachstum ihre Gebietsansprüche aufgegeben oder sich auf einen Kompromiß eingelassen. Länder wie die Philippinen oder Myanmar jedoch, deren Volkswirtschaften nicht dem asiatischen Entwicklungsmodell gefolgt sind, sind noch immer in territoriale Konflikte mit ihren Nachbarn verstrickt, und ihre staatliche Integrität droht unter dem Einfluß starker Separatistenbewegungen Schaden zu nehmen.[2]

Auf internationaler Ebene neutralisierte die Konsolidierung der asiatischen Demokratien die Auswirkungen der amerikanischen Niederlage im Vietnamkrieg. Es wurde immer deutlicher, daß Wohlstand und nationale Sicherheit am schnellsten erreicht werden konnten, wenn man sich nach Westen orientierte und auf Markt- und Exportwirtschaft setzte.

Die dritte Entwicklungswelle schließlich riß auch China mit. Beijing hatte in den fünfziger Jahren als Alliierter der Sowjetunion eine strikt antiwestliche Politik betrieben, sich dann in den sechziger Jahren aber vom einstigen Mentor losgesagt. Auf der Suche nach einem eigenen Weg waren es zuerst strategische, dann wirtschaftliche Gründe (insbesondere das japanische Wirtschaftswunder) gewesen, die das moderne China dazu bewogen, sich dem Westen gegenüber zu öffnen. Die wirtschaftliche Entwicklung in den Nachbarstaaten und die eigene Rückständigkeit hatten die Erreichbarkeit zentraler Ziele der nationalen Politik in weite Ferne gerückt, beispielsweise den Anschluß Taiwans an das Festland oder die Eindämmung des sowjetischen Einflusses in Südostasien. Beijing sah in einem kontinuierlichen Wirtschaftswachstum die einzig wirksame Strategie, sich gegen die sowjetische Übermacht und den wachsenden Einfluß Japans zu behaupten. Zudem führte der spektakuläre Erfolg Taiwans, Hongkongs und Singapurs der Führung in Beijing ihr eigenes Versagen deutlich vor Augen.

Der wirtschaftliche Aufschwung des pazifischen Asiens festigte die Vormachtstellung der USA und verminderte den sowjetischen Einfluß. Amerika sicherte den regionalen Wirtschaftsboom militärisch ab, finanzierte den Aufschwung, gewährte technologische und administrative Hilfe, entschärfte regionale Konflikte und bot den wachsenden Exportindustrien den notwendigen Absatzmarkt. Im Gegenzug gestattete die Konsolidierung der pazifisch-asiatischen Region den USA, ihre Aufmerksamkeit auf die sowjetische Bedrohung zu konzentrieren und sich nicht länger in zahlreichen regionalen Konflikten zu verzetteln.

Das pazifische Asien bekam in Weltpolitik und Weltwirtschaft eine neue Bedeutung. Ende der siebziger Jahre überstieg das Volumen des transpazifischen Handels der USA erstmals das des transatlantischen

Handels.[3] Damit kündigte sich eine Verlagerung des weltpolitischen Schwerpunktes vom atlantischen in den pazifischen Raum an. Die großen Handelskriege der Zukunft würden – soviel stand fest – in Asien ausgetragen werden, der politische Einfluß dieser Region wuchs, und in den USA gewann die Westküste auf Kosten der Ostküste an Einfluß. Diese Gewichtsverlagerungen kamen auch in dem neuen Selbstbewußtsein deutlich zum Ausdruck, mit dem die japanischen Ministerpräsidenten Yasuhiro Nakasone und Noboru Takeshita bei den G-5- beziehungsweise G-7-Treffen der führenden Industriemächte auftraten. Michail Gorbatschow versuchte mit der Wladiwostok-Initiative die sowjetische Politik mehr nach Asien zu orientieren, und Südkorea ließ der Annäherung an Moskau im Jahr 1990 zwei Jahre später die Aussöhnung mit Beijing folgen.

Zwischen 1980 und 1990 stieg China zu der am schnellsten wachsenden Volkswirtschaft der Welt auf. Japan überholte die Sowjetunion, deren Wirtschaft unter dem Versuch stagnierte, mit dem ehrgeizigen Rüstungsprogramm der USA mitzuhalten. Die Sowjetunion sah sich gezwungen, ihre politische Position in der Welt und die wirtschaftliche Organisation des Landes zu überdenken. Der Erfolg des pazifischen Asiens war einer von mehreren Faktoren, die Gorbatschows Aufstieg an die Spitze der Sowjetunion begünstigt hatten und damit indirekt die weltpolitischen Verhältnisse beeinflußten.

Die sowjetischen Reformen, die sich an den asiatischen Wirtschaftsreformen orientierten, unterstrichen die Bedeutung, die Asien für die UdSSR gewonnen hatte. Diese neue Konstellation betonte auch Gorbatschow in seinen Reden in Wladiwostok im Juli 1986 und in Krasnojarsk im September 1988. Wiederholt unternahm der Generalsekretär der KPdSU Annäherungsversuche an Japan, und er entsandte seinen Außenminister Eduard Schewardnadse mit dem Auftrag, die Beziehungen zu den kleineren asiatischen Staaten zu verbessern. Besondere Aufmerksamkeit wurde Südkorea geschenkt. Auf anfängliche Initiativen im sportlichen Bereich folgten 1989 Handelsgespräche und schließlich 1990 die Aufnahme formeller Beziehungen. Moskau wollte von der südkoreanischen Entwicklung lernen und Kooperationen mit südkoreanischen Unternehmen initiieren. Gorbatschows Reformprogramm erinnerte in Teilen (aber eben nur in Teilen) an die asiatischen Reformen: Es sah Einschnitte im Militärhaushalt vor, Sonderkonditionen für ausländische Investoren und die Einrichtung von freien Wirtschaftssonderzonen. Eine Zeitlang lobte Moskau das chinesische Entwicklungsmodell sogar offiziell.[4] Die von der UdSSR vorgeschlagenen fünf freien Wirtschaftssonderzonen orientierten sich am Vorbild der Exportwirtschaftszonen in Taiwan und Südkorea und der Wirtschaftssonderzonen in China.

Warum aber ist das sowjetische Reformprogramm dennoch gescheitert? Die Antwort lautet: Es mußte scheitern, weil sich die Sowjetunion in ihren Reformbemühungen schwankend, ja sogar widerwillig zeigte und weil die Reihenfolge falsch war, in der die einzelnen Reformschritte vollzogen wurden. Gorbatschow stellte die internationale Politik über die Innenpolitik, die Schwerindustrie über die Leichtindustrie, und die Landwirtschaft rangierte zuunterst. Deng Xiaoping setzte die Prioritäten in umgekehrter Reihenfolge.

Nicht nur die Sowjetunion reagierte auf den Boom im pazifischen Asien. Paul Bracken, Professor an der Yale University, ist nach ausführlichen Interviews mit führenden europäischen Unternehmern zu der Ansicht gekommen, daß »die japanische Herausforderung der wichtigste Grund für die Entscheidung der Europäischen Gemeinschaft war, alle den freien Verkehr von Waren und Kapital behindernden internen Barrieren abzubauen«.[5] Nach Brackens Ansicht neigten viele westeuropäische Politiker anfangs dazu, das Tempo der Integration der Gemeinschaft zu drosseln, die diplomatische Verständigung mit der Sowjetunion zu suchen und gegenüber der USA eine protektionistische Haltung einzunehmen. Allerdings hätte ein solcher Kurs die Konkurrenzfähigkeit Westeuropas gegenüber Japan nicht gestärkt, sondern eher das Gegenteil bewirkt.

Vietnam, Laos und Kambodscha erkannten, daß die politische und wirtschaftliche Orientierung an der Sowjetunion sie auf lange Sicht hoffnungslos hinter die erfolgreichen ASEAN-Staaten (die Vereinigung südostasiatischer Nationen) hätte zurückfallen lassen. Deshalb versuchen auch diese Länder jetzt, Anschluß an die asiatische Reformbewegung zu bekommen, indem sie marktwirtschaftliche Reformmaßnahmen durchführen und Ausländern Investitionsanreize bieten. Nach einem Fehlstart haben die Reformen in Vietnam die Inflation gedrückt, die Währung stabilisiert und den Handel belebt. Wenn die Sanktionen aufgehoben werden, hat Vietnam gute Aussichten auf einen raschen Wirtschaftsaufschwung.

Hanois Triumph über die USA hat sich als Schimäre erwiesen. Auf den

Krieg folgte der Absturz in die Armut, und zahllose Vietnamesen mußten aus ihrer Heimat fliehen. Die Vereinigten Staaten hatten ihr Kriegsziel nicht erreicht, aber es war ihnen gelungen, den Aufschwung der anderen pazifisch-asiatischen Staaten in seiner labilen Anfangsphase zu fördern und zu schützen. Die gewaltigen Ausgaben im Zusammenhang mit dem Vietnamkrieg finanzierten und beschleunigten den Take-off, so wie schon der Koreakrieg den japanischen Aufschwung ausgelöst hatte.[6] Daß Beijing sich im Gegensatz zum Koreakrieg aus dem Vietnamkrieg herausgehalten und keine Truppen gegen die US-Streitkräfte in Stellung gebracht hatte, stärkte in Washington die Zuversicht, mit China trotz der ideologischen Unvereinbarkeiten tragfähige Beziehungen aufbauen zu können. Auf der anderen Seite hat der Umstand, daß die in Vietnam stehenden Amerikaner die chinesischen Grenzen respektierten, Beijings alte Angst vor einer Invasion durch die USA gemildert. Das daraus resultierende Vertrauen auf beiden Seiten hat die chinesisch-amerikanische Annäherung von 1972 ermöglicht.

Wirtschaftlicher Aufschwung und regionaler Friede

Die Stabilisierung des pazifischen Asiens ist eine der großen politischen Errungenschaften der modernen Zeit. Innenpolitisch hat das rapide Wirtschaftswachstum die Bevölkerung in diesen Ländern geeint. Die neue Devise lautet: nationale Zusammenarbeit statt Stammeskonflikte und Separatismus. Das Wirtschaftswachstum hat den Ländern Asiens erstmals in ihrer Geschichte den Aufbau einer nationalen Infrastruktur ermöglicht. Straßen wurden gebaut, Telefonleitungen verlegt und allgemeine Bildungsprogramme aufgelegt – alles Maßnahmen, die das Gefühl der nationalen Identität stärkten.

Die Konsequenzen für die regionale zwischenstaatliche Politik waren ähnlich weitreichend. Über Jahrhunderte hinweg fielen die Königreiche und Nationen Südostasiens über ihre Nachbarn her und raubten ihre Reichtümer. Noch bis weit in die siebziger Jahre hinein kennzeichneten territoriale Aggressionen und gegenseitige Gebietsansprüche den Umgang der asiatischen Länder miteinander. Doch bei einem jährlichen Wirtschaftswachstum von 7 Prozent läßt sich der Wohlstand leichter durch den Ausbau der Wirtschaft als durch die Plünderung des Nachbarn vermehren. Zudem hat die parallel zur Modernisierung der Wirtschaft vorgenommene Modernisierung der Streitkräfte die potentiellen Kosten eines bewaffneten Angriffs drastisch in die Höhe getrieben. Die Grundlagen der zwischenstaatlichen Politik in der Region haben sich gewandelt. Der Krieg hat als Mittel der Politik ausgedient, wirtschaftliches Wachstum läßt sich nur in Friedenszeiten erreichen.

Neben den veränderten ökonomischen Rahmenbedingungen war, wie bereits angedeutet, ein weiterer Faktor von zentraler Bedeutung. Die militärische Präsenz der USA hat regionale Konflikte weitgehend verhindert und es vor allem Südkorea und Japan erlaubt, ihre Militärausgaben zu reduzieren und durch die Umschichtung von Ressourcen in die zivile Produktion das Wirtschaftswachstum zu beschleunigen. Diese Politik funktionierte im aufstrebenden Asien so gut wie im wirtschaftlich dynamischen Nachkriegseuropa; das Ausbleiben eines raschen wirtschaftlichen Aufschwungs in Lateinamerika und Afrika hat diese Politik dort scheitern lassen.

Ging Chinas strategische Neuorientierung in der Zeit von 1968 bis 1972 der Reform der Wirtschaft voraus, so steht seit 1978 die wirtschaftliche Entwicklung im Zentrum der nationalen Strategie. Die Politik Beijings seit Mitte der siebziger Jahre zeichnete sich durch folgende Punkte aus:

- Kürzungen im Militärhaushalt
- Unterordnung der strategischen Außenpolitik unter das Ziel des wirtschaftlichen Wachstums
- Aufbau eines Vertrauensverhältnisses zu den USA
- Wirtschaftlicher Pragmatismus statt ideologischer Dogmatismus
- Vorrang der Wirtschaft vor der Politik
- Offenheit gegenüber ausländischen Unternehmen und ausländischer Technologie
- Ausbau der marktwirtschaftlichen Elemente in der Volkswirtschaft
- Förderung der Konkurrenz auf dem einheimischen Markt.

Washington konnte seine Beziehungen zu Beijing dazu verwenden, eine Lösung im Vietnamkonflikt zu erzwingen und die Sowjetunion unter Druck zu setzen. Das ging so weit, daß die Chinesen den Amerikanern zugestanden, einen Beobachtungspunkt auf chinesischem Gebiet einzurichten, von dem aus sie sowjetische Raketenbasen und

Atomwaffentests überwachen konnten. Zudem konnte China die amerikanische Karte gegenüber Moskau ausspielen, und als die Sowjets darüber nachdachten, chinesische Nuklearanlagen zu bombardieren, vollzog Washington den Schulterschluß mit Beijing. Die strategische Allianz mit den USA bedeutete, daß Beijing sich, wenn auch nur widerstrebend, damit abfinden mußte, Außenpolitik nach westlichen Regeln zu betreiben.

Nach und nach schloß Beijing mit allen seinen Nachbarn Frieden. Der Annäherung an die USA und Japan nach 1970 folgte ein Jahrzehnt später die Annäherung an die Sowjetunion. Die Grenzstreitigkeiten mit Myanmar, Thailand, Afghanistan und Pakistan waren bereits früher – bis auf wenige Ausnahmen – auf der Basis des Status quo geregelt worden. Nur Indien und die Sowjetunion weigerten sich, mit Beijing über Grenzfragen zu verhandeln. Doch anders als vor 30 Jahren erscheint es heute höchst unwahrscheinlich, daß diese Streitigkeiten zu militärischen Auseinandersetzungen führen werden.[7]

China hat die Ideologie des Revolutionsexports aufgegeben und verfolgt eine konservative Politik, deren Hauptziel es ist, einen dauerhaften Ausgleich mit den Nachbarstaaten zu erreichen. Insbesondere die kommunistischen Parteien in Thailand, Malaysia, auf den Philippinen sowie in Indonesien und Myanmar und die revolutionären Kommunisten in Indien müssen seitdem neben finanzieller und propagandistischer Unterstützung auch auf revolutionäre Unterweisung durch China verzichten. Chinesische Wissenschaftler und Staatsbeamte entschuldigten sich mit ungewohnter Deutlichkeit für den einstigen Beistand, den man den revolutionären Bewegungen in Südostasien gewährt hatte.

»China wird seine Beziehungen zu anderen kommunistischen Parteien nicht dazu verwenden, sich in die inneren Angelegenheiten anderer Länder einzumischen. Chinas Beziehungen zu den kommunistischen Parteien in Südostasien sind ein Relikt aus der Zeit des Zweiten Weltkriegs, eine durch die Geschichte aufgebürdete Last. In den fünfziger und sechziger Jahren zeichnete sich Chinas Politik gegenüber anderen kommunistischen Parteien durch bestimmte Unzulänglichkeiten [sic] aus. Doch China hat gelernt und seine Politik revidiert. Wie Deng Xiaoping sagt: ›Wir haben erkannt, daß wir mit dieser Frage in der Vergangenheit nicht klug umgegangen sind. Wir haben in dieser Hinsicht unsere Erfahrungen gesammelt.«[8]

Im Bemühen, die Beziehungen zu den ASEAN-Staaten zu verbessern, und insbesondere im Zuge der Normalisierung der diplomatischen Beziehungen mit Indonesien, hat China wiederholt unterstrichen, sich nicht in die inneren Angelegenheiten seiner Nachbarn einmischen, sondern positive wirtschaftliche und politische Beziehungen anstreben zu wollen. So weit man dies bisher beurteilen kann, hat China sein Versprechen gehalten. Darüber hinaus hat Beijing die direkte Unterstützung revolutionärer Bewegungen in Afrika und Lateinamerika eingestellt und seine ablehnende Haltung in der Frage amerikanischer Militärstützpunkte in Südostasien revidiert. Im Rahmen inoffizieller diplomatischer Gespräche erkannte China sogar die stabilisierende Wirkung der US-Basen in der Region an.
Im weiteren Verlauf der Entspannungspolitik wurden auch mit Singapur und Indonesien diplomatische Beziehungen aufgenommen. Vor allem die Beziehungen zu Indonesien waren seit dem kommunistischen Putschversuch von 1965, hinter dem Jakarta chinesische Bestrebungen vermutete, äußerst gespannt gewesen. Mittlerweile hat auch der Umfang des Handels und der Reiseaktivitäten zwischen China und den Ländern Singapur, Indonesien und Malaysia zugenommen. Malaysia hatte gegenüber Beijing wegen dessen Unterstützung der Kommunistischen Partei von Malaysia und der Anwesenheit einer starken chinesischen Minderheit im Land lange Zeit ein tiefes Mißtrauen gehegt. Aufgeschreckt durch die vietnamesische Expansionspolitik in Kambodscha und Laos, gab China seine feindselige Haltung gegenüber der prowestlichen thailändischen Regierung auf und bemühte sich, eine strategische Allianz zu schmieden. Zwischen 1990 und 1992 unterstützte China zunehmend die diplomatischen Vorstöße des Westens zur Lösung des Bürgerkriegs in Kambodscha und schränkte ab 1990 die Waffenlieferung an die Roten Khmer ein. Im selben Jahr nahm China auch wieder diplomatische Beziehungen mit Vietnam auf – eine Annäherung, die 1992 mit Li Pengs Visite in Hanoi im Anschluß an eine frühere Reise nach Laos einen ersten Höhepunkt fand.
Chinas Zurückhaltung gegenüber seinen ehemaligen ideologischen Erzfeinden Südkorea und Taiwan war besonders bemerkenswert. Beijing beendete seine Unterstützung der nordkoreanischen Konfronta-

tionspolitik gegenüber Südkorea und intervenierte mehrere Male direkt, um Nordkorea von Maßnahmen abzuhalten, die den Frieden auf der Halbinsel gefährdet hätten. So war es vor allem der Einfluß Chinas, der Nordkorea nach der Niederlage der USA im Vietnamkrieg 1975 davon abhielt, den Süden anzugreifen.[9] Erst kürzlich hat Beijing sich geweigert, das nordkoreanische Atomprogramm zu fördern. Statt dessen hat China sich für eine atomwaffenfreie Zone auf der Halbinsel eingesetzt und seine Bereitschaft erklärt, daran »mitzuwirken, daß Pjongjang sein Kernwaffenprogramm einstellt«. In dieser Zeit war es das vordringlichste Ziel der amerikanischen Sicherheitspolitik in der ostasiatischen Region, Nordkoreas Atomwaffenprogramm zu stoppen,[10] und Beijings Initiative erwies sich für Washington als hilfreich.[11] Chinas ökonomische und diplomatische Annäherung an Südkorea gipfelte am 24. August 1992 in der Aufnahme formeller diplomatischer Beziehungen – ein Akt, den die Volksrepublik früher von der Anerkennung Nordkoreas durch die USA abhängig gemacht hatte. Nun war Nordkorea isoliert, und Beijing trieb Pjongjang noch weiter in die Enge mit dem Vorschlag, die beiden koreanischen Staaten sollten volle diplomatische Beziehungen zueinander aufbauen.[12] In einer dramatischen Zuspitzung der Situation erklärte China im Dezember 1992, daß Nordkorea in Zukunft alle Importe aus der Volksrepublik in harter Währung bezahlen müßte. Sollte Beijing diese Maßnahme, die den Norden von seiner wichtigsten Importquelle abschneiden würde, konsequent umsetzen, dann könnte das den Sturz des Regimes in Pjongjang besiegeln.[13] Diese Art, einen Alliierten zu behandeln, von dem es einstmals geheißen hat, er sei der Volksrepublik »so nahe wie die Lippen den Zähnen«, ist ein unmißverständliches Zeichen für das Ende der ideologischen Ausrichtung der chinesischen Außenpolitik.

Die Anerkennung Israels signalisierte den Abschied von der traditionellen Nahostpolitik Chinas, die darin bestanden hatte, die extremen Positionen im Nahen Osten für sich auszunutzen. Als im UN-Sicherheitsrat über die »Operation Wüstensturm« gegen den Irak abgestimmt wurde, enthielt sich China der Stimme und verzichtete damit trotz seiner grundsätzlich oppositionellen Haltung gegenüber westlichen Interventionen in der Dritten Welt auf die Einlegung des Vetos. (Die Führung in Beijing hatte für ihre Zurückhaltung auf Gegenleistungen der USA gehofft und war schockiert, als die amerikanische Regierung sich statt dessen darüber verärgert zeigte, daß die Volksrepublik nicht für die Vorlage gestimmt hatte, und der amerikanische Kongreß weiterhin auf seinem Sanktionskurs gegenüber China beharrte.)

Aussöhnung mit Taiwan

Chinas Annäherung an den ehemaligen Erzfeind Taiwan stellt die vielleicht dramatischste Kehrtwende in Beijings Außenpolitik dar. Von 1949 bis 1970 sahen sich die führenden Politiker in Taipeh und Beijing gegenseitig als Kriegsverbrecher. Noch 1958 hatte China die nukleare Unterstützung der Sowjetunion für einen Angriff auf die Kuomintang-Truppen erbeten, während Berater von Eisenhower vorschlugen, Kernwaffen auf Taiwan zu stationieren. (Glücklicherweise behielten sowohl in Moskau wie auch in Washington die gemäßigten Kräfte die Oberhand.) Vor den Reformen von 1979 fand kein Handel zwischen China und Taiwan statt und waren Reisen von dem einen in das andere Land unmöglich. Auf beiden Seiten der Formosastraße standen hochgerüstete Armeen, und bis in die siebziger Jahre hinein wurden die Taiwan vorgelagerten kleineren Inseln regelmäßig vom Festland aus mit Artillerie beschossen. Wie groß der Haß auf beiden Seiten war, zeigte sich zum Beispiel daran, daß taiwanesische Soldaten, die auf den Quemoy- oder Matsu-Inseln nahe der chinesischen Küste stationiert waren, immer wieder auf das Festland gehen und von dort einen Nachweis ihres Aufenthalts mitbringen mußten, eine Kinokarte etwa oder, besser noch, das Rangabzeichen oder das Ohr eines feindlichen Soldaten.

Die Festungsanlagen auf den Quemoy-Inseln muß man gesehen haben, um ihrem Ausmaß Glauben schenken zu können. Während eines Besuches auf Taiwan flog ich mit einer Gruppe amerikanischer Wissenschaftler in Frau Chiang Kai-sheks privater DC-3 nach Quemoy. Die Sicherheitsmaßnahmen waren beeindruckend. Zu unserem Begleitschutz wurden 14 taiwanesische Düsenjäger abgestellt, und unser Pilot hielt die Maschine in 20 Meter Höhe über dem Meer, um dem gegnerischen Radar zu entgehen. Die Landebahn auf Quemoy endete im Inneren eines Berges, den zu verlassen keine Notwendigkeit mehr bestand. Die gesamte Insel war von Tunneln durchzogen, die so breit waren, daß Panzer darin fahren konnten. Darüber lag eine dreißig Meter dicke Granitschicht, die nur der Volltreffer einer großen Atombombe hätte durchdringen können. Neben dem unterirdischen Speisesaal, in dem ein kaltes Büffet für uns bereitstand, lag eine riesige Versammlungshalle, die in Kriegszeiten in ein Lazarett umfunktioniert werden konnte. Nur Schweden, so teilte uns unser Führer mit sichtlichem Stolz mit, verfüge über vergleichbare Schutzanlagen.

Zu Beginn der Reformzeit schlug China Taiwan einen Handel nach Art der für Hongkong ausgegebenen Devise »Ein Staat, zwei Systeme« vor. Taiwan sollte seine freiere Gesellschaftsordnung, sein kapitalistisches Wirtschaftssystem sowie seine volle politische und militärische Autonomie behalten, wenn es der Wiedervereinigung zustimmte. Die Regierung in Taipeh lehnte das Angebot ab und setzte die Abschottungspolitik gegenüber dem Festland fort. Trotzdem ließen die Spannungen schnell nach, und Beijing reduzierte die Zahl der an der Küste stationierten Truppen. Der illegale Handel zwischen Taiwan und der Volksrepublik nahm zu, zuerst zögerlich, dann explosionsartig. Immer häufiger kam es bei internationalen Zusammenkünften zu informellen Kontakten zwischen Vertretern beider Länder. Der große Durchbruch erfolgte 1989, als der Vorsitzende der taiwanesischen Zentralbank zu einem Treffen der Asiatischen Entwicklungsbank nach Beijing reiste. Nur drei Jahre später, 1992, überstieg das Handelsvolumen 7 Milliarden Dollar, und die Summe der taiwanesischen Investitionen auf dem Festland betrug 8,4 Milliarden Dollar, verteilt auf mehr als 7500 Projekte. Mit diesen Zahlen standen beide Länder an der Spitze der Weltwirtschaft.[14] Arbeitsintensive taiwanesische Industrien wurden in großer Zahl auf das Festland umgesiedelt. Die taiwanesischen Schuh- und Spielzeugfabrikanten, deren Unternehmen weltweit zu den größten und erfolgreichsten in ihrer Branche zählen, lassen seit 1992 vorwiegend auf dem Festland fertigen und den Export von dort aus abwickeln. Trotz der nach wie vor ungelösten politischen Gegensätze sind Taipeh und Beijing bestrebt, ihre Wirtschaftsbeziehungen durch Verträge abzusichern.

Zwischen 1987 und 1992 besuchten mehr als drei Millionen taiwanesische Touristen die Volksrepublik. Sie brachten Devisen und berichteten vom süßen Leben auf Taiwan. Als ich 1992 durch China reiste, bestätigten mir die Fremdenführer in jeder Stadt, daß Taiwanesen die größte Besuchergruppe stellten.

Auf diplomatischer Ebene hat der Konflikt zwischen beiden Ländern

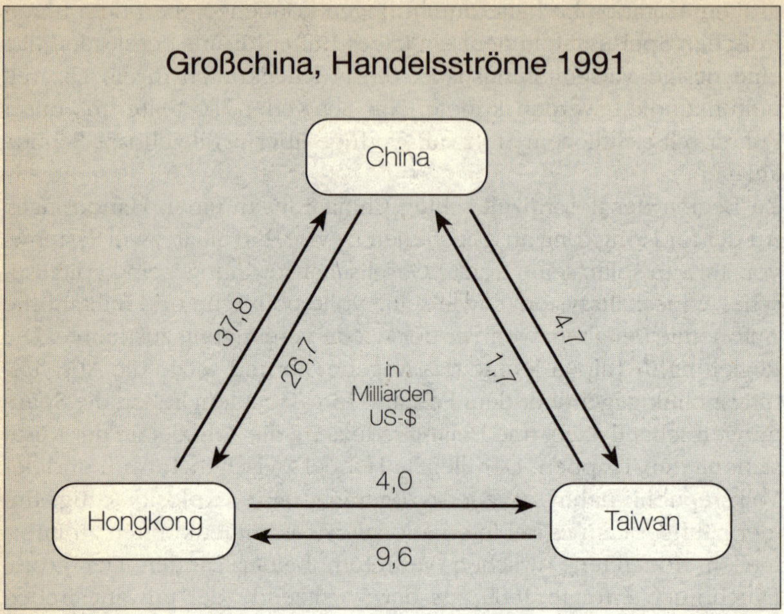

Abb. VI-1

viel von seiner einstigen Schärfe verloren. Auf einer Konferenz in Hongkong im Jahre 1992 hielt ich eine Rede, in der ich einen großen Teil der Zahlen, die ich im ersten Kapitel dieses Buches verwendet habe, vorstellte. John Ni, der taiwanesische Sprecher in Hongkong, kam anschließend zu mir, legte mir die Hand auf die Schulter und fragte: »Sagen Sie mal, Bill, kommen Ihnen diese Zahlen nicht bekannt vor?« Ich sah ihn fragend an: »Warum?« »Weil das unsere [also die taiwanesischen] Zahlen von vor zwanzig Jahren sind.«

Der Kampf Taiwans um diplomatische Anerkennung und die Mitgliedschaft in internationalen Organisationen wird noch immer verbissen geführt. Der Staat will direkte Reise- und Postverbindungen erst zulassen, wenn Beijing Taipeh als gleichberechtigte chinesische Regierung anerkannt hat und auf jeden Einsatz von Gewalt gegen die Insel verzichtet. Auch auf dem militärisch-technologischen Gebiet ist der Wettlauf noch in vollem Gange. Beijing fürchtet, daß bei Wahlen in Taiwan die sezessionistischen Kräfte einen Sieg über die gegenwärtige Führung, die das Land trotz der Feindseligkeit als Teil Chinas versteht, erringen könnten. Doch ungeachtet des verbliebenen Mißtrauens, haben die politische Annäherung und die wirtschaftliche Verflechtung ein Ausmaß erreicht, das noch zu Beginn der Reformära für unmöglich gehalten worden war. Die Führung in Beijing erwartet, daß China den wirtschaftlichen und sozialen Anschluß an Taiwan findet. Bis es soweit ist, hat die Volksrepublik in Hongkong die Gelegenheit zu prüfen, ob sich das Konzept »Ein Land, zwei Systeme« als erfolgreich erweist.

Wenn die derzeitige Geschwindigkeit des wirtschaftlichen Fortschritts in China anhält, wird sich der Graben in der Tat schließen lassen – auch wenn es mehr als eine Generation dauern wird, bis keine Unterschiede mehr feststellbar sind und die Wiedervereinigung für Taiwan nicht nur verlockend erscheint, sondern zur strategischen Notwendigkeit wird. Doch bis dahin kann noch viel passieren: Beijings Reformwille könnte nachlassen, eine politische Krise das Festland erschüttern oder das bisherige Modell Hongkong sich zum warnenden Beispiel wandeln. Angenommen in Taiwan käme eine nach Unabhängigkeit strebende Fraktion an die Macht und steuerte einen Konfrontationskurs gegen Beijing, würde das den Annäherungsprozeß zumindest vorübergehend ins Stocken geraten lassen. Dieses Szenario ist nicht abwegig; auf Taiwan gibt es starke Bestrebungen, eine eigene, vom Festland unabhängige Identität zu finden. Ob die Separatisten allerdings die formelle Unabhängigkeit anstreben, erscheint zweifelhaft. Der Annäherungsprozeß zwischen den Staaten hat den Vertretern dieser Richtung immerhin Auftrieb gegeben und nationale Empfindungen verstärkt, was sich bereits im Wahlergebnis niederschlägt. Trotz solch erheblicher Differenzen und Unsicherheiten hat sich im letzten Jahrzehnt ein politisches Klima entwickelt, das durch den Abbau politischer Spannungen, das Abflauen des militärischen Wettstreits und die Ausweitung der Wirtschaftsbeziehungen bestimmt wird. Auch wenn sich Beijing weiterhin weigert, den Einsatz von militärischer Gewalt vollkommen auszuschließen, hat sich doch der Konflikt, der vor drei Jahrzehnten noch in einen Atomkrieg zu eskalieren drohte, weitgehend entspannt. Vor einer endgültigen Aussöhnung sind noch viele Hürden zu nehmen, aber der gegenwärtige Prozeß eröffnet Taipeh und Beijing die Möglichkeit, eine stabile Beziehung aufzubauen und die überkommenen politischen Zielsetzungen, deren Durchsetzung nur mit militärischen Mitteln zu erreichen gewesen wäre, aufzugeben.

Der wirtschaftliche Aufschwung der Volksrepublik hat das diplomatische Kräftemessen zwischen Festland und Insel entschieden und Beijing als klaren Sieger ausgewiesen. Daran können auch die von Taipeh in jüngster Zeit unternommenen Anstrengungen, ihre Position in den Vereinten Nationen und in anderen internationalen Organisationen aufzubessern, nichts ändern. Taiwans Alleinvertretungsanspruch für China war immer fragwürdiger geworden, seit die USA 1971 zustimmten, den chinesischen Sitz im UN-Sicherheitsrat der Volksrepublik zu übertragen. Endgültig aufgegeben werden mußte Taiwans Anspruch nach der Entscheidung Washingtons, diplomatische Beziehungen zu Beijing aufzunehmen. Das heißt aber nicht, daß der Streit damit beigelegt ist. Unermüdlich versucht Taipeh, neue diplomatische Beziehungen aufzubauen und seinen Status über die Mitgliedschaft in internationalen Organisationen zu verbessern. Dabei kamen Taiwan lange Zeit seine Handelsmacht und der Umfang seiner Auslandsinvestitionen zugute. Doch seit die Volksrepublik ihre selbstgewählte Isolation aufgegeben hat und sich anschickt, eines der wirtschaftlich bedeutendsten Länder der Erde zu werden, schwinden die Wettbewerbsvorteile Taiwans. Auch die letzten Vorteile gegenüber China, mit denen Taiwan seine Position derzeit noch untermauern kann, daß nämlich die Menschenrechte respektiert werden und die Demokratie verwirklicht ist, könnten bald schon – je nach Verlauf der politischen Reformen in der Volksrepublik – obsolet werden.

Dabei birgt gerade die wirtschaftliche Öffnung des Festlands, die Taipehs diplomatische Position unterminiert, neue Chancen für die Insel. Taiwan wird auf die weitere Entwicklung der Volksrepublik wesentlichen Einfluß nehmen. Der hohe Lebensstandard und die freiheitliche Gesellschaftsordnung in Taiwan sind für die Festlandchinesen außerordentlich attraktiv. In diesem Sinne ist der ehemalige US-Botschafter in China Arthur Hummel zu verstehen, dessen prägnante Formulierung am Kapitelanfang wiedergegeben ist. Der Einfluß, den Taiwan auf die Volksrepublik ausübt, kann kaum überschätzt werden. Der Lebensstandard in der Taiwan gegenüberliegenden Provinz Fujian nähert sich bereits dem in Guangdong an. In Taiwan leben dreimal so viele Menschen wie in Hongkong. Die Republik verfügt über dreimal so hohe Devisenreserven und über sehr viel mehr Unternehmen in der Schwer- und High-Tech-Industrie. Letztlich ist der Einfluß Taiwans auf China vermutlich noch größer als jener Hongkongs.

Viel wichtiger ist aber, daß Taiwan im politischen Bereich über mehr Einflußmöglichkeiten verfügt als die (noch) britische Kronkolonie. Taiwan hat sich, ausgehend von einer nahezu stalinistischen Diktatur, über ein autoritäres System zu einer der wohlhabendsten Demokratien der Gegenwart entwickelt. Die enorme wirtschaftliche Überlegenheit Taiwans war einer der Hauptgründe für die Entscheidung Beijings, sein Wirtschaftssystem zu reformieren. Ähnlich weit liegen die sozialen Verhältnisse auseinander. Verstärkt durch die Entwicklungen in Hongkong und den anderen Nachbarstaaten, wird dies den Forderungen nach vergleichbaren Freiheiten in der Volksrepublik großen Nachdruck verleihen.

Der taiwanesische Demokratisierungsprozeß gilt vielen Menschen auf dem Festland als vorbildlich. Nur Beijings überalterte Führungsriege sieht das ganz anders und vermutet hinter dieser sogenannten »friedlichen Evolution« eine Verschwörung des Westens. (Übrigens wäre Chiang Kai-shek das Streben nach westlichen Freiheiten gleichermaßen verdächtig vorgekommen.) Die nachrückende Führungsgeneration reagiert flexibler auf den Druck von unten, wie er auch Taiwans schrittweise Demokratisierung bewirkt hatte. Die über Fünfzigjährigen in der Führungsschicht planen nicht weiter als bis zur nächsten Etappe, aber die Vierzigjährigen und die noch jüngeren debattieren ernsthaft darüber, ob das Festland nicht Taiwans Beispiel der schrittweisen politischen Liberalisierung folgen soll. Die Öffnung der Volksrepublik gegenüber Taiwan und die vielen Besucher, Waren und Presseerzeugnisse von der Insel werden bewirken, daß die Debatte ganz China erfaßt und daß mit einem hohen Wissensstand diskutiert wird.

Die rasante Entwicklung des Handels zwischen Hongkong, Taiwan und der Volksrepublik stellt das Handels- und Investitionswachstum in anderen Teilen der Welt in den Schatten. Billiges Land und billige Arbeitskräfte in China sind der Treibstoff für diesen Boom, und sein Motor sind das Kapital, die Technologie und die Marketingfähigkeiten Taiwans und Hongkongs. Der Funke, der den Prozeß am Laufen hält, ist der Unternehmungsgeist der Menschen in Taiwan, Hongkong und Guangdong.

Ende der Neuen Weltwirtschaftsordnung und neuer Realismus

Die späten siebziger und frühen achtziger Jahre brachten eine weitere Entwicklung von strategischer Bedeutung mit sich – den Zusammenbruch der Dritte-Welt-Bewegung. Noch Mitte der siebziger Jahre waren führende Politiker der amerikanischen Demokraten, die später unter Jimmy Carter in hohe Regierungspositionen aufsteigen sollten, davon überzeugt, daß der Nord-Süd-Konflikt (zwischen den armen und reichen Ländern) den Ost-West-Konflikt (zwischen der kommunistischen und der freien Welt) als zentralen Angelpunkt der Weltpolitik ersetzen würde. Die Staaten der Dritten Welt hatten eine radikale Umorganisation der Weltwirtschaft gefordert und dadurch den Westen auf moralischer, politischer und wirtschaftlicher Ebene unter Druck gesetzt.

Hinter der Forderung nach einer Neuen Weltwirtschaftsordnung stand die Mehrheit der Länder dieser Erde und die Mehrheit der Menschen. Ihrer Ansicht nach war die Struktur der alten Weltwirtschaftsordnung ungerecht, weil sie die unterentwickelten Länder in einer permanenten Abhängigkeit von den Industrienationen hielt und es ihnen unmöglich machte, aus dem Teufelskreis der Armut zu entkommen. Die Protagonisten der Neuen Weltwirtschaftsordnung sahen in den entwickelten Ländern keine Partner, sondern Klassenfeinde. Die Überwindung der Armut war ihrer Überzeugung nach nur im Rahmen eines neuen Systems möglich, in dem die Macht der multinationalen Unternehmen und der internationalen Banken begrenzt werden sollte. Die Entwicklungsländer sollten die Chance erhalten, sich einer zunehmenden Eingliederung in die Wirtschaft zu widersetzen, und der Rohstoffmarkt sollte durch zahlreiche Kartelle kontrolliert werden. Dieses Kartellsystem war das Kernstück der neuen Wirtschaftsordnung. Die Kontrolle aller wichtigen Rohstoffe sollte durch Kartelle erfolgen, die von den Entwicklungsländern beherrscht wurden und unter dem Dach eines Super-Kartells operierten. Ihnen sollte es obliegen, die Preise über dem Niveau der Marktpreise festzusetzen. Die Ressourcen auf dem Meeresgrund sollten durch eine Unterorganisation der Vereinten Nationen verwaltet werden.

Die politische Koalition und die Institutionen, die sich die Durchset-

zung der Neuen Weltwirtschaftsordnung zum Ziel gesetzt hatten, zerbrachen, als der wirtschaftliche Aufstieg der kleineren asiatischen Länder und später auch der Aufstieg Chinas die allen Überlegungen zugrundeliegende Dependenz-Theorie widerlegten.
Im Jahr 1980 überstieg das Handelsvolumen Taiwans, Südkoreas, Thailands und Singapurs erstmals das Japans und ist seitdem noch stärker angestiegen. Die kleineren asiatischen Staaten mißachteten die von der Neuen Weltwirtschaftsordnung nahegelegten Verhaltensweisen. Anstatt gegen die internationale Marktwirtschaft zu arbeiten, bedienten sie sich ihrer, und anstatt die multinationalen Konzerne zu verjagen, zähmten sie sie. Sie konzentrierten sich auf den Ausbildungsbereich und den Aufbau konkurrenzorientierter Wirtschaftsstrukturen – sahen also in den menschlichen Ressourcen und nicht in der Schaffung von Rohstoffkartellen den Schlüssel zu ihrer wirtschaftlichen Entwicklung. Statt sich den Zwängen zu unterwerfen oder sich in die Isolation zurückzuziehen, bedienten sie den westlichen Markt mit ihren Produkten und forderten mit großem Erfolg die industrialisierte Welt mit ihren eigenen Mitteln heraus.
Der wirtschaftliche Erfolg der asiatischen Schwellenländer spaltete die Dritte Welt. Afrika und Lateinamerika sahen sich ins Lager der ökonomischen Verlierer abgedrängt, und die gemeinsame ideologische Basis der Bewegung war zerstört. In der Folge schränkte der Westen sein entwicklungspolitisches Engagement ein. War er zuerst bereit gewesen, die Verantwortung für die Unterentwicklung der in einer scheinbar ungerechten Weltwirtschaftsordnung gefangenen Dritte-Welt-Länder zu übernehmen, legte der Erfolg der asiatischen Schwellenländer nahe, daß die andauernde Unterentwicklung der ärmeren Länder auf nationaler Unfähigkeit beruhte. Verschärft wurde der Konflikt durch stark divergierende Interessen. So wollten es Länder wie Argentinien auf einen Offenbarungseid gegenüber dem Westen ankommen lassen, während andere (zumeist asiatische) Länder, die wie Indonesien von den herkömmlichen Finanzmechanismen des Westens profitierten, eine solche Politik ablehnten.
China hat entscheidend zur Diskreditierung der Ideologie der Neuen Weltwirtschaftsordnung beigetragen – auch wenn Beijing niemals offiziell von ihr abgerückt ist. Der Wechsel der Volksrepublik ins westliche Lager entzog der Bewegung ihr stärkstes Mitglied und sprengte die Allianz der radikalen Kommunisten und Verfechter der Neuen

Weltwirtschaftsordnung. Hatte der Erfolg der kleineren asiatischen Länder die Theorie widerlegt, daß Länder der Dritten Welt aus ihrer strukturell bedingten Armut nicht auszubrechen vermögen, so hat Chinas Erfolg das populäre Gegenargument entkräftet, Taiwan und die anderen Kleinstaaten seien Ausnahmen gewesen und die Weltwirtschaft lasse keine weiteren Erfolge dieser Art zu.[15] Die Dependenz-Theorie, die Ende der siebziger Jahre, als sich Dengs Reformen bereits ankündigten, an den westlichen Universitäten sehr populär gewesen war, hatte ein Jahrzehnt später viel von ihrer einstigen Attraktivität verloren. Auch die blockfreien Länder, die in der globalen Wirtschaftspolitik der Industrieländer lange Zeit ein Mittel imperialistischer Machtpolitik gesehen hatten, schlugen 1992 in ihrer gemeinsamen Jakarta-Erklärung neue Töne an und hoben den »konstruktiven Dialog zwischen den sich entwickelnden und den entwickelten Nationen … auf der Basis gegenseitiger Abhängigkeit« hervor.[16]

Der überzeugende Erfolg Chinas und seiner Nachbarn zog weitere Konsequenzen nach sich. Die Einsicht, daß selbst kleine Länder ohne große Rohstoffvorkommen wirtschaftlich Erfolg haben können, hat vielerorts, bis ins ferne Simbabwe, die nationale Entwicklungsstrategie beeinflußt. International gesehen am wichtigsten ist die Auswirkung des asiatischen Booms auf das Verhältnis der EG und der USA zu Japan. Die jüngsten Entwicklungen haben die Kritik der Europäer und der Amerikaner relativiert, die ihre Handelsprobleme gerne auf den japanischen Protektionismus und die exotischen Eigenarten der japanischen Kultur zurückführen. Die Zunahme des internationalen Handels hat das Auseinanderbrechen des westlichen Allianzsystems aufgrund wirtschaftlicher Konflikte wenigstens vorläufig verhindert. Ein solches Auseinanderbrechen hätte etwa gedroht, wenn sich in den USA der antijapanische Protektionismus durchgesetzt hätte oder wenn die EG die russische Karte ausgespielt hätte, um Japan wirtschaftlich zu isolieren. Auch hier kommt Chinas wirtschaftlichem Erfolg eine entscheidende Rolle zu. Taiwan und die anderen kleinen asiatischen Staaten wurden in den USA gerne als Zweigstellen des japanischen Wirtschaftsimperiums gesehen, das sich über die gesamte Region ausbreitete. China hingegen ist viel zu groß und viel zu sehr auf Unabhängigkeit bedacht, als daß es in den Verdacht geraten könnte, ein japanischer Ableger zu sein.

Beijings Entscheidung, dem asiatischen Entwicklungsmodell zu folgen, markierte einen Wendepunkt in den internationalen Wirtschaftsbeziehungen. Der wirtschaftliche Aufschwung einiger kleiner asiatischer Länder hat durch das Hinzutreten Chinas die Niederlage der revolutionären kommunistischen Bewegungen Ostasiens, des regionalen Irredentismus und des globalen ökonomischen Radikalismus der Anhänger einer Neuen Weltwirtschaftsordnung besiegelt.

Freiheit der Meere?

Während entlang den chinesischen Landgrenzen heute weitgehend Ruhe herrscht, ist der Streit um die Seegrenzen noch längst nicht entschieden. China erhebt Anspruch auf mehrere Inselketten fernab vom Festland und auf die dazugehörigen Gewässer, die sich bis an die Küsten Malaysias und der Philippinen erstrecken. Daß diese Ansprüche immer noch aufrechterhalten werden, zeigt sich daran, daß in China gedruckte Seekarten die Meeresgebiete als chinesisches Hoheitsgebiet ausweisen. Am 25. Februar 1992 wurde in Beijing ein Gesetz erlassen, das Chinas Anspruch auf diese Gewässer hervorhebt und bestimmt, daß alle durchfahrenden Schiffe den seerechtlichen Bestimmungen der Volksrepublik China Folge zu leisten haben. U-Boote dürfen nur aufgetaucht fahren und Flugzeuge das Gebiet nur im Rahmen von Abmachungen mit der Volksrepublik überfliegen.[17] Damit setzt sich Beijing mit seinen Forderungen, die weit über das hinausgehen, was nach dem im Völkerrecht nunmehr allgemein anerkannten Archipelprinzip akzeptabel wäre,[18] in Konflikt zu Ansprüchen Japans, Vietnams und der meisten ASEAN-Staaten. Sie berühren aber auch vitale Interessen der USA, die wenig davon begeistert sein dürften, den Aufenthaltsort ihrer strategischen U-Boote in diesen Gewässern offenlegen zu müssen.

China steht in dieser Frage nicht allein. Konflikte um die Hoheitsrechte über Inseln und Meeresgebiete sorgen in weiten Teilen Asiens für Unruhe. Japan und Rußland befinden sich in einem heftigen Disput über die vier südlichsten Kurilen-Inseln; und die zahlreichen Inselgruppen, die die USA Tausende von Seemeilen von ihren Küsten entfernt als Treuhandmacht verwalten, sind nicht mehr als strategische Außenposten, die den USA im Zweiten Weltkrieg in die Hände gefallen sind. Daran ändert auch die Tatsache nichts, daß in jüngster

Zeit einige kosmetische Veränderungen am Status dieser Gebiete vorgenommen worden sind. Die Philippinen konnten selbst unter Corazon Aquino der Versuchung nicht widerstehen, ihre Ansprüche auf das weit entfernt gelegene Guam zu erneuern, das den USA als strategisches Hauptquartier im Pazifik dient. Daneben erheben die Philippinen Anspruch auf Sabah, das einen stattlichen Teil malaysischen Gebietes ausmacht.

Die im Südchinesischen Meer gelegenen Spratly- und Paracel-Inseln werden zusammen mit dem zugehörigen maritimen Hoheitsgebiet ganz oder teilweise von China, Taiwan, Vietnam, Malaysia, Brunei und den Philippinen beansprucht. Ursprünglich hatte nur Vietnam, das 1975 mehrere Inseln im Spratly-Archipel besetzte, bedeutende Truppenkontingente in dem Gebiet stationiert. Auf einigen anderen Inseln stehen seit Mitte der siebziger Jahre einige philippinische Marineeinheiten, und Taiwan hat sechshundert Soldaten auf die größte der Inseln entsandt, die einzige, die über ein Süßwasservorkommen verfügt und auf der eine Landebahn angelegt ist. Von allen Konfliktparteien verfolgen die Taiwanesen die aggressivste Besatzungspolitik und schrecken auch vor Überraschungsangriffen mit U-Booten nicht zurück. Im Dezember 1992 veröffentlichte ein interministerielles Komitee in Taipeh den Entwurf einer »Politischen Direktive Südchinesisches Meer«, in der Taiwans Anspruch auf die Spratly-Inseln als »unbestreitbar« bezeichnet wird. Malaysia, das erst in den achtziger Jahren eigene Ansprüche anmeldete, hält seit 1983 beziehungsweise 1986 mehrere Inseln besetzt und betreibt dort ein offensives Entwicklungsprogramm, das unter anderem den Bau eines Flughafens und die Förderung des Tourismus vorsieht.[19] Vor allem zwischen China und Vietnam hat sich der Konflikt um die Hoheitsrechte im Südchinesischen Meer zugespitzt, und im März 1988 kam es zwischen den beiden Ländern zu bewaffneten Auseinandersetzungen im Spratly-Archipel. Der nächste Konflikt ist bereits absehbar, denn 1992 verpachtete China die Ölförderrechte an die amerikanische Gesellschaft Crestone und sicherte dem Unternehmen militärischen Schutz für den Fall vietnamesischer Gegenmaßnahmen zu. Brisant daran ist, daß der Pachtvertrag mit Crestone auch Gebiete umfaßt, die Vietnam zu seinem Kontinentalschelf rechnet. Der Konflikt geht also über die Frage der mit den Inseln verbundenen Gebietsansprüche hinaus. Seine wachsende Wirtschaftsmacht verleiht China einen strategischen Vorteil gegenüber Vietnam und den Philippinen, die mit ihren unterlegenen Volkswirtschaften einen maritimen Rüstungswettlauf auf Dauer nicht finanzieren könnten.[20] China gehörte in den siebziger Jahren zu den ersten Staaten, die Rechte auf unterseeische Ölvorkommen anmeldeten, sah aber von militärischen Aktionen ab, bis Vietnam die ersten Inseln besetzte. In dem Versuch, die eigene Verhandlungsposition vor der Aufnahme von Gesprächen zu stärken, verhält China sich nicht anders als seine Konkurrenten. Die Volksrepublik hat wiederholt ihre Bereitschaft signalisiert, über Nutzungsrechte (nicht jedoch über Souveränitätsfragen) zu verhandeln und hat 1992 dem schärfsten Widersacher Vietnam die Aufnahme von Verhandlungen angeboten. Der frühere indonesische Außenminister Mochtar Kusumaatmadja, dessen Land die weltweit größten Territorialgewässer besitzt, zeigte sich zuversichtlich, daß »China wegen dieser Angelegenheit nicht die Beziehungen zu seinen südostasiatischen Nachbarn aufs Spiel setzen wird«.[21] Zusammenfassend heißt dies, daß die meisten betroffenen Staaten zwar umfassende Ansprüche erheben, ihre Ziele aber mit eher gemäßigten Mitteln verfolgen und immer zu Verhandlungen bereit sind. Namentlich China hat sich in der Inselfrage sehr zurückgehalten und noch mehr als einige seiner Nachbarn den Einsatz militärischer Mittel zu verhindern gesucht.

Sinkende Rüstungsausgaben

Der wirtschaftliche Erfolg vieler asiatischer Staaten nach 1980 kann wenigstens zum Teil auf die Begrenzung ihrer Rüstungsausgaben und die Konzentration der Staatsausgaben auf die ökonomische Entwicklung zurückgeführt werden. Japans Militärausgaben blieben Ende der achtziger Jahre konstant unter 1 Prozent des Bruttosozialprodukts. In einer Zeit, in der die USA über 9 Prozent des Bruttosozialprodukts für Rüstungszwecke verwandten, senkte im Südkorea der sechziger Jahre Park Chung Hee trotz der unmittelbaren Bedrohung durch Nordkorea die Militärausgaben auf 4 Prozent, bevor er sie nach Aufhebung der US-Sanktionen wieder auf 6 Prozent anhob.[22] China folgte dem Beispiel Südkoreas. Der Anteil der Militärausgaben am Bruttosozialprodukt sank von 16 Prozent in den sechziger Jahren auf 10,4 Prozent zu Beginn der Reformära 1979 und weiter auf 3,9 Prozent im

Die Entwicklung des chinesischen Militärhaushalts

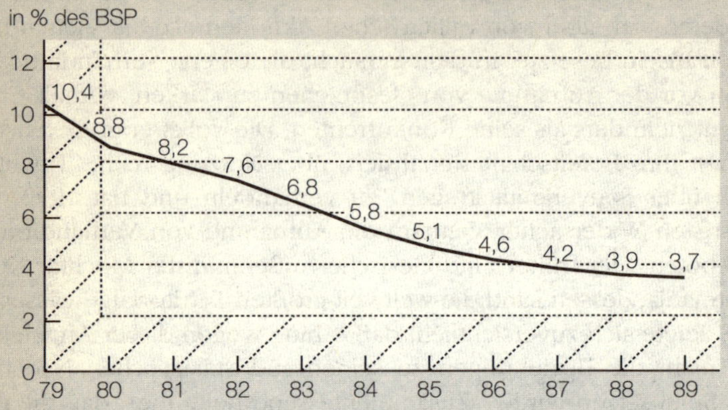

Quelle: U. S. Arms Control and Disarmament Agency (1990).

Für den Zeitraum nach 1989, in dem es zu einem erheblichen Anstieg der Rüstungsausgaben kam, liegen keine konsistenten Daten vor. Näheres dazu im Text.

Abb. VI-2

Jahre 1989. (Die USA wandten zwischen 1980 und 1990 6 Prozent des Bruttosozialprodukts für Verteidigungszwecke auf.) Gleichzeitig baute die Volksrepublik die Personalstärke der Streitkräfte von 4,6 Millionen im Jahr 1979 auf 3,8 Millionen Soldaten im Jahr 1989 ab.[23] Besonders deutlich zeigt sich die verringerte Aufmerksamkeit für das chinesische Militär an den im regionalen Vergleich bescheidenen Rüstungsimporten.[24] Wie das folgende Schaubild zeigt, betrugen die Rüstungsimporte im ersten Jahrzehnt der Reformen gerade ein Sechstel der vietnamesischen Einfuhren und nur halb soviel wie die Japans oder Taiwans. Im Gegensatz zu den kleineren Ländern verfügt China zwar über eine leistungsfähige eigene Rüstungsindustrie, aber für ein Land dieser Größe importiert es trotzdem außergewöhnlich wenig.

Seit 1988 widmet China dem militärischen Sektor wieder mehr Aufmerksamkeit. Das hat mehrere Gründe. Zunächst unterstrichen die Vorfälle auf dem Platz des Himmlischen Friedens die Notwendigkeit, die innere Sicherheit zu stärken. Mit dem Ende des irakisch-iranischen

Krieges waren ferner die Waffenexporte, eine der Haupteinnahmequellen der chinesischen Armee, drastisch zurückgegangen. Unterdessen bauten die kleineren Staaten in der Region ihre See- und Luftstreitkräfte massiv aus – ein Umstand, der die chinesische Führung vor dem Hintergrund der Auseinandersetzungen mit Vietnam über die Paracel-Inseln bedenklich stimmte. Schließlich drückte der Wettbewerb der Waffenhersteller insbesondere aus der Sowjetunion und Westeuropa die Preise für Rüstungsgüter nach unten und machte den Import von Waffen attraktiv.

Angesichts dieser Entwicklungen wurde die Personalstärke der Volksbefreiungsarmee, nachdem sie einen historischen Tiefstand erreicht hatte, wieder leicht angehoben. Die Militärausgaben kletterten auf ihre frühere Höhe, und in einem Bericht der CIA an den US-Kongreß hieß es: »Der inflationsbereinigte Umfang des chinesischen Militärhaushaltes, der rund die Hälfte der gesamten Ausgaben im militärischen Bereich repräsentiert, fiel aufgrund der entspannten Sicherheitslage von 1984 bis 1988 um 21 Prozent, ist seitdem aber wieder um 22 Prozent angestiegen.«[25] Das inflationsbereinigte Wachstum des Militärhaushaltes betrug seit 1988 5 Prozent jährlich. Da die Wirtschaft jedoch schneller wuchs, sank der Anteil der Militärausgaben an der Wirtschaftsleistung kontinuierlich und lag nach Schätzungen des US-Generalkonsulats in Hongkong 1992 bei rund 3,5 Prozent des Bruttosozialprodukts.[26] Die CIA erwartet, daß die Personalstärke der Volksbefreiungsarmee in Zukunft wieder deutlich abnehmen wird. Eine Aussage über die weitere Entwicklung des Verteidigungshaushaltes wird in dem Geheimdienst-Bericht zwar nicht getroffen, doch werden die jüngsten Ausgabenerhöhungen vor allem auf innenpolitische Sicherheitsmaßnahmen zurückgeführt.

Weltmacht China

Wer auf militärische Macht verzichtet, gewinnt an politischer Macht. Diese scheinbar paradoxe Aussage ist die Lehre aus der jüngeren Geschichte Japans, Südkoreas und Thailands. Ein Blick auf die Entwicklung Koreas hilft, diese Aussage zu belegen. Im Jahre 1963 belief sich das nordkoreanische Bruttosozialprodukt auf 2,8 Milliarden, dasjenige Südkoreas auf 3,8 Milliarden Dollar. Zu diesem Zeitpunkt gab

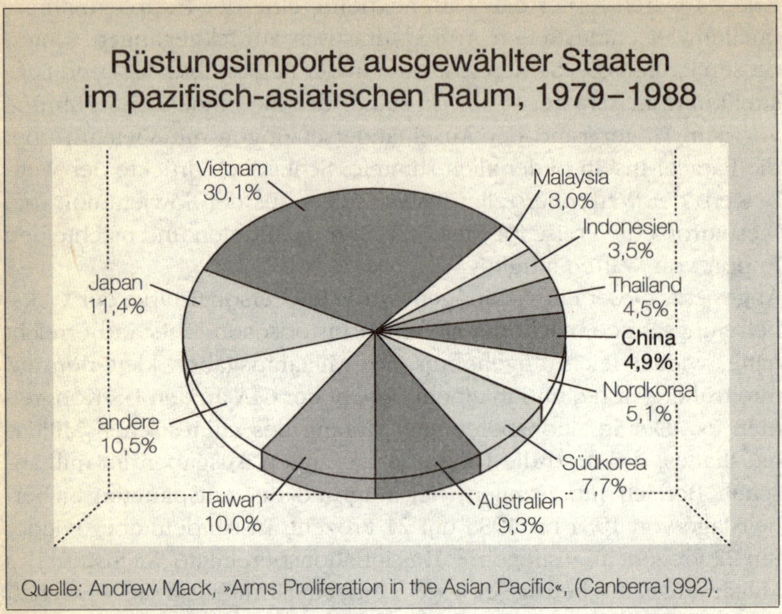

Abb. VI-3

Nordkorea 12,2 Prozent seines Bruttosozialprodukts (280 Millionen Dollar) für militärische Zwecke aus, Südkorea nur 4,2 Prozent (158 Millionen Dollar). Diese Diskrepanz nährte im Süden trotz der Anwesenheit amerikanischer Truppen lange Zeit die Befürchtung, daß der Norden früher oder später militärisch die Oberhand gewinnen und Südkorea erobern würde.

Knapp dreißig Jahre später hat sich die Situation grundlegend gewandelt. Die nordkoreanische Wirtschaft mußte 1991 bei einem Bruttosozialprodukt von 20,5 Milliarden Dollar Militärausgaben in Höhe von 5,5 Milliarden Dollar verkraften. Der südkoreanische Verteidigungsetat betrug mit 10,8 Milliarden Dollar fast das Doppelte, was bei einem Sozialprodukt in Höhe von 208 Milliarden Dollar allerdings kaum ins Gewicht fiel.[27] Alle ehemaligen Verbündeten Nordkoreas haben sich mittlerweile mit der immer einflußreicheren Handelsmacht im Süden verständigt. Heute hat Südkorea, obwohl es stets einen geringeren Prozentsatz seiner gesamtwirtschaftlichen Leistung für militärische

Zwecke aufgewendet hat, den Norden militärisch und politisch überholt.
Ähnlich ist es China ergangen, das während der vergangenen Generation den Anteil der Militärausgaben am Bruttosozialprodukt drastisch reduziert und seine strategischen Ambitionen gemäßigt hat. Das hat es der Volksrepublik erlaubt, ihre Ressourcen und Energien auf die wirtschaftliche Entwicklung zu konzentrieren. Das daraus resultierende rasante Wirtschaftswachstum wird es Beijing, selbst wenn der Anstieg der Verteidigungsausgaben an das Wachstum der Wirtschaft gekoppelt werden sollte, ermöglichen, innerhalb der nächsten Generation eine gewaltige Militärmacht auf die Beine zu stellen – und seinen internationalen Einfluß auszubauen.
Erstmals seit dem Opiumkrieg wird China in jüngster Zeit nicht mehr von außen bedroht. Weder geht von Großbritannien, dessen Truppen im 19. Jahrhundert im Interesse eines ungehinderten Opiumhandels China »öffneten« und Gebietsabtretungen erzwangen, heute eine militärische Bedrohung aus noch von Japan, das China in der ersten Hälfte des 20. Jahrhunderts mehrmals angriff und zeitweise besetzt hielt. Die Sowjetunion, die wie Nordkorea dem Militär immer oberste Priorität eingeräumt hatte, existiert nicht mehr. China lebt heute in Frieden mit seinen Nachbarn und wird von ihnen respektiert. Das Verhältnis zu den USA ist zwar belastet, aber eine Invasion droht von dieser Seite nicht, und dank seiner wirtschaftlichen Stärke schmerzen China Wirtschaftssanktionen nur begrenzt.
Die Sowjetunion hat in Asien nie die entscheidende Rolle gespielt, wie es nach außen hin den Anschein hatte. Das Hauptaugenmerk der Sowjetunion galt Europa und China. Moskau hat es vor allem versäumt, sich mit Japan zu verständigen. Hätte die Sowjetunion die von Japan beanspruchten Kurilen-Inseln zurückgegeben, als die USA der Entwicklung wirtschaftlicher Beziehungen zu Japan den Vorzug gaben und sich aus Okinawa zurückzogen, wäre die jüngere Geschichte in Asien vielleicht anders verlaufen. Auch um die kleineren, wirtschaftlich dynamischen Staaten Asiens hat sich Moskau nie bemüht. Da die Großmacht die strategisch überragende Bedeutung des Handels verkannte, verpaßte sie die Chance, sich im asiatischen Raum eine dauerhafte Machtbasis zu schaffen. Moskau blieb nichts anderes übrig, als im Rahmen der ideologischen Gemeinsamkeiten und der begrenzten militärischen Präsenz lokale Krisen auszunutzen, so gut

es ging. Als der Kommunismus an Attraktivität verlor und die fernöstliche Region sich stabilisierte, konnte die Sowjetunion auf diplomatischer Ebene nahezu keinen Einfluß mehr ausüben. Selbst Gorbatschow vermochte es mit seiner Wladiwostok-Initiative und trotz erheblicher diplomatischer Anstrengungen nicht, zu einer Aussöhnung mit Japan zu gelangen. Die brüchige politische Machtbasis, die er hinterließ, erlaubte es auch Boris Jelzin nicht, Japan im Austausch gegen dringend benötigte Wirtschaftshilfe die nördlichen Inseln zurückzugeben. Das Versäumnis, geopolitische Überlegungen im ostasiatischen Raum zugunsten der Aussöhnung mit Japan hintanzustellen, gehört zu den großen strategischen Fehlern der Sowjetunion nach dem Zweiten Weltkrieg.

Chinas Stärke liegt nicht allein in der Schwäche seiner Nachbarn. Der beste Indikator für das militärische Potential eines Landes ist sein in Kaufkraftparität ausgedrücktes Bruttosozialprodukt. Legt man diesen Maßstab an, dann kann China bereits heute mit Japan konkurrieren – und in der nächsten Generation vielleicht sogar mit den USA. China gehört zum Kreis der Atommächte und ist im Besitz von Sprengköpfen und weitreichenden Trägersystemen relativ fortschrittlicher Bauart. Die chinesischen Streitkräfte wurden zwar verkleinert, aber dafür mit moderner Waffentechnologie ausgestattet. So verfügt die neue chinesische Flugzeuggeneration über eine höhere Reichweite als früher und kann in der Luft betankt werden. Auch die Modernisierung der Seestreitkräfte wird mit Hochdruck vorangetrieben. Wenn der derzeitige Aufschwung anhält, wird China in absehbarer Zeit zu einer wirtschaftlichen und militärischen Weltmacht werden. Maßvolle Beschränkung im richtigen Augenblick kann eben längerfristig Machtgewinn bedeuten.

Erst Chinas ökonomischer Erfolg hat die Voraussetzungen geschaffen, die Wirtschaft des Landes mit jener Hongkongs und Taiwans zu verknüpfen und in der Folge den politischen Aussöhnungsprozeß in Gang zu bringen. Für sich selbst genommen, ist die chinesische Volkswirtschaft die drittgrößte der Welt. Großchina, das Taiwan und Hongkong umfaßt, weist bereits heute Supermacht-Qualitäten auf. Dabei ist Großchina kein hypothetisches Gebilde, sondern, wie die praktisch vollzogene Integration der Volkswirtschaften Hongkongs, Taiwans und der Volksrepublik zeigt, fast schon Realität. Wer mit China konkurriert, konkurriert mit der Wirtschaftsmacht Großchina.

Der chinesische Einfluß im pazifischen Asien

Der wirtschaftliche Erfolg Chinas hat das Selbstbewußtsein, das Identitätsgefühl und die politische Orientierung der Auslandschinesen in Singapur, Malaysia, Indonesien und Thailand nicht unberührt gelassen. Nach einer Jahrhunderte währenden Schwächeperiode befindet sich China in ihren Augen wieder auf dem Weg zu seiner wahren Größe. Die Freude darüber wird Nichtchinesen selten gezeigt, aber sie existiert und wirkt sich spürbar auf das Verhältnis der im Ausland ansässigen Elite zu ihrer alten Heimat aus. Die Auslandschinesen besuchen die Städte und Dörfer ihrer Vorfahren und bauen dort Schulen, Tempel und Krankenhäuser. Sie stehen den lokalen Behörden oder, wenn sie selbst bedeutend genug sind, den Politikern in Beijing mit Rat und Tat zur Seite. Das wohl prominenteste Beispiel ist der ehemalige Präsident Singapurs, Lee Kwan Yew, der regelmäßig nach Beijing reist und die politische Führungsspitze berät.

Der chinesische Erfolg hat der regionalen Wirtschaft Impulse verliehen und wird in Südostasien dementsprechend vorwiegend positiv aufgenommen. Nur Indonesien und die Philippinen, die den Reformprozeß langsamer und weniger entschlossen angegangen sind als ihre Nachbarn, finden sich plötzlich im Abseits wieder und können in den exportorientierten Industriebereichen meist nicht mehr um Auslandsinvestitionen konkurrieren.

In den chinesischen Gemeinden Asiens herrscht der Eindruck vor, daß China jetzt endlich auf die japanische Herausforderung reagiert. Seit den Meiji-Reformen von 1868, mit denen Japan dem zunehmenden westlichen Einfluß Tribut zollte, war die chinesische Gesellschaft hinter der japanischen zurückgeblieben. Dazu kam, daß das Reich der Mitte im Gegensatz zu Japan im 19. Jahrhundert mehrfach militärische Demütigungen durch die Briten und andere europäische Mächte hatte hinnehmen müssen. In der ersten Hälfte des 20. Jahrhunderts sah sich China wiederholt von Japan bloßgestellt. Das begann auf diplomatischer Ebene damit, daß Beijing sich 1915 den Einundzwanzig Forderungen Tokyos beugen mußte, und führte auf militärischer Ebene dazu, daß Beijing 1932 die Errichtung des Kaiserreichs Mandchuko durch Tokyo nicht verhindern konnte und fünf Jahre später im chinesisch-japanischen Krieg in schwerste Bedrängnis geriet. Selbst von Japans vernichtender Niederlage im Zweiten Weltkrieg konnte China nicht

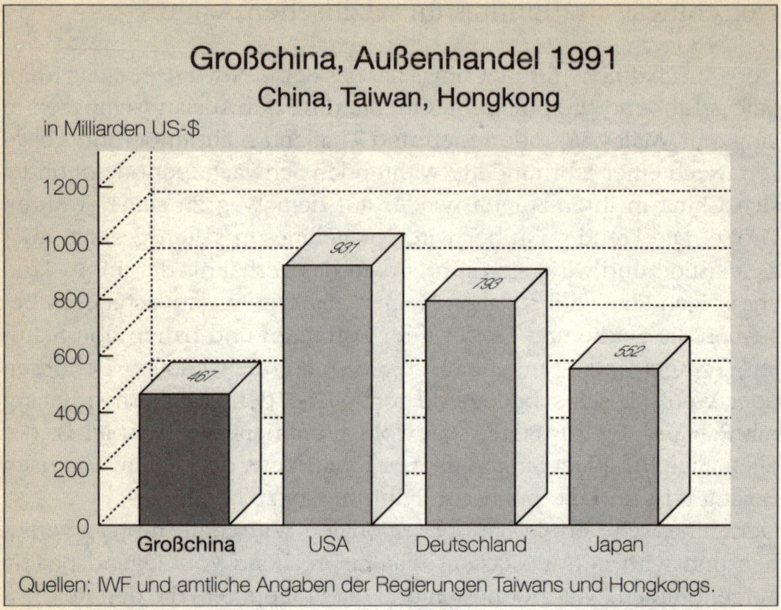

Abb. VI-4

entscheidend profitieren. Japan erholte sich überraschend schnell und hatte, was die Wirtschaftsleistung anging, China bald wieder überholt. Jetzt erstmals fangen die Chinesen an zu glauben, daß ihre Heimat den Anschluß an Japan finden könnte, vorausgesetzt, die Führung in Beijing bleibt auf Reformkurs. Tokyo reagiert zwar noch unsicher auf die neue Entwicklung, begrüßt aber in jedem Fall die mit dem Aufstieg Chinas einhergehende politische Stabilisierung in der Region. Natürlich sähen die japanischen Unternehmer es lieber, wenn der chinesische Erfolg sich in Grenzen hielte und sie sich nicht in absehbarer Zeit mit einer ökonomischen Supermacht vor ihrer Haustür auseinandersetzen müßten. Aber eines ist gewiß: Daß die Volksrepublik wie die ehemalige Sowjetunion in Einzelstaaten zerbricht, Bürgerkriege das Land erschüttern und sich eine Flut von Flüchtlingen über die Region ergießt, liegt ganz sicher nicht in Tokyos Interesse.

Die japanische Industrie ist zwar erpicht darauf, den chinesischen Markt zu erschließen und dort für den Export fertigen zu lassen.

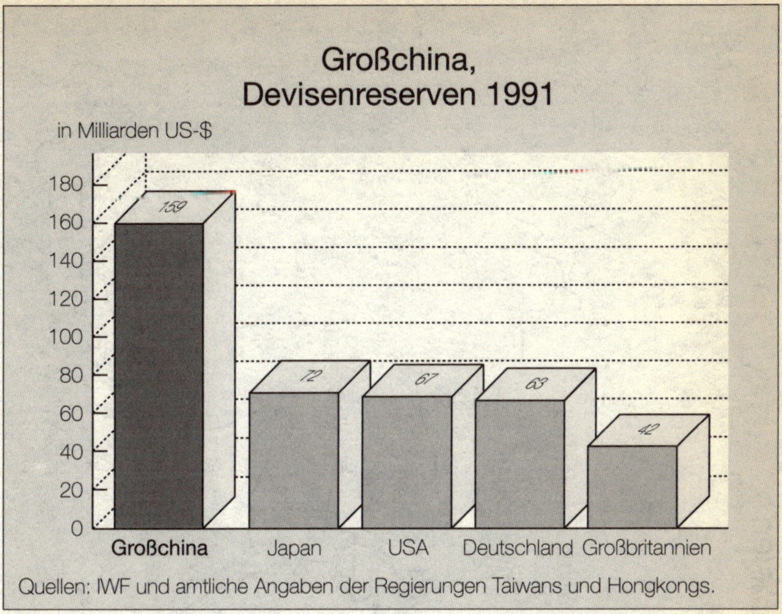

Abb. VI-5

Gleichzeitig zögert sie aber, moderne Technologien in die Volksrepublik zu verlagern, und zeigt sich besorgt, vom Fertigungsstandort China abhängig zu werden.[28] Das deutet darauf hin, daß man in Tokyo Angst vor einer chinesischen Konkurrenz hat, die quantitativ ganz andere Dimensionen erreicht als die Konkurrenz, die etwa Malaysia darstellt. Japans Zurückhaltung und seine finanziellen Schwierigkeiten Anfang der neunziger Jahre eröffneten Unternehmen aus Hongkong und Taiwan die Möglichkeit, sich ungestört auf dem chinesischen Markt zu betätigen. Auch amerikanische Unternehmen (unter anderem Motorola, Avon, Procter & Gamble und Kodak) konnten relativ mühelos eine strategisch günstige Position aufbauen. Da Beijing sehr daran gelegen ist, daß die einheimischen Großunternehmen nicht ausschließlich von japanischen Investoren kontrolliert werden (wie es etwa in Südkorea der Fall war), hat es diese Entwicklung unterstützt. Die meisten westeuropäischen Unternehmen setzten anfangs große Hoffnungen auf die Entwicklung in Osteuropa und fingen erst 1992

Zentralasien

verstärkt an, sich für Investitionsmöglichkeiten in China zu interessieren.[29] In meiner Eigenschaft als Investmentberater habe ich von Anfang an der nach dem Fall der Berliner Mauer weit verbreiteten Ansicht widersprochen, Osteuropa werde das pazifische Asien als Wachstumszentrum der Zukunft ablösen. Damals haben nur wenige Unternehmer auf mich gehört. Doch als sich 1992 zeigte, wie begrenzt die Entwicklungsmöglichkeiten in Osteuropa sind, wandten sich viele westeuropäische Unternehmen voller Enthusiasmus dem chinesischen Markt zu. Die Aufträge überschwemmten mein Büro förmlich, so daß kaum noch Zeit blieb, sich anderen Ländern zu widmen. Mittlerweile allerdings hatten sich einige kluge amerikanische Unternehmen an die Spitze der Entwicklung gesetzt.
Ob die amerikanische Industrie aus ihrer günstigen Ausgangsposition handfeste Vorteile schlagen kann, hängt auch davon ab, ob Washington seiner Vorliebe für Wirtschaftssanktionen als politisches Druckmittel nachgibt. Sollte das geschehen, könnten die US-Unternehmen rasch Marktanteile an europäische oder japanische Konkurrenten verlieren. Die Drohungen des US-Kongresses, China die Meistbegünstigung abzuerkennen, hat die Investitionsbereitschaft amerikanischer Firmen in China gedämpft und in mehreren Fällen sogar dazu geführt, daß bereits eingegangene Engagements eingeschränkt wurden. Das ist bedenklich. Aufgrund der Größe und der Entwicklungsmöglichkeiten, die die chinesische Wirtschaft in den kommenden Jahren bietet, wird die Frage, wer sich auf diesem Zukunftsmarkt erfolgreich etabliert, die Machtverteilung im frühen 21. Jahrhundert sowohl weltwirtschaftlich als auch weltpolitisch entscheidend mitbestimmen.

China und Zentralasien

In Zentral- und Südasien wird der Volksrepublik die Führungsrolle von allein in den Schoß fallen – es gibt keine Alternative. Der Zusammenbruch der Sowjetunion hat den uralten Konflikt um die Vorherrschaft in Zentralasien, einer Region von der dreifachen Größe Europas, wieder angefacht. Bevor Zentralasien in den Einflußbereich der Sowjetunion geriet, kreuzten sich dort bedeutende Handelswege, und es war einer der wichtigsten politischen und kulturellen Schmelztiegel der Welt. Außer Afghanistan und Pakistan gehören zu dieser Region

die ehemaligen sowjetischen Staaten Kasachstan, Kirgistan, Tadschikistan, Turkmenistan und Usbekistan. Diese größtenteils verarmten, ethnisch zerrissenen und politisch instabilen Gesellschaften stehen vor denselben Problemen wie Rußland, ohne jedoch über eine vergleichbare Industrie oder eine ähnlich gut ausgebildete Arbeiterschaft zu verfügen. Ihr Erbe aus der Sowjetzeit besteht in gewaltigen Waffenarsenalen, umfangreichen Rüstungsindustrien, kerntechnischen Anlagen und teilweise sogar Nuklearwaffen. Diese brisante Kombination aus militärischer Potenz und politischer Labilität verlangt nach einer regionalen Ordnungsmacht: Wird China die Rolle übernehmen?
Als potentielle Hegemonialmächte kommen neben China Indien, die Türkei, der Iran, und natürlich Rußland in Frage.[30] Das hinduistische Indien ist wirtschaftlich schwach und zu sehr mit internen Auseinandersetzungen beschäftigt, als daß es großen Einfluß ausüben könnte. Rußland ist nicht nur die verhaßte ehemalige Imperialmacht, sondern auch abschreckendes Beispiel für wirtschaftliches Versagen. Zudem verläßt der überwiegende Teil der noch in den ehemaligen zentralasiatischen Sowjetstaaten lebenden Russen die Region und kehrt in die alte Heimat zurück. Das sowjetische Erbe (und Rußlands gegenwärtige Machtbasis) sind die kommunistischen Staatsbürokratien, die jedoch immer stärker in Bedrängnis geraten und sich nach und nach mit den lokalen Machtverhältnissen arrangieren müssen.
Andererseits fühlt sich Moskau für die über neun Millionen immer noch in Zentralasien lebenden Russen verantwortlich. Es wird wegen seiner engen Verbindungen zu einflußreichen Regierungscliquen und Armeekreisen in den neuen Republiken unweigerlich in die regionalen Machtkämpfe hineingezogen. Auch wenn seine Wirtschaft zum Erliegen gekommen ist, verfügt Rußland noch immer über eine gewaltige Militärmacht. Sollte es den Regierungen in den zentralasiatischen Ländern nicht gelingen, die lokale Wirtschaft zu beleben, könnte die russische Armee ihr Prestige und ihre Macht wieder zurückgewinnen.
Die drei anderen Länder – die laizistische Türkei, der fundamentalistische Iran und das säkulare China – konnten ihren Einfluß vergrößern. Die wirtschaftlich aufstrebende Türkei gilt besonders den modernisierungswilligen Muslimen als Vorbild. Ankara kommt auch zugute, daß die zentralasiatischen Sprachen, mit Ausnahme des Tadschikischen, zu den Turksprachen gehören. Der Iran spricht mit sei-

ner fundamentalistischen Politik insbesondere die angesichts des Modernisierungsdrucks hilflosen Bevölkerungsgruppen in der Region an, die in der Religion Trost und Identität suchen. Teherans Einfluß ist am größten in Tadschikistan, dessen Sprache der persischen Sprachgruppe zugehört. Die hegemonialen Bestrebungen Ankaras und Teherans werden jedoch dadurch gebremst, daß beide Länder in Konflikte mit starken, separatistischen Minderheiten (Kurden in der Türkei, Aserbaidschaner im Iran) verstrickt sind.

China muß berücksichtigen, daß es kein islamischer Staat ist, aber in den Turkgebieten der Autonomen Region Xinjiang Uygur aufsässige muslimische Minderheiten leben. Doch kann man China kaum mit der Türkei oder dem Iran vergleichen. 25 Prozent der iranischen Bevölkerung sind aserbaidschanischer Abstammung, während die Uiguren, mit 7 Millionen Angehörigen die stärkste muslimische Minderheit im chinesischen Nordwesten, in der Masse der 1,2 Milliarden Chinesen verschwinden. Auch andere muslimische Minderheiten wie die Kasachen fallen zahlenmäßig nicht ins Gewicht. Beijing verdankt seinen Einfluß denn auch weniger religiösen oder nationalistischen Stimmungen, sondern vor allem seiner wirtschaftlichen Anziehungskraft. Die erfolgreiche Reform der chinesischen Wirtschaft hat den ehemaligen kommunistischen Ländern Zentralasiens vorgeführt, wie sie ihre eigenen Volkswirtschaften modernisieren können. Beijing kommt ferner zugute, daß es sich bislang auf den Ausbau des Handels beschränkt und auf politische Einflußnahme verzichtet hat.[31] Im Gegensatz zum Iran oder zur Türkei, die eine nationalistisch orientierte Machtpolitik betreiben, verfolgt die Volksrepublik in Zentralasien eine defensive Politik. Beijing war es bisher vor allem darum getan, regionale Unruhen zu verhindern, die, so fürchtet die Führungsspitze, auf die Provinz Xinjiang überspringen könnten.

Beijings Rechnung ging bisher auf. Die Handelsbeziehungen mit den zentralasiatischen Ländern haben sich blendend entwickelt, und die Autonome Region Xinjiang Uygur verzeichnet Wachstumsraten wie sonst nur Guangdong. Galt Xinjiang vor nicht allzu langer Zeit noch als das Sibirien Chinas, so wünschen sich heute wegen der glänzenden Entwicklungsmöglichkeiten viele Beamte, dorthin versetzt zu werden. Der Handel rollt wieder über die Seidenstraße. Die notleidenden Bewohner der ehemaligen Sowjetunion verkaufen alles, was sie entbehren können, um sich die modernen Güter und Nahrungs-

mittel aus China leisten zu können. Zugleich sind so viele Menschen aus der Region nach China geflohen, daß die chinesischen Behörden in vielen Städten heute vor dem Problem stehen, wie sie mit den sozialen und gesundheitlichen Problemen umgehen sollen, die mit der zunehmenden Prostitution von Frauen aus der ehemaligen Sowjetunion verbunden sind.
Die Geschwindigkeit, mit der sich die Öffnung der Region vollzogen hat, ist atemberaubend. Noch vor wenigen Jahren wurde der Schulklasse meiner Tochter untersagt, Kashgar zu besuchen. Heute ist Kashgar eine pulsierende, weltoffene Stadt, auf deren Märkten neben exotischen Früchten moderne technische Geräte feilgeboten werden. Im Juli 1992 hielt ich mich mit meiner Familie in Ürümqi, der Hauptstadt der Autonomen Region Xinjiang Uygur, auf. Wir wohnten im Holiday Inn, einem Hongkonger Joint-venture unter schweizerischer Leitung. Als ich ein Fax aus Tokyo erhielt, in dem mir mitgeteilt wurde, daß meine ältere Tochter in Japan einer Notoperation unterzogen worden war, konnte ich ohne Probleme nach Tokyo und Hongkong telefonieren. Wie sehr sich die Situation der Presse gebessert hat, wurde deutlich, als CNN am nächsten Abend einen Bericht über die Ankunft Gouverneur Pattens in Hongkong ausstrahlte. In dem Bericht wurde die Volksrepublik heftig kritisiert, und neben (unzutreffenden) Behauptungen, Beijing habe das Hongkong-Abkommen gebrochen, wurde ein Interview mit Hongkongs radikalster China-Gegnerin Emily Lau gesendet. Trotzdem wurde – vor fünf Jahren noch völlig undenkbar – die Sendung nicht ein einziges Mal unterbrochen.
Keinem der Kontrahenten wird es gelingen, sich in den nächsten Jahren zur dominanten Macht in Zentralasien aufzuschwingen. Aber vieles deutet darauf hin, daß China seine Position schneller ausbauen kann als die anderen Staaten. China hat das Geld, Rußland die Waffen, der Iran die (fundamentalistische) Ideologie, und die Türkei ist ein erfolgreiches Modell der Modernisierung einer islamischen Gesellschaft. In der Mongolei, die von der Sowjetunion wie eine Kolonie behandelt und ausgebeutet wurde, wird China die Rolle der Hegemonialmacht zufallen, weil es keine wirtschaftliche Alternative gibt. Allein Beijing scheint in der Lage zu sein, einen stabilisierenden Einfluß auf die Region auszuüben. Rußland ist politisch zu zersplittert, während die Türkei und Indien ökonomisch zu schwach sind und der Iran seine Chance in der zunehmenden regionalen Instabilität zu

sehen scheint. Der Bürgerkrieg in Tadschikistan hat bisher zwischen zwanzig- und vierzigtausend Menschen das Leben gekostet, und die Auseinandersetzungen gehen dort wie auch in anderen Gebieten weiter. Unter solchen Umständen kann auch Entwicklungshilfe wenig zur Stabilisierung beitragen. Was durch die Vordertür hereingetragen wird, wird durch die Hintertür gleich wieder außer Landes geschafft. Nur ein Land verfügt über die geopolitischen Voraussetzungen, in Zentralasien einen stabilisierenden Einfluß auszuüben, und nur ein Land bietet sich den ehemaligen sozialistischen Ökonomien als erfolgreiches Reformmodell an: China.

China und Südostasien

Chinas Anziehungskraft auf die zentralasiatischen Staaten bedeutet für Indien einen herben Rückschlag. Indien hatte sich lange Zeit als Anwärter auf die Vorherrschaft in Asien gesehen und seine Machtposition aggressiv ausgebaut, wie die Feldzüge gegen Pakistan, Sri Lanka und Bangladesch, für die es in der neueren chinesischen Geschichte keine Parallele gibt, beweisen. So leistete sich Indien eine offensive Seestreitmacht, während China sich auf die Verteidigung seiner Küsten konzentrierte. Es ist bezeichnend, daß Indien zwei Flugzeugträger in der Flotte hat und China keinen einzigen.[32] (China hat allerdings im Gegensatz zu Indien ein strategisches U-Boot, weil es sich in einer Konkurrenzsituation mit den beiden Atom-Supermächten USA und Rußland sieht.) Ganz wichtig ist in diesem Zusammenhang, daß Indien den Ausbau seiner Wirtschaft nach sowjetischem Vorbild auf die militärisch wichtigen Bereiche der Schwer- und Elektronikindustrie konzentriert hat.
Im Gegensatz dazu hat China selbst während des Großen Sprungs nach vorn und der Kulturrevolution trotz vieler schlimmer Fehler den Ausbau der zivilen Wirtschaft vorangetrieben. Die Autarkiebestrebungen und die Verlagerung der industriellen Produktion ins Landesinnere – eine strategische Entscheidung, die die Verteidigungsfähigkeit erhöhen sollte – verursachten zwar immense Kosten, änderten aber nichts an der prinzipiell zivilen Ausrichtung der chinesischen Wirtschaft und Gesellschaft. Es waren vor allem die irreführenden ideologischen Etiketten, die den Umstand verschleierten, daß Indiens

Außenpolitik und industrielle Organisation dem sowjetischen Vorbild mehr entsprachen als die Chinas. So verwundert es auch nicht, daß die indische Wirtschaft heute an ähnlichen Problemen krankt wie die Wirtschaft der ehemaligen Sowjetunion.

Zwei Umstände haben Indien vor dem Staatsbankrott und einer weiteren Verelendung der Massen bewahrt: seine marktwirtschaftlich organisierte Landwirtschaft und der rasch fortschreitende Zusammenbruch der staatlichen Kontrollen über die Leicht- und Konsumgüterindustrie, der viel stärker zur Liberalisierung der Wirtschaft beitrug als die Reformmaßnahmen der Regierung. Die indische Regierung erkennt zwar die Notwendigkeit der wirtschaftlichen Umgestaltung an, und in den Jahren 1992 und 1993 hat Premierminister R. V. Rao auch ein entsprechendes Reformprogramm vorgelegt. Aber angesichts der geringen Durchsetzungskraft der Zentralregierung und ihrer Unfähigkeit, schmerzliche Reformen ebenso entschieden wie Beijing in die Tat umzusetzen, erscheinen die Aussichten für die weitere Entwicklung auf dem Subkontinent eher düster.

Die Zeit, in der die indische Wirtschaft mit der chinesischen erfolgreich konkurrieren konnte, gehört der Vergangenheit an. Im März 1993 besuchte ich eine Konferenz der Young Presidents Organization in Guangzhou, zu der Manager aus der ganzen Welt eingeladen worden waren. Am zweiten Abend suchte eine Gruppe aufgeregter indischer Delegierter das Gespräch mit mir. Sie hatten den Tag freigenommen und waren durch die Stadt spaziert. Was sie dort gesehen hatten, hatte sie in höchstes Erstaunen versetzt. Die Menschen auf den Straßen waren modisch gekleidet, und in den Schaufenstern lagen Importwaren aus aller Herren Länder aus. Die Fragen, mit denen sie mich bestürmten, waren bezeichnend für die wirtschaftliche Kluft, die China und Indien heute voneinander trennt: Das sind doch Schmuggelwaren? Warum greift die Polizei nicht ein? In Indien würden solche Zustände nicht geduldet werden! Und überhaupt, warum geht es den Leuten hier so gut?

Die Volksrepublik China, die ihre wahre Wirtschaftskraft in offiziellen Statistiken immer noch hinter einem unterbewerteten Bruttosozialprodukt versteckt, hat Indien wirtschaftlich längst überholt. Natürlich kann niemand mit hundertprozentiger Sicherheit ausschließen, daß in Beijing eines Tages wieder revisionistische Kräfte an die Macht kommen werden oder daß es Delhi doch gelingen wird, die indische

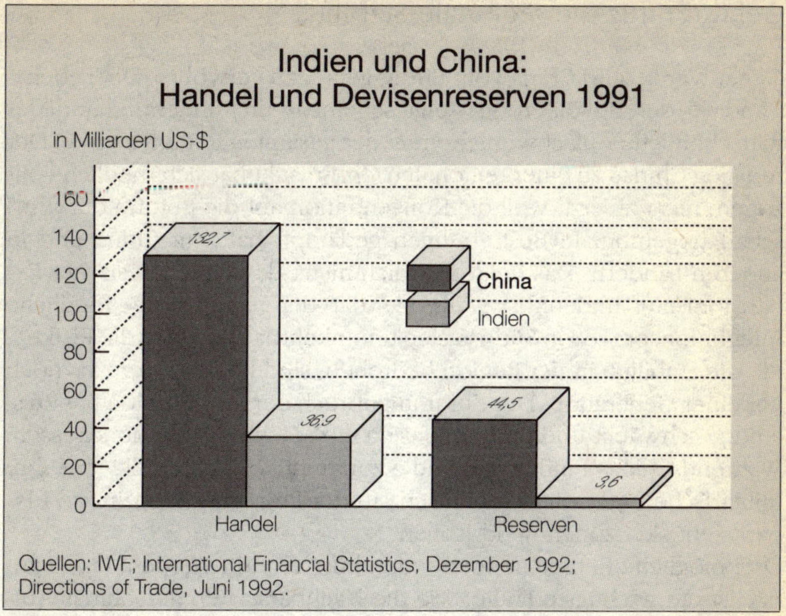

Quellen: IWF; International Financial Statistics, Dezember 1992; Directions of Trade, Juni 1992.

Abb. VI-6

Wirtschaft entsprechend den Vorstellungen von Premier Rao zu reformieren. Gegenwärtig aber ist China einem Indien, das Mitte 1991 am Rande der Zahlungsunfähigkeit stand, wirtschaftlich weit überlegen. Auf dem Subkontinent gehören gewalttätig ausgetragene Konflikte zum Alltag, während in China relative Ruhe herrscht. Indiens innenpolitische Zerrissenheit verurteilt Delhis Bestrebungen, die Wirtschaft zu reformieren und eine starke Außenpolitik zu betreiben, zum Scheitern. Die Schwäche Delhis und die Anziehungskraft, die China auf die jungen Staaten Zentralasiens ausübt, zwingen Indien für mindestens eine Generation, alle Hoffnungen auf die seit Erreichen der Unabhängigkeit angestrebte Hegemonialstellung in der Region zu begraben.

Gefahren für die regionale Stabilität

Gegenwärtig wird China vom Erfolg geradezu verwöhnt. Der Lebensstandard der Bevölkerung steigt scheinbar unaufhaltsam, und der wirtschaftliche Aufschwung kommt der gesamten Region zugute. Der Aufstieg Chinas zu einer regionalen Großmacht hat sich friedlich vollzogen, nicht zuletzt, weil die Konzentration auf die Reform der Wirtschaft hegemoniale Bestrebungen gedämpft hat – in China und in anderen Ländern. Das heißt natürlich nicht, daß ein chinesischer Expansionismus undenkbar wäre oder daß der gegenwärtige friedliche Integrationsprozeß in Südostasien unumkehrbar sei. Aber die Risiken, die die Stabilität in der Region bedrohen, sind heute andere als noch vor einer Generation. Der Zusammenbruch der Sowjetunion hat Rußland geschwächt und in Zentralasien ein Machtvakuum hinterlassen. Während Chinas Einfluß beständig zunimmt, schränken die USA ihre militärische und politische Präsenz in der Region weiter ein, und Japan sieht sich zunehmend isoliert.

Drei mögliche Entwicklungen sollen kurz erörtert werden. Da ist zunächst die wichtigste Frage, wie die Nachbarstaaten auf Chinas Aufstieg reagieren werden. Japan und die anderen asiatischen Länder begrüßen zwar das Wachstum der chinesischen Wirtschaft und die damit einhergehende innenpolitische Stabilität des Riesenreiches, beobachten aber mit großer Sorge die Entwicklung der Volksrepublik zur dominanten Macht in der Region. Die Mongolei hat sich zwar vom Joch der sowjetischen Unterdrückung befreien können, steht nun aber allein dem übermächtigen Nachbarn gegenüber. China hat sich bisher zwar korrekt verhalten, aber die lange Geschichte der gegenseitigen Eroberungen (die Mongolen regierten das Reich der Mitte von 1279 bis 1368, China die Mongolei von 1644 bis 1911) hat sich tief in das kollektive Gedächtnis eingegraben. Der Konflikt Chinas mit Vietnam über die Spratly- und Paracel-Inseln im Südchinesischen Meer ist von vergleichsweise geringer Bedeutung, betrachtet man ihn im Zusammenhang mit der mehr als tausendjährigen, von kriegerischen Auseinandersetzungen geprägten gemeinsamen Geschichte der beiden Nachbarn. Die nichtkommunistischen Länder Asiens zeigen sich zwar einerseits erfreut über die neugewonnenen, freundschaftlichen Beziehungen zur Volksrepublik, fürchten aber gleichzeitig, daß das Riesenreich ihnen die Luft zum Atmen nehmen könnte. Japan, das es sich

während des Kalten Krieges unter dem Schutzschirm der USA bequem gemacht hatte, mag sich angesichts des amerikanischen Rückzuges aus der Region überlegen, eine eigene Streitmacht aufzubauen. Die Befürchtung asiatischer Länder, der wirtschaftliche Aufschwung und die zunehmende militärische Macht Chinas könnten einen neuen Nationalismus nähren, könnte eines Tages Provokationen und Konflikte auslösen und damit einen neuen Krieg provozieren.
Ein erstes Signal für diese Entwicklung wäre ein regionales Wettrüsten, angeheizt durch den Ausverkauf der russischen Armee, der Angst vor den Konsequenzen eines weiteren Rückzugs der USA und der Unsicherheit über Chinas zukünftige Politik.
Eine zweite, ebenso ernsthafte Gefahr für den regionalen Frieden ergibt sich aus einem fatalen Fehler, der den Reformern in Beijing unterlaufen ist. Unter Deng hat die Zentralregierung die Kontrolle über weite Teile der Gesellschaft, vom Schulwesen bis zur Armee, aus der Hand gegeben. Auf sich selbst gestellt, legten Lehrer und Soldaten einen erstaunlichen Unternehmungsgeist an den Tag. Das kann verhängnisvolle Folgen haben, wenn sich die Volksbefreiungsarmee ganz oder in Teilen zu einer von der Regierung unabhängigen Macht entwickelt. In Thailand und Indonesien haben entsprechende Veränderungen einen guten Ausgang genommen. Dennoch sollte das Risiko nicht unterschätzt werden. Die kurzlebige Revolte der thailändischen Armeeführung von 1992 und der Staatsstreich des südkoreanischen Militärs von 1980 sind warnende Beispiele. Das Militärregime regierte Südkorea nahezu ein Jahrzehnt lang und drohte mehrfach, den gesellschaftlichen Konsens, der hinter der wirtschaftlichen Entwicklung stand, zu zerstören. Die Gefahr einer solchen Entwicklung ist in China viel akuter. Die Volksbefreiungsarmee hat riesige Unternehmen aufgebaut und sie erfolgreich der zentralen Aufsicht entzogen. Frei von strenger Kontrolle, könnten die Militärs eine angebliche äußere Bedrohung durch die USA und ein mögliches Scheitern der Regierung, die sich in der Vergangenheit oft genug schwerwiegende Fehler hat zuschulden kommen lassen, als Vorwand zum Staatsstreich benutzen. Die Kombination von innerem Zerfall und äußerer Bedrohung hatte schon im Japan der dreißiger Jahre das Militär an die Macht gebracht. In den meisten asiatischen Staaten hat der wirtschaftliche Aufschwung die zivilen Regierungen gegenüber den Militärs auf zweifache Weise gestärkt. Einmal sind die modernen Marktwirtschaften ein-

fach zu komplex, als daß sie von der Armee verwaltet werden könnten. Zum anderen haben diese Länder ihren neuen Reichtum dazu verwandt, die Armee zu modernisieren und damit die Bedrohung von außen reduziert. Auch China geht diesen Weg, aber die Entwicklung vollzieht sich langsamer, und sie wird stärker von gegenläufigen innen- wie außenpolitischen Entwicklungen bedroht.

Die regionale Stabilität könnte drittens in Gefahr geraten, wenn die USA ihre Fähigkeit verlieren, Konflikte im pazifischen Asien zu schlichten und die mit der gegenwärtigen wirtschaftlichen Entwicklung einhergehende politische Dynamik aufzufangen. Vor allem der US-Präsenz war es zu verdanken, daß es weder zu einem zweiten Koreakrieg noch zu einem offenen Konflikt zwischen Beijing und Taipeh kam und daß die Spannungen zwischen China und Japan zu keinem Zeitpunkt nach dem Zweiten Weltkrieg eskaliert sind. Die Umlenkung der nationalistischen Energien in die wirtschaftliche Entwicklung hat zwar zu einer Befriedung der zwischenstaatlichen Beziehungen in der Region geführt, aber ohne die mäßigende, von einer massiven Militärpräsenz unterstützte Diplomatie Washingtons wäre dieser Prozeß mehr als nur einmal ins Stocken geraten.

Seit dem Ende des Kalten Krieges verfolgt Washington, vor allem was den chinesischen Kommunismus angeht, eine ideologisch offensivere Linie. Dasselbe trifft, auf wirtschaftlicher Ebene, auf die Beziehungen mit Japan zu. Dieses neue amerikanische Selbstbewußtsein, das bei den meisten Ländern Ostasiens auf wenig Gegenliebe stößt, hätte Washingtons Position als regionale Schlichtungsinstanz selbst dann geschwächt, wenn es noch in alter militärischer und wirtschaftlicher Stärke präsent wäre. Aber nicht einmal dies ist der Fall. Mit der Aufgabe ihrer Stützpunkte auf den Philippinen (die Luftwaffenbasis Clark wurde nach dem Ausbruch des Vulkans Pinatubo geräumt, der Flottenstützpunkt Subic Bay nach Aufkündigung des Stützpunktabkommens durch Manila)[33] haben die USA bereits viel von ihrem einstigen Einfluß verloren. Das hat zum Beispiel in Südkorea die Frage aufgeworfen, ob denn die USA, unabhängig von den Kürzungen im US-Verteidigungsetat, eine konventionelle Verteidigung des Landes gegen Nordkorea überhaupt noch gewährleisten könnten.

Die drei dargestellten Szenarien schließen einander nicht aus, sondern können in beliebiger Kombination gleichzeitig oder nacheinander eintreten. Solange sie nicht Wirklichkeit werden, könnten regionale Konflikte, sei es ein Rüstungswettlauf oder gar eine bewaffnete Auseinandersetzung (etwa zwischen Taiwan und Nordkorea), eingedämmt und kontrolliert werden. Falls sich jedoch die chinesisch-amerikanischen Beziehungen abkühlen oder die Volksbefreiungsarmee einen aggressiven Nationalismus zeigt und mit Unterstützung einer mit der wirtschaftlichen Entwicklung unzufriedenen Bevölkerung an die Macht gelangt, könnten sich lokale Auseinandersetzungen rasch zu einem Flächenbrand ausbreiten. Ob es dazu kommt, und wenn ja, wie sich ein solcher Konflikt entwickelt, wird entscheidend von der Stärke Chinas und der Qualität seiner Beziehungen zu den USA abhängen.

Wir haben also gesehen, daß Chinas Entscheidung, dem pazifisch-asiatischen Entwicklungsmodell zu folgen, nicht nur einen rasanten wirtschaftlichen Aufschwung auslöste, sondern auch Beijings strategischen Ehrgeiz zügelte, dem Land aber dennoch eine in den letzten Jahrhunderten nie erreichte Machtfülle bescherte. Die politischen Konsequenzen dieser Entscheidung haben über die Region hinaus die gesamte Welt beeinflußt. Beijing hat den kommunistischen Guerillabewegungen in Südostasien den Beistand aufgekündigt, linksradikalen Gruppierungen in allen Teilen der Welt die Unterstützung entzogen und mit seinem wirtschaftlichen Erfolg die Ideologie der Neuen Weltwirtschaftsordnung ad absurdum geführt. Chinas politische Kehrtwende hatte sich ein Jahrzehnt vor dem Zusammenbruch der Sowjetunion angekündigt und ihre volle Wirkung auf die Weltpolitik bereits entfaltet, als Michail Gorbatschow in Moskau abtrat. Die neue Haltung Beijings trug entscheidend zu dem Erfolg der Washingtoner Bemühungen bei, den südostasiatischen Raum zu stabilisieren und die freie Welt zu stärken. Heute gehört China neben Japan zu den wichtigsten Garanten einer freiheitlichen Weltordnung im pazifischen Asien.

7 China und die USA

»Zwischen den sozialen Systemen und der Außenpolitik Chinas und der USA bestehen wesentliche Unterschiede. Beide Seiten stimmten jedoch darin überein, daß Länder ihre Beziehungen ungeachtet ihrer sozialen Systeme nach den Prinzipien der … Nichteinmischung in die inneren Angelegenheiten anderer Staaten … regeln sollten.«

Shanghai-Communiqué *vom 27. Februar 1992, mit dem die gegenseitige Aussöhnung beschlossen wurde.*

»Unsere Politik zielt auf die Förderung der friedlichen Evolution Chinas von einem kommunistischen zu einem demokratischen System.«

Warren Christopher, designierter US-Außenminister, bei seiner Anhörung am 13. Januar 1993 vor dem US-Senat zu den Prioritäten der Außenpolitik der Regierung Clinton.

Wie die Welt in Zukunft aussehen wird, hängt entscheidend auch von der Entwicklung der chinesisch-amerikanischen Beziehungen ab. China bietet den USA beste Möglichkeiten für die kommende Generation, zum Beispiel die weltweit größten Märkte für Flugzeuge, Kraftwerke und Telekommunikation, aber auch die größten Schwierigkeiten bei der Gestaltung des Freihandels. In strategischer Hinsicht ist Beijing mit einer auf Stabilität und Friedenswahrung ausgerichteten Politik den wichtigsten Anliegen der USA gerecht geworden. Es bleibt jedoch die Gefahr, daß Beijings Waffenexporte die regionale Sicherheit gefährden oder den Atomwaffensperrvertrag unterlaufen. Der neue Wohlstand im Reich der Mitte, die zunehmende Achtung der Menschenrechte und der Abbau totalitärer Strukturen gehören zu den erfreulichsten Entwicklungen des ausgehenden zwanzigsten Jahrhunderts. Das heißt nicht, daß China heute ein liberaler Staat ist. In Beijing hält ein autoritäres Regime an der Macht fest, immer noch sitzen politische Gefangene ein, und immer noch leiden die Chinesen unter staatlicher Willkür und drastischen Einschränkungen ihrer persönlichen Freiheit. Wie Beijing und Washington mit diesen Widersprüchen umgehen, wird darüber entscheiden, ob ein neuer Kalter Krieg ausbricht oder ob sich aus einer konfliktreichen Zusammenarbeit heraus Stabilität und Wohlstand entwickeln können.

Beide Staaten haben ein gemeinsames strategisches Interesse an der Erhaltung des Friedens in der Region und an der Fortführung des asiatischen Wirtschaftswunders, das zwei Fünfteln der Menschheit relative Sicherheit und einen höheren Lebensstandard beschert hat. Die USA haben dieses politische Ziel bereits vor mehr als zwei Generationen formuliert, und für China ist es die einzige Chance, Anschluß an seine Tradition als regionale Großmacht zu finden. Washingtons Politik gegenüber Beijing muß eine Reihe von strategisch wichtigen Realitäten berücksichtigen. Erstens ist China innenpolitisch stabil und wird nicht wie die Sowjetunion in Einzelstaaten zerbrechen. Zweitens hat China die Macht, wirtschaftlich und politisch den Gang der Dinge auf dieser Erde zu beeinflussen. Drittens ist China keine aggressive Macht – und außerdem auf absehbare Zeit hinaus mit dem Aufbau seiner nationalen Wirtschaft beschäftigt. Viertens ist China wirtschaftlich und finanziell gesund. Die USA können mit wirtschaftlichen Sanktionen nichts gewinnen, aber viel verlieren. Fünftens kann Washington bestimmte zentrale außenpolitische Ziele nur in Kooperation mit Beijing erreichen. Wenn die USA weiterhin auf den UN-Sicherheitsrat zur Lösung internationaler Konflikte (wie etwa im ehemaligen Jugoslawien oder in Somalia) setzen, ist das Wohlverhalten Beijings unerläßlich. Dasselbe trifft auf die amerikanische Koreapolitik zu, die ohne die Einbeziehung Chinas wenig Aussicht auf Erfolg hat.

Um die beeindruckende Entwicklung der gegenwärtigen Beziehung zu verdeutlichen, stelle man sich einmal vor, was geschehen wäre, wenn Richard Nixon oder Henry Kissinger im Februar 1972 prophezeit hätten, daß Beijing 1991 mit allen seinen Nachbarn in Frieden leben würde. Wer hätte damals vorherzusagen gewagt, daß China sich mit der Sowjetunion aussöhnen und eine kooperative Politik gegenüber Japan betreiben würde, auf Nordkorea mäßigend einwirken und Pjongjang daran hindern würde, Nuklearwaffen zu entwickeln – und auf der anderen Seite diplomatische Beziehungen zu Seoul aufnehmen, Südkorea zu Investitionen in China ermuntern und die Ausweitung der gegenseitigen Handelsbeziehungen anstreben würde? Genauso undenkbar war es damals, daß einmal hohe Regierungsbeamte, aber auch Millionen Touristen aus Taiwan in die Volksrepublik reisen und Taiwanesen beim Landerwerb auf dem Festland bevorzugt behandelt werden und riesige Summen jenseits der Formosastraße investieren würden. Daß China die Guerillabewegungen in Südostasien nicht länger unterstützen und statt dessen diplomatische Beziehungen zu allen nichtkommunistischen Staaten in der Region aufnehmen oder insgeheim den Verbleib der amerikanischen Militärstützpunkte gutheißen würde, wäre ebenfalls als undenkbar abgetan worden. Die Liste der »Unvorstellbarkeiten« ließe sich beliebig fortsetzen: Der chinesische Ministerpräsident besucht Vietnam, Beijing stimmt einem UN-Friedensplan für Kambodscha zu, nimmt diplomatische Beziehungen zu Israel auf und verzichtet im UN-Sicherheitsrat trotz seiner antiimperialistischen Tradition auf das Vetorecht, als es zur Abstimmung über den amerikanischen Feldzug gegen den Irak kommt. China unterzeichnet eine internationale Vereinbarung über den Schutz geistigen Eigentums, liberalisiert seine Wirtschaft und spielt mit dem Gedanken, die Aufnahme in das von den Industrieländern dominierte GATT zu beantragen. Hätten Nixon oder Kissinger dergleichen prophezeit, sie wären als Utopisten verspottet worden. Heute ist diese Utopie Realität. Seit die USA der Volksrepublik 1972 die Hand gereicht haben, hat China in der internationalen Politik eine stabilisierende Rolle gespielt.[1]

Zentrale Probleme im Verhältnis zwischen Beijing und Washington

Die Beziehungen beider Länder zueinander werden von ernsten Konflikten überschattet. Zu Differenzen kommt es im militärischen und wirtschaftlichen Bereich, in Fragen der Menschenrechte und der Souveränität.

Militärische Fragen

Im militärischen Bereich wird vor allem die Frage der Verbreitung von Atomwaffen diskutiert. China liefert Pakistan, dem Iran, Syrien und Algerien neben wichtigen Komponenten für den Bau von Atomwaffen auch Trägersysteme und konventionelle High-Tech-Waffensysteme, was Washington um das sensible Machtgleichgewicht im Nahen und Mittleren Osten fürchten läßt.[2] Seit Neu-Delhis Atombombenversuch 1974 ist es der US-Regierung gelungen, die Verbreitung von Atomwaffen sowie von biologischen und chemischen Kampfstoffen zu verhindern. China verdankt es vor allem der amerikanischen Politik, daß Taiwan und Südkorea ihre in den siebziger Jahren mit Hochdruck verfolgten Atomwaffenprogramme abbrachen.[3] Die Politik der Nichtverbreitung von Atomwaffen ist derzeit an einem schwierigen Punkt angelangt, und es wird sich zeigen, ob sie scheitert oder mit neuer Kraft weiterbetrieben werden kann.

Die Volksbefreiungsarmee versucht ihre wegen drastischer Budgetkürzungen prekäre finanzielle Lage durch den Verkauf von Waffen zu verbessern. »Die Reformen der Deng-Ära«, heißt es dazu in einer amerikanischen Untersuchung, »haben die Macht, die innere Einheit, die finanzielle Ausstattung und den gesellschaftlichen Einfluß der Armee eingeschränkt ... Mit dem Verkauf von Waffen kommen die Militärs nicht nur in den Besitz von Devisen, sondern unterstreichen auch ihre Bedeutung in der Reformwirtschaft.«[4] Dieselbe Studie weist auch darauf hin, daß die Zentralregierung die Auslandsaktivitäten der großen Armeeunternehmen nur locker überwacht. Allerdings gingen die Waffenverkäufe, die während des iranisch-irakischen Krieges in den achtziger Jahren stark zugenommen hatten, wieder zurück, nachdem vor allem im Golfkrieg 1991 die Rückständigkeit der chinesischen Waffentechnologie offensichtlich geworden war. Die Volksbefreiungsarmee verfolgt mit den Waffenexporten zwar keine strategischen Ziele, sondern setzt sie lediglich zur Beschaffung von Devisen ein, dennoch können Lieferungen in Krisengebiete bestehende Konflikte gefährlich anheizen. Erschwerend wirkt es sich aus, daß der Kompetenzverlust der Zentralregierung in diesem Bereich Verhandlungen mit Washington behindert.

Unter dem Druck der USA verpflichtete sich China bei einem Besuch von US-Außenminister Baker, die grundlegenden Bestimmungen der Vereinbarung über Trägersysteme (Missile Technology Control Regime, MTCR) gegen die Verbreitung von Raketentechnologie zu erfüllen. Doch bisher hat die chinesische Führung wenig Entschlossenheit gezeigt, die Regelungen ebenso strikt umzusetzen wie der Westen. Die Behörden werden sich wohl nur auf erheblichen Druck der Zen-

trale bereitfinden, die Verkaufsschlager der Armeeunternehmen in ihren Bezirken mit Exportverboten zu belegen. Hier können zielgerichtete Sanktionen – Handelsbeschränkungen oder Einschränkungen im Bereich des Technologietransfers – erhebliche Wirkung haben. Als China nach dem Ende des Golfkriegs Raketen an Länder im Nahen Osten lieferte, verbot Washington den Export von Zwitter-Technologie (Technologie, die für militärische und zivile Zwecke eingesetzt werden kann) in die Volksrepublik. Diese Sanktion ist angemessen, weil sie nur auf das spezifische Problem und nicht auf die allgemeinen Beziehungen zielt.
Allerdings sollte nicht übersehen werden, daß Beijing mit vollem Recht Vorbehalte gegenüber den Vereinbarungen über Trägersysteme hat. Das MTCR war ohne chinesische Beteiligung ganz im Sinne des Westens formuliert worden. Jetzt verlangt Washington zwar von Beijing die Vertragserfüllung, will China aber nicht in den Kreis der Länder aufnehmen, die die Bestimmungen festlegen. Vor allem die Tatsache, daß die Vereinbarungen den Verkauf westlicher Trägersysteme, auf die die Höchstgrenzen zugeschnitten sind, zulassen, nicht aber den Verkauf chinesischer Systeme, deren Reichweite oft nur knapp über den Grenzwerten liegt, erregt in China Mißfallen. Darüber hinaus zweifelt China den Sinn der Bestimmungen generell an, wenn die USA Bomber exportieren, die über eine größere Reichweite verfügen und eine höhere Nutzlast bei größerer Zielgenauigkeit transportieren als die modernsten chinesischen Raketen. Der Eindruck, daß Washington eine Politik der Doppelmoral betreibt, wurde in Beijing noch bestärkt, als die USA zwar lautstark gegen den Export chinesischer Silkworm-Raketen in den Iran protestierten, aber selbst Raketen an Teheran lieferten. Und Beijing weist völlig zu Recht darauf hin, daß die Waffenexporte der Volksrepublik gemessen an denen der USA einen bescheidenen Umfang haben.
Höchst ungeschickt war Beijings Entscheidung, unmittelbar nach der Befreiung Kuwaits wieder Waffen in den Nahen Osten zu exportieren. Doch die USA sollten sich mit Kritik zurückhalten; auch sie haben sich nicht immer durch politisches Fingerspitzengefühl oder Vertragstreue ausgezeichnet. So ließ der damalige US-Präsident Bush, als sich im Oktober 1992 immer deutlicher eine Wahlkampf-Niederlage abzeichnete, die Lieferung von 150 F-16-Kampfflugzeugen im Wert von sechs Milliarden Dollar an Taiwan zu, obwohl ausgerech-

net zu diesem Zeitpunkt die taiwanesische Unabhängigkeitsbewegung eine öffentliche Kampagne begonnen hatte und die Situation sehr angespannt war. Dabei hieß es in einer gemeinsamen Erklärung Washingtons und Beijings von 1982 über Waffenlieferungen an Taiwan:

»Die US-Regierung stellt fest, daß sie nicht beabsichtigt, eine langfristige Politik der Waffenverkäufe an Taiwan zu betreiben; daß ihre Waffenverkäufe an Taiwan weder in quantitativer noch qualitativer Hinsicht das Ausmaß derjenigen überschreiten werden, die in den letzten Jahren seit der Herstellung der diplomatischen Beziehungen zwischen den USA und China geleistet wurden, und daß sie beabsichtigt, ihre Waffenverkäufe an Taiwan schrittweise zu reduzieren, bis nach gewisser Zeit eine endgültige Entscheidung getroffen wird ...«[5]

China hat sich in einem Ausmaß an die Vereinbarungen gehalten, wie es im Jahr 1982 niemand für möglich gehalten hätte. Die US-Regierung begründete die Lieferung der F-16-Kampfflugzeuge offiziell mit dem Ankauf von 24 russischen Su-27-Flugzeugen durch die Volksbefreiungsarmee, doch die meisten amerikanischen und nahezu alle ausländischen Rüstungskontrollexperten sahen in dem Schritt einen klaren Verstoß gegen den Geist der chinesisch-amerikanischen Erklärung. Bushs Genehmigung war die Entscheidung eines um sein Amt bangenden Präsidenten, der damit seiner Sorge um den Erhalt von Arbeitsplätzen in der Rüstungsindustrie Ausdruck verleihen und in Texas Wählerstimmen dazugewinnen wollte. Die Antwort Beijings ließ nicht lange auf sich warten. China kündigte seine Beteiligung an den UN-Gesprächen über die Begrenzung von Waffenlieferungen in den Nahen Osten auf.

Wie sehr sich die außenpolitische Orientierung Beijings seit Ende der siebziger Jahre gewandelt hat, zeigt sich an der Haltung gegenüber Interventionen westlicher Staaten in der Dritten Welt. Wie wir im letzten Kapitel gesehen haben, lehnt Beijing aus den bitteren Erfahrungen seiner Geschichte heraus jede direkte Einflußnahme des Westens vehement ab. Immer wieder war China Opfer imperialistischer Aggression, durch die Briten, die mehr Opium verkaufen wollten, ebenso wie durch die Japaner, die sich große Teile des Landes einverleiben

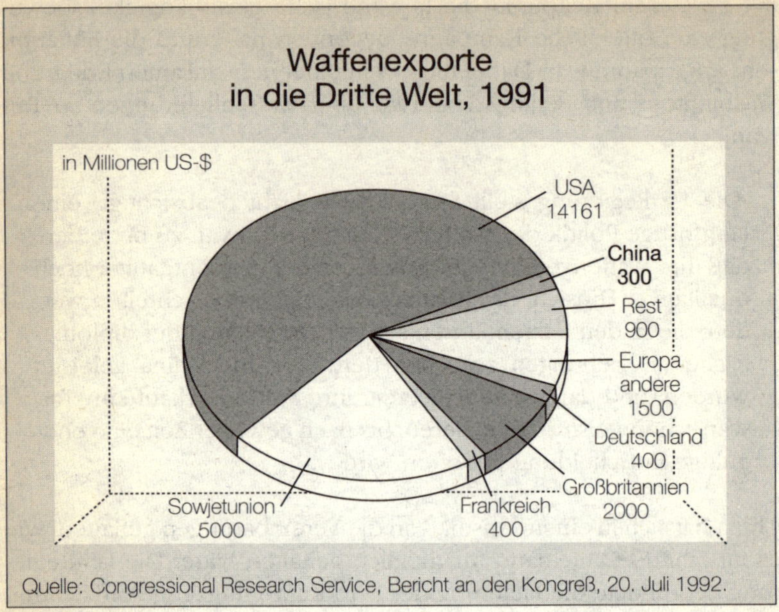

Abb. VII-1

wollten. Dennoch hat Beijing in jüngster Zeit die offensive Politik der USA und Japans gegenüber Nordkorea unterstützt und sich, wie bereits weiter oben erwähnt, bei der Abstimmung im UN-Sicherheitsrat über die »Operation Wüstensturm« zur Befreiung Kuwaits der Stimme enthalten. Man erkannte zwar die Berechtigung des Unternehmens an, wollte aber nicht in aller Öffentlichkeit von einem heiligen Prinzip der chinesischen Außenpolitik abrücken. Daß Washington Beijings Entgegenkommen nicht honorierte, sondern im Gegenteil geradezu empört reagierte, wurde mit Enttäuschung registriert. Die Erklärung des neuen US-Außenministers Warren Christopher bei seinem Amtsantritt im Januar 1993, daß er den Demokratisierungsprozeß in China vorantreiben und, wenn nötig mit Hilfe von wirtschaftlichen Sanktionen, die Einhaltung der Menschenrechte durchsetzen wolle, hat der Bereitschaft Beijings, US-Interventionen zuzustimmen, einen deutlichen Dämpfer versetzt.
Bevor man Beijings gegenwärtige Waffenexportpolitik verurteilt, soll-

te man sich daran erinnern, daß Frankreich in den siebziger Jahren unter anderem atomare Wiederaufbereitungsanlagen an Pakistan und Südkorea verkaufen wollte. Paris kümmerte sich wenig um die Krisenanfälligkeit des Mittleren und Fernen Ostens, sondern sah die Region vor allem als ideales Absatzgebiet der heimischen Waffenindustrie – in ähnlicher Weise betrachtete China den Nahen Osten. Die Franzosen, die eine Kopie des pakistanischen Kontrakts mit Libyen besaßen, wußten genau, wozu Islamabad eine Aufbereitungsanlage brauchte. Trotzdem mußte Washington sehr deutlich werden, um Paris von dem Handel abzuhalten. Genauso unmißverständlich müssen die USA heute gegenüber der chinesischen Führung auftreten. Dabei kann es nicht nur darum gehen, diesen oder jenen Waffenhandel zu verhindern, Beijing muß prinzipiell akzeptieren, daß eine verantwortliche Außenpolitik wichtiger ist als höhere Exporterlöse. Allerdings müssen diese Beschränkungen dann für alle Seiten gelten.

Fragen der Souveränität

Der Streit um die Hoheitsrechte im Südchinesischen Meer berührt die regionalen Interessen der USA gleich zweifach. Zum einen würde sich das Südchinesische Meer, sollten sich die Chinesen mit ihren Ansprüchen durchsetzen, in ein Binnengewässer verwandeln, mit entsprechend eingeschränkten Durchfahrts- und Überflugsrechten. Als globale Schutzmacht der Freiheit der Meere haben die USA ein vitales Interesse daran, die schrittweise Beschränkung der internationalen Seewege, wie sie im Südchinesischen Meer droht, zu verhindern. Dafür lohnt es sich zu kämpfen, und die USA müssen Beijing deutlich zeigen, daß sie dazu auch bereit sind.
Zum anderen nehmen die Spannungen in Südostasien zu und mit ihnen die Gefahr bewaffneter Auseinandersetzungen. Die USA, deren zentrales Anliegen bislang die Sicherung der regionalen Stabilität war, dürfen sich jetzt nicht mit der langfristig unter Umständen äußerst kostspieligen Rolle des Zuschauers begnügen. Auch hilft es nicht, allein Beijing öffentlich zu ermahnen, solange Taiwan und Vietnam ihre gleichfalls überzogenen Hoheitsansprüche ungleich aggressiver durchzusetzen versuchen. Den Interessen der USA wäre am meisten gedient, wenn Washington allen Konfliktparteien unmißverständlich und öffentlich klarmachen würde, daß es seine Interessen zu vertei-

digen weiß und auf einer Beilegung der Streitigkeiten am Verhandlungstisch besteht.

Die chinesischen Führer müssen sich mit dem Prinzip der Freiheit der Meere auseinandersetzen und verstehen lernen, warum es für Briten und Amerikaner von zentraler Bedeutung ist. China war niemals eine Seefahrernation, und dem Land mangelt es an Einsicht in die Interessenlage großer Handelsnationen. Mit dem eigenen Aufstieg zur Handelsmacht aber wird sich auch für China die Notwendigkeit ergeben, die Freiheit der Meere zu respektieren, wie das die USA in vorbildlicher Art und Weise getan haben.

Im Gegensatz zu manchen anderen Gebieten im Südchinesischen Meer ist die Zugehörigkeit Hongkongs zu China unbestritten, auch wenn es noch bis 1997 von der britischen Krone verwaltet wird. China und Großbritannien haben sich, was die Rückgabe Hongkongs angeht, auf einen der weitsichtigsten Verträge in der Geschichte der Entkolonialisierung geeinigt. Doch während China bislang seine vertraglichen Verpflichtungen eingehalten hat, kann man das von Großbritannien nicht behaupten. Die USA, die seit dem Zweiten Weltkrieg die Unabhängigkeit der Dritten Welt gefordert und unterstützt haben, müssen im Interesse ihrer eigenen Glaubwürdigkeit darauf drängen, daß London sich an die ursprünglich gemachten Zusagen hält. Die Zusicherungen Beijings über die geplante Demokratisierung Hongkongs gehen weit über das hinaus, was Gouverneur Patten fordert. Gestritten wird lediglich noch über die zeitliche Abfolge und hoheitsrechtliche Details, nicht über die Einführung der Demokratie als solche.

Die wichtigsten noch offenen Souveränitätsfragen im modernen Asien betreffen die Teilung Chinas und Koreas. Auf dem Boden der nach dem Zweiten Weltkrieg geteilten Länder Deutschland, China und Korea waren einige der größten Schlachten in der Geschichte des letzten Jahrhunderts geschlagen worden. Korea ist das Deutschland Asiens. Wie Deutschland im Herzen Europas liegt Korea an der Schnittstelle der Einflußsphären Japans, Chinas und Rußlands. Das Land erlebte drei Großmachtkonflikte allein in diesem Jahrhundert: den chinesisch-japanischen Krieg, den russisch-japanischen Krieg und den Koreakrieg. Die entmilitarisierte Zone zwischen Nord- und Südkorea war nach dem Zweiten Weltkrieg die gefährlichste Grenze weltweit. Gewaltige Streitmächte standen sich hier gegenüber. Auch nach dem Waf-

fenstillstand von 1954 hat der Norden einen Überraschungsangriff nie ausgeschlossen, und die Gesellschaft wurde in einem Zustand der ständigen Kriegsbereitschaft gehalten. Verschiedene Indizien deuten darauf hin, daß Pjongjang Nuklearwaffen entwickelt – und diese auch einzusetzen bereit wäre. Der Konflikt auf der koreanischen Halbinsel, ein Erbe des Kalten Krieges, kann nicht mit dem regional begrenzten Bürgerkrieg auf dem Balkan verglichen werden. Hier geht es um eine grundsätzliche ideologische Auseinandersetzung zwischen den Systemen, an deren Brisanz auch die Tatsache vorerst wenig ändert, daß das Regime Kim Il Sungs immer mehr an Macht verliert.
Die Teilungen Chinas und Koreas stehen in historischem Bezug. Auf dem Höhepunkt des chinesischen Bürgerkrieges und nach mehreren vergeblichen Versuchen, die chinesische Entwicklung mitzubestimmen, erkannte der amerikanische Präsident Truman, daß sein Land von weiteren Interventionen absehen sollte. Aber im Juni 1950 wurden die USA erneut aufgeschreckt, als Nordkorea – aufgerüstet und angestachelt von der Sowjetunion – einen Überraschungsangriff auf Südkorea unternahm und binnen kürzester Zeit fast den gesamten Süden besetzte. In Washington wurde der Überfall als Auftakt zu einer weltweiten kommunistischen Offensive interpretiert, an der auch China beteiligt sein würde. Diese beiden Fehleinschätzungen – daß dem nordkoreanischen Feldzug weitere Attacken folgen würden und daß China, vergleichbar den osteuropäischen Regimen, nur ein Werkzeug in der Hand der Sowjetunion sei – ergaben die zwingende Notwendigkeit, Taiwan vor einer kommunistischen Machtübernahme zu schützen. Diese Entscheidung hat den Menschen auf Taiwan Wohlstand und Freiheit gebracht, und Washington kann darauf stolz sein. Die Einschätzungen freilich, die zu dieser Entscheidung geführt hatten, waren fehlerhaft.
Nach dem Anfangserfolg der Nordkoreaner gelang es dem amerikanischen General Douglas MacArthur, an der Südspitze der Halbinsel bei Pusan einen Brückenkopf zu errichten. Nach einer strategisch brillanten Landung bei Inchon drängte er innerhalb von weniger als zwei Monaten die nordkoreanischen Truppen fast bis an die chinesische Grenze zurück. Das alliierte Kriegsziel – anfänglich ging es nur um die Rückeroberung Südkoreas – wurde ausgeweitet. Ziel war jetzt die Wiedervereinigung der beiden Landesteile. In diesem Zusammenhang schlug MacArthur China gegenüber so deutliche Töne an, daß Truman

den vermutlich fähigsten General in der amerikanischen Militärgeschichte vom Dienst suspendierte. Die Worte MacArthurs im Ohr, fürchtete China, Nordkorea als Pufferstaat zu verlieren, und entschied sich, in den Krieg einzutreten, nicht zuletzt unter dem Eindruck der amerikanischen Intervention auf Taiwan und aus Angst vor einem Angriff der Alliierten. Vor allem Mao Zedong fürchtete, daß die USA, wenn man sie jetzt nicht aufhielt, China langfristig in die Enge treiben würden. Die rund 180000 chinesischen »Freiwilligen« drängten die Alliierten wieder bis zum 38. Breitengrad zurück. Der sich anschließende Stellungskrieg kostete rund 50000 amerikanischen und mehr als 100000 chinesischen Soldaten das Leben. War es eine falsche Lagebeurteilung, die die USA dazu verleitet hatten, die Teilung Chinas festzuschreiben, dann waren es die unbegründeten Ängste der Chinesen vor einem Angriff auf ihr Territorium, die die Teilung Koreas zementierten.

Die Zeit heilt alle Wunden, und entsprechend sind sich Beijing und Taipeh in den letzten Jahren sehr viel nähergekommen. Das Regime in Nordkorea ist finanziell und politisch am Ende. Seit 1974 ist Pjongjang nicht mehr in der Lage, seine Auslandsschulden zu begleichen, denn die Hilfeleistungen aus Moskau und Beijing schrumpfen immer mehr. Da die finanziellen Möglichkeiten der Regierung nicht ausreichen, die benötigte Menge an Rohöl zu importieren, müssen die Nordkoreaner im Winter immer häufiger frieren, in manchen Gegenden werden sogar schon Nahrungsmittel rationiert. Und doch verfügt Nordkorea noch immer über eine der stärksten Armeen der Welt und könnte Südkorea, wenn auch um den Preis seines eigenen Untergangs, zerstören.

Die gegenwärtige Situation ist offen wie nie zuvor. Ob es zu einer friedlichen Wiedervereinigung kommt oder ob das Regime in Pjongjang einen mit Massenvernichtungsmitteln geführten Zerstörungskrieg plant, ist völlig ungewiß. Washington braucht Beijings Beistand, wenn der koreanische Krisenherd endgültig befriedet werden soll. Nordkorea war lange Zeit einer der engsten Verbündeten Chinas. Die Führung in Beijing wird das Opfer, die Amerikaner vor die eigene Haustür zu holen, innenpolitisch nicht rechtfertigen können, wenn sich in den USA eine antichinesische Haltung durchsetzt. Das Schicksal der im Kongreß eingebrachten Gesetzesvorlage, China den Meistbegünstigungsstatus abzuerkennen, wird deshalb aufmerksam beobachtet. Andererseits weiß die um Stabilität besorgte Führung sehr wohl, daß das

Regime in Hanoi abgewirtschaftet hat, und würde deshalb eine stärkere Rolle Seouls begrüßen. Der interne Widerstand wird sich leichter brechen lassen, wenn die USA sich schrittweise von ihrer traditionellen Taiwanpolitik lossagen. Angesichts der neuen Qualität der Beziehungen zwischen Taipeh und Beijing hieße das keineswegs, daß Washington seine Forderung nach einer friedlichen Beilegung des chinesischen Konflikts aufgibt.

Die USA können weiter ihre schützende Hand über Taiwan halten, ohne auf jeden Waffenimport der Volksrepublik mit neuen eigenen Waffenlieferungen an Taipeh zu reagieren; davon abgesehen, wird das in naher Zukunft schon aus finanziellen Gründen gar nicht mehr möglich sein. Die USA bräuchten nicht mehr zu tun, als die bestehenden Verträge über den Umfang von Waffenlieferungen nach Taiwan ihrem Geist nach zu respektieren, statt sie bis an die Grenzen ihrer Interpretierbarkeit zu strapazieren. Das ließe sich ohne lange Verhandlungen bewerkstelligen. Washington müßte nur auf die neue Ausrichtung seiner Politik hinweisen und zu verstehen geben, daß man sich für ein Entgegenkommen Beijings in der koreanischen Frage bedanken wolle. Wenn die USA sichergehen wollen, könnten sie genau die Zugeständnisse machen, die zuvor von China gemacht wurden. Sollte sich das Verhältnis zwischen dem Festland und Taiwan wieder verschlechtern, könnten die USA mit angemessenen Gegenmaßnahmen reagieren.

Eine weitere Belastung der chinesisch-amerikanischen Beziehungen betrifft Tibet, dessen Bevölkerung unter dem kommunistischen China schwer gelitten hat, so schwer, daß die Weltöffentlichkeit zurecht aufmerksam geworden ist. China hat Tibet seit der Zeit der mongolischen Yüan-Dynastie im 13. Jahrhundert immer wieder beherrscht und seit der Mandschu-Dynastie im 18. Jahrhundert als Protektorat verwaltet. Wiederholte Aufstände der Bevölkerung wurden blutig unterdrückt. Tibet ist ein Pufferstaat von strategischer Bedeutung; die hohen Gebirgszüge schützen China wie ein natürlicher Grenzwall. Nur während der chinesischen Schwächeperiode Ende des 19. bis Mitte des 20. Jahrhunderts gelang es den Tibetanern, ein gewisses Maß an Selbständigkeit zu erlangen. Nach Ende des Bürgerkriegs 1949 wurde das Gebirgsland als Autonome Provinz China eingegliedert. Solange die kommunistische Führung im fernen Beijing noch relativ schwach war, erfreute sich Lhasa einer gewissen Autonomie. Je mehr jedoch Beijing seine Macht festigte, desto mehr wurde Tibet bevormundet und Objekt sozialer Reformen. Gegen Ende der fünfziger Jahre brach deshalb ein Aufstand aus, der von der Zentralregierung brutal niedergeschlagen wurde. Zu den schlimmsten Auswüchsen kam es während des Großen Sprungs nach vorn und während der Kulturrevolution. (Grausamkeiten, wie sie die Tibetaner damals zu ertragen hatten, ereigneten sich überall in China. Aber es ist offensichtlich weniger demütigend, unter den Exzessen der eigenen Führung als denen einer fremden Macht zu leiden.)

Das Schicksal der Menschen in Tibet ähnelt dem der amerikanischen Indianer in ihrer Auseinandersetzung mit den weißen Siedlern in der Gründerzeit der USA. Für die Chinesen war die tibetanische Kultur minderwertig und barbarisch. Die Verwendung menschlicher Schädel für eine Vielzahl von Zwecken, die schlechten hygienischen Zustände und die feudalistische Gesellschaftsform der Mönche erschienen ihnen als dringend reformbedürftig. Darin wichen sie kaum von der Einstellung der europäischen Siedler gegenüber den amerikanischen Indianern ab – mit dem Unterschied, daß sie die Tibetaner nicht aus ihrer Heimat vertrieben. Zu keinem Zeitpunkt sank die Zahl der Tibetaner so drastisch ab wie die der amerikanischen Ureinwohner, und mit 77 Prozent vom nationalen Durchschnittseinkommen liegt ihr relatives Einkommen weit über dem der Indianer. Seit 1978 hat sich das Los der Minderheiten im Reich der Mitte stark verbessert, dennoch lehnen sich die Tibetaner immer wieder gegen die Herrschaft Beijings auf, und Beijing schlägt mit unnachgiebiger Härte zurück. Um die Kontrolle über das Gebiet langfristig zu sichern, hat die Zentralregierung vor nicht allzu langer Zeit damit begonnen, Han-Chinesen in großer Zahl in den dünn besiedelten Landstrichen Tibets anzusiedeln.

Von den insgesamt 4 Millionen Tibetanern leben gerade 2 Millionen, rund 0,17 Prozent der Gesamtbevölkerung Chinas, in ihrer Heimat. Allein aus diesem Grund kann Tibet nicht, wie oft geschehen, mit der Ukraine verglichen werden, und nicht einmal mit Litauen. Wie man es auch dreht und wendet, Tibets Chancen auf Unabhängigkeit sind noch geringer als die der großen Indianervölker in den USA. Wer Lhasa in diesem Kampf bestärkt, verlängert nur das Leiden der Bevölkerung. Diejenigen, die sich international für die Durchsetzung der Menschenrechte einsetzen, müssen auf die Einhaltung der allgemeinen Menschenrechte in Tibet und die Respektierung der tibetanischen Kultur drängen, ohne jedoch die Unabhängigkeitsbewegung zu unterstützen. Das ist, weil die meisten Opfer von Menschenrechtsverletzungen Mitglieder der Unabhängigkeitsbewegung sind, zugegebenermaßen leichter gesagt als getan. Doch nur wenn dieser Unterschied konsequent berücksichtigt wird, haben die Kampagnen Aussicht, zur Verbesserung der Situation in Tibet beizutragen.

Wirtschaftliche Probleme

China hat in den letzten Jahren einen starken Überschuß im Handel mit den USA erzielt (es wurde dabei nur von Japan übertroffen), und diese Entwicklung kam zu einer sehr ungünstigen Zeit. Erstens waren die Beziehungen der beiden Länder nach den Ereignissen auf dem Tiananmen-Platz sehr gespannt, zum anderen herrschte in den Jahren 1991 und 1992 eine ernste Rezession. Für die chinesischen Handelsüberschüsse gibt es mehrere Gründe. Einer davon sind die unlauteren Handelspraktiken Beijings. »China«, stellte der frühere amerikanische Botschafter in Beijing Hummel fest, »exportiert wie ein Kapitalist und importiert wie ein Kommunist.« So drängt Beijing einerseits auf freien Zugang zu Auslandsmärkten, schottet den heimischen Markt aber gleichzeitig mit hohen Handelsbarrieren ab. Dazu gehören die restriktive Kontrolle von Devisen zur Importfinanzierung, massive Exportsubventionen und ein undurchdringliches Dickicht aus Vorschriften über die Abwicklung von Importen. Die Praxis, ausländische Copyrights zu ignorieren, wurde mit Chinas Beitritt zum Welturheberrechtsabkommen Mitte 1992 aufgegeben.
Zweitens sind die amerikanischen Handelsdefizite wenigstens zum Teil auch hausgemacht. Die vergleichsweise umfangreichen Wirtschaftssanktionen, die die USA über China verhängt haben, schlagen natürlich auf die US-Exporte durch. Darüber hinaus haben der Kongreß und seit dem Regierungswechsel von Bush zu Clinton auch das Weiße Haus immer wieder gedroht, das neben einem totalen Handelsembargo schwerste wirtschaftliche Geschütz aufzufahren: den Entzug der Meistbegünstigung. Diese Drohung hat zahlreiche US-Unternehmen dazu bewogen, ihre Aktivitäten in China einzuschränken. Die Wettbewerbsfähigkeit der US-Industrie im Kampf um Großaufträge leidet außerdem darunter, daß Washingtons Exportkredite weit weniger großzügig sind als die anderer Länder. So gut wie alle Aufträge für

den Bau von Kraftwerken, den Kauf von Verkehrsflugzeugen, den Ausbau des Telefonnetzes oder vergleichbare große Infrastrukturprojekte werden danach vergeben, welcher Anbieter die günstigsten Exportkreditkonditionen einräumt.
Drittens wird die Handelsbilanz der USA auch durch die Entscheidung vieler US-Unternehmen negativ beeinflußt, ihre Produktionsbasis aus Kostengründen in die Volksrepublik zu verlegen und von dort aus den amerikanischen Markt zu beliefern. Das steigert zwar die globale Konkurrenzfähigkeit der amerikanischen Unternehmen, aber nur um den Preis einer anfänglichen Exportschwemme aus China zurück in die USA. Bis die Nachfrage nach High-Tech- und Infrastrukturprodukten in der Volksrepublik ansteigt und die Handelsbilanz ins Gleichgewicht gebracht werden kann, wird noch einige Zeit vergehen.
Der vierte (und wichtigste) Grund für die jüngste Entwicklung ist die Verlagerung arbeitsintensiver Industrien aus Taiwan und Hongkong nach Guangdong und Fujian, wo billige Arbeitskräfte und billiges Land locken. Damit haben Taiwan und Hongkong zwei Probleme auf einmal gelöst: Einerseits haben sie ihre Produktionskosten gesenkt, andererseits ihre Handelsbilanzüberschüsse an die Volksrepublik abgegeben. Besonders deutlich wird das, betrachtet man im folgenden Schaubild die Entwicklung der Handelsbilanzdefizite der USA und Großchinas seit 1985. Man beachte, daß 1985 die Exporte der asiatischen Länder, und insbesondere die Hongkongs und Taiwans, auf einem Tiefpunkt waren. Andererseits fielen 1992 die chinesischen Exporte überdurchschnittlich hoch aus, weil viele Unternehmen ihre Exportgeschäfte noch vor der zum Oktober des Jahres drohenden Verhängung von US-Sperrzöllen auf Textil- und Elektronikprodukte abwickeln wollten. In den »normalen« Jahren von 1986 bis 1991, als der Zuwachs des chinesischen Überschusses in Washington immer mehr die Gemüter erregte, blieb der Handelsbilanzüberschuß Großchinas im Warenverkehr mit den USA relativ konstant. Während sich der US-Kongreß lautstark über Beijings unfaire Handelspraktiken beschwerte, standen Taiwan und Hongkong als lachende Dritte daneben.
Die Probleme, die den US-Handel mit China kennzeichnen, ähneln in auffälliger Weise denen mit Japan, Taiwan und Südkorea. Auch diese Länder haben sich mit unterbewerteten Währungen und unfairen Handelspraktiken den Weg auf den amerikanischen Markt erkämpft. Aber Washington übt auf Beijing mehr Druck aus als auf Taiwan, Südkorea

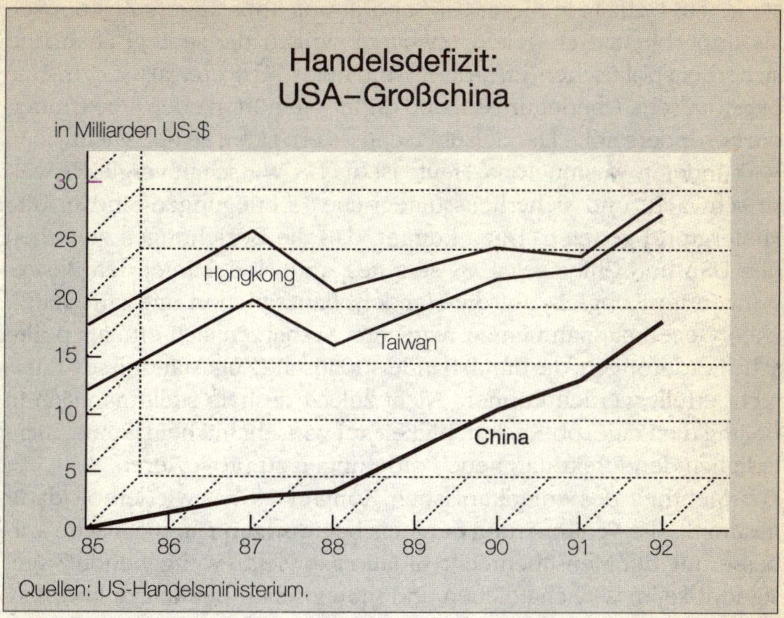

Abb. VII-2

oder die anderen ASEAN-Staaten. So bestanden die USA darauf, daß China noch im selben Jahr, als die Frage des Schutzes von Urheberrechten die Beziehung ernsthaft belastete, dem Abkommen beitrat. Thailand, Indonesien, Singapur und Malaysia, deren Verstöße proportional weit schwerer wogen, weigerten sich über Jahrzehnte hinweg, denselben Schritt zu tun, ohne daß dies Konsequenzen gehabt hätte.[6] Es ist also kein Wunder, daß China sich ungerecht behandelt fühlt.

Beijing interpretiert den amerikanischen Druck im wirtschaftlichen Bereich als Versuch, politisch Einfluß zu nehmen und Chinas System zu schwächen. Doch Beijing sollte sich hüten, vorschnelle Schlüsse zu ziehen. Es trifft zwar zu, daß die USA China aus politischen Gründen besonders unnachgiebig behandeln. Gleichzeitig aber darf die Tatsache, daß die USA riesige Defizite im Handel mit ihren asiatischen Verbündeten hinnahmen, nicht als Normalzustand bewertet werden, sondern muß aus drei Gründen als Ausnahmesituation verstanden werden. Erstens war die US-Wirtschaft in einer bestimmten Phase so

stark, daß Defizite in dieser Größenordnung über längere Zeit hinweg als unproblematisch galten. Zweitens wogen die strategischen und sicherheitspolitischen Erfordernisse damals schwerer als kurzfristige ökonomische Überlegungen, und drittens gehörten eben jene Länder, die besonders hohe Handelsüberschüsse erzielten, zu den wichtigsten Verbündeten Washingtons. Heute ist die US-Wirtschaft vergleichsweise schwach, und sicherheitsstrategische Überlegungen sind in den Hintergrund getreten. Dazu kommt, daß die Beziehungen zwischen den USA und China seit 1989 sehr gespannt sind. Hinter den Bestrebungen im Kongreß, auf die Handelsbilanzsituation mit wirtschaftlichen Gegenmaßnahmen zu reagieren, verbergen sich oftmals politische Forderungen, die durch handelspolitische Zugeständnisse Chinas nicht erfüllt werden können. Nicht zuletzt deshalb stellt man sich in Beijing die Frage, ob Nachgiebigkeit auf wirtschaftlichem Gebiet nicht lediglich den Effekt hat, neue Forderungen zu provozieren.
Die Mehrheit des amerikanischen Kongresses hat wiederholt dafür gestimmt, die Verlängerung der Meistbegünstigung an die rasche Verbesserung der Menschenrechtssituation sowie an weitgehende Zugeständnisse im wirtschaftlichen und strategischen Bereich zu knüpfen. China sollte für entsprechende Maßnahmen nicht mehr als ein halbes bis ein Jahr Zeit haben. Präsident Bush, der die Umsetzung der vom Kongreß beschlossenen Maßnahmen mit seinem Veto blockierte, plädierte statt dessen für Verhandlungen, bei denen wirtschaftliche, humanitäre und sicherheitspolitische Aspekte getrennt voneinander besprochen werden sollten. Mit der Wahl Bill Clintons zum US-Präsidenten ist es wahrscheinlicher geworden, daß sich der Kongreß mit seiner harten Linie durchsetzt. Allerdings hat die plötzliche Aussicht auf Erfolg viele Fürsprecher der Handelsbeschränkungen im Kongreß dazu bewogen, nochmals die möglichen Konsequenzen zu durchdenken.
Einer der wichtigsten Streitpunkte war der bereits erwähnte Schutz geistigen Eigentums. China verhielt sich hier wie die meisten Dritte-Welt-Länder, die westliche Produkte kopieren, ohne Lizenzgebühren an die Patent- und Copyright-Inhaber zu entrichten. So verkauften chinesische Unternehmen Software von US-Firmen, verwandten geschützte Warenzeichen, kopierten und vertrieben Chemikalien und pharmazeutische Produkte sowie eine ganze Reihe anderer Erzeugnisse, ohne dafür Lizenzgebühren oder anteilige Abgaben zu entrichten. Dadurch wurden mehrere kleine US-Firmen an den Rand des

Bankrotts getrieben. Strittig war auch die Praxis, daß in China derjenige, der ein Warenzeichen zuerst eintragen ließ, das Recht daran erhielt, unabhängig davon, ob er im Besitz des ursprünglichen Rechtes war oder nicht. Aufgrund dieser Beschwerden strengte die US-Handelsbeauftragte für China am 26. Mai 1991 eine Untersuchung nach Paragraph 301 des Handelsgesetzes von 1988 (das sogenannte Special 301-Verfahren) an und wies nach dem Scheitern der Verhandlungen am 2. Dezember 1991 bestimmte Produkte aus, die für Gegenmaßnahmen in Frage kamen. Dieses Vorgehen stieß in amerikanischen Industriekreisen, die sich vom chinesischen Erfolg bedrängt fühlten, auf breite Zustimmung.

Man sollte aber die Gründe für die chinesische Haltung näher erläutern. Auch wenn die Volksrepublik viele Prinzipien des westlichen Wirtschaftsrechts übernommen hat, ist das Konzept des geistigen Eigentums neu für China. Die Einverleibung westlicher Eigentumsprinzipien in das sozialistische Regelwerk ist ein komplexer Vorgang. Die meisten marktwirtschaftlich organisierten Länder der Dritten Welt lehnen Patentrechte auf pharmazeutische Produkte wegen der damit verbundenen hohen Arzneimittelpreise ab. Selbst Thailand, ein enger Verbündeter der USA, hat sich über Jahre hinweg geweigert, Urheberrechte auf Software zu respektieren. Wie kompromißbereit China in dieser Frage war, zeigte sich unter anderem daran, daß Beijing den Beitritt zur Berner Übereinkunft zum Schutze von Werken der Literatur und Kunst beantragte. Arpad Bogsch, der Vorsitzende der Weltorganisation für Geistiges Eigentum (World Intellectual Property Organization, WIPO), merkte dazu an, daß weltweit nur einhundert Länder Patentgesetze erlassen haben und von diesen wiederum fünfzig Staaten einschließlich China Patente auf Chemikalien und Pharmazeutika nicht anerkennen.[7]

Als die Auseinandersetzungen in einen Handelskrieg auszuarten drohten, verständigten sich Beijing und Washington am 17. Januar 1992 darauf, daß die Ermittlungen der US-Handelsbeauftragten eingestellt und die angedrohten Handelssanktionen zurückgenommen wurden. China verpflichtete sich im Gegenzug auf eine sehr weitgehende Anerkennung der international üblichen Urheberrechts- und Patentbestimmungen sowie auf die Wahrung von Geschäftsgeheimnissen. Die Volksrepublik trat am 1. Juli 1992 der Berner Übereinkunft bei und verpflichtete sich ferner, das Übereinkommen zum Schutz der Hersteller von Tonträgern gegen unerlaubte Vervielfältigung zu unterzeichnen. Sie versprach weiterhin, Computer-Software dem gedruckten Werk gleichzustellen, Urheberrechtsinhabern die Kontrolle über die Verbreitung ihrer Erzeugnisse zu ermöglichen und diesen international üblichen Standards Vorrang vor den nationalen Gesetzen einzuräumen, bis diese den internationalen Verpflichtungen angepaßt werden. Außerdem sicherte Beijing zu, die USA über die nationale Umsetzung dieser Maßnahmen zu informieren. Was die Erfüllung patentrechtlicher Vorschriften anging, versprach Beijing, noch vor dem 1. Januar 1993 entsprechende Zusätze in das nationale Patentrecht aufzunehmen (was auch geschah), pharmazeutische und landwirtschaftliche Chemikalien (zusätzlich zu den Produktionsverfahren) patentfähig zu machen, Patente auf zwanzig Jahre hinaus zu schützen und die Möglichkeit von Zwangslizenzen einzuschränken. Daneben stimmte Beijing zu, ab dem 1. Januar 1994 Geschäftsgeheimnisse gesetzlich zu schützen und sich noch vor Jahresfrist mit der Revision der Warenzeichenbestimmungen zu befassen.

Damit gehört China zu den Dritte-Welt-Ländern, die den westlichen Vorstellungen über geistiges Eigentum am weitesten entgegenkommen. Nicht einmal Taiwan hat bisher vergleichbar umfassende Zusagen gemacht. Allerdings muß man abwarten, inwieweit Beijing auch gewillt ist, die eingegangenen Verpflichtungen umzusetzen. Viele der Bestimmungen sehen vor, daß China sich »nach Kräften« um die Umsetzung bemüht – ein unbestimmter Begriff, der beträchtlichen Interpretationsspielraum läßt. Zudem ist der Einfluß der Zentrale in den Küstenprovinzen, wo diese Themen eine besonders große Rolle spielen, stark zurückgegangen. Die örtlichen Unternehmen werden, unterstützt von ihren Partnern in Hongkong und Taiwan, sicher noch auf Jahre hinaus versuchen, die Schutzvorschriften zu umgehen.

Ein weiterer strittiger Punkt betrifft den Zugang zum chinesischen Binnenmarkt, der durch Importlizenzen und hohe Zölle auf zahlreiche Produkte vor ausländischer Konkurrenz geschützt wird. (Exportsubventionen wurden nach offizieller Mitteilung mit dem 1. Januar 1991 eingestellt.) Darüber hinaus weisen die Behörden Unternehmen häufig an, mit wem sie Handel treiben dürfen, und setzen eine Reihe von verdeckten Instrumenten zur Steuerung der Handelsflüsse und der Verteilung von Investitionen ein. Diese Barrieren, die häufig willkürliche Auslegung von Vorschriften und die massive Korruption des öffentlichen Dienstes in China führten zu vermehrten Protesten amerikanischer Unternehmen, die wiederum die US-Handelsbeauftragte am 10. Oktober 1991 zu einer Untersuchung der Vorgänge veranlaßte. Chinas Handelspolitik erinnert sehr an das Gebahren Südkoreas vor zwei Jahrzehnten. Sie ist mit den Prinzipien einer freiheitlichen kapitalistischen Wirtschaftsordnung unvereinbar, aber sie entspricht der üblichen Praxis von Dritte-Welt-Ländern. Und man sollte auch berücksichtigen, daß die Geschwindigkeit, mit der China seine Liberalisierungspolitik vorantreibt, beispiellos ist.

Dennoch stellten die amerikanischen Unterhändler, während sie mit einem Auge auf das chinafeindliche Lager im Kongreß und mit dem anderen auf das US-Handelsdefizit blickten, besonders hohe Forderungen. Im Gegensatz zu der Auseinandersetzung über den Schutz geistigen Eigentums stießen die Bemühungen der US-Behörden um eine weitere Öffnung des chinesischen Marktes bei der amerikanischen Industrie diesmal auf wenig Zustimmung.[8] Für die amerikanischen Unternehmer war es nicht schwieriger, Zugang zum chinesischen Markt zu finden als zu anderen Märkten in der Region. Daher sahen sie in der Initiative der Handelsbeauftragten vor allem einen Schachzug von Präsident Bush, mit dem er dem Kongreß seine Standhaftigkeit gegenüber China demonstrieren wollte. Einen Höhepunkt erreichte die Auseinandersetzung, als die Regierung Bush am 21. August 1992 Sanktionen im Umfang von 3,9 Milliarden Dollar ankündigte. Im Gegenzug drohte das chinesische Außenhandelsministerium, Sperrzölle auf US-Produkte in einem Umfang von 4 Milliarden Dollar zu verhängen.

Nach äußerst zähen Verhandlungen wurde der drohende Handelskrieg mit einem am 10. Oktober veröffentlichten Abkommen gerade noch abgewendet. Beijing ging weitgehend auf die US-Forderungen ein und verpflichtete sich, bisher unveröffentlichte Außenhandelsgesetze und -vorschriften offenzulegen, die Markttransparenz zu erhöhen, zahlreiche Quoten und direkte Importkontrollen abzuschaffen, die Einfuhrzölle zu senken, Importsubstitutionsmaßnahmen auslaufen zu lassen sowie Sicherheits- und Gesundheitsschutzvorschriften aufzuheben, soweit sie wissenschaftlich nicht begründet sind. Dafür versprachen die USA, »nach Kräften Chinas Bestreben zu unterstützen, als Vertragspartei in das GATT aufgenommen zu werden ... und konstruktiv mit China und anderen GATT-Vertragsstaaten zusammen-

zuarbeiten, um ein akzeptables ›Beitrittsprotokoll‹ sowie Chinas rasche Aufnahme in das GATT zu erreichen«.
Das Versprechen löste in Beijing Enthusiasmus aus. Die chinesische Führung erklärte, die Aufnahme in das GATT werde noch für 1993 erwartet, und organisierte in ganz China Seminare über die Auswirkungen einer Mitgliedschaft. Ohne Zweifel war der genannte Beitrittstermin völlig unrealistisch. Die anfängliche Begeisterung wich erst recht einer herben Ernüchterung, als die USA unter Clinton wieder auf eine härtere Linie einschwenkten. Zudem hatte die Führung erkannt, daß die mit dem Umbau der Staatsunternehmen verbundenen Kosten sehr viel höher sein würden als ursprünglich angenommen. Also kündigten sich erste Rückzieher in zentralen Fragen an. Das verleitete den zuständigen Beamten in Washington, Donald Newkirk, im März 1993 zu der Aussage, er bezweifle, daß China noch vor dem Jahr 2000 die für eine Aufnahme in das GATT notwendigen Voraussetzungen erfüllt haben werde.
Neben der Möglichkeit, über einen Beitritt zum GATT zu verhandeln, hat die Entwicklung der chinesischen Marktwirtschaft weitere Konsequenzen. So werden nach amerikanischem Recht kapitalistische Volkswirtschaften anders behandelt als nichtkapitalistische Systeme. Das kann Vor- und Nachteile haben. Einerseits werden, wenn China die Umwandlung in eine freie Marktwirtschaft vollzogen haben wird, die Einwanderungsbestimmungen nach dem Jackson-Vanik-Gesetz – das ursprünglich darauf abzielte, die Sowjetunion dazu zu zwingen, russische Juden auswandern zu lassen – nicht mehr auf China angewendet. Andererseits müssen Produkte aus marktwirtschaftlichen Ländern höheren Anforderungen gerecht werden; vor Gericht ist bereits ein Fall anhängig, in dem argumentiert wird, daß aus China exportierte Deckenventilatoren, weil sie unter marktwirtschaftlichen Bedingungen produziert worden sind, bestimmte höhere Standards erfüllen müssen. Die US-Regierung muß in dieser Frage eine klare Linie ziehen, sonst riskiert sie nicht nur einen erneuten Konflikt mit Beijing, sondern tritt auch eine Prozeßlawine los.
Trotz der beiden 1992 getroffenen Abkommen gibt es noch Bereiche, in denen Washington zu Recht weiter auf Reformen drängt. Der chinesische Dienstleistungssektor ist nach wie vor stark abgeschottet, und ausländische Investoren müssen sich immer noch verpflichten, den Großteil ihrer Produkte zu exportieren. Daran ändert auch der

Umstand nichts, daß diese Verpflichtung gegenwärtig nur auf dem Papier Gültigkeit besitzt. Generell werden ausländische Investoren in vielerlei Hinsicht gegenüber einheimischen Geldgebern benachteiligt, und viele der bislang beschlossenen Reformen müssen in der Praxis erst noch umgesetzt werden.
Die wirtschaftliche Situation ist äußerst komplex. Ein Handelsbilanzdefizit von 19 Milliarden Dollar, wie es die USA 1992 im Handel mit China aufwiesen, ist auf Dauer nicht tragbar.[9] Immerhin entwickelten sich die Verhandlungen mit Beijing über faire Handelspraktiken sehr viel besser als mit vielen anderen Ländern, und bereits Anfang 1993 sank der Handelsbilanzüberschuß der VR China beträchtlich. Bei der lautstark geführten Debatte über die Handelspolitik im Kongreß wird allzu oft übersehen, daß die US-Wirtschaft in den letzten Jahren vor allem im Exportbereich gewachsen ist und die höchsten Export-Zuwachsraten im Handel mit China erzielt worden sind. Sollte die Regierung in Washington so vermessen sein, sich selbst vom wichtigsten Exportmarkt der neunziger Jahre auszuschließen, dann setzt sie die Existenz hochqualifizierter Arbeitsplätze und die Konkurrenzfähigkeit der US-Wirtschaft in den wichtigsten Zukunftsindustrien aufs Spiel.[10]

Das Problem der Menschenrechte

Seit 1989 werden die chinesisch-amerikanischen Beziehungen von dem Bild der Panzer bestimmt, die auf dem Platz des Himmlischen Friedens über protestierende Studenten hinwegrollten. Für sich selbst genommen, wären die strategischen und wirtschaftlichen Differenzen zwischen Beijing und Washington zu lösen. Aber seit dem 3. Juni 1989 stehen die Menschenrechte im Zentrum der Aufmerksamkeit. Jede Auseinandersetzung, sei es über den Export eines Waffensystems oder die Entrichtung der Lizenzgebühr für Donald-Duck-Abbildungen, hat ihren moralischen Unterton.
Die brutale Unterdrückung der Demokratiebewegung berührt grundlegende Prinzipien der amerikanischen politischen Kultur. Der Kongreß fühlte sich aufgerufen, nach Mitteln zu suchen, China zur Respektierung dieser Prinzipien zu zwingen. Doch die verfügbaren Mittel sind entweder wirkungslos (wie das Waffenembargo oder begrenzte wirtschaftliche Sanktionen) oder unangemessen und potentiell hochgefährlich (wie die Drohung mit militärischen Schritten). Die einzige

Maßnahme, die dem US-Kongreß wirkungsvoll erscheint, ohne gleichzeitig auf militärischer Ebene eine Eskalation zu provozieren, ist der Entzug der Meistbegünstigung.
Die Meistbegünstigungsklausel verpflichtet einen Staat, handelspolitische Zugeständnisse, die er einem anderen Staat gewährt, auch allen anderen Handelspartnern einzuräumen. Dadurch soll verhindert werden, daß ein Land gegenüber anderen benachteiligt wird. In der Praxis bedeutet dies für die Handelspartner der USA, daß ihre Exporte nach den normalen Zollsätzen und nicht nach den ruinösen Smoot-Hawley-Sätzen verzollt werden, die mit zu den Auslösern der Weltwirtschaftskrise Ende der zwanziger Jahre zählten. Würden die USA China den Meistbegünstigungsstatus entziehen, würden die amerikanischen Einfuhrzölle auf Spielwaren von 6,8 auf 70 Prozent und im Bekleidungssektor sogar auf 90 Prozent ansteigen. Ende 1992 gab es nur sechs Länder, denen die USA den Meistbegünstigungsstatus verweigerten: Kambodscha, Kuba, Laos, Nordkorea, Rumänien und Vietnam. Washington hat weder Japan, das sich zahlreicher unfairer Handelspraktiken bedient und im Handel mit den USA Jahr um Jahr riesige Überschüsse erzielt, noch Thailand, Malaysia oder Indonesien, die den Schutz geistigen Eigentums nicht respektieren, jemals damit gedroht, die Meistbegünstigung zu entziehen – ebensowenig wie den zahlreichen Ländern der Dritten Welt, in denen es um die Menschenrechte sehr viel schlechter bestellt ist als in China.
Der Entzug der Meistbegünstigung ist keine gewöhnliche Sanktionsmaßnahme. Üblicherweise werden Sanktionen für bestimmte Regelverstöße verhängt, sind in ihrer Wirkung auf den betreffenden Bereich begrenzt und erschweren dort, und nur dort, den Zugang zum Markt. Der Entzug der Meistbegünstigung hingegen trifft den gesamten Handel.
Die Konsequenzen eines solchen Schritts müßten zunächst Hongkong und die benachbarten Provinzen tragen. Hongkong hat die meisten seiner Industrien über die Grenze ausgelagert und ist heute vollkommen davon abhängig, seine Exporte in die USA von China aus abwickeln zu können. Nach einer Schätzung der Regierung in Hongkong würde der Entzug der Meistbegünstigung Chinas in der Kronkolonie Handelseinbußen in Höhe von 2000 Dollar pro Kopf verursachen und Zehntausende von Arbeitsplätzen vernichten. Auch Taiwan würde unter einem solchen Schritt leiden. Praktisch die ge-

samte taiwanesische Schuhindustrie läßt inzwischen auf dem Festland produzieren. Am schlimmsten aber würde es Guangdong und Fujian treffen, die beiden Provinzen, die mehr exportieren – und politisch liberaler sind – als alle anderen Provinzen. Die Menschen dort haben tagtäglich Umgang mit Ausländern, sehen ausländische Fernsehsendungen und arbeiten zu einem Großteil für private oder ausländische Unternehmen. Die Politiker, die es dort zu Einfluß gebracht haben, haben die Reformen am entschiedensten vorangetrieben und sind ganz besonders offen für ausländische Ideen.

Kurz vor der Fertigstellung dieses Buches unternahm ich eine dreitägige Reise durch das südliche Guangdong. Wohin ich kam, wurde gebaut. Im Vertrauen darauf, daß die Reformen weitergehen werden, hatten zahllose Familien und Unternehmen ihre alten Häuser abgerissen und sich für den Neubau bis über beide Ohren verschuldet. Wenn die privaten Unternehmen vom amerikanischen Markt ausgeschlossen werden, bricht die Wirtschaft in den Küstenprovinzen zusammen, werden zahllose Arbeitsplätze vernichtet und stehen die Menschen vor dem Nichts. Sie würden niemals vergessen, wem sie das zu verdanken haben.

Für Beijing selbst wäre der Abbruch der Handelsbeziehungen zu den USA zwar schmerzhaft, aber keineswegs katastrophal. Das gegenwärtige Wirtschaftswachstum wird hauptsächlich von der einheimischen Nachfrage getragen. Die chinesische Wirtschaft insgesamt ist nicht vom Handel mit den USA abhängig, und die Ausfälle könnten durch intensivere Beziehungen zu Drittländern ausgeglichen werden. Die eigentlichen Nutznießer der Entwicklung wären die Orthodoxen. Sie könnten dem chinesischen Volk endlich beweisen, daß die Reformer irrten und daß es gefährlich sei, das Land zu sehr zu öffnen und sich Blößen zu geben. Der Entzug der Meistbegünstigung würde aller Voraussicht nach nicht, wie beabsichtigt, die demokratischen Kräfte, sondern im Gegenteil die konservative Elite in Beijing stärken, die allzu weitgehenden Reformen skeptisch gegenübersteht und ihre Politik notfalls auch mit repressiven Mitteln durchzusetzen bereit ist.

Zudem würden sich die USA mit ihrer Entscheidung in der Weltwirtschaft isolieren. Kein anderes Land würde den gleichen Weg gehen wollen. Die meisten asiatischen Anrainerstaaten Chinas haben sich bereits offen dagegen ausgesprochen.[11] Sie fürchten nicht nur das Ende des regionalen Wirtschaftsbooms, sondern auch das Ende der kon-

struktiven, stabilisierenden chinesischen Außenpolitik der letzten Jahre. Und schließlich sollte Washington auch nicht vergessen, daß in den USA mehr als 100000 Arbeitsplätze vom Handel mit China abhängig sind.
Die Einsicht in die nachteiligen Auswirkungen eines Entzugs der Meistbegünstigung hat dazu geführt, daß man sich auf die Androhung der Maßnahme als bloßes Druckmittel beschränkte, um von Beijing immer weitergehende Zugeständnisse zu fordern. Aber eine Waffe, die nur geschwungen und nicht eingesetzt wird, verliert ihre Schärfe. Und angesichts der ohnehin gespannten chinesisch-amerikanischen Beziehungen beschwört eine Politik der Drohgebärden die Gefahr des totalen Zusammenbruchs der gegenseitigen Kontakte herauf. Das sollten vor allem jene im amerikanischen Kongreß bedenken, die die gegenwärtigen Grenzen Chinas in Frage stellen und auf eine Änderung der Regierungsform in Beijing drängen. Ab einem bestimmten Punkt wird die Führungsriege, für die die Wirtschaftsreform auch ein Mittel zur Wiedererlangung des nationalen Ansehens und zur Sicherung der Souveränität ist, nicht mehr nachgeben können und es auf einen Konflikt ankommen lassen. Sollte das geschehen und sollten die USA China die Handelsvergünstigungen streichen, würden viele gesellschaftliche Fortschritte der letzten Jahre aufs Spiel gesetzt werden.
Die Dynamik dieses Prozesses wird deutlicher, wenn man sich an die Haltung der Regierung Carter gegenüber Südkorea erinnert. Empört über die Behandlung der protestierenden Studenten durch das Regime Park Chung Hee, forderte das politische Establishment in Washington, demokratische Prinzipien über machtpolitisches Kalkül zu stellen. Führende Zeitungen brachten Artikel über die Studentenunruhen auf der ersten Seite und prophezeiten das baldige Ende des autoritären, die Menschenrechte mit Füßen tretenden Regimes in Seoul. Der Präsident, so forderten sie, solle die amerikanischen Truppen heimholen, bevor sich in Südkorea das Fiasko von Vietnam wiederhole. Dasselbe forderten die Menschenrechtsgruppen, die im Abzug der amerikanischen Schutztruppen das wirksamste Mittel sahen, Park Chung Hee Zugeständnisse abzuringen. Als schließlich noch Präsident Carter von seinen Beratern die Empfehlung erhielt, den Abzug der Truppen aus Südkorea zum Symbol für die neue amerikanische Außenpolitik zu erheben, war die Entscheidung gefallen.[12] Daran änderte auch die Tatsache nichts, daß Park Chung Hee mit

zunehmendem Wirtschaftsaufschwung auf die Unterstützung immer größerer Teile der Bevölkerung zählen konnte. Das konnte nicht verwundern, denn die wirtschaftliche Entwicklung des Landes vollzog sich egalitär. Die Einkommen auf dem Land waren trotz der florierenden Wirtschaft auf der Höhe der städtischen Einkommen geblieben – einen solchen Erfolg konnte nicht einmal Taiwan wiederholen. Das Regime hatte Institutionen aufgebaut (Armee, Ministerialbürokratie, Finanz- und Kommunikationsinfrastruktur), die in Kompetenz und Leistungsfähigkeit zur Weltspitze gehörten. Als deutlich wurde, wie stabil Südkoreas innenpolitische Situation war, zeigte sich die Vordergründigkeit der Vietnam-Analogie. Die Befürworter des Truppenabzugs nämlich änderten ihre Argumentation und begründeten ihre Forderung nun nicht mehr mit dem drohenden Zusammenbruch des Regimes in Seoul, sondern damit, daß Südkorea stark genug sei, sich selbst zu verteidigen. Zum Beweis legten sie Statistiken vor, nach denen der Süden entweder über genauso viele Panzer und Flugzeuge verfügte wie der Norden oder die qualitative Überlegenheit der südkoreanischen Waffen die zahlenmäßige Unterlegenheit wettmachte. Bequemerweise ignorierten sie die Tatsache, daß Pjongjangs Strategie darauf abzielte, die nahe der Demarkationslinie gelegene Hauptstadt im Handstreich zu erobern und damit Südkorea politisch und wirtschaftlich zu entmachten. Für eine solche Strategie war die nordkoreanische Streitmacht mehr als ausreichend gerüstet.
Die Gründe für diesen Argumentationswechsel wurden niemals offen ausgesprochen. In den einflußreichen Medien und an den wichtigsten amerikanischen Universitäten wurden das rasche, egalitär ausgerichtete Wirtschaftswachstum und der damit verbundene gesellschaftliche Stabilisierungsprozeß einfach totgeschwiegen. Dabei war kaum zu übersehen, daß sich eine starke Mittelschicht herausbildete, das Bildungsniveau der unteren Schichten sich rapide verbesserte und die Zahl der Beschäftigten im industriellen Sektor geradezu explodierte. Die zunehmend komplexere Wirtschaft ließ sich immer weniger durch Vorgaben aus dem Präsidentenpalast steuern, und die fortschreitende Differenzierung der Gesellschaft bewirkte auch im politischen Bereich einen Machtverlust des Regimes. Mitte der siebziger Jahre wurde zunehmend deutlich, daß sich die Mittelschicht auf Dauer nicht mehr nur mit individuellen Freiheiten zufriedengeben, sondern stärker auf eine Demokratisierung der Gesellschaft drängen würde. Doch wer damals

in Washington behauptete, daß rasches wirtschaftliches Wachstum die Voraussetzung für eine freiheitliche und demokratische Gesellschaftsordnung sei, galt als Zyniker.
Kurz nach Amtsantritt leitete Präsident Carter den Abzug der amerikanischen Truppen in die Wege. Alle asiatischen Verbündeten der USA protestierten gegen die Maßnahme, und selbst China – zu jener Zeit noch engster Verbündeter Nordkoreas – äußerte sich besorgt über die Konsequenzen für die Stabilität in der Region. Nicht einmal die vorgeblichen Nutznießer der US-Politik, die südkoreanischen Oppositionellen und Menschenrechtsgruppen, waren zufrieden. Ich sprach mit den wichtigsten Dissidentenführern, aber keiner befürwortete den amerikanischen Rückzug, und der Oppositionsführer Kim Dae Jung sagte sogar: »Carter schert sich einen Dreck um die Menschenrechte, sonst würde er verstehen, daß ich ein Flüchtling aus dem Norden bin und daß er mich Kim Il Sung ausliefert, wenn er die Truppen abzieht. Warum wohl, meint er, läßt Park mich am Leben? Weil er die amerikanischen Truppen braucht.« Carters Politik führte zu einer starken Abkühlung des Verhältnisses der USA zu den meisten Staaten Ostasiens und gefährdete die langfristigen Ziele der amerikanischen Außenpolitik, insbesondere was die Förderung der Menschenrechte und die Rüstungskontrollbemühungen betraf. Nicht einmal finanziell hatte die Aktion einen Sinn. Es kostete mehr, die Truppen in die USA heimzuholen, als sie in Südkorea zu lassen.
Als 1978 Geheimdienstberichte klare Hinweise darauf lieferten, daß die nordkoreanische Armee doch stärker war als bislang angenommen, zögerte Carter nicht lange, seine glücklose Abzugspolitik zu revidieren. In den USA war der glühende Eifer der Menschenrechtsgruppen einer gemäßigteren Haltung gewichen, und konkrete Fortschritte galten wieder mehr als große, aber wirkungslose politische Gesten. Präsident Carter jedoch konnte trotz einiger beachtlicher Erfolge, wie etwa der 1979 besiegelten Aufnahme diplomatischer Beziehungen zu China, den Verlust an persönlicher Glaubwürdigkeit in Asien nicht mehr wettmachen.
Heute, Anfang der neunziger Jahre, ist Südkorea stärker als jemals zuvor, und Nordkorea steht vor dem Zusammenbruch. Trotzdem befürworten gerade jene Politiker, die 1977 den Abzug der US-Truppen aus dem angeblich so starken Südkorea betrieben hatten, heute den Verbleib der Soldaten.[13] Ihnen war es nur darum gegangen, ein Fanal

zu setzen, die Konsequenzen ihrer Politik hatten sie nicht bedacht. Das Symbol war wichtiger als der Inhalt ihrer Forderungen und das öffentlichkeitswirksame Auftreten für hehre Menschenrechte wichtiger als die mühselige Arbeit an konkreten Problemen des Tages. Der innenpolitische Vorteil wog schwerer als möglicherweise verhängnisvolle außenpolitische Konsequenzen.

Die Debatte über die Meistbegünstigung verläuft heute in ähnlichen Bahnen wie die damalige Debatte über den Abzug der US-Truppen aus Südkorea. Es ist wichtiger, den Eindruck entschlossenen Handelns zu erwecken, als tatsächlich etwas zu erreichen. Die Handelsvergünstigungen zu streichen macht zwar, wie wir gesehen haben, politisch wenig Sinn, ist aber sehr publikumswirksam. Der innenpolitische Nutzen (als Bushs einzige außenpolitische Schwachstelle galt im Präsidentschaftswahlkampf von 1992 seine Nachgiebigkeit gegenüber China) wog sogar die Gefahr auf, einen internationalen Konflikt heraufzubeschwören.[14] Wie 1977 der geplante Truppenabzug stößt heute die amerikanische Drohung, China die Meistbegünstigung zu entziehen bei allen asiatischen Ländern auf Kritik.[15]

Nur in ganz bestimmten Fällen erscheint der Entzug der Meistbegünstigung gerechtfertigt und sinnvoll, beispielsweise, wenn es darum geht, einem kleinen Land wie Panama oder Grenada politische Zugeständnisse abzuringen oder menschenverachtende Terrorregime wie das der Roten Khmer oder Hitlers NS-Staat international so vollständig wie nur möglich zu isolieren. Heute könnte man an Myanmar denken. Das dortige Regime mißachtet nicht nur die Menschenrechte auf eklatante Weise, sondern zerstört darüber hinaus mit einer katastrophalen Wirtschaftspolitik die Lebensgrundlagen der Bevölkerung. Mit den genannten Staaten hat China keine Gemeinsamkeiten. Die Komplexität der Situation läßt es äußerst riskant erscheinen, zum Entzug der Meistbegünstigung als letztem Mittel zu greifen. Die USA müssen Beijing in der Frage der Menschenrechte unter Druck setzen, aber sie sollten auch die Fortschritte anerkennen, die gemacht werden; die USA müssen auf Zurückhaltung beim Waffenexport drängen, aber sie sollten gleichzeitig Chinas konstruktiven Beitrag zur politischen Stabilität in der Region und in der Welt begrüßen.

Wie aber können dann Freiheit und Demokratie in China sinnvoll gefördert werden? Die Antwort ist einfach: durch die Unterstützung der wirtschaftlichen Reformen. Mit dem Bildungsgrad steigt der Wunsch nach individuellen und politischen Freiheiten; wer für private oder ausländische Unternehmen arbeitet, genießt mehr Freiheiten als die Arbeiter in Staatsunternehmen; wer ins Ausland reist, bringt von dort neue Ideen und Erfahrungen mit nach Hause; wer sich nicht mehr fragen muß, was er morgen essen kann, wird sich vielleicht fragen, warum er nicht wählen darf. Nicht die über das Land verstreut lebenden Bauern, sondern die Facharbeiter in großen Fabriken gründen Gewerkschaften. Die Menschen in einer komplexen, weitverzweigten Volkswirtschaft erfreuen sich aus dem einfachen Grund einer größeren Freiheit, weil die Regierung überfordert wäre, eine solche Wirtschaft engmaschig zu kontrollieren. Genau darauf muß eine langfristig erfolgreiche Menschenrechtspolitik abzielen. Seit 1978 sind die orthodoxen Ideologen in Beijing in der Defensive, und es fällt ihnen immer schwerer, die von den wirtschaftlichen Rahmenbedingungen vorgegebenen Handlungszwänge vor dem Hintergrund einer sozialistischen Gesellschaftsordnung zu rechtfertigen. Wirtschaftliche Sanktionen, die den Prozeß der gesellschaftlichen Differenzierung und Öffnung nach außen behindern, werden die Demokratisierung Chinas ganz sicher nicht fördern.

Die einseitige Konzentration der Debatte auf wirtschaftliche Maßnahmen zeigt deutlich, daß im Westen die Wirksamkeit politischer Druckmittel falsch bewertet wird. Viel wichtiger sind die indirekten Einflüsse. Der Eindruck kann gar nicht überschätzt werden, den es auf die Chinesen macht, wenn sie sehen, daß der Präsidentschaftskandidat Clinton den Amtsinhaber Bush in aller Öffentlichkeit kritisieren darf und daß Bush nach friedlichen Wahlen seine Niederlage zugibt und abtritt. Wenn die Menschen in Guangdong die Niederschlagung der Proteste auf dem Platz des Himmlischen Friedens im Hongkonger Fernsehen verfolgen und einen Tag später die Führungselite die Ereignisse glatt abstreiten hören, verschiebt sich von einem Tag auf den anderen die Grundlage, auf der in China Politik betrieben wird. Wenn die Familien von Dissidenten Monat für Monat von ausländischen Bewunderern besucht werden, dann stärkt das die moralische Basis der demokratischen Bewegung. Ereignisse dieser Art können sehr viel mehr bewirken als jede ökonomische Sanktion. Wenn Washington sich darauf beschränken würde, die schlimmsten Auswüchse anzuprangern und öffentlichen Druck auszuüben, dann sollte es möglich sein, die Grenzen des »Erlaubten« immer enger zu fassen.

Gefahren für die chinesisch-amerikanischen Beziehungen

Das amerikanische China-Bild

Die amerikanische Asienpolitik wird seit jeher von diffusen Vorstellungen über China und Japan geprägt. Asien ist den USA sowohl historisch als auch kulturell fremder als Europa. Das erklärt auch, warum während der Kulturrevolution selbst die bekanntesten amerikanischen China-Autoren die von Mao ausgeschickten jugendlichen Terrorbanden als übereifrige Sozialreformer abtun konnten und warum, während in China die Menschenwürde mit Füßen getreten wurde, in den besseren New Yorker Kreisen chinesisches Porzellan der letzte Schrei war und der Durchschnittsamerikaner eine sentimentale Neigung für Pandabären entwickelte. Paradoxerweise schlug die öffentliche Meinung ausgerechnet Anfang der Achtiger Jahre um, als sich endlich eine Verbesserung der Situation ankündigte. Plötzlich verdammten linke Journalisten und Publizisten, die wie Orville Schell und Ross Terrill zu den Fürsprechern der Kulturrevolution gezählt hatten, China als das Reich des Bösen, und Ronald Reagan drohte mit der Aufwertung der Beziehungen zu Taiwan.

Das verzerrte China-Bild in den USA hat zwei Ursachen. Zum einen begegnen wir wieder den kurzsichtigen Analogien, die zwischen Beijing und Moskau gezogen werden. Danach kann man sich in China nur zwei Entwicklungen vorstellen: ein Streben nach der Weltherrschaft oder ein Auseinanderbrechen des Riesenreiches. Zum anderen prägen allein die erschütternden Bilder vom Platz des Himmlischen Friedens das Image Chinas, während positive Berichte und Bilder über die Fortschritte im sozialen und gesellschaftlichen Bereich einfach nicht zur Kenntnis genommen werden.

Der zeitliche Horizont

Der Prozeß der Modernisierung einer Wirtschaft oder einer Gesellschaft mißt sich nicht nach Jahren, sondern nach Jahrzehnten. In diesem Buch geht es um Vorgänge, die ein oder zwei Generationen beschäftigen. Westlichen Gesellschaften aber fällt es äußerst schwer, langfristig zu planen und Veränderungen wahrzunehmen, die sich über Jahrzehnte hinweg vollziehen. Vor allem in den USA werfen die Politiker den Unternehmern immer wieder vor, allzu kurzfristige Perspektiven zu verfolgen. Mit diesem Vorwurf treffen sie zwar ins Schwarze, übersehen aber, daß sie selbst kaum über das Ende ihrer Wahlperiode hinausdenken. Das ist viel zu wenig, um langfristig die Einhaltung der Menschenrechte oder die Demokratisierung in autoritären Dritte-Welt-Ländern zu fördern.

Schon Aristoteles wußte, daß nur Gesellschaften, die von einer gebildeten Mittelklasse dominiert werden, die Voraussetzungen für eine dauerhafte demokratische Regierungsordnung bieten. Und jeder Student, der ein Seminar über Demokratiemodelle besucht hat, kann erklären, warum das so ist. Kein Land in der Dritten Welt, das versucht hat, auf der Basis einer überwiegend bäuerlichen Gesellschaft eine demokratische Regierungsform aufzubauen, hat damit Erfolg gehabt – es sei denn, man würde Indien als funktionierende Demokratie bezeichnen. Die wenigen Entwicklungsländer, die die Entwicklung zu einem demokratischen System erfolgreich vollzogen haben, besaßen eine starke, prosperierende Mittelschicht.

Die langfristige politische Entwicklung einer Gesellschaft vollzieht sich, ebenso wie die der Wirtschaft, nicht sprunghaft, sondern schrittweise. Am Anfang steht, wie in Taiwan und China, ein autoritärer Staat, der versucht, das Leben und Denken seiner Bürger bis ins kleinste zu steuern. Mit der Zeit läßt diese totale Überwachung nach, auch wenn Abweichler noch immer unnachgiebig verfolgt werden. Auf der nächsten Stufe – auf der sich China heute befindet – leiden die Menschen immer noch unter repressiven Gesetzen, dürfen aber relativ frei ihre Meinung äußern und haben Zugang zu unterschiedlichen Informationsquellen. Schrittweise und in Anpassung an die wirtschaftlichen Notwendigkeiten wird staatliche Willkür durch Rechtssicherheit ersetzt; mit dem Recht eines Privatunternehmens, Klage gegen den Staat zu erheben, wächst auch Privatpersonen ein Klagerecht gegenüber dem Staat zu. Mit dem Entstehen einer selbstbewußten Mittelschicht schließlich erhält der Protest gegen die autoritäre Regierung eine neue Dimension, und der Aufwand, die Opposition niederzuhalten, beginnt den Staatsapparat zu überfordern. Ab einem bestimmten Punkt wird das Regime versuchen, sich mit der Opposition zu arrangieren, zuerst informell, dann auf gesetzlicher Grundlage. Der Prozeß, in dem die

drei wichtigsten Elemente einer demokratischen Ordnung – das Rechtsstaatsprinzip, das Pluralismusprinzip und das Recht auf freie Wahlen – entwickelt und schließlich in einer formalen demokratischen Regierungsform zusammengeführt werden, ist langwierig.
China geht erste, zögerliche Schritte auf diesem Weg. In kürzlich durchgeführten Wahlen auf den untersten Verwaltungsebenen haben die Wähler in großer Zahl auch andere als von der KPCh vorgeschlagene Kandidaten gewählt. Immer häufiger wird die offizielle Parteilinie in aller Öffentlichkeit kritisiert, und bei Wahlen von Partei- und Führungsposten werden mehr und mehr abweichende Stimmen gezählt. Für einen Großteil der politischen Posten treten mittlerweile mehr Kandidaten an als Stellen zu vergeben sind. Dadurch haben die Wähler eine echte Wahlmöglichkeit. Im März 1993 wurde ein Nichtkommunist, der Unternehmer Rong Yiren, zum Vizepräsidenten ernannt. Im selben Monat wurde Li Peng vom Nationalen Volkskongreß als Ministerpräsident mit einer überwältigenden Mehrheit (2573 Stimmen) bestätigt, mußte aber die noch nie dagewesene Anzahl von 210 Gegenstimmen und 120 Enthaltungen hinnehmen. Ein Delegierter stimmte sogar für Zhao Ziyang, den liberalen Amtsvorgänger Lis, der während der Studentenproteste von 1989 verhaftet worden war. Noch vor zwei Jahren hätte sich der Delegierte einer langjährigen Haftstrafe sicher sein können. Das alles heißt noch lange nicht, daß China eine Demokratie ist. Die führende Position der KPCh wird auf absehbare Zeit von niemandem erschüttert werden können. Aber diese Vorgänge weisen auf erfolgreiche Veränderungen hin, die nicht mehr rückgängig gemacht werden können. China wird wohl niemals eine Demokratie westlicher Prägung werden, aber es gibt keinen Grund, die Zunahme der individuellen Freiheiten und der politischen Einflußmöglichkeiten im Reich der Mitte geringzuschätzen.
In Südkorea hat der Demokratisierungsprozeß 26 Jahre gedauert, von Park Chung Hees Militärputsch 1961 bis zu den demokratischen Wahlen 1987 – und weitere sechs Jahre, bis mit Kim Young Szen 1993 ein Zivilist in das höchste Amt gewählt wurde. Von amerikanischen Menschenrechtsgruppen beschimpft und verachtet, gilt Park in seiner Heimat als »Vater der Nation« und als derjenige, der den Übergang zur Demokratie erst möglich gemacht hat. Jede Meinungsumfrage belegt, daß er im demokratischen Südkorea die Führungspersönlichkeit mit der höchsten Reputation ist.

China ist viel größer und komplexer als Südkorea und wird für diesen Prozeß mehr Zeit brauchen. In Beijing denkt man in Jahrzehnten, nicht in Jahren. Dies wurde einmal mehr deutlich, als Deng Xiaoping in aller Öffentlichkeit darüber nachdachte, ob Hongkong nicht besser 100 statt der bisher vorgesehenen 50 Jahre nach der Formel »Ein Staat, zwei Systeme« regiert werden sollte. Wenn es den Politikern im Westen, und vor allem in Amerika, ernst ist mit der Demokratisierung Chinas, dann müssen sie lernen, ähnlich langfristig zu denken.

Die wahren Opfer der Sanktionen

Politiker neigen dazu, die Weltpolitik als ein Spiel zwischen Politikern zu betrachten. Als amerikanische Kongreßmitglieder nach den Ereignissen auf dem Platz des Himmlischen Friedens Sanktionsmaßnahmen erwogen, wollten sie Li Peng und Deng Xiaoping für ihr brutales Vorgehen bestrafen. Je größer der Prügel, so lautete die Devise, desto besser. Aber die eigentlichen Opfer wirtschaftlicher Sanktionsmaßnahmen sitzen nicht in Beijing – die eigentlichen Opfer sind die einfachen Menschen. Der Entzug der Meistbegünstigung würde die Bevölkerung der Küstenprovinzen, die erst vor einer Generation den Hunger besiegt hat, um alles bringen, was sie sich in den letzten Jahren so mühevoll aufgebaut hat. Es wäre eine Menschenrechtspolitik, die die Menschen vergißt.

Wer über Wirtschaftssanktionen nachdenkt, muß ihre Wirkung auf die Führung und auf das Volk berücksichtigen. Die Regierung eines relativ kleinen Landes kann durch massive, zeitlich befristete Sanktionen in die Knie gezwungen werden, wie dies die USA im Falle der sandinistischen Führung Nicaraguas betrieben haben. In einem solchen Fall kann es akzeptabel sein, der Zivilbevölkerung im Interesse einer längerfristigen Verbesserung ihrer Situation kurzfristig Entbehrungen zuzumuten. Wenn man aber wie im Falle Chinas riskiert, viele Millionen Menschen auf unabsehbare Zeit ins Elend zu stürzen, ohne gleichzeitig spürbaren Druck auf die Führung auszuüben, dann müssen sich die Fürsprecher einer solchen Politik die Frage gefallen lassen, ob es ihnen wirklich noch um das Schicksal der Menschen geht.

Über Chinas strategische Orientierung existieren zwei fundamental verschiedene Sichtweisen. Nach der einen These ist China eine prinzipiell expansive Macht, die lediglich in der gegenwärtigen Aufbauphase außenpolitische Zurückhaltung übt. Die andere Sichtweise, und das ist auch meine Position, erkennt in China ein im Gegensatz zur ehemaligen Sowjetunion nach innen gewandtes Land, das Wohlstand und Macht auf friedlichem Wege zu mehren sucht. Die Vorstellung von einem aggressiven China basiert auf unzutreffenden Parallelen, die zwischen dem Reich der Mitte und der ehemaligen Sowjetunion gezogen werden. Allerdings kann niemand garantieren, daß China ein friedlicher Riese bleiben wird. Die USA müssen sich vorsehen, die Führung in Beijing nicht durch eine feindselige Haltung in eine Ecke zu drängen, in der ihr kaum eine andere Wahl bleibt, als ihre strategische Position abzusichern und außenpolitisch auf Konfrontationskurs zu gehen. Andererseits gehen die USA kein Risiko ein, wenn sie ihre gegenwärtige Position der Stärke beibehalten und von dieser sicheren Warte aus die Aufnahme Chinas in die internationale Staatengemeinschaft unterstützen. Auf absehbare Zeit ist Beijing nicht in der Lage, die fundamentalen Interessen der USA zu gefährden. Der Gesamthaushalt des chinesischen Militärs beträgt, selbst unter Einbeziehung der Leistungen, die in den offiziellen Statistiken nicht auftauchen, noch nicht einmal 30 Milliarden Dollar jährlich – im Vergleich zu einem US-Militärhaushalt von knapp 300 Milliarden Dollar.

Wenn Washington den Chinesen freundschaftlich die Hand reicht und Beijing sie zurückweist, kann das Weiße Haus bei einem Konflikt auf die Unterstützung der amerikanischen Bevölkerung und seiner Verbündeten rechnen. Aber wenn China trotz kräftiger Kürzungen im Militärbereich und friedlicher Beziehungen zu seinen Nachbarn von vornherein als potentielle Bedrohung hingestellt wird, riskiert die amerikanische Regierung, in einem Konflikt die Sympathien der amerikanischen Öffentlichkeit und ihrer Verbündeten zu verlieren. Dies ist doch die Lehre aus dem fast zwei Generationen dauernden Kalten Krieg mit der Sowjetunion: Selbst in der Auseinandersetzung mit einem aggressiven, hochgerüsteten Regime ist es äußerst schwer, sich dauerhaft den nötigen innen- und außenpolitischen Rückhalt zu verschaffen. Für den Fall, daß es zu einem langanhaltenden Konflikt mit

China kommt, müßten die USA sicherstellen, daß Beijing und nicht Washington dafür verantwortlich gemacht wird.

Die vier Hauptrisiken

Die amerikanische Politik gegenüber China muß sich mit vier zentralen Risiken auseinandersetzen: dem Bismarck-Szenario, der Machtübernahme durch die Armee, einem realen Machtvakuum in Zentralasien sowie der Gefahr einer ideologischen Konfrontation.

Mit dem Bismarck-Szenario ist eine Situation gemeint, in der Chinas Machtzuwachs – wie derjenige Deutschlands unter Bismarck – einen regionalen Rüstungswettlauf auslöst und mittelfristig die Gefahr eines größeren Konflikts heraufbeschwört. Solange die USA ihre Militärpräsenz in der Region aufrechterhalten und in Fortführung ihrer Politik seit Ende des Zweiten Weltkriegs Stabilität garantieren, verspüren Chinas Konkurrenten wie Thailand oder Japan keinen Handlungsbedarf. Ohne diesen Schutzschirm aber besteht die Gefahr, daß sich an Auseinandersetzungen über die Zukunft Koreas oder Taiwans erneut Konflikte mit globalen Konsequenzen entzünden. China und Japan verfügen über ausreichend Ressourcen, ihre konventionellen Streitkräfte auf Großmachtniveau hochzurüsten und ihren Operationsbereich weit über die Region hinaus auszudehnen. Man sollte nicht vergessen, daß China eine Nuklearmacht ist – und Japan, Südkorea und Taiwan, wie übrigens auch Indien und Pakistan, zählen zum Kreis der atomwaffenfähigen Staaten.

Um das Risiko einer regionalen Eskalation zu mindern, müssen die USA ihre Schutzgarantien durch eine massive militärische Präsenz in Südostasien absichern. Das läßt sich aber mit einem weiter sinkenden Militärhaushalt und einer kränkelnden Wirtschaft auf Dauer nicht finanzieren. Die USA müssen deshalb alle verfügbaren Energien darauf verwenden, ihre wirtschaftliche Basis zu stärken. Das heißt vor allem: Sie müssen Abstand nehmen von ehrenvollen, aber kostspieligen und konzeptlosen Engagements rund um den Globus. Keinesfalls dürfen sich die USA aus ideologischen Gründen den Weg in die wirtschaftlich lohnenden Regionen Asiens selbst verbauen.

Gelingt es den USA auf Dauer nicht, ihren Einfluß in der wirtschaftlich dynamischen Region zu behaupten, müssen sie so schnell wie möglich

die Schaffung eines regionalen Sicherheitssystems anregen und ihr militärisches Engagement in Südostasien aufgeben. Solange nämlich auch nur ein amerikanischer Soldat noch im westlichen Pazifik stationiert ist, werden die Politiker in Washington weiterhin so reden und handeln, als seien die USA immer noch die Hegemonialmacht aus der Zeit des Kalten Krieges. Sie werden versuchen, auf die Beziehungen der aufstrebenden asiatischen Länder untereinander einzuwirken und sich in deren innenpolitischen Angelegenheiten einmischen, ohne jedoch – und das ist das Fatale – über die notwendige Machtbasis zu verfügen, ihren Forderungen genügend Nachdruck zu verleihen.
Das zweite Risiko besteht darin, daß es der Volksbefreiungsarmee gelingt, sich eine unabhängige innenpolitische Machtbasis aufzubauen und, wie es im Vorkriegs-Japan geschehen ist, eine expansionistische Politik zu verfolgen. Eine solche Entwicklung ist sehr unwahrscheinlich, solange die Reformen Erfolg haben, solange die entspannte außenpolitische Lage eine innenpolitische Aufwertung des Militärs nicht rechtfertigt und die potentiellen Kosten einer aggressiven Außenpolitik unangemessen hoch erscheinen. Die weitere Entwicklung hängt nicht unwesentlich von Washington ab. Die USA können mit einer kooperativen Wirtschaftspolitik das wirtschaftliche Reformprogramm, an dessen Erfolg die Führungselite gemessen wird, unterstützen. Sie müssen versuchen, die regionalen Spannungen auf ein Minimum zu reduzieren und dürfen nur dann einen Konflikt riskieren, wenn klar definierte, vitale US-Interessen bedroht sind, die sich wirksam schützen lassen. Auf keinen Fall dürfen sich die USA zu breit angelegten, undifferenzierten Angriffen auf China und das chinesische Gesellschaftssystem verleiten lassen. Eine nach wie vor entscheidende Bedeutung kommt der regionalen Präsenz amerikanischer Truppen zu. Damit signalisiert Washington Beijing, daß eine Abwendung von der gegenwärtigen, auf friedliche Kooperation ausgerichteten Außenpolitik mit hohen Kosten verbunden wäre.
Die Risiken und Chancen, die das Machtvakuum birgt, das nach dem Zusammenbruch der Sowjetunion in Zentralasien entstanden ist, wurden im letzten Kapitel ausführlich erörtert. Für die pazifisch-asiatische Region bedeutender ist das Machtvakuum, das nach dem absehbaren Zusammenbruch Nordkoreas zwischen Südkorea und China entstehen wird. Die Stabilität auf der koreanischen Halbinsel verlangt nach einer konstruktiven Zusammenarbeit und einem ständigen Meinungs-

austausch zwischen Beijing, Tokyo und Washington. Dabei geht es nicht darum, Übereinstimmung in allen Details zu erzielen oder ein Kondominium auf der Halbinsel zu errichten. Wichtig ist, daß die gegenseitigen Positionen verstanden und akzeptiert werden und sich alle Parteien ein hohes Maß an Zurückhaltung auferlegen. Unter den gegenwärtigen Umständen scheint dies kein allzu hoch gestecktes Ziel zu sein. Sollten sich die Beziehungen zwischen China, der USA und Japan jedoch abkühlen, dann stehen die Chancen schlecht, die koreanische (und die zentralasiatische) Frage zu lösen. Die Forderung nach einer engen Kooperation bedeutet nicht, daß vitale nationale Interessen aufgegeben werden müssen. Genauso wenig aber geht es darum, die anderen Parteien in die Enge zu treiben – dies aber ist die Option, die augenscheinlich von der Mehrheit der Abgeordneten im Kongreß und etlichen außenpolitischen Beratern im Weißen Haus bevorzugt wird.

Hinter dem ideologischen Konflikt, auf den die USA und Asien zuzusteuern drohen, verbirgt sich vor allem ein Kommunikationsdefizit. Die Differenzen rühren nicht von unvereinbaren Zielvorstellungen her, sondern von den unterschiedlichen Strategien, die zur Erreichung der weitgehend übereinstimmenden Ziele favorisiert werden. Die meisten Länder im pazifischen Asien sind auf dem Weg zu einer stabilen freiheitlichen und demokratischen Gesellschaftsordnung weiter vorangeschritten als der Rest der Dritten Welt. In Lateinamerika wechseln die Diktaturen in schneller Folge, unterbrochen von demokratischen Zwischenspielen, fast ganz Afrika wird totalitär regiert, und die Mehrzahl der jungen Demokratien Osteuropas stehen auf unsicherem Boden. Trotzdem sind gerade die südostasiatischen Länder in Washington dem Vorwurf ausgesetzt, nicht mit einem Sprung den Übergang zu einer Demokratie nach westlichem Muster zu wagen. Dabei ist doch gerade das die Lehre, die aus den Ereignissen der jüngsten Vergangenheit gezogen werden muß und auf die ich in diesem Buch immer wieder hingewiesen habe: Der abrupte Übergang zu einem demokratischen System führt nicht zu Stabilität und Wohlstand, sondern zieht im Gegenteil Verelendung und noch schlimmere Unterdrückung nach sich.

Eines der klassischen Probleme bei der Demokratisierung besteht darin, möglichst weitgehende Volkssouveränität und den Wunsch nach kompetenter Führung miteinander zu vereinbaren. In einem repräsen-

tativen System kann das Volk zwar nicht über Detailfragen des Haushalts abstimmen, aber zumindest Repräsentanten wählen, die genügend Sachverstand besitzen, eine kompetente Entscheidung zu fällen. Ein anderes Modell könnte festlegen, daß über bestimmte Themen nicht abgestimmt zu werden braucht. Niemand käme auf die Idee, die Passagiere über den Kurs eines Flugzeugs abstimmen zu lassen, das in einen schweren Sturm geraten ist. Die Einrichtung unabhängiger Zentralbanken und die Delegation der meisten politischen Detailfragen an spezialisierte Bürokratien entsprechen dieser Linie. In Krisenzeiten haben die meisten Demokratien noch weit mehr Kompetenzen der direkten Wahlentscheidung entzogen. Sie haben kompetente Führer gewählt (Roosevelt, Churchill), sie auf Kosten der übrigen demokratischen Institutionen mit zusätzlichen Vollmachten ausgestattet und ihnen bei der Besetzung wichtiger Ämter zugestanden, die üblichen Proporzregelungen zu ignorieren.
Um nichts anderes geht es in der Auseinandersetzung zwischen Washington und den asiatischen Ländern – um die Balance zwischen Technokratie und Populismus in der Phase der Demokratisierung. Die damals von Carter und heute von Clinton propagierte Politik will den Demokratisierungsprozeß auf den Kopf stellen. Interessengruppen soll direkter Einfluß auf das Regierungssystem eingeräumt werden, ohne zuvor kompetente und stabile Institutionen errichtet zu haben, die in der Lage sind, diesem Ansturm standzuhalten. Eine solche Politik fordert nicht weniger, als der Bevölkerung alle Bürgerrechte auf einmal zuzugestehen – und das in einer Übergangsphase, in der das sich gerade erst herausbildende politische und rechtliche System von organisierten Verbrecherbanden, subversiven Gruppierungen und separatistischen Bewegungen unter immensen Druck gesetzt wird. Naiverweise geht man davon aus, daß eine auch weiterhin in tiefster Armut lebende Bevölkerung den Sprung in eine moderne Konsumgesellschaft unbeschadet übersteht und geduldig abwartet, bis das durch Ämterpatronage und die Störfeuer der Interessengruppen gehemmte Wirtschaftswachstum sie irgendwann einmal auch an der schönen neuen Welt teilhaben läßt.
Dieser Glaube wird in Asien nicht geteilt. Die Erfahrung hat die dortigen Politiker gelehrt, daß ein demokratisches System nicht ohne ein Mindestmaß an Ordnung überleben kann und es den Feinden der Demokratie leichtfällt, schwache Institutionen und insbesondere ein

nach westlichem Vorbild aufgebautes Rechtssystem zu ihren Gunsten zu unterwandern. War es für die USA unter Roosevelt der Krieg gegen Deutschland und Japan, mit dem die Bündelung staatlicher Macht in einer Hand gerechtfertigt wurde, so ist es für die asiatischen Länder heute der Kampf gegen die Armut. In erster Linie soll ein Maximum an wirtschaftlicher und sozialer Leistungsfähigkeit erreicht und die Gesellschaft immer nur so weit liberalisiert werden, daß die wirtschaftliche und soziale Effizienz darunter nicht leidet. Im Gegensatz dazu verlangt Washington, zuerst alle politischen Freiheiten zu gewähren und dann erst die Modernisierung der anderen gesellschaftlichen Bereiche in Angriff zu nehmen. Würde China einem solchen Weg folgen, wären die Konsequenzen katastrophal – für China und für die Region insgesamt.

> »›Würde der Westen das Regime in Beijing ebenso hart anfassen, wenn China in Mittelamerika läge?‹ fragt der stellvertretende Außenminister Singapurs, Kishore Mabhubani. ›Würde der Westen dann ebenso leichtfertig das Risiko eingehen, daß nach einem Zusammenbruch des Regimes Millionen von Flüchtlingen in die Region strömen?‹«[16]

Solange es kein einziges positives Beispiel für den Erfolg der amerikanischen Linie gibt, aber viele erfolgreiche Entwicklungen nach der asiatischen Methode, wird Washington es schwer haben, die Staaten der Dritten Welt zu überzeugen. Wenn die USA von ihrer unnachgiebigen Haltung nicht abrücken, werden sie in Asien auf immer mehr Widerstand stoßen und langsam aber sicher ihren Einfluß auf China und die anderen Staaten in der Region verlieren. Will die amerikanische Regierung wirklich für die Menschenrechte kämpfen, dann muß sie international Verhältnisse schaffen, in denen Freiheit und Demokratie blühen können und die Demokratisierung Asiens vorsichtig vorangetrieben werden kann. Ein gewisses Maß an Druck ist unerläßlich, denn die asiatischen Regime neigen dazu, auch dann an autoritären Strukturen festzuhalten, wenn die gesellschaftliche Notwendigkeit dafür nicht mehr gegeben ist. Zuviel Druck aber mobilisiert den Widerstand der ganzen Region.

Ein zweiter Kalter Krieg oder Kooperation im Konflikt?

Auch wenn die gegenwärtige Situation relativ entspannt ist, kann die Gefahr nicht von der Hand gewiesen werden, daß ein neuer Kalter Krieg zwischen China und den USA ausbricht. Vor allem in Taiwan, Hongkong und Tibet könnten latent vorhandene Konflikte schnell eskalieren. Wie labil die Situation ist, hat sich erst in letzter Zeit wieder gezeigt. Nur kurz nach der Entscheidung der Regierung Bush von 1992, Taiwan entgegen einer über zehn Jahre alten Politik modernste Kampfflugzeuge zu liefern, fanden in Taiwan Wahlen statt, die die Befürworter einer völligen Loslösung von Beijing der Macht näher brachte als jemals zuvor – und näher, als die meisten Beobachter für möglich gehalten hatten. Was Hongkong angeht, sprach sich die neue Regierung in Washington so vehement für Pattens Demokratisierungskampagne aus, daß dahinter schon fast eine Unterstützung der britischen Bestrebungen vermutet werden muß, fundamentale Aspekte des Abkommens über die Verwaltung Hongkongs in der Übergangsphase zu widerrufen.[17] Und als Warren Christopher, Clintons Außenminister, von den Einwohnern Tibets so sprach, als seien sie keine chinesischen Staatsbürger, stärkte er der Fraktion im US-Kongreß den Rücken, die für die Unabhängigkeit Tibets von Beijing eintritt:

> »Die neue Regierung wird der von [dem designierten stellvertretenden Außenminister] Winston Lord vorgeschlagenen Politik folgen – das heißt, den Meistbegünstigungsstatus nutzen, um Beijing dazu zu bewegen, uns in Bereichen, in denen unsere Erwartungen bisher enttäuscht wurden, mehr entgegenzukommen. Das betrifft vor allem die Nichtverbreitung von Atomwaffen, unfaire Handelspraktiken und die Mißachtung der Menschenrechte *sowohl der eigenen Bevölkerung wie auch der in Tibet lebenden Menschen.«* (Hervorhebung durch den Autor.)

In manchen Gesetzesentwürfen des Kongresses wird Tibet sogar als besetztes Gebiet bezeichnet. Warren Christopher ist aber nicht nur der Ansicht, Tibet sei kein Teil Chinas, sondern er hat auch, wie im Motto zu Beginn dieses Kapitels nachzulesen ist, die Entschlossenheit der neuen Regierung bekräftigt, in einem Prozeß der »friedlichen Entwicklung« auf die Demokratisierung Chinas hinzuarbeiten. (Der Ausdruck »friedliche Entwicklung« wird, wie man in Washington wohl weiß, in Beijing als Kodewort für ausländische Umsturzbestrebungen interpretiert.) Der Kongreß wiederum hat wiederholt dafür gestimmt, China den Meistbegünstigungsstatus abzuerkennen. Washington, so sieht es die Führung in Beijing, stellt die territoriale Integrität Chinas in Frage. Tibet, Hongkong und Taiwan sind nach chinesischer Auffassung untrennbare Bestandteile des Reiches der Mitte. Wer diese Position in Frage stellt, riskiert einen Krieg.

Natürlich will niemand in Washington einen Krieg mit China provozieren; der US-Kongreß und das Weiße Haus wollen lediglich die Gültigkeit allgemeiner Wertvorstellungen unterstreichen. Daß sie damit dem chinesischen Militär innen- und außenpolitisch den Rücken stärken, Beijings Kooperationsbereitschaft im UN-Sicherheitsrat aufs Spiel setzen und ihre asiatischen Verbündeten verschrecken, ist ihnen offenbar gar nicht bewußt; dies gilt um so mehr, als die US-Politiker mit ihren Reden häufig nicht auf China zielen, sondern auf ihre Wähler. Aber solche Feinheiten gehen auf dem Weg über den Pazifik verloren. Das gilt für Wahrnehmung und Beurteilung der chinesischen Politik in Washington ebenso wie umgekehrt für die Interpretation der US-Politik in Beijing.

Was die USA von China fordern, geht über das hinaus, was zwischen zwei Großmächten üblich ist, selbst wenn erhebliche Interessenkonflikte zwischen beiden Seiten bestehen. Hätte Ronald Reagan die Sowjetunion 1982 mit ähnlichen Forderungen konfrontiert, der drohende Zusammenbruch des Warschauer Paktes hätte vielleicht zu einem neuen Weltkrieg geführt. Wie würde Washington reagieren, wenn Beijing plötzlich die Unabhängigkeit Alaskas verlangte, nach Unabhängigkeit strebenden Gruppen auf Puerto Rico modernste Waffen lieferte oder die Umwandlung der USA in einen kommunistischen Staat zum höchsten Ziel seiner Außenpolitik erklärte?

Um die Sympathien der neuen US-Regierung zu gewinnen, beschloß Beijing eine Vielzahl von Handelserleichterungen, ließ zahlreiche politische Gefangene frei, unternahm erste Schritte zur politischen Liberalisierung und bekräftigte den Wunsch nach einer Verbesserung der Beziehungen mit Washington. Aber die Regierung Clinton hat die ausgestreckte Hand zurückgewiesen und scharfe Töne angeschlagen.

Man muß sich nicht wundern, wenn sich in Beijing die Erkenntnis durchsetzen sollte, daß das Eingehen auf amerikanische Forderungen immer neue Forderungen nach sich zieht.
Die chinesische Führung wäre gut beraten, die wortgewaltigen Attacken frischgewählter Regierungsvertreter in Washington nicht allzu ernst zu nehmen. Die CIA wird keine Agenten nach Tibet einschleusen. Präsident Clinton wird sich auf die amerikanische Innenpolitik konzentrieren. Das amerikanische Volk wird eine Konfrontationspolitik, wie sie sich in den Worten Warren Christophers anzukündigen scheint, nur unterstützen, wenn die Provokation offensichtlich von der anderen Seite ausgeht. Dessen muß sich die chinesische Führung bewußt sein, die noch mehr als Washington dazu neigt, in ihrer Rhetorik zu überziehen, und sich dadurch schadet, selbst wenn sie im Recht ist. Ein gutes Beispiel dafür ist die Auseinandersetzung um Hongkong. China wäre am besten gedient mit einer Politik, die auf Verhandlungs- und Kompromißbereitschaft sowie ein gerüttelt Maß an Geduld setzt und übertriebene Rhetorik vermeidet.
Fast jeder US-Bürger hat die Panzer gesehen, die auf dem Tiananmen-Platz die Studenten überrollt haben. Die chinesische Führung muß sich über die Bedeutung dieser Bilder für das amerikanische China-Bild im klaren werden und entsprechend reagieren. Je mehr Amerikaner das wahre China zu Gesicht bekommen und sehen können, wie sehr sich die Lebensumstände seit Anfang der achtziger Jahre verbessert haben, desto eher wird Amerika die Fixierung auf dieses Ereignis überwinden. Doch das wird seine Zeit brauchen, auch wenn jedes Jahr Hunderttausende von US-Bürgern China besuchen und die Aufbruchstimmung dort miterleben.
Psychologen definieren »Reife« als die Fähigkeit, mit widersprüchlichen Aspekten einer Situation umgehen zu können. Genau diese Fähigkeit müssen die USA und China in ihren Beziehungen zueinander entwickeln. Washington muß lernen, mit den beiden Gesichtern Chinas zu leben, wie sie sich in der herausragenden Gestalt Deng Xiaopings verkörpern. Deng ist der Mann, der als überzeugter Kommunist die Verantwortung für die blutige Unterdrückung der Studentenproteste trägt und der Atomwaffen und Raketen in Krisengebiete verkauft hat. Deng ist aber auch der Mann, der mehr als jeder andere in der Weltgeschichte Armut und Not unter den Menschen gelindert hat, der aus China einen friedlichen Riesen gemacht hat, der den USA gehol-

fen hat, ihre wichtigsten strategischen Ziele im pazifischen Asien zu erreichen. Amerika muß beweisen, daß es die eigenen Interessen verteidigen und gleichzeitig die Freude des chinesischen Volkes über seinen außergewöhnlichen Erfolg teilen kann.

Die chinesischen Führer ihrerseits müssen den missionarischen Eifer der amerikanischen Politiker verstehen lernen, andere Länder »befreien« zu wollen – auch wenn sie fast nichts über diese Länder wissen. Sie müssen einsehen, daß die USA eine Medien-Demokratie sind, in der während des Wahlkampfes ein paar Fernsehbilder mehr zählen als eine rationale Lagebeurteilung und in der Politiker die heiligsten Schwüre zu verraten bereit sind, wenn es ihnen nur ein paar Stimmen einbringt. Aber die USA hegen, auch wenn sie zur einzigen Supermacht der Erde geworden sind, keine Expansionsgelüste, sie sind eine Friedensmacht. Und das Herz Amerikas ist groß genug, China als neue Wirtschaftsmacht willkommen zu heißen – auch wenn das bedeutet, einen Konkurrenten heranwachsen zu sehen. Auf lange Sicht betrachtet, bestimmt diese positive Grundhaltung des amerikanischen Volkes auch die offizielle amerikanische Außenpolitik.

Wir befinden uns heute in einer historischen Situation. China stand die längste Zeit seiner Geschichte an der Spitze der menschlichen Zivilisation. Die USA haben im zwanzigsten Jahrhundert die Weltpolitik über weite Strecken dominiert. Beide Nationen haben sich den weitaus größten Teil ihrer Geschichte auf die innere Entwicklung konzentriert und weniger auf die Expansion nach außen. Hier wie dort sind politische Führer in Amt und Würden, die an dieser Ausrichtung festzuhalten beteuern. Und doch müssen sich diese beiden so unterschiedlichen Gesellschaften in nächster Zukunft – im Guten oder im Bösen – in einem bisher noch nicht dagewesenen Ausmaß aufeinander einlassen. Die Zukunft der Menschheit wird davon abhängen, ob China, das aufstrebende Reich der Mitte, und die Supermacht USA diese Annäherung mit dem notwendigen Ernst vollziehen, getragen von gegenseitigem Respekt und dem aufrichtigen Willen, die andere Seite zu verstehen.

Nachwort

Dieses Buch hat eine verschlungene Geschichte. Seit langer Zeit habe ich mich mit der Dynamik des Wirtschaftswunders in Ostasien beschäftigt und habe versucht, hinter den Schleier der Ideologie zu blicken und mit meinen bescheidenen Mitteln Menschen zu helfen, die um ein würdiges Leben ringen.

Unterstützt von Ezra Vogel, kam ich bereits zu Beginn meiner Studienzeit in Harvard mit China in Berührung. Ich arbeitete mich durch die soziologische Literatur, deren Argumentation unter anderen auf Aristoteles, Marx und Weber aufbaut und in den Bauern keine schlagkräftige politische Kraft sieht. Und ich las davon, wie Mao Zedong die Theorie Lügen strafte und das Unmögliche möglich machte. Ich reiste auf die Philippinen, wo mir die Militärführer und, vor allem, der inhaftierte Kommunistenführer Luis Taruc und seine Genossen auseinandersetzten, warum dieselbe Strategie in ihrem Land versagt hatte.

Mitte der sechziger Jahre erfuhr ich noch als Student, nach welchem seltsamen Muster sich das westliche China-Bild zusammensetzte. In China tobte die Kulturrevolution, und ich mußte an der Harvard University mein Spezialgebiet (Entwicklungsländer) aufgeben, weil der Fachbereichsleiter ein erklärter Maoist war, der nur über eine sehr begrenzte Toleranz gegenüber denjenigen verfügte, die Mao nicht ebenso ehrfürchtig verehrten wie er. Harvard war damals stark linkslastig ausgerichtet. Ein ausgleichendes Gewicht von konservativer Seite gab es nicht, auch wenn die renommierten Professoren (Fairbank, Vogel, Reischauer, Pelzel, Schwartz) ausgewogene Ansichten vertraten. Während eines Sommerjobs für das Pentagon stellte ich eine Materialsammlung über die Kulturrevolution zusammen, unter anderem Aufzeichnungen von chinesischen Radioberichten, in denen die barbarischen Übergriffe, die damals an der Tagesordnung waren, geschildert wurden. Dieses Material war in jeder besseren Universitätsbibliothek zu finden, die Fakten waren eindeutig und unbestreitbar, da sie von Chinesen selbst kamen. Doch das war nicht die Art Wahrheit, die damals gefragt war, denn die Kulturrevolution war über jeden Zweifel erhaben und ein nobles Unterfangen, den menschlichen Geist zu befördern. Besonders eindrucksvoll vor Augen geführt wurde mir das noch einmal bei der letzten Versammlung unseres Instituts vor dem Studienabschluß, bei der wir Studenten über unsere Zukunftspläne sprachen. Meine Ankündigung, vor dem Doktorandenstudium die Schrecken der Kulturrevolution dokumentieren zu wollen, wurde allgemein mit abfälligen Äußerungen quittiert.

Neben meiner wissenschaftlichen Tätigkeit habe ich mich immer auch politisch engagiert. In meiner Schulzeit war ich ein glühender Anhänger Martin Luther Kings und wurde einmal von der Schulleitung bestraft, weil ich während der Ferien an einem Bürgerrechtsmarsch auf Washington teilgenommen hatte. Als ich 1964 von den Philippinen zurückkehrte, mußte ich enttäuscht feststellen, daß die Bürgerrechtsbewegung von der Anti-Vietnam-Bewegung überrollt worden war. Ich wechselte ins konservative Lager und organisierte eine wissenschaftliche, konservativ orientierte Studentengruppe, der aber wenig Erfolg beschieden war. Immerhin gelang es mir, die Harvard-China-Konferenz zu leiten, ein nationales Treffen von Wissenschaftlern und Studenten, bei dem die bekanntesten China-Experten zu Wort kamen.

Meine konservative Haltung in der Vietnamfrage hinderte mich nicht daran, auch linkes Gedankengut zu übernehmen, insbesondere die Auffassung, daß Südkorea und Taiwan von rückständigen und rücksichtslosen Regimen beherrscht würden. Von der Yale Graduate School wechselte ich an das Hudson Institute, wo meine Ansichten den Widerspruch Herman Kahns hervorriefen. Kahn liebte den Diskurs. Er beschäftigte bevorzugt Mitarbeiter, die ihm zu widersprechen wußten, und ich tat ihm den Gefallen. Zwei Jahre lang stellte er mich allen Besuchern mit den Worten vor: »Das ist Bill Overholt. Er war sieben Jahre in Harvard und Yale, und fast hätten sie ihn herumgekriegt. Wir versuchen jetzt, ihn zu rehabilitieren.« Herman Kahn versprach, mir die südkoreanische Realität unter Park Chung Hee zu zeigen, und er hielt Wort. Vielleicht wäre jemand anderes nicht so bewegt gewesen von dem, was ich in Südkorea sah. Aber ich hatte auf den Philippinen gelebt und spürte die allgemeine Aufbruchstimmung, kaum daß ich in Südkorea ankam. Ich war fasziniert und reiste kreuz und quer durch das Land, bis hinauf in die Berge, weil ich sehen wollte, ob sich der Fortschritt nur an der Küste und entlang der größeren Straßen entwickelte. Aber nein, er war in jedem Dorf sichtbar. Der Kontrast zu der Stagnation und dem Elend, das ich auf den Philippinen miterlebt hatte, erschütterte mich.

Mein erster Forschungsbericht am Hudson Institute war ein Auftrag vom Nationalen Sicherheitsrat unter Henry Kissinger. Nixons Chinareise stand kurz bevor, und jemand in der Administration wollte wissen, wie es um Beijings Vertragstreue bestellt war. Würde China sich an einen Vertrag über Taiwan halten? Vor dem Hintergrund dessen, was ich über die Kulturrevolution wußte, war ich mehr als überrascht herauszufinden, daß China seine vertraglichen Verpflichtungen wenigstens ebenso zuverlässig erfüllte wie die USA. Das war nun ganz und gar nicht das, was Kahn und die Mitglieder des Nationalen Sicherheitsrates hatten hören wollen. Kahn nahm mein Papier höchstpersönlich unter die Lupe und legte es den konservativsten Mitarbeitern des Instituts zur Kritik vor. Als sie die Ergebnisse bestätigten, stellte er sich voll und ganz hinter mich. Das war in Anbetracht der sonst üblichen Gepflogenheiten in Washington höchst bemerkenswert, aber typisch für diesen Wissenschaftler, dessen ideologische Unabhängigkeit seinem Institut eine beständig prekäre Finanzlage bescherte. Die meisten Politiker wollen, wenn sie einen Forschungsauftrag vergeben, nur Munition kaufen, mit der sie ihre Meinung verteidigen können. Die Ergebnisse dieser Studie, die in der Zwischenzeit von den meisten Wissenschaftlern geteilt werden, haben zusammen mit den Erfahrungen einer über zwanzig Jahre währenden Beschäftigung mit China das vorliegende Buch stark beeinflußt.

In einem der ersten Projekte, das ich für das Pentagon durchführte, untersuchte ich, auf welche Art und Weise der Aufbau einer regionalen politischen Struktur das Vordringen des Kommunismus verhindern könnte. Washington hatte mehrere Versuche in dieser Richtung gestartet, darunter MAPHILINDO, ASPAC und ASEAN. Ich kam zu dem Schluß, daß diese Projekte zwar sinnvoll seien, aber die Anziehungskraft der kommunistischen Ideologie nicht mindern würden. Aufbauend auf Herman Kahns Buch *The Emerging Japanese Superstate*, formulierten Kahn und ich die These, daß nur ein rasches Wirtschaftswachstum der asiatischen Staaten, von den USA gefördert und beschützt, den Vormarsch des Kommunismus in Asien aufhalten könnte. Wir wurden ebensowenig ernst genommen wie zuvor bereits Kahn, als er den Aufstieg Japans zur globalen Wirtschaftsmacht vorhergesagt hatte. (Kahns Werk wurde damals in der *New York Times* mit den Worten »ein absurdes Buch« abgetan.) Als 1974 mein Aufsatz »The Rise of the Pacific Basin« veröffentlicht wurde, in dem ich eben diese These vertrat, bekam ich von allen Seiten zu hören, ich hätte meinen wissenschaftlichen Ruf ruiniert. Jedermann wisse doch, daß die Ölkrise, die sich zwischen der Niederschrift des Artikels und seiner Veröffentlichung abzeichnete, die Wirtschaft der ölabhängigen Länder Südostasiens in den Bankrott treiben mußte.

Für den Rest der siebziger Jahre blieb das die vorherrschende akademische Meinung. Jahr um Jahr verteidigte ich auf wissenschaftlichen Konferenzen meine These, daß der sich ankündigende wirtschaftliche Aufschwung Südkorea, Taiwan, Singapur und Thailand stabilisieren und innenpolitisch liberalisieren würde – ohne Erfolg. Anfang der achtziger Jahre wandelte sich die Situation grundlegend. Der pazifisch-asiatische Wirtschaftsboom wurde allgemein anerkannt. Dieses Buch argumentiert, daß der Aufschwung Chinas ein neues Kapitel in der Geschichte des asiatischen Wirtschaftswunders ist. Die Gründe der Gegenmeinung gleichen in auffälliger Weise jenen, mit denen Mitte der siebziger Jahre prognostiziert wurde, daß Südkorea und Taiwan scheitern müßten.

Zusammen mit Zbigniew Brzezinski gründete ich 1976 die Zeitschrift *Global Political Assessment* und stieß als eines von 19 Mitgliedern der außenpolitischen Arbeitsgruppe und Vorsitzender der Asien-Gruppe zu Jimmy Carters Wahlkampfteam. Schnell wurde mir klar, daß ich mit einigen von Carters Beratern dieselben Probleme haben würde, die Herman Kahn mit mir gehabt hatte. Während des ganzen Wahlkampfjahres griffen die wichtigsten Zeitungen immer wieder Washingtons Allianz mit Park Chung Hee an und prophezeiten, daß er die USA in ein zweites Vietnam verwickeln würde. Zwei von Carters jüngeren Vertrauten (nicht Brzezinski, der sich bei diesem Thema stets zurückhielt) überzeugten ihn davon, auf dieser Welle mitzuschwimmen. Mit dem Abzug der amerikanischen Truppen aus Südkorea ließen sich, so führten sie an, zwei Anliegen gleichermaßen erfüllen. Einerseits konnte Carter damit demonstrieren, daß er die von Kissinger und Nixon angeblich vernachlässigten Menschenrechte ins Zentrum der US-Außenpolitik rücken würde. Andererseits würde er die

Gefahr eines zweiten Vietnams bannen. Vergeblich warnte ich, daß eine solche Politik katastrophale Konsequenzen haben würde. Der Widerspruch zwischen der Politik, mit der man US-Präsident wird, und der, die für Amerika gut ist, kostete mich meine politische Naivität.

In der ersten Ausgabe von *Global Political Assessment* publizierte ich einen langen Artikel mit dem Titel »The Coming Crisis of Soviet Communism«. Darin vertrat ich die Ansicht, daß die Sowjetunion aufgrund zahlreicher interner und externer Entwicklungen in ein historische Phase des Abschwungs eintrat. Brzezinski stimmte zwar mit den Fakten überein, die ich präsentierte, zögerte aber, meine Schlußfolgerung zu akzeptieren – sie erschien ihm zu radikal, als daß sie politisch akzeptabel gewesen wäre. Das hinderte ihn allerdings nicht daran, mich nach seiner Ernennung ins Weiße Haus einzuladen, um die These vor dem versammelten Nationalen Sicherheitsrat vorzutragen. Als die Spezialisten für die Sowjetunion im Weißen Haus in einer denkwürdigen Sitzung meine »versponnen« Vorstellungen in der Luft zerrissen, hielt sich Brzezinksi wohlweislich zurück.

Ein Jahrzehnt lang stand Gorbatschow an der Spitze der Sowjetunion. In mehreren Ausgaben von *Global Political Assessment* kritisierte ich seine innenpolitische Strategie als verfehlt und kurzsichtig. Für jede Ausgabe verfaßte unser Rußland-Experte eine Übersicht über die Entwicklungen in der Sowjetunion und pries Gorbatschows Politik in höchsten Tönen. Ich strich seine Bemerkungen und fügte an ihrer Stelle eine kurze Abhandlung darüber ein, warum Gorbatschow scheitern mußte, ergänzt von einer Chronik der außerordentlichen Erfolge Chinas.

Seit 1980 arbeite ich in verschiedener Funktion für den Bankers Trust, davon die letzten acht Jahre in Hongkong. Dort engagierte ich mich stark für Menschenrechte und Demokratisierung. Ich unterstützte die Revolution auf den Philippinen maßgeblich und versuchte später gemeinsam mit anderen, Corazon Aquino davon zu überzeugen, die philippinische Wirtschaft nach dem Vorbild der asiatischen Nachbarländer zu reformieren. Wenn ich geschäftlich in Bangkok zu tun hatte, flog ich häufig weiter nach Manerplaw, der im Dschungel gelegenen Hochburg der birmesischen Freiheitsbewegung, und beriet die Führer der Demokratischen Allianz Myanmars in ihrem Kampf gegen das Militärregime in Rangoon. Nach der blutigen Unterdrückung der Studentenproteste auf dem Platz des Himmlischen Friedens verfaßte ich einen Artikel, in dem ich die Auffassung vertrat, daß Deng Xiaoping trotz der momentan sehr ungünstigen internationalen Position, in die er China manövriert hatte, auf lange Sicht recht behalten würde. Keine der großen internationalen Zeitungen und wissenschaftlichen Zeitschriften wollte den Artikel publizieren, und so veröffentliche ich ihn im Januar 1990 als Mitteilung des Bankers Trust. Im Juni 1990, knapp ein Jahr nach den Ereignissen auf dem Platz des Himmlischen Friedens, druckte die *International Herald Tribune* den Artikel ab. Er wurde in der ganzen Welt verbreitet und ist der erfolgreichste Beitrag, den ich je geschrieben habe. Das große Echo darauf brachte mir zahlreiche Einladungen zu Vorträgen und Konferenzen, durch die wiederum Chinavest, eine amerikanische Investmentgesellschaft, auf mich aufmerksam wurde. Chinavest beauftragte mich, einen Aufsatz über die Entwicklungsaussichten der chinesischen Wirtschaft zu verfassen. Ezra Vogel, dem ich eine erste Fassung des Aufsatzes zur Kritik vorlegte, war begeistert und bat mich, ihn für den Unterricht am Ostasien-Institut an der Harvard-Universität verwenden zu dürfen; diese Reaktion und seine Ermutigung, weiter in dieser Richtung zu forschen, waren ausschlaggebend dafür, daß ich das Projekt weiter verfolgte. Dazu kam, daß einige Geschäftsfreunde von der Young Presidents Organization meine Forschungstätigkeit finanziell unterstützten und den Verdienstausfall übernahmen, der mir durch die zeitweilige Einschränkung meiner Tätigkeit für den Bankers Trust entstand.

Ich erwarte nicht, daß den in diesem Buch vorgestellten Ansichten schnelle Popularität beschieden sein wird. Vor allem nicht, wenn die Veröffentlichung der Arbeit mit den auf jeden Fall schmerzlichen Maßnahmen Beijings in Antwort auf den jüngsten Anstieg der Inflation zusammenfällt oder mit dem Machtkampf, der nach dem Rücktritt Deng Xiaopings ausbrechen wird. Dann wird der Augenschein meinen Kritikern recht geben – aber eben nur der Augenschein! China folgt dem Pfad der vier kleinen Tiger. Zeitweilige Rückschläge sind völlig normal, und sie werden früher oder später überwunden. Ich habe schon viel erreicht, wenn nur einige Leser meine Ideen mit demselben offenen und vorurteilslosen Geist betrachten, mit dem ich auf Vorschlag Herman Kahns Anfang der siebziger Jahre durch Südkorea gereist bin.

Anmerkungen

Kapitel 1

1 Von der Eine-Hose-Familie hörte ich erstmals auf einer Konferenz der Asia Society. Ein heute in den USA lebender chinesischer Professor der Soziologie berichtete, das Phänomen sei Gegenstand wissenschaftlicher Studien gewesen. Auf das Thema aufmerksam geworden, stieß ich später immer wieder auf ähnlich lautende Berichte. Der Lehrer eines Angestellten in meinem Hongkonger Büro kannte ein Dorf, in dem sich die Menschen mit schwarzer Kohle beschmierten, um den Eindruck zu erwecken, sie seien bekleidet. Harrison Salisbury berichtet in seinem Buch *The New Emperors* (Boston, 1992) von einem Besuch in einem Dorf, wo die Frauen keine Kleidung besaßen und sich nur in dichtem Nebel aus ihren Häusern wagten. Lena Sun, Korrespondentin der *Washington Post* in Beijing, hat mir am 10. November 1992 von der Reise eines Kollegen durch mehrere Dörfer in der Provinz Gansu erzählt, wo die Menschen so arm gewesen seien, daß sie überhaupt keine Kleidung besessen hätten.

2 Wer vertraut ist mit der Lage in der ehemaligen Sowjetunion, in der die Größe der Gesamtwirtschaft durch Produktions- und Wachstumszahlen stark übertrieben dargestellt wurde, oder vertraut ist mit dem China der Kulturrevolution, als sowohl lokale wie auch zentrale Regierungsbehörden statistische Angaben mit schöner Regelmäßigkeit fälschten, muß sich fragen, ob diese neuen Zahlen die Realität widerspiegeln. In einem unterentwickelten Land lassen sich fundamentale statistische Fehler nie ausschließen, die Probleme beginnen bereits bei der Erhebung; außerdem werden im Übergang zu einer Marktwirtschaft bestimmte Bereiche erfaßt, die zuvor nicht in die Statistik eingeflossen sind. Zugleich vervielfachen sich die Möglichkeiten eines nicht erfaßten, grauen Marktes. Dennoch kann man den chinesischen Wachstumszahlen aus mehreren Gründen zumindest als grobe Maßgaben Vertrauen schenken. Zum einen können viele Zahlen überprüft werden, und die, die überprüft wurden, erwiesen sich als prinzipiell korrekt, obwohl die statistischen Unsicherheiten manchmal bedenkliche Ausmaße annehmen (wie etwa die unterschiedlichen Angaben für den Handel, die von Customs und MOFERT ermittelt wurden). Zum anderen scheinen die Angaben über das chinesische Bruttosozialprodukt, wie später noch zu zeigen sein wird, eher stark untertrieben als übertrieben zu sein. Drittens ist es heutzutage möglich, weite Teile Chinas zu bereisen, und die Auswirkungen des Wirtschaftswachstums, die sichtbar sind, entsprechen in etwa dem, was die Statistiken

andeuten. Ich selbst habe die Veränderungen in Taiwan, Singapur und Südkorea in einer Zeit miterlebt, in der diese Länder vergleichbare Wachstumszahlen aufwiesen, und ich habe die chinesische Küstenregion über zehn Jahre hinweg beobachtet und kann bestätigen, daß zumindest der Augenschein den Statistiken recht gibt.

3 Die Angabe für 1991 ist der Publikation des Internationalen Währungsfonds (IWF) entnommen: *Directions of Trade Statistics* (Juni 1992). Die Angabe für 1979 stellte die Bank of China zur Verfügung.

4 Nicholas Lardy, »Chinese Foreign Trade«, *The China Quarterly* 131 (September 1992), S. 697.

5 Falls nicht anders angegeben, beziehen sich alle Dollar-Angaben auf US-Dollar.

6 IWF, *International Financial Statistics* (Juni 1992), S. 120 und 154.

7 Die Angaben für 1991 stammen aus einem Kommuniqué des Staatlichen Statistikamts vom 18. März 1992, wiedergegeben im BBC Monitoring Service: Far East. Die Angaben über tatsächlich genutzte ausländische Investitionen sind im allgemeinen verläßlich, obgleich möglicherweise ein Großteil des aus Taiwan stammenden Kapitals nicht berücksichtigt ist. Andererseits steht zu erwarten, daß ein nicht unerheblicher Anteil bereits unterzeichneter Investitionsvorhaben wegen Verhandlungsschwierigkeiten nicht realisiert werden wird. Die Zahlen für Ende 1992 stammen aus einer weitverbreiteten Erklärung des Sprechers des Staatlichen Statistikamtes, Zhang Zhongji, vom 18. März 1993, die unter anderem von Reuters (»China: Reforms Push China Economy to 12.8 Pct 1992«) und weniger detailliert von der *International Herald Tribune,* 19. Februar 1993, S. 15, veröffentlicht wurde.

8 Eine Zusammenfassung der sowjetischen Reformanstrengungen findet sich in: Marshall I. Goldman, *What Went Wrong with Perestroika* (New York und London, 1991). Goldmans verdienstvolles Buch deutet korrekterweise auf die fatale politische Wankelmütigkeit Gorbatschows hin, der zwischen verschiedenen Reformansätzen schwankte. Ich selbst allerdings bin dezidiert der Auffassung, daß Gorbatschow und nach ihm Jelzin gleichgültig mit welcher Strategie die Wirtschaft nicht mehr haben retten können. Goldmans Glaube an die Wirksamkeit einer wirtschaftlichen Schocktherapie erscheint mir unangebracht.

9 Ebenda, S. 28.

10 Die Angaben zu Procter & Gamble und Avon beziehen sich auf Äußerungen von Firmenmanagern in Hongkong. Motorolas Markteinschätzung findet sich in »China Set to Become CT2 Leader«, *South China Morning Post,* 23. Februar 1993, S. 1 der Technologienachrichten. Die positive Bewertung des Produktionsstandorts China kommt in den Bemerkungen von hochstehenden Motorola-Managern gegenüber Mitgliedern der National Association of Business Economists zum Ausdruck.

11 Vgl.: Samuel P. Huntington, *Political Order in Changing Societies* (New Haven 1968). Kapitel 6 bietet eine vergleichende Analyse der Reformstrategien Atatürks (u. a. S. 348) und anderer Reformer. Huntingtons Studie

ist seit Erscheinen ein Klassiker und wird von allen Studenten der politischen Entwicklungstheorien gelesen. (Der Text steht sogar auf der Leseliste der High-School-Klasse meiner Tochter in Hongkong.) Trotzdem scheinen die darin wiedergegebenen Einsichten niemals in konkreten Situationen angewandt zu werden.

12 Siehe das Schaubild II-2 im nächsten Kapitel, das die Einkommensentwicklung verschiedener gesellschaftlicher Gruppen, darunter auch der Bauern, wiedergibt.

13 Siehe: Lucja Swiatkowski Cannon, »Aftermath of Economic Shock Therapy in Poland and Its Implications«, Aufsatz für das Washington Strategy Seminar, Brookings Institution, Washington D. C., 29. April 1992.

14 Die Einschätzung der Inflationsrate für 1991 ist der Länderdatensammlung des Institute of International Finance, hier für die UdSSR/GUS, entnommen. Die Angaben für 1992 stammen aus Presseberichten, und die Werte für den Januar 1993 von Geoffrey Sachs, dem führenden ausländischen Berater in Reformangelegenheiten.

15 Margaret Shapiro, »In Russia, The End of the Row for Collective Farming«, *Washington Post, National Weekly Edition,* 1.-7. Juni 1992, S. 16.

16 Xie Liangjun, »State to Phase Out Mandatory Prices«, *China Daily,* 23. April 1992.

17 »China Lifts Controls on Prices of 593 Items«, *Asian Wall Street Journal,* 2. September 1992, S. 3.

18 Lee Brundvig (US-Generalkonsul in Guangzhou), »Guangdong Province: The Economic Explosion«, Memorandum, 1992, S. 1, 5. Nicht vergessen werden sollte, daß selbst in den USA eine bedeutende Anzahl von Preisen reguliert sind, hauptsächlich zur Stützung von Farmbetrieben. So wird der Zuckerpreis weit über dem Weltmarktniveau gehalten. In der Europäischen Gemeinschaft werden die Preise der meisten landwirtschaftlichen Erzeugnisse künstlich hochgehalten.

19 Die Zahlen beruhen auf Angaben des chinesischen Staatlichen Amtes für Statistik, *Staatliches Statistisches Jahrbuch 1991,* S. 27 und 186, wo bis auf die Schuldenaufnahme der Regierung alle Einkommensarten berücksichtigt wurden.

20 Die australische Studie zeigt, daß der Grundnahrungsmittelverbrauch in China ebenso hoch ist wie in Südkorea. Dem widersprechen Berichte, wonach in den ländlichen Gebieten Chinas die Ernährungssituation erheblich angespannter ist als in Südkorea. Ezra Vogel berichtet dasselbe über Guangdong, eine relativ reiche Provinz. Es ist unbestreitbar, daß China ärmer ist als Südkorea. Die Gründe dafür mögen darin liegen, daß Grundnahrungsmittel in Südkorea effizienter eingesetzt und gleichmäßiger verteilt werden als in China.

21 Albert Keidel, »China's Economic Challenge in the 1980s«, Aufsatz für die Konferenz des Atlantischen Rates und des National Committee on U.S.-China Relations, 7. April 1992, schätzt Chinas tatsächliches BSP auf das Zweieinhalbfache der offiziellen Angabe. Lawrence Summers schätzt auf der Basis der Kaufkraftparität Chinas das Pro-Kopf-Einkommen auf ein

Zehntel des US-amerikanischen Pro-Kopf-Einkommens. Zitiert aus: Lawrence Summers, »The Next Chapter«, *International Economic Insights,* Mai/Juni 1992, S. 17. Diejenigen, die anhand solcher Angaben China und die UdSSR vergleichen, übersehen dabei häufig, daß die offiziellen sowjetischen Zahlen zur Industrieproduktion geschönt sind. Erst kürzlich erschien ein systematischer Überblick zu diesem Thema, in dem sich besonders zur Lebenserwartung und zur Nahrungsmittelversorgung unschätzbares Material findet: Guonan Ma, Ross Garnaut, ›How Rich is China: Evidence From the Food Economy«, Arbeitspapier, Fakultät für Volkswirtschaft, Research School of Pacific Studies, Australian National University. Die Autoren kommen zu dem Schluß, daß Chinas tatsächliches BSP zwei- bis dreimal über den amtlichen Angaben liegt. Einen systematischen Überblick über die verschiedenen Methoden, den Umfang der chinesischen Wirtschaft abzuschätzen, bietet ein Bericht des US-Geheimdienstes CIA: U.S. Central Intelligence Agency, »The Chinese Economy in 1990 and 1991: Uncertain Recovery« (Juli 1991), Appendix A: Estimates of China's GNP.

22 Der Renminbi (oder die Volkswährung) ist Chinas nationale Währung. Die Wechselkurse sind in dem Schaubild III-2 in Kapitel 3 aufgeführt. Darüber hinaus gibt es eine spezielle Währung für Ausländer, die Foreign Exchange Certificates (FECs), die offiziell zum gleichen Kurs wie der Renminbi gewechselt werden, mit denen aber außer den üblichen Konsumgütern auch bestimmte importierte Luxusgüter erworben werden können. FECs werden von Luxushotels akzeptiert, und nur mit ihnen lassen sich bestimmte Transportleistungen bezahlen.

23 Vgl.: Enzio von Pfeil, Hg.: »Asia Stats: China«, *Smith New Court Far East* (Juni 1992), S. 8.

24 Das ist die zur Zeit höchste Schätzung der Auslandsschulden Chinas (Quelle: Institute of International Finance). Die meisten anderen Schätzungen liegen weit darunter. Falls Chinas Schuldenberg tatsächlich niedriger ist als hier angegeben, stützt das die in diesem Abschnitt aufgestellten Thesen um so mehr.

25 China zählt zu seinen Devisenreserven sowohl die Guthaben der chinesischen Zentralbank (People's Bank of China) wie auch die der Bank of China (von der PBOC als internationale Bank der chinesischen Regierung abgetrennt), eine Vorgehensweise, die noch aus der Zeit stammt, da beide Institutionen unter dem Dach der Zentralbank vereint waren. Es stellt sich die Frage, ob es angemessen ist, die Devisenreserven der Bank of China nach wie vor mit in die Rechnung einzubeziehen. Es gibt gute Gründe dafür und dagegen. Die meisten internationalen Bankexperten akzeptieren das chinesische Vorgehen. Selbst wenn man die Devisenreserven der Bank of China nicht berücksichtigt, was die offiziell ausgewiesenen Reserven um rund die Hälfte vermindert, sind Chinas Devisenreserven im Vergleich zu denen der meisten anderen Länder immer noch extrem groß. Zum Zwecke der Nettoschuldenkalkulation ist es angemessen, die offiziellen Angaben zu verwenden, denn die Devisenreserven der Bank of

China stehen im Notfall bereit, Verbindlichkeiten in Devisen zu begleichen.

26 Vgl.: IWF, *International Financial Statistics* (Juni 1992), S. 29 und 31.

27 Die chinesische Führung konzentriert sich auf die Kontrolle der Geldmenge M2, üblicherweise definiert als Bargeldumlauf plus Guthaben auf Spar- und Girokonten, Termineinlagen und Einlagezertifikate. Über den Zusammenhang zwischen M2 und der Inflationsrate in einer sozialistischen Wirtschaft wird allerdings gestritten, und tatsächlich hätte das rasche Wachtsum von M2 in den Jahren 1991 und 1992 zu einer weitaus höheren Inflationsrate führen müssen. Doch die Kontrolle von M2 ist die bisher praktikabelste Methode zur Inflationsbekämpfung, und sie scheint sich auch bei der Krise von 1988/1989 bewährt zu haben.

28 Die Spekulationen über einen Gang der Shanghai Petrochemical an die Börse wurden Anfang 1993 in zahllosen Artikeln über das Unternehmen in den Hongkonger Zeitungen aufgegriffen. Einer der informativsten Beiträge war: »Shanghai Security Blanket«, *Window,* 12. Februar 1993, S. 50f.

29 Die Zahlen für die Jahre 1990 und 1991 sind vom Sprecher des Staatlichen Statistikamtes, Zhang Rongji, am 28. Februar 1992 bekanntgegeben und noch am selben Tag von der Nachrichtenagentur Reuters verbreitet worden. Die anderen Angaben (darunter auch niedrigere Angaben für den obigen Zeitraum) stammen aus: *Staatliches Statistisches Jahrbuch 1991,* S. 186.

30 Zu der steigenden Produktivität der Staatsunternehmen unter anderen: G. Jefferson, T. Rawski, Y. Zheng, »Growth, Efficiency and Convergence in China's State and Collective Industry«, in: *Economic Development and Cultural Change* (1992).

31 Susan Carey und Julia Leung, »China's Air Plan Raises Hopes, Questions«, *Asian Wall Street Journal,* 11. August 1992, S. 1. Weitere, weniger genaue Berichte erschienen in der *South China Morning Post* am 9. und 10. August.

32 Kennis Chu, »Swan Flights Won't Lead to Open Skies«, *Sunday Morning Post,* 13. Dezember 1992.

33 Kollektiv geführte Betriebe sind eine Zwischenstufe, die den Weizen- und Milchgenossenschaften im Mittleren Westen der USA und in Kanada vergleichbar sind. Üblicherweise werden diese Betriebe über ein Dorf, eine Stadt oder eine Provinz finanziert, aber sie operieren ohne die institutionellen Schranken, die einem Staatsunternehmen die Hände binden, in konkurrenzorientierten Märkten und verteilen den erwirtschafteten Profit unter ihren Mitgliedern. Ein solches Unternehmen kann beispielsweise aus einer Gruppe von Frauen bestehen, die mit Hilfe ihres Dorfes Weihnachtsschmuck anfertigen, exportieren und den Profit größtenteils selbst einstecken. In gewisser Weise sind es diese mehr einer kapitalistischen Firma als einem staatlichen Monopolunternehmen ähnelnden Kollektivbetriebe, denen China seinen rasanten Wirtschaftsaufschwung verdankt.

1 Nicholas D. Kristof, »China's Cultural Climate: Warming Trend«, *International Herald Tribune,* 25. Februar 1993, S. 18.

2 Der beste Index für soziale Ungleichheit ist der Gini-Index. Die Zahl wohlhabender Chinesen ist noch zu gering, um den Gini-Index merklich zu beeinflussen. Aber die gewaltigen Einkommenszuwächse der Bauern und der Arbeiter in der Konsumgüterindustrie haben sicherlich zu einer größeren sozialen Gleichheit im Land geführt.

3 Der Zeitraum 1985-1991 wurde gewählt, weil für die Jahre ab 1985 durchgehende Zahlenwerte vorliegen. Da Peking in drei von diesen sechs Jahren eine strikte Sparpolitik verfolgte und deshalb das Wirtschaftswachstum weit unter dem Durchschnitt lag, muß der eigentliche Umfang des chinesischen Wirtschaftsaufschwungs deutlich höher angesetzt werden.

4 In der wissenschaftlichen Literatur über schnell wachsende Entwicklungsländer, insbesondere in der über asiatische Länder, findet sich immer wieder das Argument, daß zunehmende Einkommensunterschiede zur Destabilisierung führen. Üblicherweise wird dieses Argument wie folgt ausgeführt: Angenommen, in zwei Provinzen, oder Bevölkerungsgruppen, liegt das Durchschnittseinkommen bei 150 beziehungsweise 200 Dollar pro Jahr. Die Differenz beträgt demnach 50 Dollar. Nimmt man weiter an, daß beide Provinzen (oder Gruppen) eine Phase des rasanten Wachstums durchleben und sich die jeweiligen Einkommen innerhalb von fünf Jahren verdoppeln, liegen sie bei 300 beziehungsweise 400 Dollar. Der Einkommensunterschied hat sich auf 100 Dollar verdoppelt – was der traditionellen Sichtweise zufolge zu einer Destabilisierung der Lage führen müßte. Da starkes wirtschaftliches Wachstum aber immer mit zunehmenden Einkommensunterschieden einhergeht – mithin destabilisierend wirkt –, müßte wirtschaftlicher Erfolg notwendigerweise als Fehlschlag interpretiert werden. In der Tat ist es wissenschaftlich wenig aussagekräftig, lediglich den absoluten Einkommensunterschied zu messen. Allgemein anerkannte Methoden wie der Gini-Index heben deshalb stets auf Proportionen ab.

5 Meine Erkenntnisse über die Schwachstellen in Chinas politischem System verdanke ich zum erheblichen Teil Harry Harding von der Brookings Institution, auch wenn die hier wiedergegebenen Ansichten von den seinen abweichen.

6 Vgl.: Jonathan Spence, *The Rise of Modern China* (New York 1990), S. 76ff. und an anderen Stellen über die wiederkehrenden Finanzkrisen und Steuerreformen während der Qing-Dynastie.

7 Christine P. W. Wong, »Central-Local Relations in an Era of Fiscal Decline: The Paradox of Fiscal Decentralization in Post-Mao China«, Manuskript, Fakultät für Wirtschaftswissenschaften, University of California, Santa Cruz, Juli 1991. Diese Arbeit stellt einen wichtigen Beitrag zum Verständnis eines Prozesses dar, der sehr theoretisch zu sein scheint, aber unmittelbaren Einfluß auf die Stabilität Chinas hat.

8 Vgl.: Ezra Vogel, *One Step Ahead in China: Guangdong Under Reform* (Cambridge 1989), S. 85.

9 Siehe etwa: James McGregor, »Returnees to China's Fujian Revive Spirit of the Past«, *Asian Wall Street Journal,* 12.-13. Juni 1992, S. 1, ein Bericht über Heimkehrer aus Taiwan, die Tempel gebaut und die Religion wiederbelebt haben. Auch die christlichen Kirchen haben Missionare nach China gesandt, manchmal offen, manchmal unter dem Vorwand der Teilnahme an sportlichen oder kulturellen Veranstaltungen.

10 Die Berichterstattung der *New York Times* kann als beispielhaft für die US-Presse insgesamt herangezogen werden. Fast täglich, und oft auf der Titelseite, erschienen während der koreanischen Studentenunruhen von 1976 Artikel über die Demonstrationen gegen die Regierung in Seoul, begleitet von Kommentaren, in denen der politische und wirtschaftliche Zusammenbruch des Landes prophezeit wurde, während das außergewöhnliche Wachstum der südkoreanischen Wirtschaft, die im selben Jahr so schnell wie nie zuvor wuchs, praktisch nicht erwähnt wurde. Die Berichterstattung der *New York Times* über die Aufstände und das Ausmaß der Unterdrückung entsprach zwar weitgehend den Tatsachen, war aber im Verhältnis zur Berichterstattung über andere Vorgänge in der Dritten Welt viel zu umfangreich. Die Orakelsprüche vom bevorstehenden politischen und ökonomischen Kollaps waren hingegen völlig haltlos, und es wurde kein Versuch unternommen, die politischen Implikationen des ungebrochen starken Wirtschaftswachstums zu bewerten. Die von den Erkenntnissen westlicher Soziologen bestärkte Auffassung, daß wirtschaftlicher Fortschritt zu politischem Pluralismus und zur Demokratisierung der Gesellschaft führt, wurde von den liberalen Kommentatoren völlig mißachtet. Die Berichterstattung der *New York Times* über China in der Zeit zwischen Juni 1989 und November 1991 entsprach exakt diesem Muster. Erst seit Ende 1991 erscheinen vermehrt informative Berichte über die wirtschaftliche Entwicklung und die möglichen sozialen und politischen Konsequenzen des Wachstums. Leider steht die *New York Times* mit dieser ausgewogenen Berichterstattung bisher noch relativ allein da

11 Vogel, *One Step Ahead in China,* S. 32.

12 Siehe etwa: Geoffrey O'Brien, »Blazing Passions«, *New York Review of Books,* 24. September 1992, v.a. S. 38f.

13 Chatherine Sampson, »China's Media Go to Market«, *Asian Wall Street Journal,* 26.-27. Februar 1993, S. 9.

14 Robert Scalapino, »China and Its Neighbors – Old and New Trends.« Aufsatz für die Konferenz der Asia Society über: »China und Ostasien: Implikationen für die amerikanische Politik,« Wingspread, Januar 1991. Der Aufsatz wurde später unter dem Titel »China's Relations with Its Neighbors« abgedruckt in: *The China Challenge: American Policies in East Asia* (New York 1991).

1 Zitiert aus: Christopher Chong, Iris Cheung und C. K. Law, »Does China Need a Stockmarket?«, *Securities Journal* (Hongkong 1991). Dieser Aufsatz war ursprünglich im Zusammenhang mit einer Forschungsreise verfaßt worden, die mein Stellvertreter Law Cheung Kwok für 15 Hongkonger Finanzwissenschaftler organisierte und die uns nach Guangzhou und Beijing führte, wo wir uns mit den chinesischen Finanzmärkten beschäftigten. Die dabei gewonnenen Einsichten haben sehr zu meinem Verständnis der chinesischen Finanzmärkte beigetragen.

2 Nach Angaben von Jin Jian Dong, Direktor der Finanzverwaltung der People's Bank of China, während einer Diskussion am 13. August 1990.

3 Interview mit Jin Wei Chang, Präsident der PBOC in Guangdong, am 9. August 1990.

4 Xie Simin, »China's Stock Market – Problems and Future Development«, *China Newsletter* 89 (November/Dezember 1990), S. 21.

5 Jim McGregor, »China Is to Use Underwriters for Bond Issue«, *Asian Wall Street Journal,* 19. April 1991.

6 Lincoln Kaye, »Debt Without Tears«, *Far Eastern Economic Review,* 16. April 1992.

7 »S & P Assigns Ratings to China Debt Issues«, *Asian Wall Street Journal,* 21.-22. Februar 1992.

8 M2 ist die Gesamtmenge der Münzen und Banknoten, Sicht- und Spareinlagen, Depositenbriefe und Festgelder in einer Volkswirtschaft.

9 Der Mechanismus, der dazu führt, daß Abwertungen den Export beflügeln, ist in China zwar ein anderer als in freien Märkten, funktioniert aber dennoch ausgezeichnet. Der überwiegende Teil des chinesischen Außenhandels wird in Dollars abgewickelt, deshalb verbilligt die Abwertung der Landeswährung die Exporte selbst nicht. Doch der Exporteur erhält mehr Renminbi und dadurch einen starken zusätzlichen Anreiz zu exportieren.

10 Am 27. Dezember 1992 lag der offizielle Kurs bei 5,57374 Renminbi pro Dollar, auf dem freien Markt hingegen fiel der Kurs bis auf 7,3 Renminbi, ein Unterschied von mehr als 27 Prozent.

11 John Kohut, »Currencies Swap Centre for Beijing«, *South China Morning Post,* 10. August 1992, Wirtschaftsteil S. 1.

12 Treffen mit Lei Zuhua und anderen Vertretern der Bank of China am 13. August 1990.

13 Diskussion mit Ou Yang Shi Pu, staatliche Devisenbehörde, 9. August 1990.

14 Die erste Übersicht über den chinesischen Aktienmarkt wurde vom Autor dieses Buches im August 1990 für den Bankers Trust erstellt und später in *Asian Survey* XXXI, 5 (Mai 1991) abgedruckt. Der Bankers Trust hat auch die regelmäßigen Berichte meiner beiden Kollegen C. K. Law und Hung Lee Lai zu diesem Thema veröffentlicht. Zu den neueren empfehlenswerten Publikationen gehören Lawrence Angs »China Stock Market: A Guide for Foreign Investors«, SBCI Finance Asia Ltd. (Hongkong),

24. April 1992, und ein Bericht von Sassoon Securities, »A Background to Securities Investment in Shenzhen of the People's Republic of China« (Januar 1992, limitierte Auflage).

15 Xie Simin, »China's Stock Market – Problems and Future Development«, *China Newsletter* 89 (November/Dezember 1990), S. 19.

16 »Waiting for Godot«, *Far Eastern Economic Review,* 16. Juli 1992, S. 50.

17 Duncan Freeman, »New Options«, *China Trade Report* (September 1992), S. 10.

18 Thomas Chan, »Now It's the Peking Bourse«, *China Trade Report* (Dezember 1992), S. 10.

19 Lincoln Kaye und Elizabeth Cheng, »Babes in the Bourse«, *Far Eastern Economic Review,* 16. Juli 1992, S. 48; zitiert wird der Hongkonger Investmentbanker Robert Lloyd George.

20 »Hong Kong Stock Scramble«, *International Herald Tribune,* 31. Oktober/1. November 1992, S. 15.

21 »Brilliant NY Debut«, *Window,* 30. Oktober 1992, S. 54f., und Ren Kan, »State Firms Angle for HK Exchange Listing«, *International Herald Tribune,* 20. Oktober 1992.

22 Optionsrechte auf Aktien geben dem Obligationär das Recht, zu einer bestimmten Zeit und zu einem festgesetzten Preis Aktien der betreffenden Gesellschaft zu erwerben. Wenn zu diesem Zeitpunkt der Preis der Aktie über den festgesetzten Preis gestiegen ist, hat der Obligationär einen Gewinn erzielt.

23 »Deloitte to Train China Auditors«, *South China Morning Post,* Wirtschaftsteil, 6. Februar 1993.

24 Bei der Darstellung der landwirtschaftlichen Warenterminbörsen habe ich mich stark auf William D. Grossmans Aufsatz »The Development and Use of Agricultural and Financial Futures Markets in China« gestützt. Grossman präsentierte den Aufsatz bei einem Treffen der Asia Society am 3. Oktober 1991 in Hongkong.

25 Julia Leung, »Shanghai Broker Pioneers Futures Trade«, *Asian Wall Street Journal,* 7. August 1992.

Kapitel 4

1 Eine Analyse des Wachstums von Guangdong findet sich bei Toyojiro Maruya, »The Development of the Guangdong Economy and Its Ties with Beijing«, *JETRO China Newsletter,* 96 (Jan.-Feb. 1992). Die Durchschnittszahl der Jahre 1978-1990 ist diesem Heft entnommen. Die Zahlen der Jahre 1991 und 1992 stützen sich auf Guangdonger Provinzstatistiken.

2 Ezra Vogel, *One Step Ahead in China,* S. 36. Vogels klassische Studie ist der bisher genaueste und umfassendste Bericht über das Leben in einer chinesischen Provinz und über die Auswirkungen der Reformen. Vgl. auch sein früheres Buch: *Canton Under Communism: Progress and Politics in a Provincial Capital* (Cambridge 1969).

3 Robert Tleleeh hat mich dankenswerterweise auf diesen Aspekt aufmerksam gemacht.

4 Für die Zahl über Hongkonger Firmen in Guangdong bin ich Gordian Gaeta von Booz Allen Hamilton zu Dank verpflichtet, dessen Firma Angaben von Beamten in der Provinz Guangdong sammelte. Die anderen Angaben stammen aus offiziellen Hongkonger und Guangdonger Regierungsquellen. Normalerweise wird die Zahl der Arbeiter in Guangdong mit 4 statt 3 Millionen angegeben. Die größere Zahl ist möglicherweise richtig, da die letzte Schätzung, die von 3 Millionen ausging, bereits einige Jahre zurückliegt. Ich habe mich trotzdem für die vorsichtigere Schätzung entschieden.

5 Vogel, *One Step Ahead in China,* S. 29f.

6 Wirtschaftsinformationszentrum, Guangdong Enterprises Holdings Ltd., »Guangdong Economic Data« (Juli 1991), S. 33.

7 Diese Angaben lieferte Martin Pegg von Fidelity Motors, dem Hongkonger Rolls-Royce-Händler.

8 Hongkong veröffentlicht Statistiken über das Bruttoinlandprodukt, aber nicht über das Bruttosozialprodukt. Der Statistikbeauftragte berichtete mir im April 1993, daß die gesammelten Daten ein grundsätzlich schnelleres Wachstum des Bruttosozialproduktes gegenüber dem Bruttoinlandprodukt zeigen.

9 »Hutchison Buys Into Shanghai Port«, *International Herald Tribune,* 4. September 1992, S. 6.

10 Im Jahr 1990 produzierten die Dienstleistungsbereiche 83 Prozent des Hongkonger Bruttoinlandprodukts. Vgl. die Zahlen der »Service Sector Statistics on Hong Kong«, *Hong Kong Coalition of Service Industries* (1992) mit den Angaben, zusammengestellt aus offiziellen Hongkonger Regierungsstatistiken.

11 Während des Kalten Krieges und besonders während der Kulturrevolution war Hongkong den Chinesen auch aus anderen Gründen wichtig, u. a. um Großbritannien und die USA politisch zu entzweien.

12 Anders als bei Goa und Timor ist der Status von Hongkong vertraglich festgelegt. Im Zuge der allgemeinen Entkolonialisierung und vor allem aus der Sicht der neuen Staaten macht dies keinen wesentlichen Unterschied.

13 Meine Informationen über die chinesischen Optionen und die Rollen, die Mao Zedong und Zhou Enlai gespielt haben, verdanke ich Gesprächen mit zahlreichen höheren chinesischen Beamten, namentlich Li Chuwen, einem hochrangigen Berater mehrerer Bürgermeister von Shanghai. Besonders dankbar bin ich ihm für seine Lageeinschätzung während eines Mittagessens am 14. August 1992.

14 Hierzu gibt es sehr umfangreiche Literatur. Für einen Überblick, der sich auf die schlimmste Zeit der Mao-Ära konzentriert, vgl.: William H. Overholt, »Would Chiang Find Mao an Unacceptably Strange Bedfellow?«, *Asian Survey* XIV, 8 (August 1974).

15 Hongkong veröffentlicht keine Statistiken über den Kapitalfluß, die Zah-

len können jedoch auf Umwegen errechnet werden. In jüngster Zeit gab es lediglich in zwei Jahren einen Nettokapitalabfluß. Ich danke Tom Sung, der die Berechnung vorgenommen hat.

16 Wolfram wurde trotz des Embargos nach 1949 aus China in die USA geliefert. Es wurde für den Bau von US-Panzern gebraucht, die China in einem kriegerischen Konflikt mit Rußland verteidigen sollten.

17 Meine Theorie über Handelsstützpunkte basiert auf Hadi Soesastros Aufsatz »The Changing Hong Kong Entrepot Role in the Region«, Lingnan Konferenz zur Rolle Hongkongs in der pazifisch-asiatischen Region im 21. Jahrhundert, 28.-29. Februar 1992. Ich war einer der Organisatoren dieser Konferenz.

18 Vgl.: Alwyn Young, »A Tale of Two Cities: Factor Accumulation and Technical Change in Hong Kong and Singapore«, Manuskript, Sloan School of Management, MIT, 25. April 1992.

19 Die differenzierteste Darstellung dieses Arguments lieferte der Chefvolkswirt der Bangkok Bank, Dr. Nimit Nonthapunthawat: »Hong Kong as a Financial Center in the Region in the Twentieth Century«, vorgelegt im Jahr 1992 auf der oben erwähnten Konferenz der Lingnan University.

20 Die aktuellste und gründlichste Studie über Niederlassungen der multinationalen Konzerne wurde von der Regierung in Neusüdwales, Australien, und der Stadt Sydney mit den erwähnten Ergebnissen erstellt. Vgl.: John C. Wilson, »Hong Kong as Regional Headquarters«, vorgelegt im Jahr 1992 auf der Konferenz der Lingnan University. Der Bericht erläutert, daß nach den fünf Topkriterien die meisten Konzerne in diesem Jahr Tokyo und Singapur noch vor Hongkong als günstige regionale Standorte angaben. Der Grund dafür liegt wohl darin, daß man unmittelbar nach den Ereignissen auf dem Tiananmen-Platz um Hongkongs Zukunft fürchtete. Im Jahr 1992 erlebte Hongkong einen Boom, während Singapur in einer Krise steckte und Tokyo unter dem Zusammenbruch seiner Aktien- und Immobilienbörse litt. Ereignisse dieser Art gehen vorüber; wichtig ist nur die Frage, ob die Konzerne sich wieder ansiedeln werden.

21 »Amcham Business Study 1992: Presentation Charts«, *Survey Research Hong Kong*, Tabelle 30.

22 Legt man das Kriterium »freieste stabile und wohlhabendste Gesellschaft« zugrunde, kann sich Manila nicht mit Hongkong messen. In der Hauptstadt der Philippinen mag es zwar etwas liberaler zugehen als in Hongkong, aber die Stadt kämpft mit einer Fülle von politischen Problemen und ist ein gefährlicher, verarmter und ungastlicher Ort.

23 Eine ausgezeichnete Darstellung der Entwicklung der Institutionen in Hongkong bieten die ersten vier Kapitel von Ian Scott, *Political Change and The Crisis of Legitimacy in Hong Kong* (Honolulu 1989). Der Rest des Buches ist zum größten Teil eine ethnozentrische und unsystematische Polemik gegen die Hongkonger Bestrebungen, sich als typisch westliches System darzustellen. Dies tut der hervorragenden historischen Übersicht jedoch keinen Abbruch.

1 In etlichen Umfragen wurden die Bürger von Hongkong gefragt, ob sie mehr Demokratie wünschten. Die Antwort lautete immer ja, und diese Antwort ist wichtig. Aber in der Fragestellung geht es um das Prinzip und nicht um bestimmte Vorhaben und konkrete Schritte. Stellt man die Bürger jedoch vor die Alternative: entweder ein deutlicher Schritt in Richtung einer Regierungsform nach britischem Vorbild, auch auf die Gefahr hin, daß China mit Maßnahmen reagiert, die für die bestehende Ordnung in Hongkong eine Bedrohung darstellen, oder ein allmählicher Wandel in der Art, wie er tatsächlich stattgefunden hat, dann ist ein klarer Schwenk zur zweiten Alternative hin zu beobachten. Dies zeigen die Umfragen zu Gouverneur Pattens Reformprogramm: Eine auch nur leichte Beschleunigung der Reformen um den Preis einer Verschärfung der Konfrontation mit China wurde abgelehnt. Vgl. dazu das Stimmungsbarometer für den Monat November in der *South China Morning Post* vom 22. und 29. November. Der Bericht vom 29. November ist besonders aufschlußreich, weil aus ihm hervorgeht, daß die wichtigsten Meinungsforschungsinstitute zu übereinstimmenden Schlußfolgerungen gelangen und es sich tatsächlich um einen sehr starken Trend handelt. Die Umfragen wurden noch vor der ernsthaften Zuspitzung der Spannungen zwischen Großbritannien und China durchgeführt und zeigen, daß die Bevölkerung von Hongkong keineswegs verängstigt ist, sondern die Perspektiven sehr genau abwägt.

2 Gouverneur Patten stellte diese Entscheidung später mehrfach als Zugeständnis an China dar. Vertraute des Gouverneurs, darunter ein offizieller Sprecher, sagten, die Entscheidung, Legislativ- und Exekutivrat zu trennen, sei in erster Linie zu dem Zweck erfolgt, die Vertreter der Geschäftswelt auszuschalten; die Tatsache, daß auf diese Weise Martin Lee der Zugang zum Kabinett verwehrt wurde, sei ein willkommener Nebeneffekt gewesen. Die wahren Motive sind nicht herauszufinden. Wenn Gouverneur Patten wirklich so sehr daran gelegen war, wie er behauptete, Martin Lee aus dem Kabinett herauszuhalten, dann wiederholte er genau das Verhalten, für das sein Vorgänger kritisiert worden war: Er entledigte sich des Problems durch einen Trick.

3 Die Briten behandelten dieses Angebot der Chinesen als ein streng gehütetes Geheimnis. Ich erfuhr davon durch einen westlichen Diplomaten, der auf einem Posten tätig war, der ihm derartige Einblicke ermöglichte. Bei einer Diskussion am 25. November 1992, die großes öffentliches Aufsehen erregte, sagten beide Gesprächspartner, Marc Faber und ich, daß es die Kosten gesenkt und Hongkongs mittelfristige wirtschaftliche Perspektiven deutlich verbesserte hätte, wenn die Briten das chinesische Angebot angenommen hätten. (Vgl.: Louise Lucas, »Speculators Told to Back Off Market«, *South China Morning Post,* 26. November 1992.) Am nächsten Tag rief im Auftrag des Finanzministers ein offizieller Sprecher, John Elliott, bei mir an und teilte mir mit, die Chinesen hätten niemals

ein solches Angebot gemacht. Ich erwiderte, ich meinte ein früher unterbreitetes Angebot. Elliott geriet daraufhin einen Augenblick ins Stottern und räumte dann ein, daß es zu einem früheren Zeitpunkt tatsächlich ein solches Angebot gegeben habe; die Chinesen seien allerdings bei den Verhandlungen im Jahr 1992 nicht darauf zurückgekommen. Zu den Befürwortern des Standorts Shenzhen gehören leitende Manager der beiden Fluglinien von Hongkong, einige hohe, für den zivilen Luftverkehr zuständige Beamte der Regierung von Hongkong, der führende amerikanische Flughafen-Berater, der sich mit dem Projekt befaßt hat, und der leitende Manager einer der größten amerikanischen Fluglinien. Namentlich dazu äußern wollte sich nur Stephen Miller, der Gründer von Dragonair, der zweiten Fluglinie von Hongkong. Ein Interview mit ihm ist unter dem Titel »One Country, Two Systems, Four Airports« erschienen in: *Window,* 23. Oktober 1992. Vgl. außerdem weitere Berichte in diesem wöchentlich erscheinenden Hongkonger Nachrichtenmagazin.

4 Im Jahr 1993 machte Gouverneur Patten die Vergrößerung der Klassenstärken rückgängig und bekundete ein starkes Interesse für Umweltfragen. Doch die aufgewendeten finanziellen Mittel wichen nur geringfügig von den ursprünglichen Planungen ab.

5 Bei einer Konferenz am 10. September, bei der ich anwesend war, erklärte Gouverneur Patten, die ablehnende Haltung der Chinesen sei ein Verstoß gegen das Memorandum. In ironischem Tonfall fuhr er fort, bei der Auseinandersetzung um den Flughafen gehe es gar nicht um den Flughafen – damit wollte er sagen, es gehe um Politik.

6 Bei einem Mittagessen mit Vertretern der in Hongkong lebenden Amerikaner, darunter auch ich, betonten von amerikanischer Seite der ehemalige Generalkonsul Burton Levin und andere, von chinesischer Seite Li Chu Wen, damals Sonderberater von Xinhua für Honkonger Angelegenheiten, daß die Chinesen die erwartete Verdopplung der ursprünglich angesetzten Kosten und das verwirrende Konzept der »widerruflichen Finanzierung« sehr beschäftige. Den meisten führenden Finanzexperten aus dem Westen fiel es schwer, der Flut immer neuer Vorschläge zu folgen. Der Leser mag, um sich eine Vorstellung von der Situation zu machen, einmal versuchen, ein Memorandum für das chinesische Politbüro zu entwerfen, in dem die Vor- und Nachteile der »widerruflichen« Finanzierung des Flughafens aufgelistet sind.

7 Vgl.: »Merger of Two Systems Proposed«, *South China Morning Post,* 6. September 1991, und »Guangdong to Relax Control of Border«, *South China Morning Post,* 11. März 1991.

8 Die Feststellung, daß – in absoluten Zahlen gesehen – immer mehr beruflich hochqualifizierte Menschen in Hongkong leben, ist einem Informationspapier der Regierung entnommen: Büro des Chief Secretary, »Emigration«, Informationsbericht vom Dezember 1992, S. 1.

9 Mitteilung eines Diplomaten aus Singapur.

10 Ian Buruma, »The Last Days of Hong Kong«, *New York Review of Books,* 12. April 1990, S. 46. Buruma, Verfasser überaus kenntnisreicher Essays

über das heutige Asien, hat mich für diesen Aufsatz interviewt, fand jedoch meine begeisterte Schilderung der vielversprechenden Zukunftsaussichten von Hongkong nicht der Erwähnung wert. Burumas Aufsatz ist eine Sammelrezension einer Reihe von Büchern namhafter Journalisten, die alle dem Mythos vom Niedergang Hongkongs anhängen. Eines der besprochenen Bücher, *City on the Rocks: Hong Kongs's Uncertain Future* von Kevin Rafferty (New York 1990), ist mittlerweile das am meisten gelesene Werk über Hongkong. Vgl. meine Rezension dieses Buches und anderer Bücher in: William H. Overholt, »Tiananmen Square and Objective Possibilities for Hong Kong«, *Journal of Politics* 53,2 (Mai 1991).

11 Besonders nachdrücklich wird diese Auffassung von Steven Vines vertreten, dem Südostasien-Korrespondenten des *Observer.* Sein Buch *Awaiting the Avalanche,* in dem er seine Sicht darlegen will, ist noch nicht erhältlich, aber er hat seine Thesen in einem Aufsatz zusammengefaßt: »Britain Blundered Away Hong Kong«, *Asian Wall Street Journal,* 6. März 1991, S. 6. Die meisten, die insgeheim Vines Auffassung teilen, schrecken vor einer so eindeutigen Stellungnahme zurück, aber Vine spricht nur aus, was viele denken. Er schreibt, »im wesentlichen haben die Chinesen bei dem großen Thema der Souveränität bekommen, was sie wollten, und die Briten durften alles das formulieren, was in der Gemeinsamen Erklärung klein geschrieben ist.« Für Vine ist dies ein Beweis von Inkompetenz. Ich interpretiere dieselben Formulierungen so, daß die Briten das Minimum aufgegeben haben, das jede Kolonialmacht aufgeben muß, und es geschafft haben, all das zu behalten, was zur Verhandlung stand.

12 Nach der Lektüre von Material, das in einer früheren Fassung von Kapitel 4 dieses Buch enthalten war, bestellte mich Gouveneur Wilson ins Regierungsgebäude. Im Verlauf unseres Gesprächs sagte er, in meinem Aufsatz habe er zum ersten Mal gelesen, daß jemand betone, wie wichtig es sei, daß die nach 1997 in Hongkong amtierende Regierung effektiv arbeite.

13 Die Angaben über die Verlängerung der legislativen Beratungszeiten stammen aus einer Studie, die Booz Allen Hamilton für die Business and Professionals Federation of Hong Kong durchgeführt hat (Projektleiter war Gordian Gaeta). Über Verzögerungen bei der Arbeit der Regierung berichtete die Presse eingehend im Jahr nach der Wahl. Die Bemerkungen über wachsende Unsicherheit stützen sich auf Interviews mit führenden Persönlichkeiten aus unterschiedlichen Sektoren.

14 Vgl.: Li Kui Wai, »The Economic Paradigm for Hong Kong«, *Intellectus* [Bulletin des Instituts für Wirtschaftswissenschaften, Hongkong], 23 (Juli-September 1992), insbesondere S. 10. Li ist Dozent an der Universität.

15 Im Jahr 1985 war der Dollar stark, dadurch waren Hongkongs Exporte nicht konkurrenzfähig, und die Kronkolonie erlebte ihre einzige Rezession in der Zeit nach dem Zweiten Weltkrieg. Dann fiel der Dollarkurs wieder, und die wirtschaftliche Wachstumsrate von Hongkong schnellte auf gut über 13 Prozent empor. Die ruckartigen Auf- und Abbewegungen als Folge der Bindung an den Dollar verursachen erhebliche soziale und

wirtschaftliche Kosten, und damals wurde ernsthaft die Frage gestellt, ob die Bindung aufrechterhalten werden sollte oder nicht. Die Ereignisse auf dem Tiananmen-Platz brachten die Bedrohung Hongkongs wieder ins Bewußtsein, und die meisten Beobachter hielten die Bindung an den Dollar für notwendig. Diese wirtschaftspolitische Frage entspricht der sicherheitspolitischen Frage, welcher Preis für die politische Stabilität gezahlt werden soll.

16 Einen Überblick über die hinter der Gemeinsamen Erklärung stehenden Interessen und Anliegen, gestützt vorwiegend auf Interviews mit britischen Diplomaten, gebe ich in einem Aufsatz in: *Current History* (September 1985).

17 Die *South China Morning Post* berichtete in ihrer Ausgabe vom 22. November 1992 in einer Titelgeschichte über diese Umfrageergebnisse.

18 Richter Henry Litton über die Vision 2047, Frühstücksgespräch am 8. Dezember 1992.

19 »The World of Lily Wrong«, *South China Morning Post,* 22. Oktober 1992.

20 Dies versuchte ich während der Revolution auf den Philippinen im Jahr 1986.

21 Patten werden nur wenige kritische Bemerkungen über die Chinesen oder über seine Vorgänger im Amt des Gouverneurs als direkte Zitate zugeschrieben. Im allgemeinen werden sie als private Äußerungen weitergegeben und tauchen immer wieder in Arbeiten von Journalisten auf, die Informationen von Patten oder seinen Mitarbeitern erhielten. Es ist nicht verwunderlich, daß der ehemalige Vorsitzende der Konservativen Partei es meisterlich versteht, die Presse zu seinen Zwecken zu nutzen, ohne daß seine steuernde Hand sichtbar wird.

22 Vgl.: Paul Tyrrell, »Diplomatic Retreat by Army over Territory Exercise«, *South China Morning Post,* 6. November 1992, und Kevin Sinclair, »When Our Military Minds Go Absent Without Leave«, *South China Morning Post,* 11. Januar 1993.

23 Siehe: *The Times,* 20. November 1992. Andrew Roberts, »Time Has Come to Pull Rung from Under Mandarins«, *Daily Mail,* Nachdruck in: *South China Morning Post,* 21. März 1993.

24 Gouverneur Patten widersprach der Vermutung, daß er versuche, das Problem zu internationalisieren. Doch er wies Unterstützung aus dem Ausland nicht zurück, und für einen Politiker, der mit einer Reorganisation der Verfassungsstrukturen in seinem Land befaßt ist, unternahm er erstaunlich viele Auslandsreisen. Er suchte sehr früh um ein Treffen mit dem neuen amerikanischen Präsidenten Clinton nach und wurde gebeten, seinen Besuch zu verschieben. Anfang 1993 appellierte der britische Außenminister öffentlich an Japan, Patten zu unterstützen.

25 Segals Artikel ist im *International Herald Tribune* vom 8. Dezember 1992 erschienen. Die Äußerungen von Lee Kwan Yew werden ausführlich zitiert in *Window* vom 18. Dezember 1992, S. 3–5.

26 »Chinese Officials Try to Calm Hong Kong on Contracts' Status«, *Asian Wall Street Journal,* 11. Januar 1993.

27 Mitteilung des Leiters einer der vorrangig betroffenen Firmen.
28 Vgl. das Zitat aus *Newsweek*, das diesem Kapitel vorangestellt ist.
29 Bei einem Abendessen am 1. Februar 1993 bemerkte Martin Lee, das Konzept des »durchgehenden Zuges« sei während der Diskussionen über das Grundgesetz von der britischen Regierung durch Maria Tam, die damals dem Legislativrat angehörte, ins Gespräch gebracht worden. Die britischen Diplomaten meinten, nur die Politik des »durchgehenden Zuges« könne die Stabilität Hongkongs gewährleisten. Ich hörte von Gouverneur Pattens Plänen erstmals einige Wochen, bevor er seine Rede hielt. Ein enger Freund zitierte Pattens offiziellen Sprecher mit den Worten: »Als erstes haben wir begriffen, daß der durchgehende Zug Quatsch ist.«
30 Schriftlich formuliert findet sich diese Einschätzung in: *Business and Professionals Federation of Hong Kong, Hong Kong 21: A Ten Year Vision and Agenda for Hong Kong's Economy* (Hongkong, Mai 1993), vor allem S. 5f.

Kapitel 6

1 Dazu kam es, obwohl Lee die Wahlen des Jahres 1959 gewonnen hatte. Eine umfassende Darstellung des Übergangs zur Herrschaft Lee Kwan Yews gibt Dennis Bloodworth, *The Tiger and the Trojan Horse* (Singapur 1986). Er schildert die Vorgänge aus der Sicht Lees.
2 Myanmar hat wegen verschiedener Gebietsansprüche Streit mit seinen Nachbarn. 1992 wäre es beinahe zum Krieg mit Thailand gekommen. Die Philippinen erheben nach wie vor Anspruch auf Sabah, einen bedeutenden Teil des malaysischen Staatsgebietes. Sowohl unter Ferdinand Marcos als auch unter Corazon Aquino gab es auf den Philippinen Bestrebungen, diesen überholten Anspruch von offizieller Seite aus aufzugeben. Daß diese Bestrebungen erfolglos blieben, behindert eine engere Zusammenarbeit mit Malaysia.
3 Siehe dazu die entsprechenden Teile von *Directions of Trade*, publiziert vom IWF.
4 Vgl.: Scott Atkinson, »The USSR and the Pacific Century«, *Asian Survey* XXX, 7 (Juli 1990), S. 629–645.
5 Nach Beiträgen Brackens auf dem Asia-Pacific Strategy Development Workshop an der National Defense University in Washington D.C., 23. Mai 1990.
6 Vgl.: Richard Stubbs, »Geopolitics and the Political Economy of Southeast Asia«, *International Journal* XLIV (Sommer 1989).
7 Der indisch-chinesische Krieg wurde ausgelöst, als Indien, das sich gegen Verhandlungen gesperrt hatte, Truppen auf chinesisches Territorium entstandte und die Straße zwischen Tibet und Xinjiang unter seine Kontrolle brachte. Nach einem Ablenkungsangriff in einem anderen umstrittenen Gebiet nahm das chinesische Militär die von den Indern kontrollierte Straße wieder in Besitz, zog sich dann aber freiwillig wieder auf seine

Ausgangsposition zurück. Der schwerwiegendste Zusammenstoß mit sowjetischen Truppen ereignete sich 1969 am Ussuri. Der Grund waren Grenzstreitigkeiten. China vertrat dabei nach traditionellem Völkerrecht die Position, daß die Grenze in der Flußmitte liege, die Russen hingegen beharrten darauf, die Grenze verlaufe auf dem chinesischen Ufer.

8 Ji Guoxing, »Sino-ASEAN Relationship and Its Effects on US«, *Asian Profile* (Februar 1990), S. 4. In diesem Artikel sind auch die Verpflichtungen, die China gegenüber Indonesien, den Philippinen und anderen Staaten eingegangen ist, detailliert wiedergegeben.

9 Siehe etwa: *A Fragile Relationship: The United States and China Since 1972* (Washington 1992). Dort heißt es: »China fing an, auf der koreanischen Halbinsel ein friedensbewahrende und stabilisierende Rolle auszuüben und hielt zum Beispiel Kim Il Sung nach dem Fall Saigons 1975 davon ab, einen Angriff auf Südkorea zu starten« (S. 45).

10 Vgl.: Paul Kreisberg, »China's Relations with Asian States«, Arbeitsbericht, Carnegie Endowment for International Peace, 9. Januar 1991, S. 24; Ji Guoxing, »Regional Approaches Towards Enhancing Security Confidence, and the Disarmament Process in the Northeast Asia«, Shanghai Institute for International Studies, ohne Datum, S. 3. Kreisberg ist Wissenschaftler und ein ehemaliger hochrangiger Mitarbeiter des State Department; Ji ist ein hochgestellter Mitarbeiter des von der Regierung finanzierten Shanghaier Instituts, was seinen Aussagen offiziellen Charakter verleiht.

11 Mitarbeiter der US-Regierung weisen darauf hin, wie kooperativ sich Beijing in früheren Jahren verhalten hat. Im März 1993 allerdings verweigerte China im UN-Sicherheitsrat seine Zustimmung zu Maßnahmen gegen Nordkorea, nachdem Pjongjang den Atomwaffensperrvertrag abgelehnt hatte. Das hieß nicht, daß Beijing Nordkorea unterstützte. Die chinesische Führung war vielmehr zu der Überzeugung gelangt, daß es müßig sei, wirkungslose Maßnahmen des Sicherheitsrats zu unterstützen. China entfaltete noch im selben Jahr eigene Aktivitäten in dieser Hinsicht, was unter anderem zu einem Grenzzwischenfall führte, bei dem chinesische Soldaten getötet worden sein sollen.

12 Ji Guoxing, »Regional Approaches …«, S. 8.

13 Nicholas D. Kristof, »Beijing Asks North Korea for Cash, Ending Barter«, *International Herald Tribune*, 30. Dezember 1992, S. 1. Es ist noch nicht klar, inwieweit diese Ankündigung in die Tat umgesetzt worden ist.

14 Die Zahl 8,4 Milliarden Dollar (in 7565 Projekten) stammt von MOFERT und wurde in der *China Business Gazette*, Bd. 2, Nr. 3 (18. Januar 1993) auf S. 1 veröffentlicht, in der ein Bericht der *Economic Daily* vom 30. Dezember 1992 zusammengefaßt wird. Von taiwanesischer Seite vorgenommene Schätzungen schwanken zwischen 4 und 10 Milliarden Dollar – die große Differenz beruht darauf, daß Investitionen in der Volksrepublik nach taiwanesischem Recht illegal sind und deshalb vor den Behörden verheimlicht werden.

15 Vielerorts herrscht das Wunschdenken vor, daß der Erfolg der asiatischen Staaten einmalig sei und nicht wiederholt werden könne. Diese Auffas-

sung findet sich etwa in Robin Broads und John Cavanaghs Aufsatz »No More NICs«, *Foreign Policy* 72 (Herbst 1988). Daß die Studie eine verbreitete Meinung wiedergibt, zeigt sich daran, daß sie von den beiden angesehensten außenpolitischen Forschungsinstituten der USA gefördert wurde. Broad und Cavanagh beziehen sich vorwiegend auf eine Fallstudie über die Philippinen – in ihren Augen ein Beispiel für den vergeblichen Versuch, aus einem Entwicklungsland ein Schwellenland zu machen. Doch auf den Philippinen wurde niemals ernsthaft versucht, das konkurrenzorientierte Modell eines Aufsteigerlandes in die Tat umzusetzen. Vielmehr wurden mit dem Ziel, Monopolgewinne abzuschöpfen, riesige Monopole gebildet und durch protektionistische Maßnahmen geschützt. Das von den Autoren angeführte Argument, daß die Weltwirtschaft keine neuen Märkte für die Produkte der Entwicklungsländer mehr bieten könne, wurde erstmals von Nehrus Wirtschaftsplanern kurz nach Indiens Entlassung in die Unabhängigkeit formuliert. Indien nahm zu jener Zeit eine dominante Position im Welttextilmarkt ein. Indiens Wirtschaftsplaner, überzeugt davon, der Markt sei gesättigt, legten der Textilindustrie Zügel an. Dieser kurzsichtige Schritt förderte den bald darauf einsetzenden Wirtschaftsaufschwung in den ärmeren ostasiatischen Ländern, die damals in jeder Hinsicht weit hinter Indien zurücklagen. Heute haben sie Indien weit hinter sich gelassen. Als Herman Kahn und ich für die Jahr 1971 und 1972 einen Wirtschaftsaufschwung für das pazifische Asien vorhersagten, versuchte man uns mit gleichlautenden Argumenten zu beweisen, daß Taiwan und Südkorea ihr Wachstum nicht mehr als ein paar Jahre aufrechterhalten könnten. Aber dabei wurde übersehen, daß es mehr als nur einen Markt gibt. Für den Schuhmarkt wurden zuerst nur billige Sandalen produziert, heute aber auch Nike Air Jordan und hochwertige, italienische Designermodelle. In Thailand werden die Lederbezüge für Sitze von BMW gefertigt, und es gibt dort einen ganzen Industriezweig, der nichts anderes tut, als Cashewnuß-Hälften zusammenzukleben. (Eine ganze Cashewnuß ist erheblich mehr wert als zwei halbe Nüsse.) Die asiatischen Wirtschaftswunderländer suchen unablässig nach neuen Märkten. Wenn Broad und Cavanagh behaupten, daß die Volksrepublik kein Beispiel für das asiatische Wachstumsmodell sei, weil das chinesische Wachstum vorwiegend von der einheimischen Nachfrage gefördert werde, dann haben sie das Modell nicht richtig verstanden. Selbst wenn das Wachstum von einheimischer Nachfrage gespeist wird, wie es heute übrigens in fast allen Schwellenländern der Fall ist, dann ist es immer noch die Exportorientierung der Wirtschaft, die zu einer konkurrenzbedingten Steigerung der Effizienz führt.

16 Zitiert nach: Charles Smith und Suhaini Axnam, »Reason and Rhetoric«, *Far Eastern Economic Review,* 17. September 1992, S. 10.

17 Gesetz der Volksrepublik China über die Territoriale See und die Kontiguitätszone, Erlaß des Präsidenten der Volksrepublik China, Nr. 55, 25. Februar 1992. Für eine ausführliche Darstellung des historischen Hintergrunds des Konflikts mit Vietnam siehe: »China's Indisputable Sovereignty

Over the Xisha and Nansha Islands«, Dokument des Außenministeriums der Volksrepublik China, 30. Januar 1980.

18 Das Archipelprinzip setzt die Größe des Hoheitsgebietes um ein Archipel fest und gibt detaillierte Anweisungen für die Erstellung der entsprechenden Seekarten.

19 Siehe dazu vor allem: Robert G. Sutter, »East Asia: Disputed Islands and Offshore Claims - Issues for U.S. Policy«, Congressional Research Service, Library of Congress of the United States, 28. Juli 1992. Zu Dank verpflichtet bin ich Professor Frances Lai und amerikanischen Geheimdienstoffizieren, die mir Zugang zu Berichten über Taiwans politische Maßnahmen verschafften, mit Hilfe militärischer Aktionen wie U-Boot-Angriffen ihre Gegner von umstrittenen Inseln zu vertreiben.

20 Interview mit Oberst Joanne DeLora, 27. August 1992.

21 Mochtar Kusumaatmadja, »South East Asia: An Evolving New Regional Order«, Aufsatz für ein internationales Arbeitstreffen zum Thema »Challenges to Fishery Policy and Diplomacy in Southeast Asia«, 6.-10. Dezember 1992.

22 *World Military Expenditures and Arms Trade 1963–1973* (Washington D.C., U.S. Arms Control and Disarmament Agency, 1975), S. 41 und 61.

23 *World Military Expenditures and Arms Transfer 1990* (Washington D.C., U.S. Arms Control and Disarmament Agency, 1990), S. 58 für die Angaben über das Militärbudget und die Truppenstärke. Methodologische Gründe erschweren den Vergleich von Angaben über China mit denen über andere Länder oder auch mit chinesischen Angaben aus früheren Jahren. Über die verläßlichsten Daten verfügt die US-Regierung, und das hier wiedergegebene Zahlenmaterial basiert auf Veröffentlichungen der US-Regierung. Die Publikationen von Pentagon und CIA leiden unter häufigen Änderungen der ihnen zugrundeliegenden statistischen Verfahren. Verläßliche, vergleichbare Werte über einen längeren Zeitraum lassen sich so kaum aufstellen. Im länderübergreifenden Vergleich ergeben sich andere Probleme. So werden im chinesischen Militärhaushalt im Gegensatz zum amerikanischen zahlreiche Personal- und Pensionskosten nicht berücksichtigt, ebensowenig Forschungs- und Entwicklungsaufwendungen, die Kosten für die Modernisierung der Ausrüstung, regionale Soldzuschläge für Soldaten und Ausgaben für Einberufung und Demobilisierung. Will man eine dem US-Militärhaushalt vergleichbare Zahl erhalten, müßte man die chinesischen Angaben wohl verdoppeln. Dagegen müßte man, will man das amerikanische Bruttosozialprodukt mit dem chinesischen vergleichen, das chinesische rund dreimal so hoch ansetzen wie in den offiziellen Statistiken ausgewiesen (dazu ausführlicher Kapitel 1). Die chinesischen Militärausgaben – ausgedrückt als Anteil am Bruttosozialprodukt – liegen demnach im Vergleich zu den US-Angaben relativ hoch. Hier interessiert vor allem der Abwärtstrend des Militärbudgets im ersten Jahrzehnt der Reformen. Angesichts der Stärke dieses Trends sind die Ungenauigkeiten des Datenmaterials von eher untergeordneter Bedeutung.

24 Das Schaubild und einige der Angaben über die Veränderung der regionalen Bedingungen stammen aus Andrew Macks Manuskript »Arms Proliferation in the Asian Pacific: Causes and Prospects for Control«, Research School of Pacific Studies, Australian National University (1992). Mack ist Australiens führender Experte in Rüstungskontrollfragen. Das Manuskript gibt einen Überblick über den Stand eines Forschungsprojektes, an dem zahlreiche Wissenschaftler arbeiten. Es ist von der Carnegie Endowment for International Peace zur Publikation vorgesehen.

25 Nachrichtenabteilung, Central Intelligence Agency, »The Chinese Economy in 1991 and 1992: Pressure to Revisit Reform Mounts«, Juli 1992, S. 12. Darin wird auch darauf hingewiesen, daß der Militärhaushalt wegen des Rückgangs der Rüstungsexporte, die nach Beendigung des irakisch-iranischen Krieges um 80 Prozent gefallen waren, aufgestockt werden mußte (S. 12). Siehe auch: Sheryl WuDunn, »China to Raise Arms Spending Again«, *New York Times,* 27. März 1991, S. A3; Nicholas D. Kristof, »China to Reward Army with 13 % Increase in Military Budget«, *New York Times,* 22. März 1992, S. 10; Daniel Southerland, »China Increases Spending on Military by 15 Percent«, *Washington Post,* 22. März 1992, S. A33.

26 Dennis Wilder, »The Awakening Dragon: A Reality Check«, Manuskript von 1992. Wilder, ein leitender Angestellter des Hongkonger US-Generalkonsulats, verfolgt seit langem die Entwicklung der chinesischen Militärausgaben. In dem Manuskript weist er darauf hin, daß Ross Munro und andere Journalisten den Anstieg des chinesischen Militärhaushaltes stark übertreiben (im allgemeinen konstatieren sie einen Anstieg von 50 Prozent seit 1989), weil sie es versäumen, den Effekt der Inflation zu berücksichtigen. Würde man die Militärausgaben der ehemaligen Sowjetunion nach denselben Maßstäben bewerten, müßten sie um wenigstens das Hundertfache gestiegen sein, während sie in Wirklichkeit sogar zurückgegangen sind.

27 Zitiert aus: International Institute of Strategic Studies, *The Military Balance 1992–1993* (London 1992), S. 152f.

28 Zur Frage des Technologietransfers siehe: Robert Scalapino, »China and Its Neighbors – Old and New Trends«, Konferenzpapier für die Asia Society Conference on China and East Asia: Implications for American Policy, 1991, S. 10.

29 Als Vorsitzender der amerikanischen Handelskammer in Hongkong befinde ich mich in einer idealen Position, die Aktivitäten amerikanischer Firmen zu beobachten. Gleichzeitig arbeite ich als Investmentberater und wurde ab Mitte 1992 von Anfragen westeuropäischer Unternehmen geradezu überschwemmt. 1992 fingen japanische Unternehmen damit an, in Dalian und anderen Gebieten im Nordosten Chinas in einem solchen Umfang zu investieren, daß sich die Region in absehbarer Zeit zu einer japanisch dominierten Enklave entwickeln könnte.

30 Einen guten Überblick über die strategischen Entwicklungen in Zentralasien vermitteln Rajan Menon und Henri J. Barkey, »The Transformation of Central Asia: Implications for Regional and International Security«, *Sur-*

vival, Bd. 34, Nr. 4 (Winter 1992/1993), S. 68ff. Menon und Barkey versäumen es aber, China in ihre Betrachtungen einzubeziehen. Der im *Economist* vom 26. Dezember 1992 abgedruckte Artikel »The Silk Road Catches Fire«, S. 30ff., bietet einen Ausblick auf die wirtschaftlichen Perspektiven, während Martha Brill Olcott, »Central Asia On Its Own«, *Journal of Democracy,* Bd. 4, Nr. 1 (Januar 1993), die potentiell katastrophalen Folgen der sich gegenwärtig vollziehenden politischen Desintegration in der Region herausstellt.

31 Dieser Umstand wurde von einer Reihe von Wissenschaftlern und Journalisten betont. Ich verdanke mein Wissen darüber vor allem James Clad, einem ehemaligen Pressekorrespondenten, der heute Mitarbeiter der Carnegie Endowment for International Peace in Washington D.C. ist.

32 Die unterschiedliche Ausrichtung zeigt sich auch an der Fähigkeit der jeweiligen Seestreitkräfte, auf Hochsee Flagge zu zeigen. Die chinesische Flotte ist zahlenmäßig stärker als die indische, dient aber vor allem der Sicherung der Küsten und ist kaum hochseefest.

33 Der amerikanischen Öffentlichkeit wurden die Hintergründe, die zur Schließung des Flottenstützpunktes Subic Bay führten, vorenthalten. Während eines Putschversuches des philippinischen Militärs im September 1991 ordnete US-Vizepräsident Quayle (Präsident Bush weilte beim Gipfeltreffen mit Sowjetpräsident Gorbatschow) an, daß amerikanische Flugzeuge zur Unterstützung Corazon Aquinos im Tiefflug über Manila hinwegfliegen sollten. Hatte zuvor nur die Linke den Abzug der Amerikaner gefordert, so stimmte die Rechte, deren führende Köpfe den Staatsstreich gutgeheißen hatten, nach Niederschlagung des Putsches im Senat ebenfalls dafür, das Stützpunktabkommen mit den USA aufzukündigen. Daran konnte auch nichts ändern, daß über 100 000 Filipinos für den Verbleib der Amerikaner demonstrierten. Ob Quayles Befehl sinnvoll war oder nicht, hängt vom Standpunkt des Betrachters ab. Objektiv gesehen jedoch, hat er einen massiven Machtverlust der USA im Westpazifik nach sich gezogen.

Kapitel 7

1 Die wenigen Journalisten und Wissenschaftler, die China fälschlicherweise eine aggressive und destabilisierende Politik vorwerfen, interpretieren die zur Verfügung stehenden Fakten falsch oder einseitig. Ein besonders krasses Beispiel dafür ist: Ross H. Munro, »Awakening Dragon: The Real Danger in Asia Is from China«, *Policy Review* (Herbst 1992). Üblicherweise vergessen die Autoren, in ihren Angaben über Chinas Rüstungsetat die Inflation zu berücksichtigen (würde man den Verteidigungshaushalt Moskaus nach demselben Schema bewerten, dann müßten die Russen bald in der Lage sein, das Universum zu erobern.) Sie stellen das chinesische Vorgehen in der Frage der Spratly-Inseln als einzigartige Maßnahmen dar, ohne zu erwähnen, daß Vietnam, Taiwan und die Philippinen eine ver-

gleichbare Politik verfolgen. Darüber hinaus werden normale geschäftliche Unternehmungen des chinesischen Militärs, etwa in Myanmar, als strategische Vorstöße interpretiert.

2 Angaben über den genauen Umfang der chinesischen Waffenlieferungen finden sich in: Richard A. Bitzinger, »Arms to Go: Chinese Arms Sales to the Third World«, *International Security,* Bd. 17, Nr. 2 (Herbst 1992).

3 Zur amerikanischen Politik der Nichtverbreitung von Atomwaffen in Asien während der siebziger Jahre siehe: William H. Overholt, *Asia's Nuclear Future* (Boulder 1978).

4 John W. Lewis, Hua Di, Xue Litai, »Beijing's Defense Establishment: Solving the Arms-Export Enigma«, *International Security,* Bd. 15, Nr. 4 (Frühjahr 1991), S. 100.

5 Gemeinsames Kommuniqué der USA und der VR China über amerikanische Waffenlieferungen an Taiwan, 17. August 1982. Damit versuchte sich die Regierung Reagan aus der mißlichen Lage zu befreien, in die sie sich zwei Jahre zuvor mit ihren Wahlkampf-Aussagen über die Aufwertung der diplomatischen Beziehungen zu Taiwan gebracht hatte. In der Folge interpretierte Washington die Verpflichtung dahingehend, die Waffenverkäufe nicht stärker als die Inflationsrate ansteigen zu lassen (eine recht großzügig ausgelegte Bestimmung), behielt sich das Recht vor, veraltete Waffensysteme gegen neue »auszutauschen«, und gab bekannt, daß der Verkauf von militärischer Technologie von den Bestimmungen ausgenommen sei. Während diese Maßnahmen, zieht man die Vieldeutigkeit der diplomatischen Sprache in Betracht, noch mit dem ursprünglichen Text vereinbart werden konnten, galt das für den Verkauf der F-16-Kampfflugzeuge nicht mehr. Ein Überblick über die relevanten Positionen in der Angelegenheit findet sich in: Robert G. Sutter, »Taiwan: Advanced Fighter Aircraft Sales – Pro and Con«, Congressional Research Service, 1. September 1992.

6 US-Diplomaten schätzen, daß 90 Prozent der in Taiwan und Singapur und 70 Prozent der in Hongkong eingesetzten Software geraubt sind. 90 Prozent der in Südostasien kursierenden illegalen Software stammen nach Schätzung derselben Diplomaten aus Singapur, dessen in hohem Maße dirigistische Regierung entsprechende Aktivitäten leicht unterbinden könnte. Obwohl dies seit vielen Jahren bekannt ist, haben die USA niemals vergleichbar strenge Sanktionen gefordert, wie sie China wegen geringerer Verstöße angedroht worden sind.

7 Vgl.: Kennis Chu, »China Demands Fair Play Over Property Rights«, *South China Morning Post,* 1. Dezember 1991.

8 In dieser Zeit war ich Vorsitzender der amerikanischen Handelskammer in Hongkong und an zahlreichen Unterredungen zwischen amerikanischen Regierungsvertretern und Geschäftsleuten beteiligt.

9 Schätzung der US-Botschaft in Beijing, »Draft 1993 Trade Act Report«, November 1992.

10 Nach Angaben von Siemens entspricht der Bedarf der VR China an neuen Kraftwerken in den neunziger Jahren der Gesamtkapazität aller Kraft-

werkbauer weltweit. AT & T schätzt, daß in China bis zum Jahr 2000 jährlich 11 bis 15 Millionen Telefonanschlüsse neu gelegt werden, in den USA hingegen nur 4 bis 5 Millionen. Und legt man die gegenwärtigen Auftragsplanungen zugrunde, dann wird die Volksrepublik in den neunziger Jahren der weltweit größte Markt für kommerzielle Flugzeuge sein.

11 Siehe: Michael Richardson, »Asian Leaders Question Clinton Tactics on Rights«, *International Herald Tribune*, 21. Januar 1993, und »Lee [Kwan Yew] Warns US on Human Rights«, *South China Morning Post*, 29. Januar 1993.

12 Während des Präsidentschaftswahlkampfes von 1976 war ich Mitglied von Jimmy Carters neunzehnköpfiger Foreign Policy Task Force und Vorsitzender der Asia Policy Group, obwohl ich als einziges Gruppenmitglied gegen einen Rückzug war. Carter selbst hatte sich bereits vor Einrichtung der Task Force öffentlich für den Rückzug ausgesprochen.

13 Siehe etwa die Aussage des designierten Außenministers Warren Christopher bei seiner Anhörung vor dem Kongreß. Christopher war unter Carter stellvertretender Außenminister gewesen. Anthony Lake, der Carter Mitte der siebziger Jahre zum Rückzug geraten hatte, hat als Clintons Sicherheitsberater die zentrale Rolle der amerikanischen Streitkräfte in Südkorea betont.

14 Das wurde in der offenherzigen Bemerkung eines Kongreß-Abgeordneten deutlich, daß es jetzt, mit einem demokratischen Präsidenten im Amt, für den Kongreß an der Zeit sei, seine Haltung in der Frage der Meistbegünstigung zu ändern. Siehe: Lee H. Hamilton, Vorsitzender des außenpolitischen Ausschusses, Repräsentantenhaus, »A New U.S. Policy for China«, *Congressional Record*, 1. April 1993, S. 4.

15 In der Anfang 1993 von asiatischen Spitzenpolitikern verabschiedeten Bangkok-Erklärung wird die Menschenrechtspolitik der amerikanischen Legislative und Exekutive kritisiert. Einen ähnlichen Ton schlugen hochrangige asiatische Diplomaten in dem Bericht der von Malaysia organisierten »Commission for a New Asia« an, gefolgt von einer großen Anzahl japanischer Wissenschaftler. Diese kritische Einstellung gegenüber der amerikanischen Chinapolitik entspricht der Reaktion von 1977 auf den Vorstoß der Regierung Carter in der Koreafrage.

16 *International Herald Tribune*, 20. Oktober 1992, S. 8.

17 Inoffizielles Protokoll der Aussage Warren Christophers vor dem Haushalts-Unterausschuß für Auslandsaktivitäten des US-Senats, 30. März 1993. Winston Lord drückte sich anschließend sehr viel vorsichtiger aus.

Verzeichnis der Abbildungen

Abb. I-1 Reales Wachstum Bruttosozialprodukt: China seit der Reform 15

Abb. I-2 China und die UdSSR: Die ersten Reformjahre 18

Abb. I-3 Inflation in China und der UdSSR: Vergleichbare Reformjahre 25

Abb. I-4 Einkommen der Zentralregierung: Anteil am Bruttosozialprodukt 30

Abb. I-5 Anteil des Außenhandels am BSP 1990: Fünf wichtige Staaten 31

Abb. I-6 Kreditwürdigkeit: Ende 1991 36

Abb. I-7 Inflation in China 41

Abb. I-8 Haushaltssubventionen an Staatsunternehmen 43

Abb. I-9 Entwicklung der Sparquoten in China, Japan und den USA 44

Abb. I-10 Wachstum nach Eigentumsform, 1991 48

Abb. II-1 Kumulierter Anstieg der Reallöhne 65

Abb. II-2 Pro-Kopf-Realeinkommen: 5,22 RMB = 1,00 US-$ 67

Abb. II-3 Wachstum des Realeinkommens nach Provinzen, 1985–1991 77

Abb. II-4 Bruttosozialprodukt pro Kopf, 1991 80

Abb. II-5 Regierungsbudget: Anteil am Volkseinkommen 86

Abb. II-6 Wege zur marktwirtschaftlichen Demokratie 92

Abb. III-1 Staatsanleihen und Schatzbriefe: Ausgabevolumen pro Jahr 121

Abb. III-2 Entwicklung der Wechselkurse 127

Abb. III-3 Entwicklung der Swapmärkte 130

Abb. III-4 Umfang des Aktienmarktes 134
Abb. IV-1 Einkommenswachstum in Guangdong 148
Abb. IV-2 Bruttosozialprodukt pro Kopf 155
Abb. IV-3 Hongkongs Dilemma 159
Abb. V-1 Der große Kompromiß 202
Abb. V-2 Die »schlechten Jahre« von Hongkong 225
Abb. VI-1 Großchina, Handelsströme 1991 268
Abb. VI-2 Die Entwicklung des chinesischen Militärhaushaltes 278
Abb. VI-3 Rüstungsimporte ausgewählter Staaten im pazifisch-asiatischen Raum, 1979–1988 280
Abb. VI-4 Großchina, Außenhandel 1991: China, Taiwan, Hongkong 284
Abb. VI-5 Großchina, Devisenreserven 1991 285
Abb. VI-6 Indien und China: Handel und Devisenreserven 1991 293
Abb. VII-1 Waffenexporte in die Dritte Welt, 1991 304
Abb. VII-2 Handelsdefizit: USA-Großchina 313

Karten

China 6
Wachstum des Realeinkommens nach Provinzen, 1985–1991 115
Hongkong / China 146
Das Delta des Perlflusses 152
Zentralasien 286

Danksagung

Während der Arbeit an diesem Buch habe ich in unschätzbarer Weise Rat und Kritik erfahren. Danken möchte ich dafür Paul Kreisberg, Robert Scalapino, Frances Lai, Joyce Kallgren, Nicholas Lardy, Paul Bracken, Christopher Gray, Robert Theleen, William Ascher, Ezra Vogel, Gage McAfee, Vincent Lo und vielen anderen. Ich habe zwar akribisch darauf geachtet, meine geistigen Anleihen in den Anmerkungen entsprechend zu würdigen, doch ist es mir unmöglich, sie in ihrer Gesamtheit zu berücksichtigen. Sollte es in Hongkong jemanden geben, dessen Ideen ich nicht gestohlen oder auf sonstige Weise für meine Zwecke mißbraucht habe, will ich mich für diese Nachlässigkeit hiermit entschuldigen. Ich habe mich zwar bemüht, meinen Lesern alle Quellen zu nennen, aber in einigen Fällen, in denen Unannehmlichkeiten für die Betroffenen nicht auszuschließen waren, habe ich darauf verzichtet. Besonders verpflichtet fühle ich mich jenen Menschen, die meinen Ansichten in zentralen Punkten widersprochen haben, insbesondere Christine Loh, ernanntem Mitglied des Legislativrates in Hongkong, die das ursprüngliche Patten-Gesetz formell eingebracht hat, und Gage McAfee – vor beiden habe ich große Hochachtung.

Profitiert habe ich auch von Konferenzen verschiedener Veranstalter, darunter die Lingnan University, die Young Presidents Organization, die amerikanische Handelskammer, die Business and Professionals Federation of Hong Kong, Vision 2047 sowie zahlreiche Stiftungen und Wirtschaftsverbände.

Vanessa Chin, die im Sommer und Herbst 1992 leider nur allzu kurz für mich gearbeitet hat, bin ich für ihre unermüdliche Hilfe bei der Sammlung von Daten sowie der Überprüfung von Fakten und für ihre wache Kritik dankbar. Dank gebührt auch Tom Sung, der mir in einem späteren Stadium der Forschungsarbeit ganz außerordentlich dabei half, Schlüsseldaten zu sammeln und zu überprüfen.

Ich habe darauf verzichtet, die gesamte Literatur zum Thema zu berücksichtigen, und so ist es durchaus möglich, daß andere Autoren ähnliche Argumente aufführen, ohne daß ich davon Notiz genommen habe. So hat Nicholas Lardy mich darauf hingewiesen, daß Susan Shirk und Sung Yun-Wing Arbeiten über Deng Xiaopings Koalitionsstrategie und Hongkongs Beziehungen zu China veröffentlicht haben, die meinen Überlegungen entsprechen.

Das Buch basiert auf meinen folgenden, bereits veröffentlichten Aufsätzen: *Global Political Assessment,* verschiedene Ausgaben. »Deng, Not Gorbachev, May Get the Laurels«, *International Herald Tribune,* 27. Juni 1990. Dieser Artikel ist die gekürzte Fassung eines Aufsatzes, den ich für Kunden des

Bankers Trust fünf Monate zuvor verfaßt habe. »Hong Kong and China: The Real Issues«, in: Frank J. Macchiarola, Robert B. Oxnam, Hgg., *China and East Asia: Implications for American Policy,* Proceedings of the Academy of Political Science 1991. Der Artikel basierte auf einer von der Amerikanischen Handelskammer in Hongkong unterstützten Vorlesung am 30. August 1990. »China and MFN«, Stellungnahme vor dem Asien-Pazifik-Unterausschuß des Foreign Affairs Committee des US-Repräsentantenhauses, 29. Mai 1991. »Broken China«, *The International Economy,* Juli/August 1991. »China and British Hong Kong«, *Current History,* September 1991. »Les Etats Unis et l'Asie dans les années 90«, in: Charles Hervouet, Hg., *Le Asie-Pacifique: Les Nouveaux Espaces de Coopération et de Conflit,* Presses de l'Université Laval, Quebec 1991. »U.S. Economic Policy Toward China«, Aufsatz für die Japanisch-Amerikanische China-Konferenz, unterstützt von der Asia Society, New York, 18.-19. Dezember 1991. »U.S. Relations with Hong Kong«, Stellungnahme vor dem Unterausschuß für asiatische und pazifische Angelegenheiten des Foreign Relations Committee des US-Senats, 2. April 1992, über die Gesetzesvorlage S.1731, die auf die Festlegung einer generellen politischen Linie gegenüber Hongkong nach dem 1. Juli 1997 abzielt. Und schließlich »Tiananmen Square and Objective Possibilities for Hong Kong«, *Journal of Politics,* Bd. 53/2, Mai 1991.
Dieses Buch will weder grundlegende Standardtexte ersetzen noch sich mit ihnen messen. Es bietet mehr eine interpretierende Übersicht denn neues Faktenwissen. Für diejenigen unter meinen Lesern, die sich auf diesem Gebiet nicht zu den Spezialisten zählen und Wert auf Grundlagenwissen legen, empfehle ich die im folgenden aufgeführten Werke, vor allem die Lektüre von Jonathan Spence: *The Search for Modern China.* Zur Geschichte Chinas sei zusätzlich die Arbeit von John K. Fairbank u. a., *China: A New History,* genannt. Nach wie vor unübertroffen sind die Untersuchungen Doak Barnetts über die Periode unmittelbar nach der chinesischen Revolution. Unter den Werken über die chinesische Gesellschaftsordnung ragt Ezra Vogels *One Step Ahead in China: Guangdong Under Reform* hervor. Für eine persönlichere, wenngleich auch sehr negative Sichtweise des sozialen Lebens in der Zeit unmittelbar vor der Reform empfiehlt sich Fox Butterfield, *China: Alive in the Bitter Sea.* Zu den Beziehungen zwischen den USA und China siehe: Harry Harding, *A Fragile Relationship: The United States and China Since 1972.* Wer sich für die Biographien der wichtigsten chinesischen Führer interessiert, nehme Harrison E. Salisburys Buch zur Hand: *Die neuen Kaiser: China in der Ära Maos und Dengs.* Das grundlegende Werk über das moderne Hongkong muß erst noch geschrieben werden; die in vielerlei Hinsicht nützlichsten Darstellungen der britischen Kronkolonie finden sich nicht in wissenschaftlichen Werken, sondern in den beiden von James Clavell verfaßten Romanen *Taipan* und *Noble House,* wobei ersterer einen sehr viel tiefergehenden Einblick in das Getriebe der Stadt liefert. Die chinesische Wirtschaftsreform hat sich so rasch entwickelt, daß entsprechende Studien tendenziell fragmentarischen Charakter haben müssen. Als sehr aufschlußreich haben sich die Aufsätze von Nicholas Lardy und Dwight Perkins er-

wiesen. Die umfangreichste Sammlung von An- und Einsichten erschien als Studienaufsatz des Joint Economic Committees des US-Kongresses, *China's Economic Dilemmas in the 1990s,* April 1991.

***

Die Übersetzer des Buches haben der englischen Literaturliste noch eine Auswahl neuerer deutscher Titel zugefügt:

Bauer, Edgar: *Wer führt China in die Zukunft? Eine Weltmacht bleibt unberechenbar.* Berlin 1994.

Bürklin, Wilhelm: *Die vier kleinen Tiger. Die pazifische Herausforderung. Hongkong, Singapur, Taiwan, Südkorea.* München 1993.

Cremerius, Ruth et al.: *Studentenprotest und Repression in China April-Juni 1988. Analyse, Chronologie, Dokumente.* Hamburg 1990.

Draghun, Werner, Hg.: *Umstrittene Seegebiete in Ost- und Südostasien. Das internationale Seerecht und seine Bedeutung.* Hamburg 1985.

Fang Lizhi: *China im Umbruch.* Berlin 1989.

Franz, Uli: *Deng Xiaoping. Chinas Erneuerer.* Stuttgart 1987.

Gälli, Anton: *Spiel mit vielen Kugeln. Konturen eines grosschinesischen Wirtschaftsblocks.* Freiburg 1992.

— *Das Haus der drei brodelnden Küchen. Der Wirtschaftsboom im Perlflußdelta: Hongkong, Macao, Kanton.* Freiburg 1993.

Geers, Dietmar: *Die VR China. Raum – Wirtschaft – Gesellschaft.* Berlin 1990.

Gloria, H.G. et al.: *Die Energie- und Rohstoffwirtschaft der Volksrepublik China.* Essen 1985.

Goebbel, Heide: *Shenzhen – Hongkong. Offene Tür zum chinesischen Markt.* Berlin 1986.

Heberer, Thomas et al.: *Xiandaihua – Versuch einer Modernisierung. Entwicklungsprobleme der VR China.* Bad Honnef 1990.

Hermann-Pillath, Carsten: *Institutioneller Wandel, Macht und Inflation in China: Ordnungstheoretische Analysen zur politischen Ökonomie eines Transformationsprozesses.* Baden-Baden 1991.

Kielmansegg, Johann Adolf Graf und Weggel, Oskar: *Unbesiegbar? China als Militärmacht.* Stuttgart 1985.

Klausing, Horst et al.: *China – ökonomische und soziale Geographie.* Darmstadt 1989.

Kraus, Willy: *Wirtschaftliche Entwicklung und sozialer Wandel in der Volksrepublik China.* Berlin 1979.

— *Private Unternehmerwirtschaft in der Volksrepublik China. Wiederbelebung zwischen Ideologie und Pragmatismus.* Hamburg 1989.

Liu Jen-Kai: *Chinas zweite Führungsgeneration. Biographien und Daten zu Leben und Werk von Li Peng, Qiao Shi, Tian Jiyung, Zhao Ziyant, Hu Qili, Hu Yaobang, Wang Zhaoguo.* Hamburg 1989.

Louven, Erhard: *Perspektiven der Wirtschaftsreform in China.* Berlin 1987.

— Hg.: *Chinas Wirtschaft zu Beginn der 90er Jahre. Strukturen und Reformen.* Hamburg 1989.

Lüpke, Bernd-Geseko v.: *Die Taiwan-Politik der Volksrepublik China seit 1980.* Hamburg 1988.

Machetzki, Bernd: *Die pazifische Herausforderung. Zukunftsperspektiven für Industrie- und Entwicklungsländer.* Berlin 1987.

Maurer, Jürgen: *Das Informations- und Kommunikationswesen in der Volksrepublik China. Institutioneller Rahmen und Ausgestaltung.* Hamburg 1990.

Mey, Harald: *China im Kampf um die Modernisierung.* Aachen 1982.

Meyer, Fritjhof: *Nach dem Sturm erhebt sich der gebeugte Bambus. China im Umbruch.* München 1987.

Park Sung Jo: *Chinas Integration in die Weltwirtschaft. Reformen, Binnenmarkt, Exportmöglichkeiten, Auslandsinvestitionen.* Berlin 1982.

— Hg.: *Die Industrialisierungserfahrungen. China und Japan in westlichen Modernisierungs- und Entwicklungstheorien.* Berlin 1985.

— Hg.: *Erfolgschancen der deutschen Automobilindustrie in Ostasien.* Berlin 1993.

Rehn, Detlev: *Shanghais Wirtschaft im Wandel: Mit Spitzentechnologien ins 21. Jahrhundert.* Hamburg 1990.

Romich, Manfred F.: *Wirtschaftsreform und gesellschaftliche Entwicklung. China im zweiten Jahrzehnt nach Mao.* Frankfurt am Main 1991.

Salisbury, Harrison E.: *Die neuen Kaiser. China in der Ära Maos und Dengs.* Frankfurt am Main 1992.

Schädler, Monika: *Provinzporträts der VR China. Geographie, Wirtschaft, Gesellschaft.* Hamburg 1989.

Schryen, Rainer: *Hongkong und Shenzhen – Entwicklungen, Verflechtungen und Abhängigkeiten. Eine wirtschaftsgeographische Untersuchung.* Hamburg 1992.

Siems, Dorothea: *Japans außenwirtschafts- und entwicklungspolitische Strategien gegenüber China und ASEAN. Ein Beitrag zu den Regionalisierungstendenzen im pazifisch-asiatischen Raum.* Frankfurt am Main 1993.

Verein der Tibeter in Deutschland: *Tibet – Traum oder Trauma?* Göttingen 1987.

Weggel, Oskar: *Weltgeltung der VR China. Zwischen Verweigerung und Impansionismus.* München 1986.

— *China: Zwischen Marx und Konfuzius.* Hamburg 1988.

Yu Cheung-Lieh, Hg.: *Chinas neue Wirtschaftspolitik. Die vier Modernisierungen: Landwirtschaft, Industrie, Militär, Technologie.* Hamburg 1989.

Zander, Ernst und Richter, Steffen: *China am Wendepunkt zur Marktwirtschaft?* Heidelberg 1992.

Zeitschriften und sonstige Veröffentlichungen:

Asien, Pazifik, Wirtschaftshandbuch. Erscheint jährlich, herausgegeben vom Ostasiatischen Verein e. V. in Zusammenarbeit mit dem Hamburger Institut für Asienkunde.

China aktuell. Erscheint monatlich, herausgegeben vom Hamburger Institut für Asienkunde. Nachrichten, Dokumente und Schaubilder zur wirtschaftlichen, politischen und kulturellen Entwicklung in China, Taiwan, Hongkong und Macao. Mit Jahresindex.

China Heute. Erscheint monatlich, herausgegeben vom chinesischen Institut für Wohlfahrt.

Beijing Rundschau. Erscheint wöchentlich. Aktuelle Informationen über politische und gesellschaftliche Entwicklung Chinas, ergänzt durch offizielle Dokumente.

Register

Afghanistan 263, 287–288
Afrika 262, 264, 273, 334
Akers-Jones, David 245
Aktien 133, 136–137
Aktienindex 224, 250
Aktienmarkt, siehe Börse
Anleihemarkt 118–119, 122
Anleihen 25, 28, 117, 124, 134
Anleihen in Devisen 124
Aquino, Corazon 91, 93, 96, 229, 276
Arbeiter 19–20, 22, 64–65, 85
Arbeitslosenquote 54–55, 232
Arbeitslosigkeit 54
Argentinien 93, 131, 273
Ashdown, Paddy 227
Atatürk, Kemal 20
Atomwaffen 300–301, 337, 339
Atomwaffensperrvertrag 298
Audi 151
Ausbildung 26–27, 34
Auslandsinvestitionen 15, 131
Auslandsschulden 126
Außenhandel 32, 72, 129, 150
Autarkiebestrebungen 106
Avon 20, 132, 285

B-Aktien 137
Baker, James A. 301
Bank of China 47, 49, 124, 126, 129, 144, 165, 168, 193
Banken 26–27, 107
Bauern 17, 19–20, 22, 64–65, 85, 151–153, 158
Beijing University 111
Bermuda-Inseln 138
Bildungswesen 102, 106, 218
BMW 154
Bodenreform 19, 88, 93, 95, 102, 105
Börse 27–28, 88, 117, 123, 133, 176
Börse, Beijing 136–137
Börse, Hongkong 139
Börse, Shanghai 133–135, 137
Börse, Shenzhen 118, 133, 135, 137, 140
Brasilien 15, 98
Brilliance China Automotive 138
Brunei 276
Bruttosozialprodukt 8, 30–33, 82
Brzezinski, Zbigniew 9, 69, 71
Bürgerkrieg 105, 307, 309
Burma, siehe Myanmar
Bush, George 85, 109, 163, 247, 302–303, 314, 317, 325, 337

CAAC 50
Carter, Jimmy 272, 322, 324, 335
Cater, Jack 245
Cathay Pacific 50, 165, 244
Chang Myon 106
Chen Yuan 47, 117, 129, 140
Chen Yun 22, 59, 70, 73–74, 117
Chiang Ching-kuo 72, 253
Chiang Kai-shek 72, 104–105, 253, 266, 271
Chile 97
China Airlines 51
China Travel International Investment Hong Kong 138
China Venturetech 139
chinesische Außenpolitik 265, 305, 322

chinesische Küstenregion 13, 33, 60, 88, 321
chinesische Revolution 19
Christopher, Warren 304, 337, 339
CITIC 138, 143, 165, 244
CITIC Pacific 138
Clinton, Bill 314, 318, 335, 337, 339
Continental Grain 129, 143

Dai Qing 110
Deloitte Touche Tohmatsu 140
Deng Xiaoping 12, 16, 20–22, 59, 63–65, 67–70, 72–75, 86–87, 90, 150, 157–158, 162, 167, 179, 208, 254, 260, 295, 330, 339
Denway International 138
Dependenz-Theorie 273–274
Deutschland 196
Devisen 17, 124, 127–129
Devisenmarkt 117, 125
Devisenreserven 37, 126–127
Devisenterminmarkt 143
Dezentralisierung 104
Dickson Concepts 154
Dienstleistungssektor 155, 318
Dritte Welt 15, 23, 93, 97, 182–183, 230, 265, 272–273, 303, 306, 314–317, 320, 328, 334

Einkommen 17, 19–22, 30, 34, 79, 84
Eisenhower, Dwight D. 257, 266
Entkolonialisierung 202–203, 306
Ereignisse auf dem Tiananmen-Platz 7, 21, 38, 40, 68, 76, 85, 113, 117, 126, 167, 170–171, 174, 185, 196, 210, 212–215, 220, 227, 233, 254, 278, 311, 319, 326–327, 330, 339
Europäische Gemeinschaft 274
Export 14–17, 32, 39, 125–127, 159–160, 305, 311–312, 316, 319–320
Exportwirtschaftszone 103, 159–160, 162, 260

Fang Lizhi 76
Fertigerzeugnisse 15
Finanzpolitik 38
Flughafen 192
Frankreich 305
Freihandelszone 159
Fujian, Provinz 60–61, 81–82, 88, 270, 312, 321

GATT 129, 300, 317–318
Gehälter 112
geistiges Eigentum 300, 314–317, 320
Geldmenge 124–125, 128
Geldpolitik 117
Gemeinsame Erklärung 161–162, 167, 183, 185, 189, 193, 202–205, 208, 215, 217, 220, 224, 228, 237, 244
Gewerkschaft 105
Goldreserven 37
Gorbatschow, Michail 17–18, 20, 22–24, 91, 259, 282
Großbritannien 150, 154, 158, 163, 183–185, 189, 196, 199–201, 204, 210, 214–217, 220–224, 227–228, 232, 281, 306
Großer Sprung nach vorn 21, 80–81, 106, 153, 291, 310
Grundgesetz von Hongkong 168, 185, 204, 206, 212, 237, 244
Guangdong, Provinz 20, 29, 40, 60–61, 63, 66, 79, 81–82, 88, 100, 110, 120–122, 129–132, 139, 145, 147–148, 150–153, 155–157, 167, 180, 185, 187, 192, 194, 223, 270–271, 289, 312, 321, 326

Handelsbilanz 15, 126, 312, 314, 319
Handelskonflikte 126
Haushaltsdefizit 35, 45
Hongkong 8, 13, 17, 59–61, 63, 70, 82, 84–85, 89, 98, 103–105, 110, 117, 130–131, 133, 138–139, 144–145, 147–148, 151–153, 155, 157–158, 160–167, 169–186, 188–195, 200–206, 208–209, 211–215, 217–223, 227–232, 234–235, 238, 241–243, 252–253, 258, 267–271, 279, 282, 285, 290, 306, 312, 316, 320, 330, 337–339
Hopewell 157, 177
Hu Yaobang 70, 74–75, 113
Hubei, Provinz 81
Hunan, Provinz 63, 79, 81–82
Hutchison 157, 177, 180

Import 17, 32, 35, 125–127, 316
Importbeschränkungen 126
Importsubstitution 132
Indien 159, 165, 263, 288, 290–292, 328, 332
Indonesien 13, 55, 58–59, 61, 82, 107, 135, 137, 140, 165, 177, 257, 263–264, 273, 283, 295, 313, 320
Industrie- und Handelsbank 133
Inflation 14, 16, 18, 24–26, 28, 38–41, 117, 119, 123–124, 170
Intellektuelle 21, 23, 68, 107, 111
Internationaler Währungsfond 106
Investitionen 15, 17–18, 27, 149, 151, 156, 166–167, 169, 172, 175
Iran 288–289, 300
Israel 265
Japan 13, 32, 35, 60–61, 95, 135, 166, 175, 177, 181, 183, 256–257, 259, 262, 273–275, 278–279, 281–282, 294, 296–297, 299, 304, 306, 311–312, 320, 327, 332
Jelzin, Boris 282
Jiang Zemin 70, 247
Joint-venture 45, 60, 74, 84, 111, 125–126, 132, 141, 147, 150–151, 156–157
Joseph II. 20
Jugoslawien, ehemaliges 39, 93

Kambodscha 21, 257, 260, 264, 320
Kapitalflucht 35
Kapitalmarkt 116, 118–120, 140
Kasachstan 287–288
Kashgar 130
Kaufkraft 33
Kaufverhalten 33
Kirgistan 287–288
Kissinger, Henry 299
Kleinunternehmer 20
Kodak 285
Kollektivierung 105
Kommandowirtschaft 118
Kommunistische Partei Chinas 100, 109, 111–113
Konfuzius 72
Konsum, privater 124
Konsumgüter 17, 20, 33, 66, 85, 102–103, 106–107, 153, 155
Kooperativen 111, 128
Korruption 22, 57, 89–90, 126, 168, 179, 182, 186–187, 194, 213, 316
Kowloon 163
Krankenversorgung 27, 34
Kredite 25–26
Kreditwürdigkeit 35
Kuang Hsu 20
Kulturrevolution 19, 21, 69, 73, 81, 85, 106, 152–153, 164, 178, 198, 291, 310, 327, 341

Kunst 109
Kuomintang 104, 266
Küstenprovinzen 79, 82

Landwirtschaft 17, 20, 30, 141, 157, 260
Laos 257, 260, 264, 320
Lateinamerika 19, 97, 113, 183, 262, 264, 273, 334
Lau, Emily 226, 290
Lebensstandard 8, 28, 33–34, 154, 209, 224, 227, 254, 299
Lee Kwan Yew 72, 88, 102, 104, 145, 170, 247, 257, 283
Lee, Martin 168, 185–186, 210–213, 215, 227, 236, 240
Leichtindustrie 106–107, 260
Li Peng 22, 63, 68, 71, 74, 88, 109, 119, 179, 208, 264, 329–330
Lin Piao 73
Lu Ping 247, 250
Lufthansa 51

Macao 164, 179
Major, John 220, 222, 234–235, 245, 253
Malaysia 94, 177, 181, 183, 257, 263–264, 275–276, 283, 285, 320
Mao Zedong 19, 59, 69, 72–73, 83, 106, 164, 308
Maoisten, gemäßigte 70
Marktwirtschaft 72, 93, 118
Marktwirtschaft, sozialistische 71
Marx, Karl 18
Massenarbeitslosigkeit 26
McDonalds 153
Meistbegünstigung 287, 308, 311, 314, 320–322, 325, 330, 337–338
Menschenrechte 298, 304, 319–320, 322, 324–325, 328
Mercedes 151, 154
Mexiko 97
Militär 14, 21, 23, 64–65, 70, 85, 279, 331
Militärhaushalt 279
Mittelschicht 96
Mongolei 290, 294
Motorola 285
Myanmar 82–83, 97, 107, 210, 257, 263, 325

Naher Osten 265, 301–302, 305
Nakasone, Yasuhiro 259
Nationalismus 203, 228, 244
Nettoverschuldung 37
Neue Weltwirtschaftsordnung 272–273
neuer Flughafen von Hongkong 185, 215–218, 220–222, 244, 252
New Territories 163
New York Stock Exchange 138
Nixon, Richard 109, 299
Nordkorea 14, 95, 265, 277, 280–281, 296–297, 299, 304, 307–308, 320, 324, 333
Noriega, General 163

öffentlicher Transport 34
Ökonomismus 230
Opiumkrieg 248, 281
Opposition 76
Orthodoxe Fraktion 74, 83, 321
Osteuropa 7–8, 19, 23–24, 78, 98–99, 113, 256, 334

Pachtvertrag 202
Pakistan 263, 287–288, 300, 305, 332
Panama 163
Paracel-Inseln 276, 279, 294
Park Chung Hee 72, 76, 88, 95–97, 101–102, 104–105, 253, 277, 322, 329, 342
Parteitag der KPCh, 14. 69–70, 72, 109

Patentrecht 315–316
Patten, Christopher 85, 186, 214–215, 218, 222, 227–228, 234–238, 240–242, 244–246, 248–251, 254, 290, 306, 337
Patten-Programm 234, 238
People's Bank of China 47, 120, 136–138, 143
Personen, juristische 136–137
Personen, natürliche 136
Philippinen 13, 58–59, 81, 83, 91, 95–97, 106–107, 131, 137, 229, 257, 263, 275–277, 283, 296
Pinochet Ugarte, Augusto 97
Platz des himmlischen Friedens, siehe Ereignisse auf dem Tiananmen-Platz
Polen 16, 18, 24, 39, 53, 57, 131
Portugal 164
Preisfreigabe 24–29, 35, 39–40, 72, 88, 90, 119, 124–125, 141, 143
Preiskontrolle 124
Preisstabilität 28
Pressefreiheit 108
Privatisierung 17, 24, 26–27, 30, 52
Privatunternehmen 30, 111
Pro-Kopf-Einkommen 33–34, 231
Procter & Gamble 19, 285
Produktivität 13, 17
Pudong 180

Reagan, Ronald 327, 338
Reis 25, 29, 142, 153
Reisebeschränkungen 21
Religion 110
Renminbi 34
Renten 26–27
Rentenmarkt 40, 45, 126
Rolls Royce 154
russische Revolution 19
Rußland 57, 275, 287–288, 290–291, 294, 306
Rüstungsimport 278
Salinas de Gortari, Carlos 97
Sanktionen 126–127, 304, 311, 319–320, 330
Saudi-Arabien 13
Schah von Persien 20
Schatalin-Plan 24
Schewardnadse, Eduard 259
Schweiz 177
Schwerindustrie 17–19, 106–107, 260
Segal, Gerald 247
Sekundärmarkt 117, 122
Seven-Eleven 153
Shandong, Provinz 60
Shanghai 60, 62, 66, 79, 82, 88, 122, 133–137, 142, 156–157, 172, 179–180
Shanghai Metals Exchange 142
Shanghai Petrochemicals 42
Shenzhen 88, 129, 133, 135–137, 140, 150–151, 153, 192–193, 217, 223
Shenzhen Metals Exchange 142
Sichuan, Provinz 61, 82–83, 116
Singapore Airlines 47
Singapur 13, 55, 59, 70, 72, 78, 95, 97–98, 101–105, 145, 170–179, 181, 183, 193–194, 225–226, 257–258, 264, 273, 283, 313
Sonderwirtschaftszone 11, 133, 150, 217, 223
Souveränität 247–249, 251, 253
Sowjetunion, ehemalige 7, 16–17, 19, 22, 24, 33, 38, 63, 70, 74, 78, 113–114, 119, 256, 258–260, 262–263, 266, 279, 281–282, 286, 290, 294, 297, 299, 307, 318, 331, 333, 338, 345
Sozialleistungen 43
Sparquote 45
Spratly-Inseln 276, 294
Sri Lanka 13, 159, 177
staatliche Devisenbehörde 128, 130
Staatsanleihen 119–121, 123, 125

Staatsbetriebe 18, 24, 27–28, 30, 47, 52, 66, 72, 74, 89–90, 93, 111, 132, 144
Staatsunternehmen 13, 26, 30, 36, 42–46, 111–112, 128, 133, 136–138, 140, 318
Standard and Poor's 124
Steuer 30, 102, 156, 160, 176, 180
Steuerreform 87, 90
Studenten 21, 111
Subventionen 26, 107, 132
Südkorea 7–9, 12–14, 16, 27, 33, 38, 48, 55, 58–61, 66, 70, 72, 76, 78, 90, 95, 97–106, 111, 113–114, 135, 137, 145, 159, 166, 177, 183, 230, 257, 259–260, 262, 264–265, 273, 277, 279–280, 285, 295–296, 299, 301, 305–308, 312, 317, 322–325, 329–330, 332–333, 342, 344, 346
Summers, Lawrence 33–35
Swan International Airlines 51
Swapmärkte 58, 126, 128–129, 132
Syngman Rhee 76, 102, 106

Tadschikistan 287–289, 291
Taiwan 8, 13, 17, 58–60, 70, 72, 78–79, 90, 95, 97–106, 114, 137, 145, 151, 159, 163–164, 166, 172, 177, 183, 191, 193, 201, 247, 258, 260, 264, 266–271, 273–274, 276, 278, 282, 285, 297, 301–303, 305, 307–309, 312, 316, 320, 323, 327–328, 332, 337–338, 342
Takeshita, Noboru 259
Technologie 8, 47, 60–61, 147, 155, 160
Terminbörse 28, 141–142
Terminmarkt, siehe Terminbörse
Thailand 53, 82, 93, 95, 97, 131, 135, 137, 177, 183, 257, 263, 273, 279, 283, 295, 313, 315, 320, 332
Thatcher, Margaret 201–203
Tian Jiyun 109
Tiananmen-Platz, siehe Ereignisse auf dem Tiananmen-Platz
Tianjin 156
Tibet 78, 82, 85, 309, 337–338
Totalitarismus 101
Toyota 154
Truman, Harry Spencer 307
Türkei 288–290
Turkmenistan 287–288

UN-Sicherheitsrat 265, 270, 299–300, 304
Ungarn 39
Universität Qinghua 74
Unternehmen, ausländische 31, 112
Unternehmen mit Aktienbesitz 136
Unternehmensanleihen 122
Unternehmensanteile 133
Urheberrecht 315
US-Kongreß 85, 308, 311, 314, 317, 319, 322, 330, 334, 338
US-Wirtschaft 82
USA 13, 84, 99, 106, 126, 153, 163, 173, 177, 181–183, 196, 256, 258, 260–263, 265, 270, 274–275, 277–278, 281, 291, 294–296, 298–302, 304–306, 308–309, 311–313, 315, 317–318, 320–322, 324–325, 331–334, 336–340
Usbekistan 287–288

Verschuldung 36
Vertragshäfen 160
Verwaltung 17, 24, 29, 65, 112
Videotech 178
Vietnam 8, 21, 257, 260, 264, 275–277, 294, 305, 320
Volksbefreiungsarmee 279, 295, 297, 301, 303, 333
Volkskongreß 74

Waffen 8, 21, 23, 298, 301–305, 309, 319, 325, 338
Währung 24, 27
Währung, konvertible 128–129, 132
Währungsreform 119, 127
Wang Jun 89
Wang Zhen 73–74, 89
Warenterminbörse 117, 119, 141–142
Warenzeichen 314–316
Wechselkurs 125–126, 131
Weltbank 33
Wertpapierhandel 120
Wharf 157
Wilson, David 214, 217, 219, 221, 228, 251
Wuerkaixi 76
Wuhan 157

Xinhua, Nachrichtenagentur 182, 184
Xinjiang Uygur, Provinz 66, 78, 81, 289–290

Yang Shangkun 70
Yunnan, Provinz 66, 82

Zahlungsfähigkeit 37
Zensur 109
Zentralbank 117, 124–125, 137, 144
Zentralkomitee der KPCh 71
Zhao Ziyang 11, 74–75, 113, 329
Zhou Enlai 164, 253
Zhou Nan 184, 222, 254
Zhu Rongji 71
Zinsen 124
Zölle 95, 316, 320